国家重点档案专项资金资助项目

抗日战争档案汇编

桐乡市档案馆藏抗战档案选编

桐乡市档案馆 编

五洲传播出版社

图书在版编目（CIP）数据

桐乡市档案馆藏抗战档案选编 / 桐乡市档案馆编 . 北京：五洲传播出版社，2025.1. --（抗日战争档案汇编）. -- ISBN 978-7-5085-5336-8

Ⅰ. K265.063

中国国家版本馆 CIP 数据核字第 2024N8T452 号

桐乡市档案馆藏抗战档案选编

编　　者：桐乡市档案馆
出 版 人：关　宏
责任编辑：王逸凡
装帧设计：北京禾风雅艺文化发展有限公司
出版发行：五洲传播出版社
地　　址：北京市海淀区北三环中路31号生产力大楼B座6层
邮　　编：100088
电　　话：010-82005927，82007837
网　　址：www.cicc.org.cn, www.thatsbooks.com
印　　刷：天津艺嘉印刷科技有限公司
版　　次：2025年2月第1版第1次印刷
开　　本：210mm × 285mm
印　　张：36.25
定　　价：580.00元

抗日战争档案汇编编纂出版工作组织机构

编纂出版工作领导小组

组　长　陆国强

副组长　王绍忠　付　华　魏洪涛　刘鲤生

编纂委员会

主　任　陆国强

副主任　王绍忠

顾　问　杨冬权　李明华

成　员（按姓氏笔画为序排列）

于学蕴　于晓南　于晶霞　马忠魁　马俊凡　马振犊
王　放　王文铸　王建军　卢琼华　田洪文　田富祥
史晨鸣　代年云　白明标　白晓军　吉洪武　刘　钊
刘玉峰　刘灿河　刘忠平　刘新华　汤俊峰　孙　敏
苏东亮　杜　梅　李宁波　李宗春　吴卫东　何素君
张　军　张明决　陈念芜　陈艳霞　卓兆水　岳文莉
郑惠姿　赵有宁　查全洁　施亚雄　祝　云　徐春阳
郭树峰　唐仁勇　唐润明　黄凤平　黄远良　黄菊艳
梅　佳　龚建海　常建宏　韩　林　程潜龙　焦东华
童　鹿　蔡纪万　谭荣鹏　黎富文

编纂出版工作领导小组办公室

主　任　常建宏

副主任　孙秋浦　石　勇

成　员（按姓氏笔画为序排列）

李　宁　沈　岚　贾　坤

浙江省抗日战争档案汇编编纂出版工作组织机构

编纂出版工作领导小组

组　长　吴炳芳　王利月

副组长　张　军　胡元潮

编纂委员会

主　任　吴炳芳　王利月

副主任　张　军　胡元潮

委　员　胡文苑　陈　勇　翁　梅　夏振华　莫剑彪　阮发俊

编纂出版工作领导小组办公室

主　任　胡文苑

副主任　夏振华　阮发俊

成　员　陈卓君　张克强　宫　陈

《桐乡市档案馆藏抗战档案选编》编纂出版工作组织机构

编纂委员会

主　任　吴云峰

副主任　庄永明　沈家明　周伟国　陆建华

委　员　沈　琳　许贵平　李勇兵　娄引娣

　　　　陆亚芬　钟　琴　朱丽萍

编辑部

主　编　吴云峰

副主编　沈家明　沈　琳

编　辑　颜剑明　陆亚芬　陶小萍

编　务　钟　斌　徐　冰　沈静宇

　　　　林　红　李玲妍

总序

为深入贯彻落实习近平总书记「让历史说话，用史实发言，深入开展中国人民抗日战争研究」的重要指示精神，国家档案局根据《全国档案事业发展「十三五」规划纲要》和《「十三五」时期国家重点档案保护与开发工作总体规划》的有关安排，决定全面系统地整理全国各级综合档案馆馆藏抗战档案，编纂出版《抗日战争档案汇编》（以下简称《汇编》）。

中国人民抗日战争是近代以来中国反抗外敌入侵第一次取得完全胜利的民族解放战争，开辟了中华民族伟大复兴的光明前景。这一伟大胜利，也是中国人民为世界反法西斯战争胜利、维护世界和平作出的重大贡献。加强中国人民抗日战争研究，具有重要的历史意义和现实意义。

全国各级档案馆保存的抗战档案，数量众多，内容丰富，全面记录了中国人民抗日战争的艰辛历程，是研究抗战历史的珍贵史料。一直以来，全国各级档案馆十分重视抗战档案的开发利用，陆续出版公布了一大批抗战档案，对揭露日本帝国主义侵华罪行，讴歌中华儿女勠力同心、不屈不挠抗击侵略的伟大壮举，弘扬伟大的抗战精神，引导正确的历史认知，发挥了积极作用。特别是国家档案局组织有关方面共同努力和积极推动，「南京大屠杀档案」被联合国教科文组织评选为「世界记忆遗产」，列入《世界记忆名录》，捍卫了历史真相，在国际上产生了广泛而深远的影响。

全国各级档案馆馆藏抗战档案开发利用工作虽然取得了一定的成果，但是，在档案信息资源开发的系统性和深入性方面仍显不足。正如习近平总书记所指出的：「同中国人民抗日战争的历史地位和历史意义相比，同这场战争对中华民族和世界的影响相比，我们的抗战研究还远远不够，要继续进行深入系统的研究。」「抗战研究要深入，就要更多通过档案、资料、事实、当事人证词等各种人证、物证来说话。要加强资料收集和整理这一基础性工作，全面整理我国各地抗战档案、照片、资料、实物等……」

国家档案局组织编纂《汇编》，对全国各级档案馆馆藏抗战档案进行深入系统地开发，是档案部门贯彻落实习近平总书记重要指示精神，推动深入开展中国人民抗日战争研究的一项重要举措。本书的编纂力图准确把握中国人民抗日战争的历史进程、主流和本质，用详实的档案全面反映一九三一年九一八事变后十四年抗战的全过程，反映中国共产党在抗日战争中的中流砥柱作用以及中国人民抗日战争在世界反法西斯战争中的重要地位，反映国共两党「兄弟阋于墙，外御其侮」进行合作抗战、共同捍卫民族尊严的历史，反映各民族、各阶层及海外华侨共同参与抗战的壮举，展现中国人民抗日战争的伟大意义，以历史档案揭露日本侵华暴行，揭示日本军国主义反人类、反和平的实质。

编纂《汇编》是一项浩繁而艰巨的系统工程。为保证这项工作的有序推进，国家档案局制订了总体规划和详细的实施方案，明确了指导思想、工作步骤和编纂要求。为保证编纂成果的科学性、准确性和严肃性，国家档案局组织专家对选题进行全面论证，对编纂成果进行严格审核。

各级档案馆高度重视并积极参与到《汇编》工作之中，通过全面清理馆藏抗战档案，将政治、军事、外交、经济、文化、宣传、教育等多个领域涉及抗战的内容列入选材范围。入选档案包括公文、电报、传单、文告、日记、照片、图表等多种类型。在编纂过程中，坚持实事求是的原则和科学严谨的态度，对所收录的每一件档案都仔细鉴定、甄别与考证，维护档案文献的真实性，彰显档案文献的权威性。同时，以《汇编》编纂工作为契机，以项目谋发展，用实干育人才，带动国家重点档案保护与开发，夯实档案馆基础业务，提高档案人员的业务水平，促进档案馆各项事业的发展。

守护历史，传承文明，是档案部门的重要责任。我们相信，编纂出版《汇编》，对于记录抗战历史，弘扬抗战精神，发挥档案留史存鉴、资政育人的作用，更好地服务于新时代中国特色社会主义文化建设，都具有极其重要的意义。

抗日战争档案汇编编纂委员会

编辑说明

伟大的中国人民抗日战争，是中国人民近代以来争取独立自由史册上可歌可泣的一页，是中华民族历史发展进程中饱经沧桑的一章。桐乡县、崇德县（一九五八年崇德县并入桐乡县）地处浙江北部，于一九三七年十一月二十三日和十二月二十三日相继沦陷。在家乡沦陷、民族危亡的关键时刻，两县儿女进行了艰苦卓绝的誓死抗争，直至抗日战争胜利。

为真实反映这段屈辱的沦陷史和悲壮的历史，桐乡市档案馆编辑《桐乡市档案馆藏抗战档案选编》。本书选稿起自一九四三年，迄至一九四七年，选用档案百余件，内容齐全完整，且庋藏已达七十余年，此次为首次公开面世。本书分抗敌军情战报、受降缮后措施、伤亡损失调查三个部分，分别按时间排序。

选用档案均据本馆馆藏原件全文影印。原标题完整或基本符合要求的使用原标题，原标题有明显缺陷的进行了修改或重拟，无标题的加拟标题。标题中的机构名称使用全称或规范简称，历史地名沿用当时名称。

本书使用规范的简化字。对标题中人名、历史地名、机构名称中出现的繁体字、错别字、不规范异体字、异形字等，予以径改。限于篇幅，本书不作注释。

由于时间紧，档案公布量大，编者水平有限，在编辑过程中可能存在疏漏之处，考订难免有误，欢迎方家斧正。

编　者

二〇二一年十一月

目录

二、受降缮后措施

三、伤亡损失调查

后记

一、抗敌军情战报

崇德县自卫总队部关于叶家桥战斗情况致崇德县政府的代电（一九四三年九月三日）

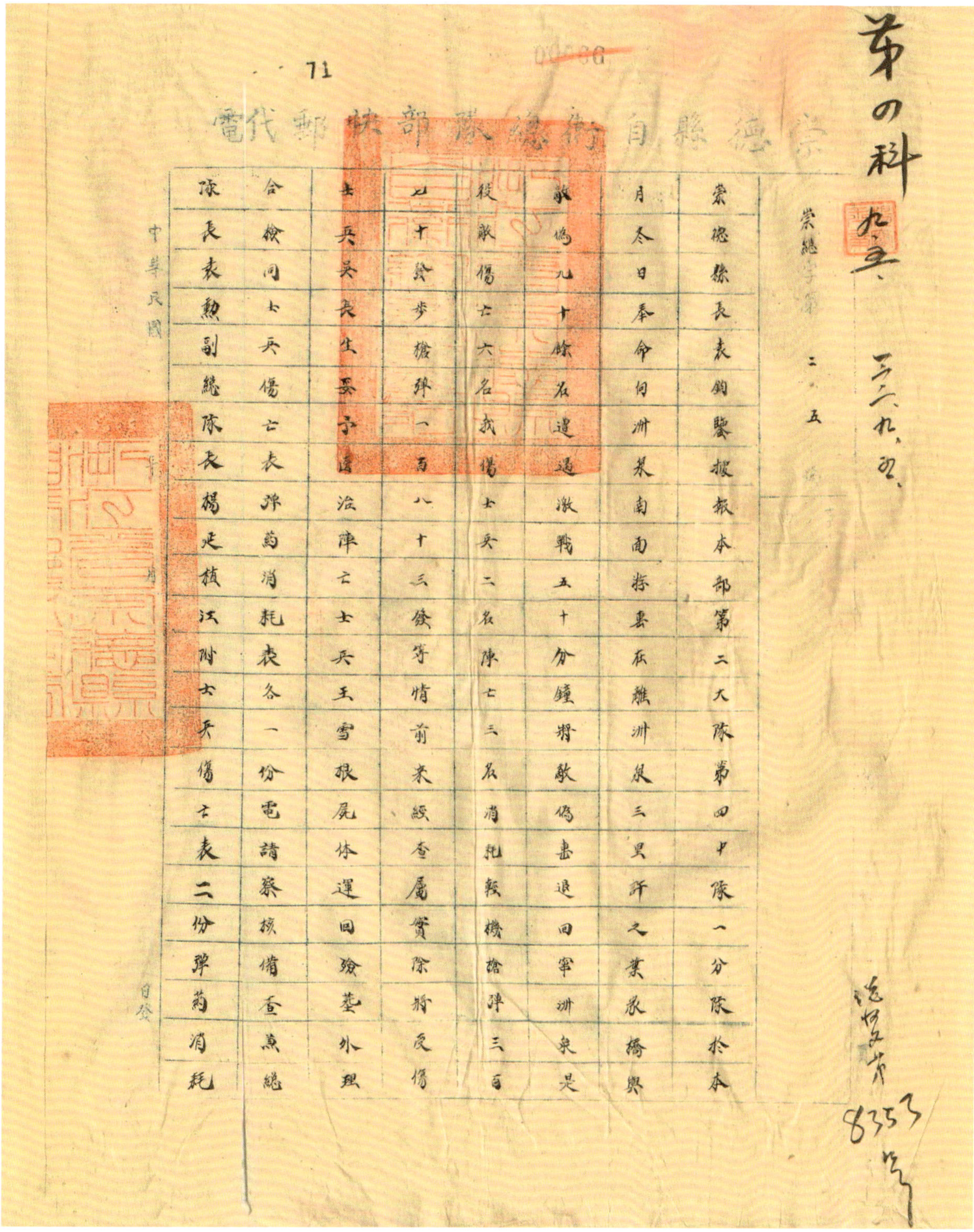

崇德縣自衛總隊部快郵代電

崇總字第二五號

崇德縣長袁鈞鑒據報本部第二大隊第四中隊一分隊於本月冬日奉命向洲泉南面游擊至離洲泉三里許之葉家橋與敵偽九十餘名遭遇激戰五十分鐘將敵偽盡退回竄洲泉是役敵傷亡六名我傷士兵二名陣亡三名消耗輕機搶彈三百七十發步搶彈一百八十三發等情前來經查屬實除將受傷士兵吳長生妥予醫治陣亡士兵王雪根屍体運回殮葬外理合檢同士兵傷亡表彈藥消耗表各一份電請察核備查為禱總隊長袁勳副總隊長楊定楨江附士兵傷亡表二份彈藥消耗

中華民國　年　月　日發

00067

崇德縣自衛總隊部快郵代電　72

字第　號

表一份

准戰情姑先行呈報；并飭補具附表另式，俾憑存轉。

惠　15/9　初

中華民國　年　月　日

73

浙江省崇德縣自衛總隊陣亡士兵報告表

隊別	級職	姓名	年齡	籍貫	陣亡年月日地點	備考
第二大隊第四中隊	上等兵副班長	王雪根	二四	湖南	三十二年九月二日於葉家橋	洲泉葉家橋
〃	一等列兵	章梅春	三三	江蘇	仝 右	仝
〃	二等列兵	李建章	三二	四川	仝 右	仝

中華民國三十二年九月三日

兼總隊長 袁[illegible] 呈

附一：崇德县自卫总队阵亡士兵报告表（一九四三年九月三日）

附二：崇德县自卫总队受伤士兵报告表（一九四三年九月三日）

浙江省崇德縣自衛總隊受傷士兵報告表　中華民國三十二年九月三日

兼總隊長袁[illegible]呈

隊別	階級	姓名	年齡	籍貫	受傷地點及年月日	[illegible]	以前曾否受傷請[illegible]	住何醫院現治療[illegible]
第二大隊第四中隊	上士班長	吳長生	三〇	江蘇	三十二年九月一日於葉家橋	洲泉葉家橋		本隊医務所
〃	二等列兵	張德懷	二八	浙江	仝右	仝	〃	仝

附三：崇德县自卫总队消耗弹药报告表（一九四三年九月三日）

74

0409

浙江省崇德縣自衛總隊消耗彈藥報告表

區分／隊別	彈藥：機槍彈	彈藥：步槍彈
第二大隊第四中隊	三七〇	一八三
合計	三七〇	一八三
附記		

中華民國三十二年九月三日 總隊長 [illegible] 呈

崇德县自卫总队部关于该部穿越京杭国道与敌伪遭遇等情形致崇德县政府的代电（一九四三年九月七日）

82

崇德縣自衛總隊部快郵代電

崇總字第二六號

事由

崇德縣長衣鈞鑒：本總隊於八月念日由還鋪回縣，江日下午十時經單馬龍穿越京杭國道，以一大隊為前衛，總隊部并縣府職員及二大隊為本隊。一大隊已通過公路，正掩護本隊通過時，詎料白玉山稠墅至公路之綫敵偽即向我射擊，縣府職員及民伕等形混亂，職即囑一大隊相機處理，返身指揮二大隊佔領高地，掩護縣府職員撤退（因敵用火力將公路封鎖且有障碍物，并率兵一部搶奪損失行李），徵率二大隊（一大隊已過公路）安全撤至徐渭頭，俟於感日下午八時穿越公路，刻已

中華民國　年　月　日發

三二、九、八

保收文第8366號

崇德縣自衛總隊部快郵代電

字第　　號

命部到達五河經附近兹據一大隊大隊長陳世鈞灰日報告節稱「查是役戰鬥結局計陣亡大隊部一等傳令兵徐文祥一中隊下士副班長鄭小豆二等列兵李相宏等三名遺失步槍兩枝消耗機槍彈四四〇發步槍彈五二〇發槍榴彈發射彈各九顆」等情又據二大隊大隊長鄭少卿同日報告稱「查穿越京杭國道之役掩護搶奪電台戰鬥結局計消耗機槍彈三八〇發步槍彈四六〇發槍榴彈六枚發射彈六枚并遺失臂章廿枚」理合將遺失臂章號碼姓名列冊報請註銷等情附呈遺

中華民國　　年　　月　　日發

00080

崇德縣自衛總隊部快郵代電

字第　號

失臂章號碼冊一份據查各節均屬實在理合檢同是役遺失臂章號碼名冊一份一併電請鈞府察核示遵兼總隊長表勳副總隊長楊延楨（冥）附遺失臂章號碼冊一份武器弹藥消耗表一份陣亡士兵報告表一份

查前案該總隊呈省業已先行呈報

[illegible] 15/3

中華民國　年　月　日發

85

附一：崇德县自卫总队穿越京杭国道遗失臂章号码清册（一九四三年九月七日）

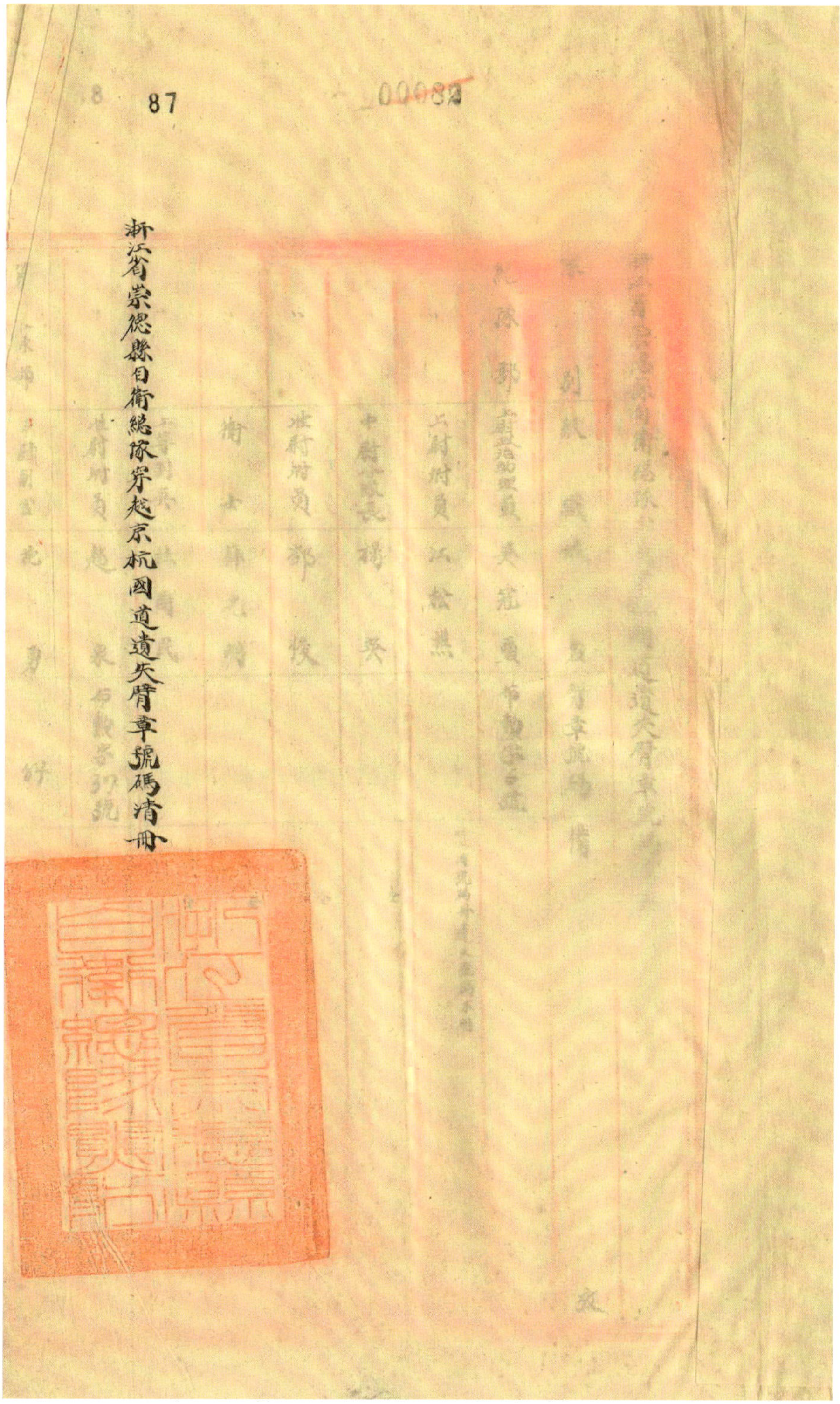

87

00082

浙江省崇德縣自衛總隊穿越京杭國道遺失臂章號碼清冊

88

浙江省崇德縣自衛總隊穿越京杭國道遺失臂章號碼清冊

隊別	職級	姓名	臂章號碼	備攷
總隊部	上尉政治助理員	吳冠霞	布勳字6號	
〃	上尉附員	江松燕		以上因號碼冊遺失號碼不明
〃	中尉分隊長	楊英		仝
〃	准尉附員	鄧俊		仝
〃	衛士	薛光明		仝
〃	上等列兵	杜國民		仝
〃	准尉附員	趙泉	布勳字37號	
第一大隊部	中尉副官	施勇	外	

第一大隊部	上士軍械	蕭漢卿	布勲字第號
〃	下士傳達	蔣文華	90
〃	上等傳達兵	徐錦生	92
〃	一等傳達兵	徐文祥	93
〃	一等炊事兵	王法標	97
第一中隊	一等傳達兵	沈更新	110
〃	下士副班長	鄭小豆	133
〃	一等列兵	胡安生	159
〃	二等列兵	李桐宏	193
〃	〃	楊承善	189

鄭恒裕製

89

00083

第二中隊	中士班長	王歸銘	布勳字253號
〃	一等列兵	溫顯義	295
〃	〃	蔣德榮	300
〃	〃	沃来富	309
〃	二等列兵	王小寶	331
〃		蔣文華	344
第二大隊部	文書上士	李世桓	356
〃	司號中士	蕭　春	359
〃	傳達下士	王志斌	360
〃	傳達一等兵	張兴成	362

〃	傳達一等兵	呂占云	365
第三中隊	一等列兵	王志斌	443
第四中隊	〃	宋海云	539

鄭恒裕製

中華民國三十三年九月七日

兼總隊長 袁勳

附二：崇德县自卫总队武器弹药损耗表（一九四三年九月七日）

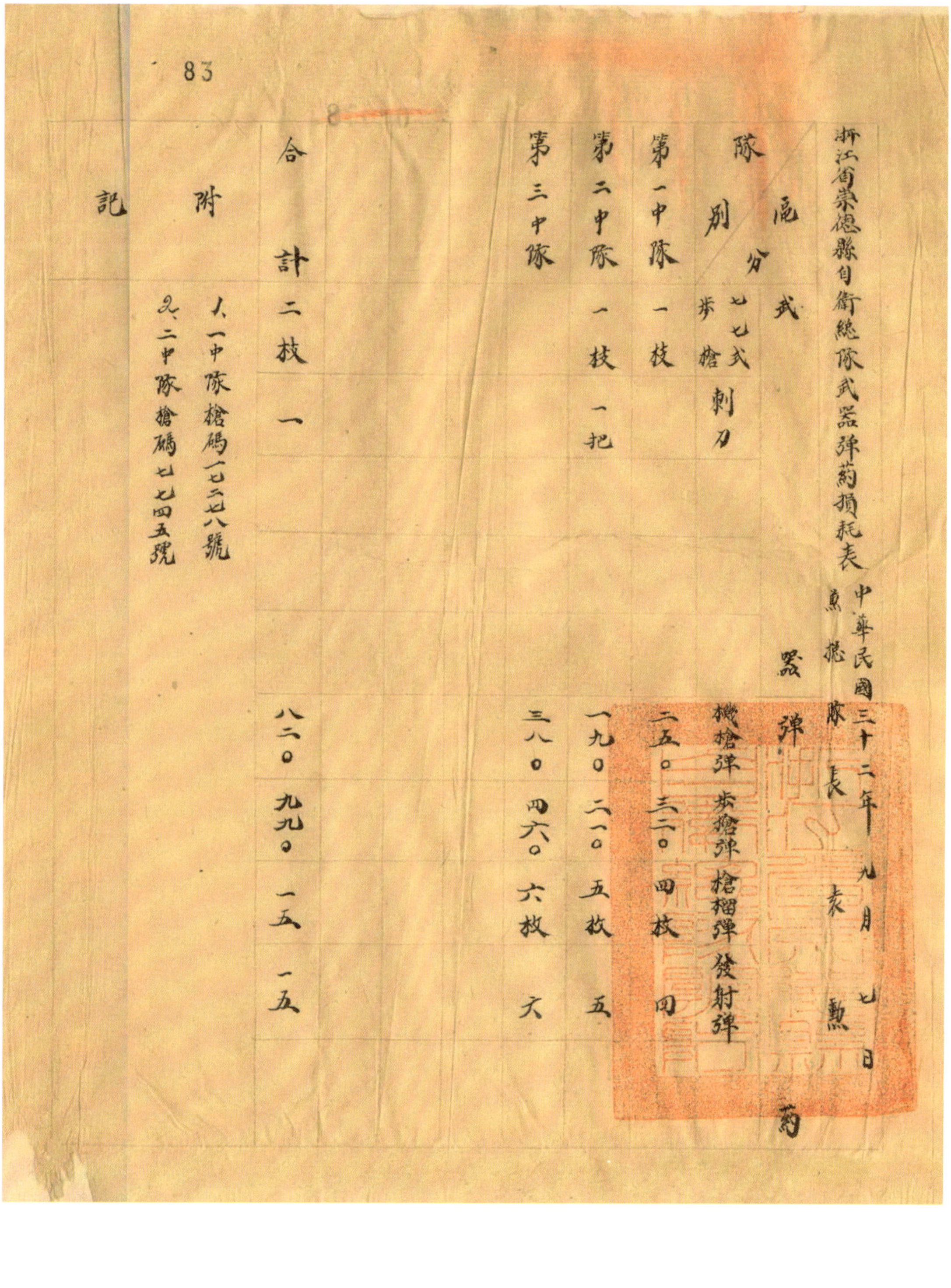
83

浙江省崇德縣自衛總隊武器彈藥損耗表

中華民國三十二年九月七日

兼總隊長 袁 勲

區分 隊別	武器 七七式步槍	武器 刺刀	彈藥 機槍彈	彈藥 步槍彈	彈藥 槍榴彈	彈藥 發射彈
第一中隊	一枝		二五〇	三二〇	四枚	四
第二中隊	一枝	一把	一九〇	二一〇	五枚	五
第三中隊			三八〇	四六〇	六枚	六
合計	二枝	一	八二〇	九九〇	一五	一五

附記：
1、一中隊槍碼一七二七八號
2、二中隊槍碼七七四五號

附三：崇德县自卫总队阵亡士兵报告表（一九四三年九月七日）

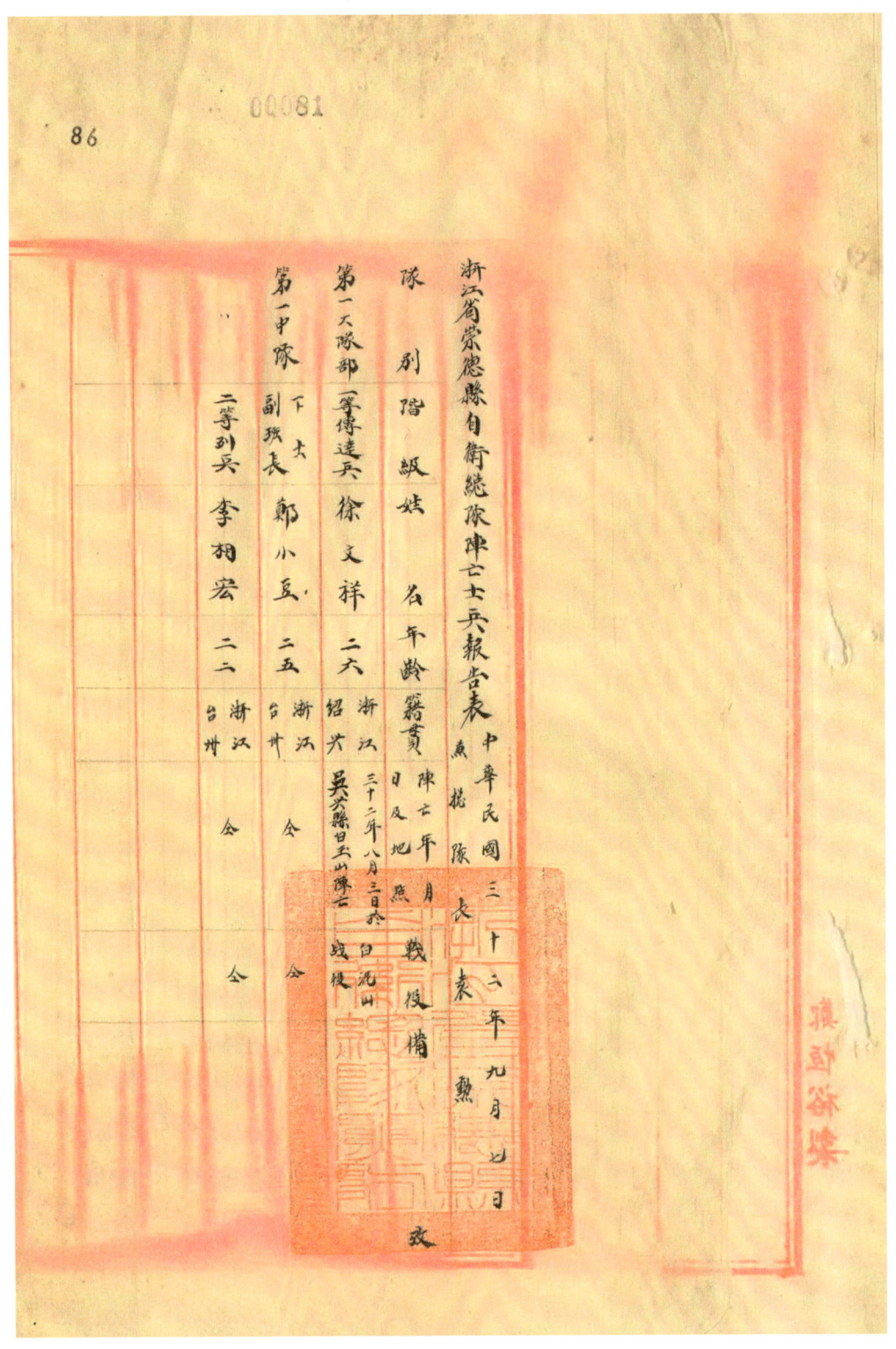

86

00081

浙江省崇德縣自衛總隊陣亡士兵報告表

中華民國三十二年九月七日

兼總隊長 袁勳

隊別	階級	姓名	年齡	籍貫	陣亡年月日及地點	戰役	備攷
第一大隊部	一等傳達兵	徐文祥	二六	浙江紹兴	三十二年八月三日於吳兴縣白玉山陣亡	白沈山戰役	
第一中隊	下士副班長	鄭小豆	二五	浙江台州	仝	仝	
〃	二等列兵	李相宏	二二	浙江台州	仝	仝	

崇德县自卫总队部关于杨家坝桥战斗情况致崇德县政府的代电（一九四三年九月十五日）

崇德縣自衛總隊部快郵代電

崇總字第二七號

事由

縣長袁鈞鑒案據第一大隊大隊長陳世鈞報告稱「灰日上午八時敵偽約弍佰餘名分三路向我駐地楊家壩橋馮通浜董家下之綫進襲職即令一二中隊(二)中隊缺一分隊周游裹木返佔領陣地正準備戰鬥中楊家壩橋前端即發現敵人向我二中隊接觸敵衝橋不逞正擬將其裹返同時馮通浜董家下之綫我一中隊全部已向敵接觸愈戰愈烈約三小時敵涉水強渡突破我楊家壩橋陣地奉令突圍向北斜轉進伍花巴里集續長役裹斃敵八名偽約十餘名我陣亡官兵七員名傷九

中華民國　　年　　月　　日發

00034

34

崇德縣自衛總隊部快郵代電

字第　號

事由

員私奪獲敵三八式步槍一枝漢造步槍一枝遺失七七式步槍二枝套筒步槍四枝消耗彈藥另表呈報等情又據二大隊同日报告略称「灰日楊家埧橋之役奉派第三中隊搶獲第四中隊向西聖堂抄襲該第四中隊進至八家井旨敵接觸激战約一小時即奉令援應一大隊突圍經北斜向花巴里集結是役計陣亡列兵李昆等二名損失七九步槍弍枝消耗步機彈式佰五十發各等情據查屬實除分呈外理合檢同官兵傷亡彈藥消耗服裝損失携獲敵械表各一份電請察核備查萬據

中華民國　年　月　日發

第二頁

崇德縣自衛總隊部快郵代電

字第　號
由
事

隊長表勳副總隊長楊廷楨冊晨附官兵陣亡表二份官兵負傷表一份損耗武器彈藥表二份損失被服裝具表一份擄獲敵械表一份

擬令：
呈冊均悉。既據分呈，[illegible]呈遞，候彙案核[illegible]
准予備查。此令。冊存
但所呈戰鬥詳報未附呈
附圖，並飭補呈，以憑查考
[illegible]

中華民國　年　月　日發

第　三

附一：崇德县自卫第一总队战斗详报表（一九四三年九月十日）

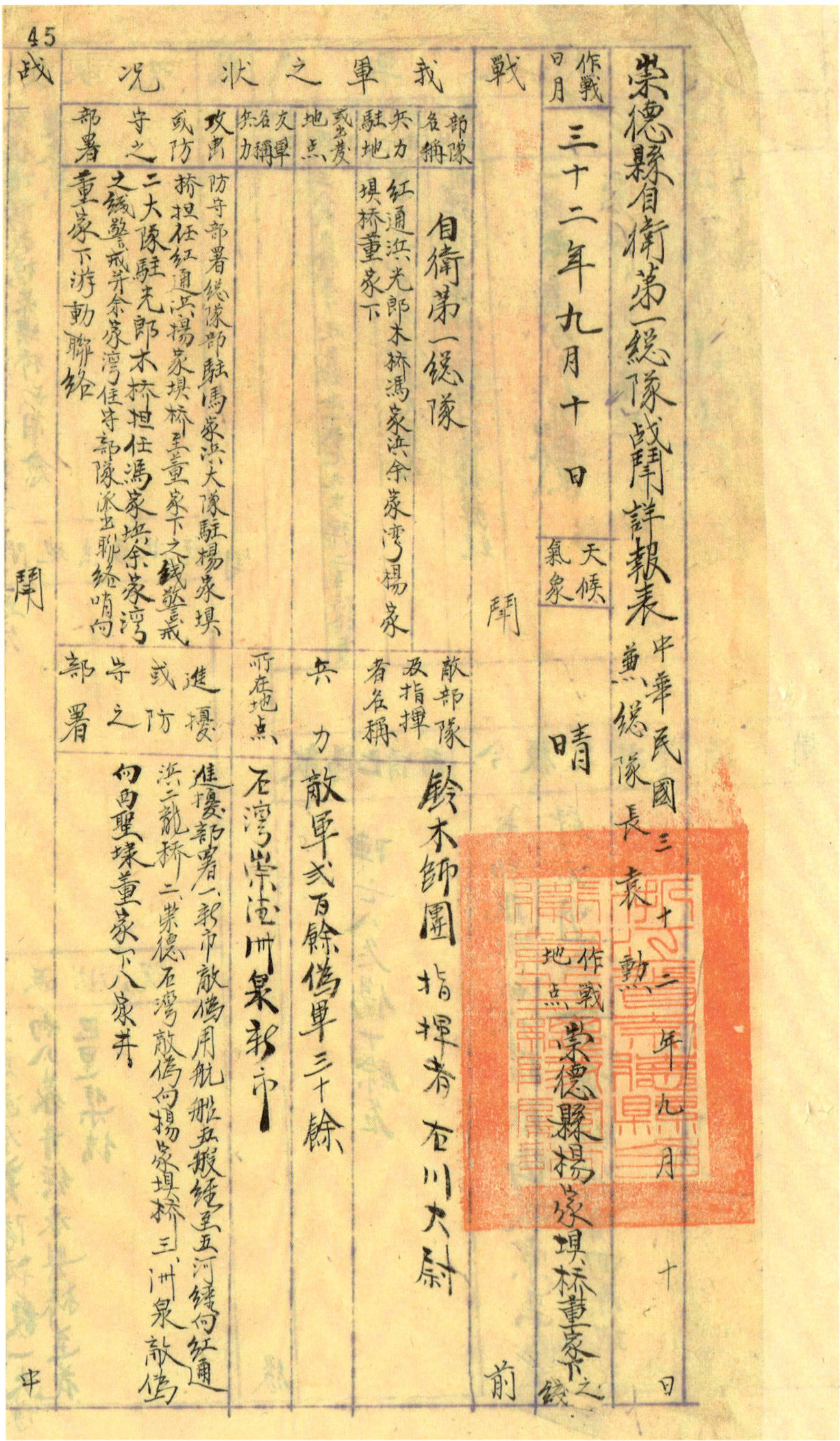

45
崇德縣自衛第一總隊戰鬥詳報表
中華民國三十二年九月十日
兼總隊長 袁勳
作戰日月 三十二年九月十日
天候氣象 晴
作戰地點 崇德縣楊家墳橋董家下之綫
戰鬥前
我軍之狀況
部隊名稱 自衛第一總隊
兵力駐地 紅通浜光郎木橋馮家浜余家灣楊家墳橋董家下
攻勢或防守之部署 防守部署總隊部駐馮家浜大隊駐楊家墳橋担任紅通浜楊家墳橋至董家下之綫警戒二大隊駐光郎木橋担任馮家浜余家灣之綫警戒并余家灣住守部隊派出聯絡哨向董家下游動聯絡
敵部隊及指揮者名稱 鈴木師團 指揮者 石川大尉
兵力 敵軍弍百餘偽軍三十餘
所在地點 石灣崇德洲泉新市
進擾或防守之部署 進擾部署一新市敵偽用航船五艘經五河經向紅通浜二龍橋 二崇德石灣敵偽向楊家墳橋 三洲泉敵偽向西墅埭董家下八家井
開
中

接觸時間地点及状况

上午八時據报在湾崇偲敵偽約三百餘名分三路向我駐地進襲即命各隊佔領陣地準備战闹約十分鐘敵偽由楊冢埧桥之第一大隊即与敵偽接觸二大隊派兵一部（四中隊）由余冢湾經八冢井向西聖垙迂迴至八冢井与敵偽接觸我楊冢埧桥战闹愈趨激烈

战闹最激烈時間地点及状况

約至上午十時許敵偽猛衝楊冢埧桥不逞即以猛烈火力掩護強渡双方相持最激烈時間約二小時之欠

决战時間地点及状况

战闹約三小時楊冢埧桥最為激烈因敵衆我寡楊冢埧桥陣地絡被吳破同時五河經方面敵偽向红通吳近迫遂令一大隊掩護一大隊向八冢井經永興桥至花巴里集结

战闹後我軍之状况

損失情形	
俘獲數目	三八式步槍及漢造步槍各一枚七九步彈二百陸拾發
傷亡數目	陣亡官兵六九員名傷兵九員名
消耗數目	机彈1371步彈1497枪榴彈17发射彈27

一、傷亡官兵分别醫治及安埋
二、各隊作戰後整理
三、对敵嚴密警戒

敵傷亡情形

陣亡八名傷十餘名

今後之状態及企圖

我部脫離战場後敵偽搜索至北尉不明我之動態即行撤回原地

附二：崇德县自卫第一总队杨家坝桥之役战斗要图（一九四三年九月十日）

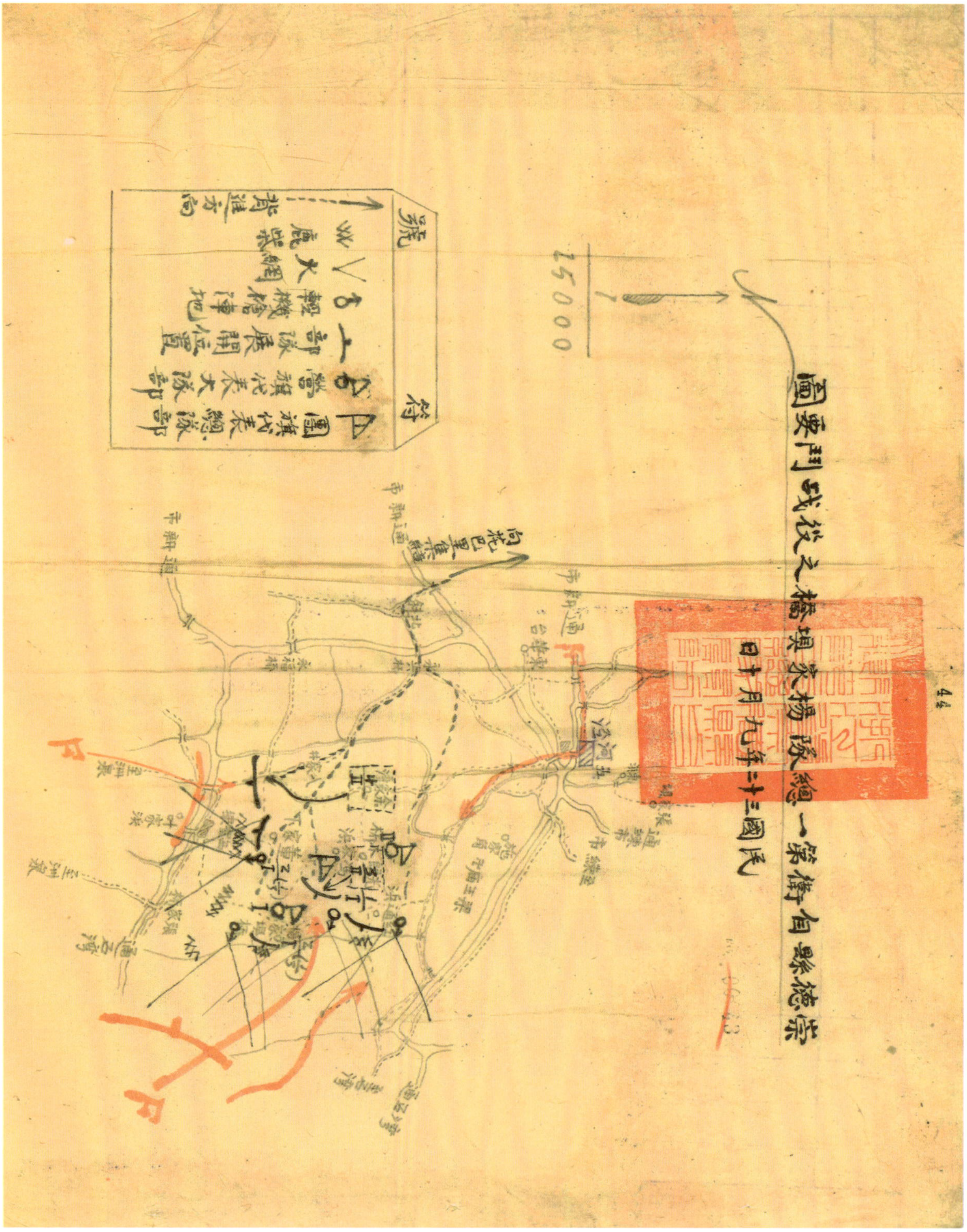

附三：崇德县自卫总队第一大队阵亡官兵报告表（一九四三年九月十三日）

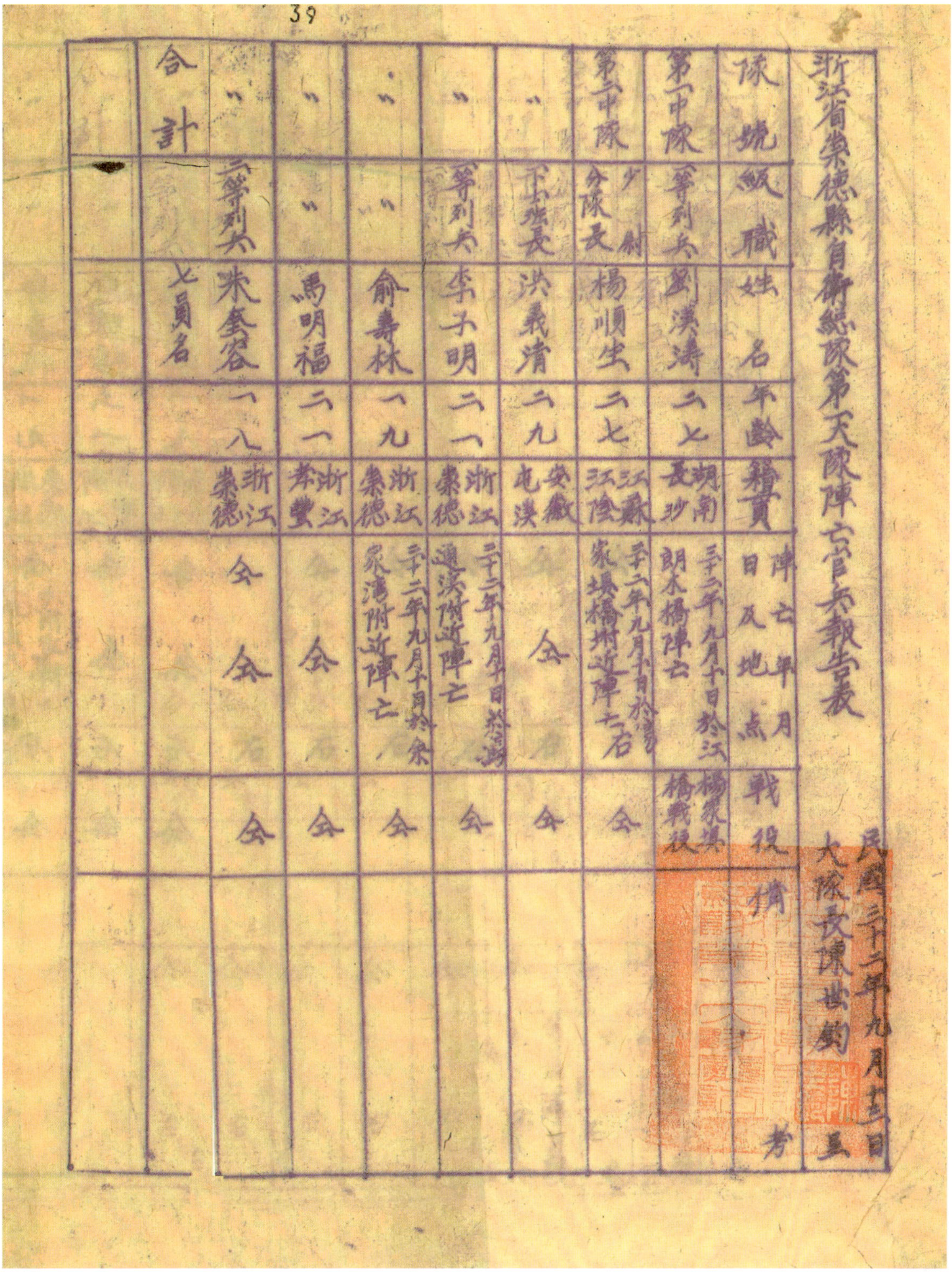

浙江省崇德縣自衛總隊第一大隊陣亡官兵報告表

隊號	級職	姓名	年齡	籍貫	陣亡年月日及地点	戰役	備考
第一中隊	一等列兵	劉漢濤	二七	湖南長沙	三十二年九月十日於江朗木橋陣亡	楊家濮橋戰役	
第二中隊	少尉分隊長	楊順生	二七	江蘇江陰	三十二年九月十日於高家場橋附近陣亡	仝	
〃	下士班長	洪義清	二九	安徽屯溪	仝	仝	
〃	一等列兵	李子明	二一	浙江崇德	三十二年九月十日於湖通溪附近陣亡	仝	
〃	〃	俞壽林	一九	浙江崇德	三十二年九月十日於朱家湾附近陣亡	仝	
〃	〃	馮明福	二一	浙江孝豐	仝	仝	
〃	二等列兵	朱奎容	一八	浙江崇德	仝 仝	仝	
合計		七員名					

大隊長陳世鈞

民國三十二年九月十三日

附四：崇德县自卫总队第二大队第四中队阵亡官兵报告表（一九四三年九月十一日）

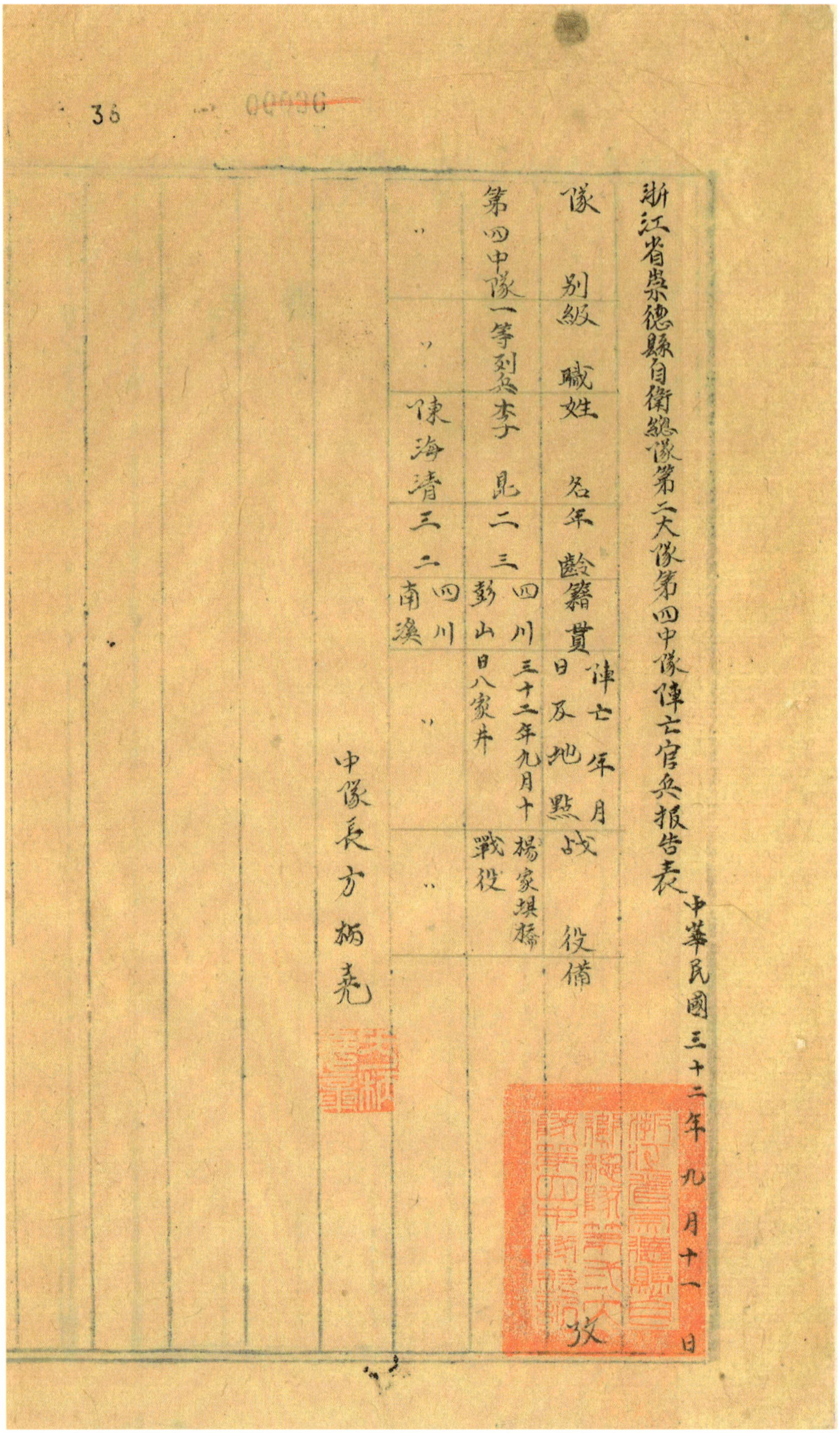

35　00036

浙江省崇德縣自衛總隊第二大隊第四中隊陣亡官兵報告表

隊別級職	姓名	年齡	籍貫	陣亡年月日及地點	戰役	備攷
第四中隊一等列兵	李昆	二三	四川彭山	三十二年九月十日八家井	楊家堪橋戰役	
〃	陳海清	三二	四川南溪	〃	〃	

中隊長方炳堯

中華民國三十二年九月十一日

附五：崇德县自卫总队第一大队受伤官兵报告表（一九四三年九月十三日）

00398

38

浙江省崇德縣自衛總隊第一大隊受傷官兵報告表

隊號	級職	姓名	年齡	籍貫	受傷地點及年月日	戰役	以前曾否受傷詳錄	住何醫院治療
大隊部	少校大隊長	陳世鈞	三一	湖南湘鄉	卅二年九月十日於楊家埭橋負傷	楊家埭橋戰役		隨隊療養
〃	上等傳達兵	劉五苟	二三	浙江分水	仝右	仝		住總隊部醫務所
第一中隊	少尉分隊長	成勁軍	二六	湖南湘鄉	卅二年九月十日於江頭木橋負傷	仝		仝
	下士副班長	張欽民	二三	浙江長興	仝右	仝		仝右
	一等列兵	陳公裕	二〇	浙江崇德	仝右	仝		仝右
	〃	顧中耀	二四	浙江於潛	仝右	仝		仝右
第二中隊	准尉分隊附	鄭繼仁	二六	安徽懷寧	卅二年九月十日於楊家埭橋負傷	仝		仝右
	上士班長	謝坤	二一	浙江紹興	仝右	仝		仝右
	一等列兵	蔣法土	二二	浙江台州	仝右	仝		仝右
合計		九員名						

民國三十二年九月十三日

大隊長陳世鈞 呈

附六：崇德县自卫总队第一大队抗敌战役械弹损耗报告表（一九四三年九月十三日）

浙江省崇德縣自衛總隊第一大隊抗敵戰役械彈損耗報告表

損耗情形	
日期	三十二年九月十日
地點	楊家橋、滿過浜、黃泥兜下
兵力	全大隊（轄兩中隊）
敵軍兵力	敵軍百餘、偽軍二百餘
敵軍番號	鈴木師團
敵酋姓名	石川大尉
戰斗時間	九月十日上午八時起至下午一時止
經過狀況	敵分三路來犯，因地形複雜，及兵力不敷分配，以致三面受敵，經奮勇抗拒數時之久，始突圍而出
戰時敵我距离	約百公尺
敵人死傷人數	敵偽死傷卅餘人，及敵之坐騎一匹

損耗數量

各式彈械	口徑	單位	號碼	數量	備考
七七式步槍	7.9	枝	[illegible]	一	大隊部
七九步彈		粒		一四〇	仝
捷克式机槍	7.9	挺	[illegible]	一	腳架包箍斷
三八式步槍	6.5	枝	[illegible]	一	[illegible]
七七式步槍	7.9	枝	[illegible]	一	
槍榴彈筒		個		一	榴彈筒爆斷
刺刀		把		五	
發射彈		粒		五	
七九机彈		粒		[illegible]	
七九步彈		粒		[illegible]	
六五步彈		粒		[illegible]	以上為第一中隊
套筒步槍	7.9	枝	[illegible]	一	
〃	〃	〃	[illegible]	一	
〃	〃	〃	[illegible]	一	
七七式步槍	〃	〃	[illegible]	一	
槍榴彈筒	個	個	[illegible]		榴彈筒爆斷

各式彈械	口徑	單位	號碼	數量	備考
預備槍管	7.9	桿	[illegible]	一	
槍榴彈		枚		七	
發射彈		粒		七	
七九机彈		粒		[illegible]	
步槍彈		粒		[illegible]	
刺刀		把		四	
木柄手榴彈		枚		六	
机槍彈夾		個		一	被敵彈[illegible]破 [illegible]

右項理合報呈

鑒核

縣長兼總隊長袁

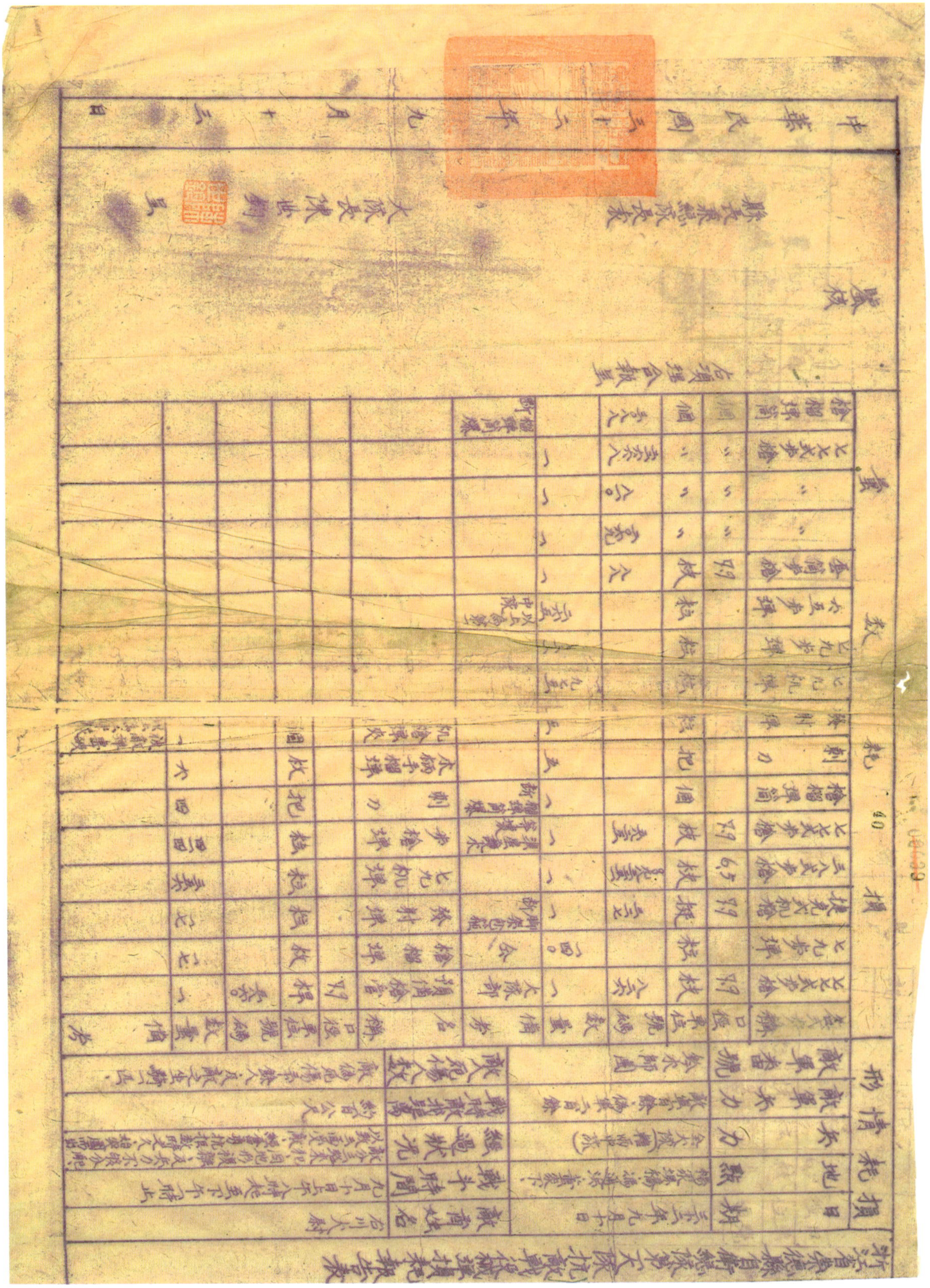

附七：崇德县自卫总队第一大队损耗被服装具公物报告表（一九四三年九月十三日）

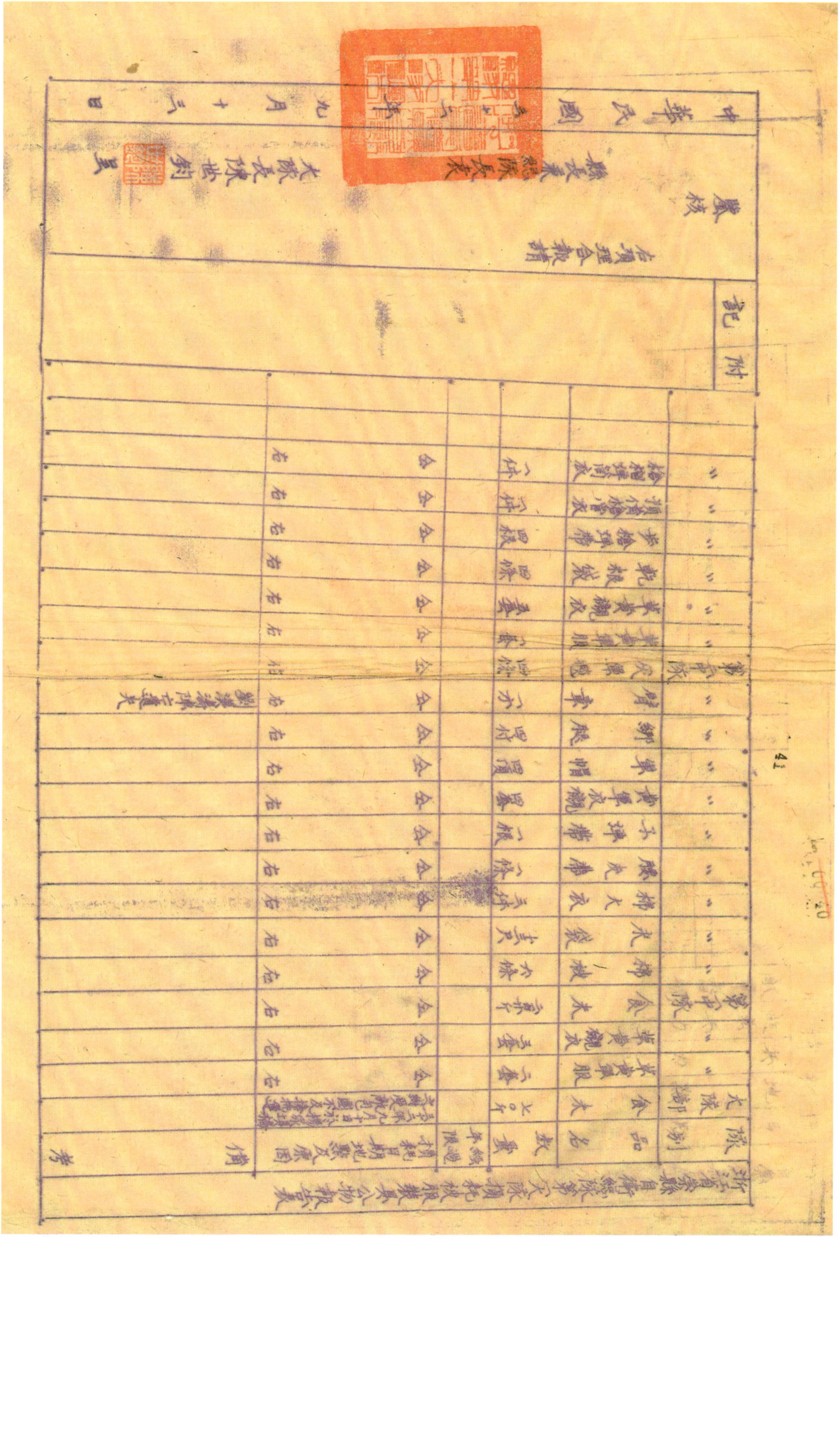

浙江省崇德縣自衛總隊第一大隊損耗被服裝具公物報告表

隊別	品名	數量	經過年限	損耗日期地點及原因	備考
大隊部	食米	七〇斤		三十二年九月十日於楊家[illegible]橋[illegible]受敵包圍不及搶運	
〃	草黃單服	二套		仝右	
〃	草黃襯衣	三套		仝右	
第一中隊	食米	三〇斤		仝右	
〃	棉被	六條		仝右	
〃	米袋	十三只		仝右	
〃	棉大衣	三件		仝右	
〃	腰皮帶	一條		仝右	
〃	子彈帶	一根		仝右	
〃	黃單衣襯	四套		仝右	
〃	軍帽	四頂		仝右	
〃	綁腿	四付		仝右	
〃	臂章	一分		仝右	劉漢濤陣亡遺失
第二中隊	灰軍毯	四條		仝右	
〃	草黃單服	一套		仝右	
〃	草黃襯衣	二套		仝右	
〃	乾糧袋	四條		仝右	
〃	步槍彈帶	四根		仝右	
〃	預備槍管衣	一件		仝右	
〃	輕機槍彈筒衣	一件		仝右	

附記

右項理合報請

鑒核

縣長兼總隊長袁

大隊長陳世鈞 呈

中華民國三十二年九月十三日

崇德县自卫总队部关于补呈九月二日叶家桥战斗情况及洲泉之役战斗情况致崇德县政府的代电（一九四三年十月十五日）

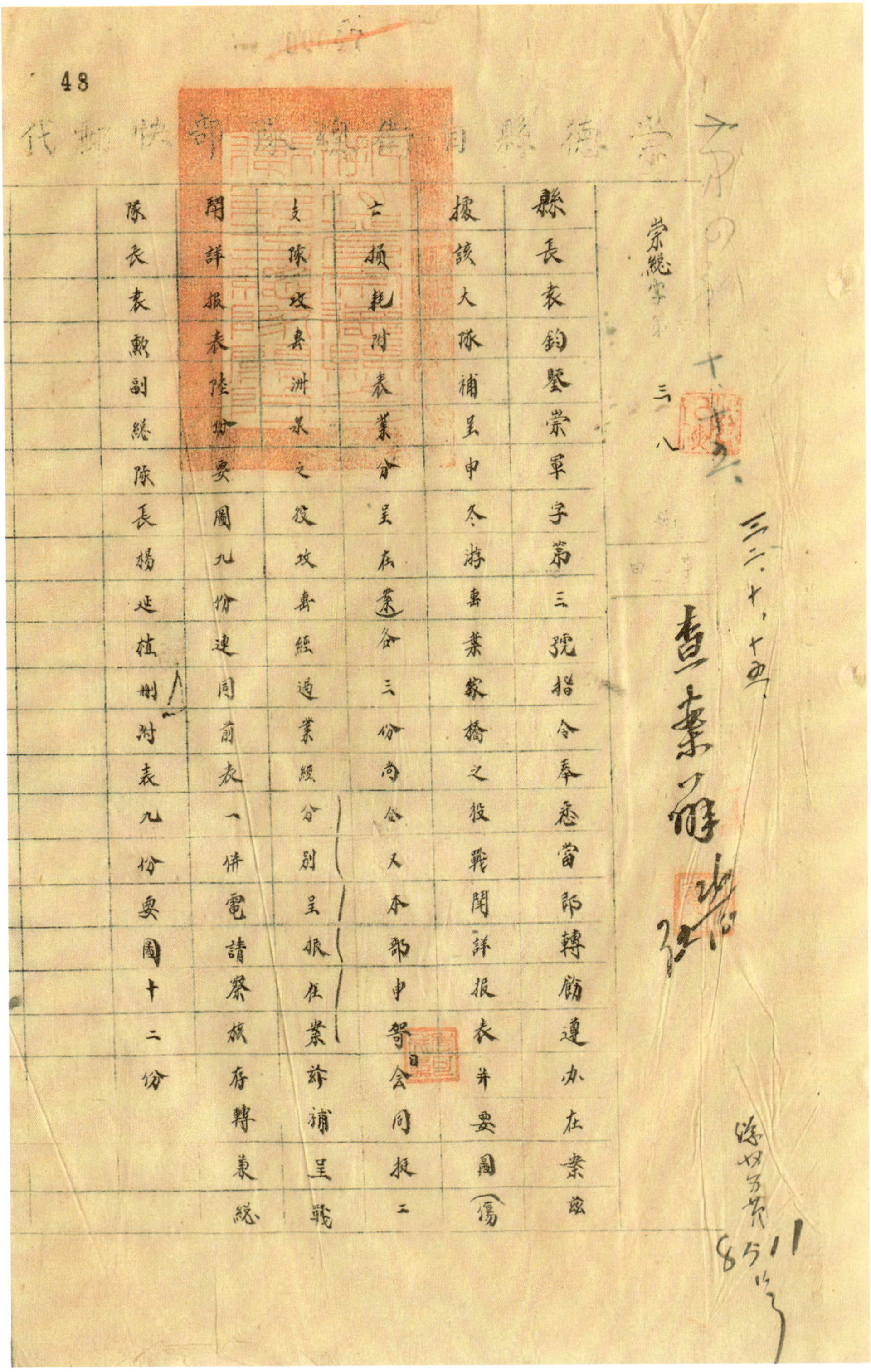

崇德縣自衛總隊部快郵代電

崇總字第三八號

縣長表鈞鑒：崇軍字第三號指令奉悉，當即轉飭遵辦在案。茲據該大隊補呈申冬游擊葉家橋之役戰鬥詳報表并要圖（傷亡損耗附表）業分呈在案，各三份，尚合又本部申哿會同投二支隊攻襲洲泉之役攻襲經過業經分別呈報在案，茲補呈戰鬥詳報表陸份要圖九份連同前表一併電請察核存轉。兼總隊長表勳、副總隊長楊延植删附表九份要圖十二份

三二、十、十五

附一：崇德县自卫第一总队第二大队九月二日战斗详报表（一九四三年九月五日）

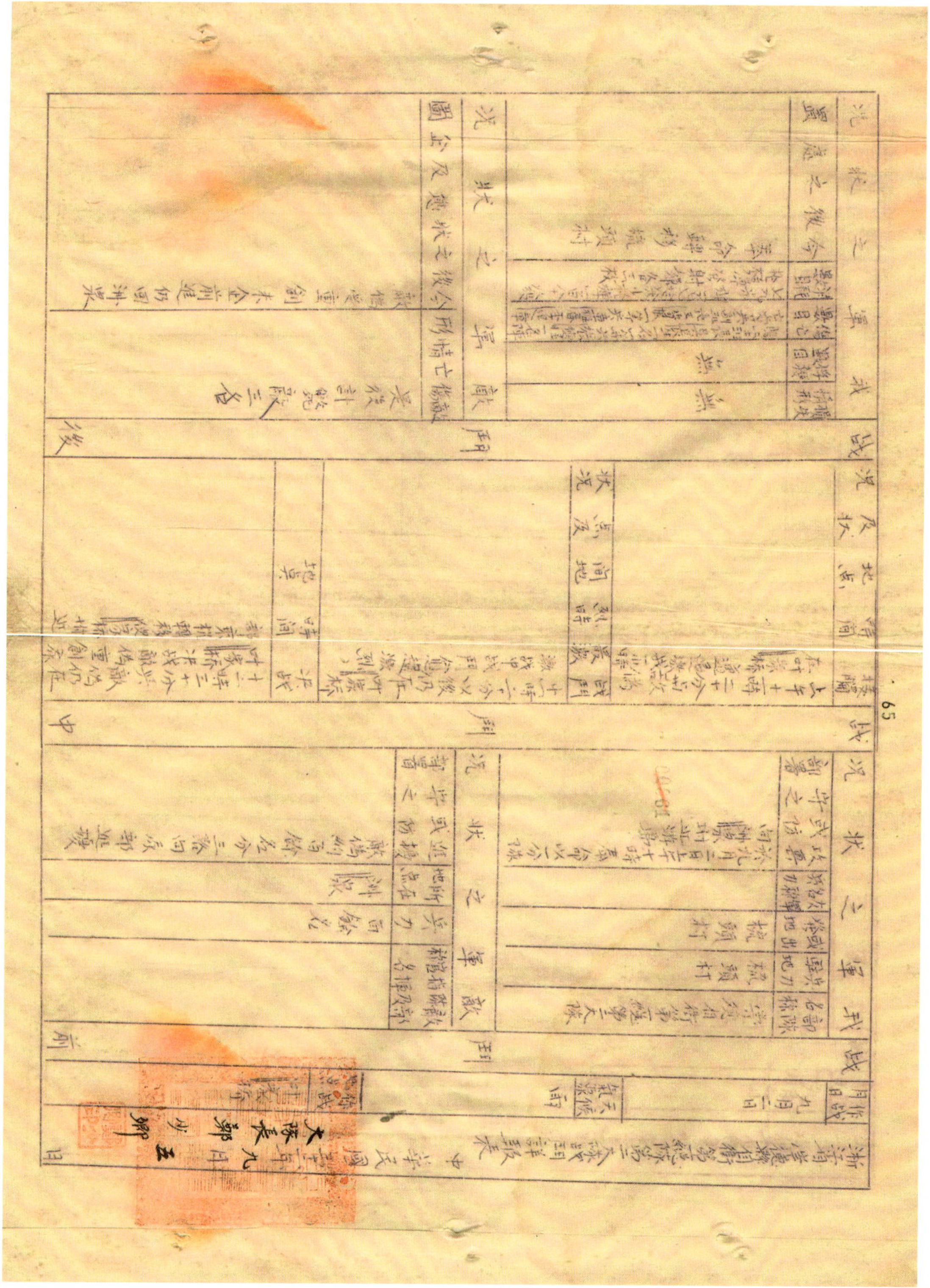

附二：崇德县自卫第一总队第二大队叶家桥附近要图

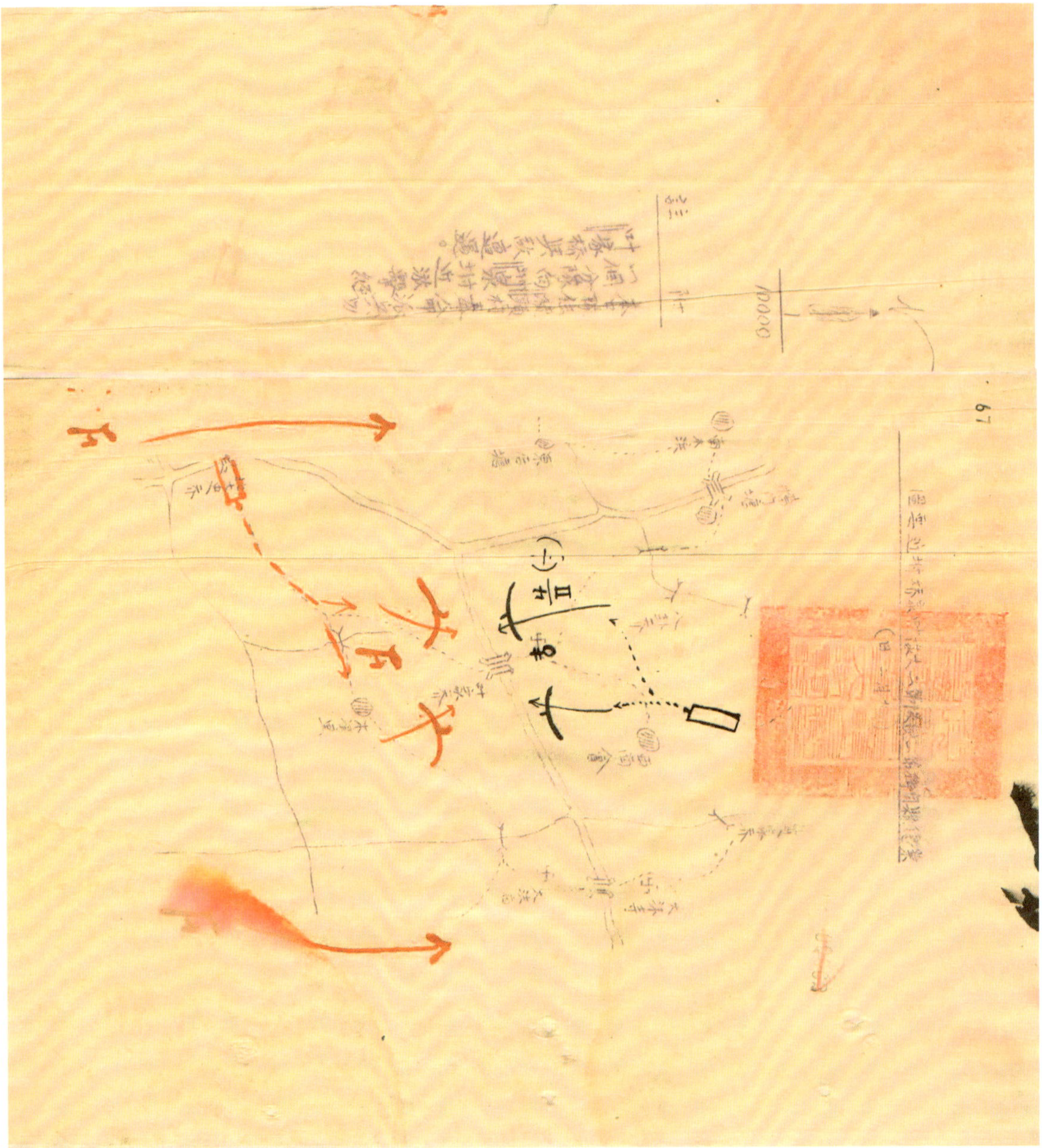

附三：崇德县自卫总队第一大队九月二十日战斗详报表（一九四三年九月二十八日）

49

浙江省崇德縣自衛總隊第一大隊戰鬥詳報表

作戰月日	天候氣象	作戰地點
三十二年九月二十日	晴	洲泉市附近

戰鬥前

我軍之狀況

部隊名稱	兵力駐地	出發地	友軍名稱兵力	攻擊或防守之部署
自衛總隊第一大隊		兩中隊由長河浜出發	第六支隊全部約兩大隊	攻擊部署：以第一中隊對新市、崇德石灣方向警戒，以第二中隊由[illegible]范庵、南星、南泉村，向洲泉市區攻擊。

敵軍之狀況

敵部隊及指揮者名	兵力	所在地點	進攻或防守之部署
鈴木師團，指揮者：石川大尉	敵軍約八十餘名，偽軍百餘名	洲泉市區	防守部署：敵依據原有工事，嚴密警戒，死守洲泉市區。

戰鬥中

項目	狀況
接觸時間地點及狀況	午后七時卅分，第二中隊第六分隊[illegible]由前[illegible]潛入大東橋，擬破敵人工事，為敵警覺，雙方即行接觸。
戰鬥最激烈時間地點及狀況	雙方接觸後，於八時許，戰鬥最激烈，[illegible]當即增援南泉村，戰斗即趨激烈。
戰鬥結束時間地點及狀況	八時後，敵我在市區附近施行拉鋸戰，九時[illegible]第二中隊[illegible][illegible]大橋破壞敵之工事，[illegible]時許，我方任務達成後，第六支隊撤退號音，始行脫離戰場。

戰鬥後

我軍之狀況

損失情形	俘獲數目	傷亡數目	消耗數目	今後之處置
			[illegible]彈[illegible]粒，步彈約[illegible]粒，槍榴彈及擲榴彈若干	於二十一日上午全部轉移顧家村待命

敵軍之狀況

敵傷亡情形	今後之狀態及企圖
	二支隊之突擊部隊及我第二中隊在洲泉市區，將敵工事大加破壞，並燒燬敵駐所及倉庫，敵經此次重創後，恐慌萬分，似有放棄洲泉[illegible]樣。

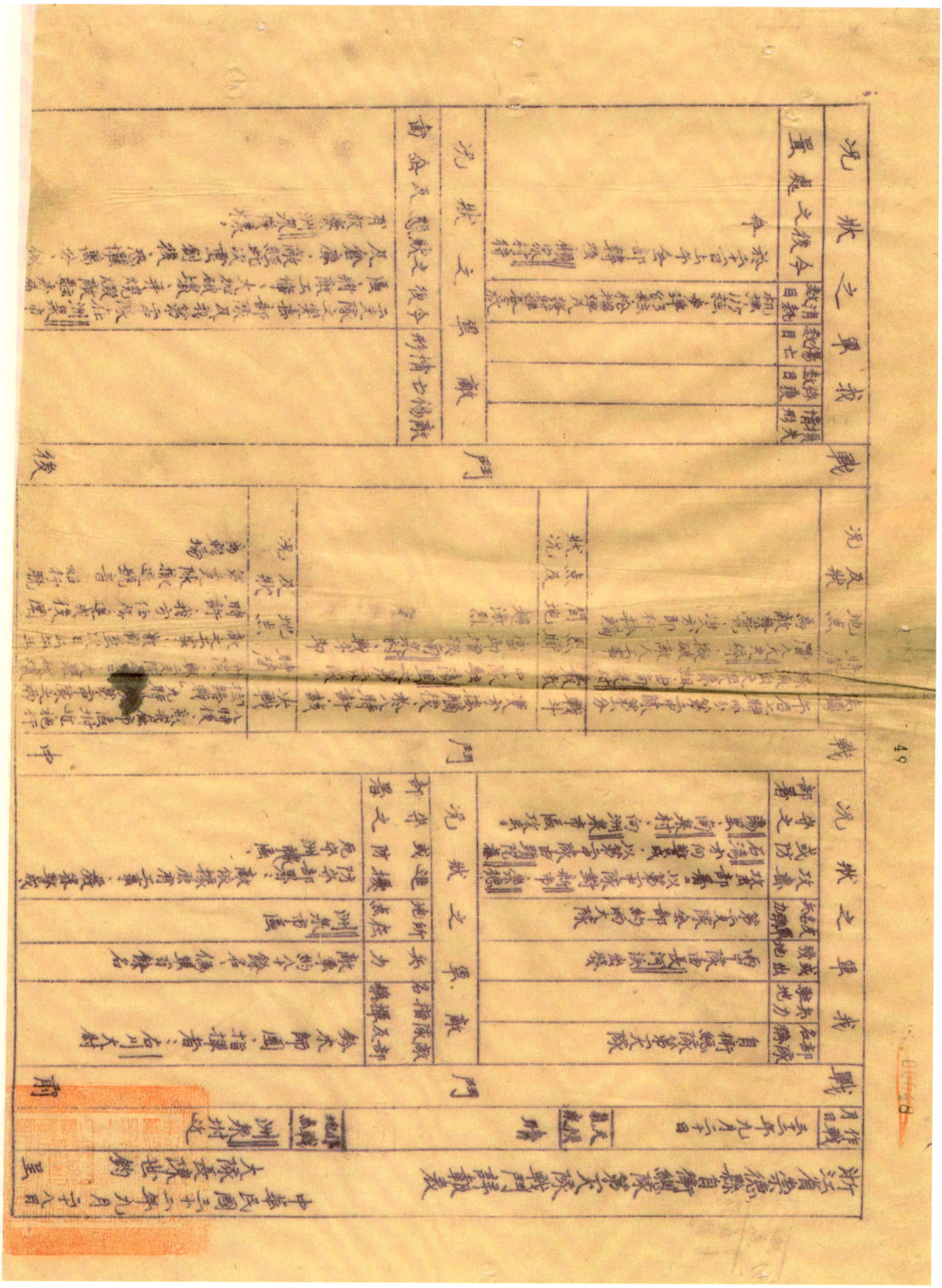

附四：崇德县自卫第一总队第二大队九月二十日战斗详报表（一九四三年九月二十九日）

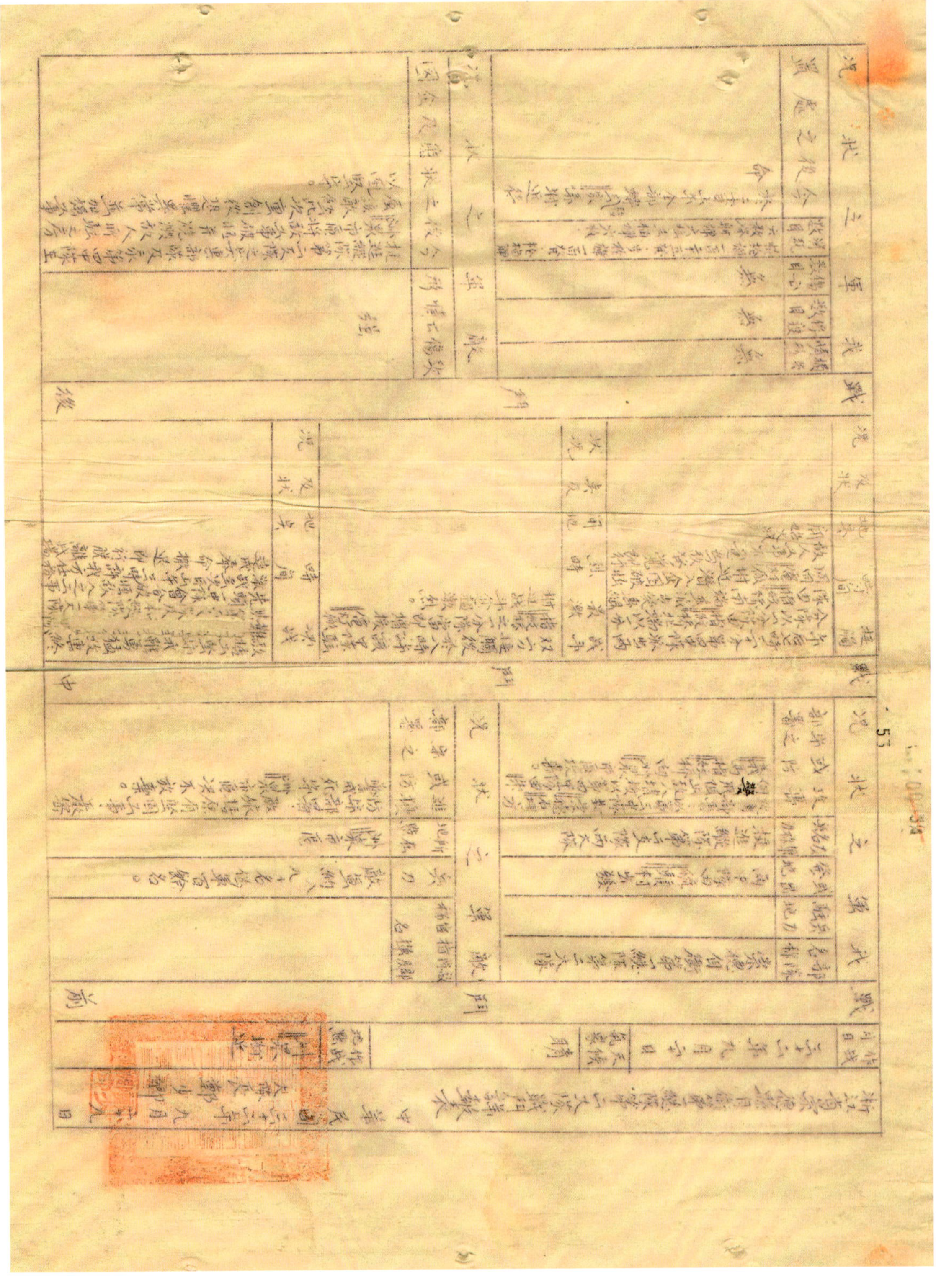

附五：崇德县自卫总队第一大队攻击洲泉部署要图（一九四三年九月二十日）

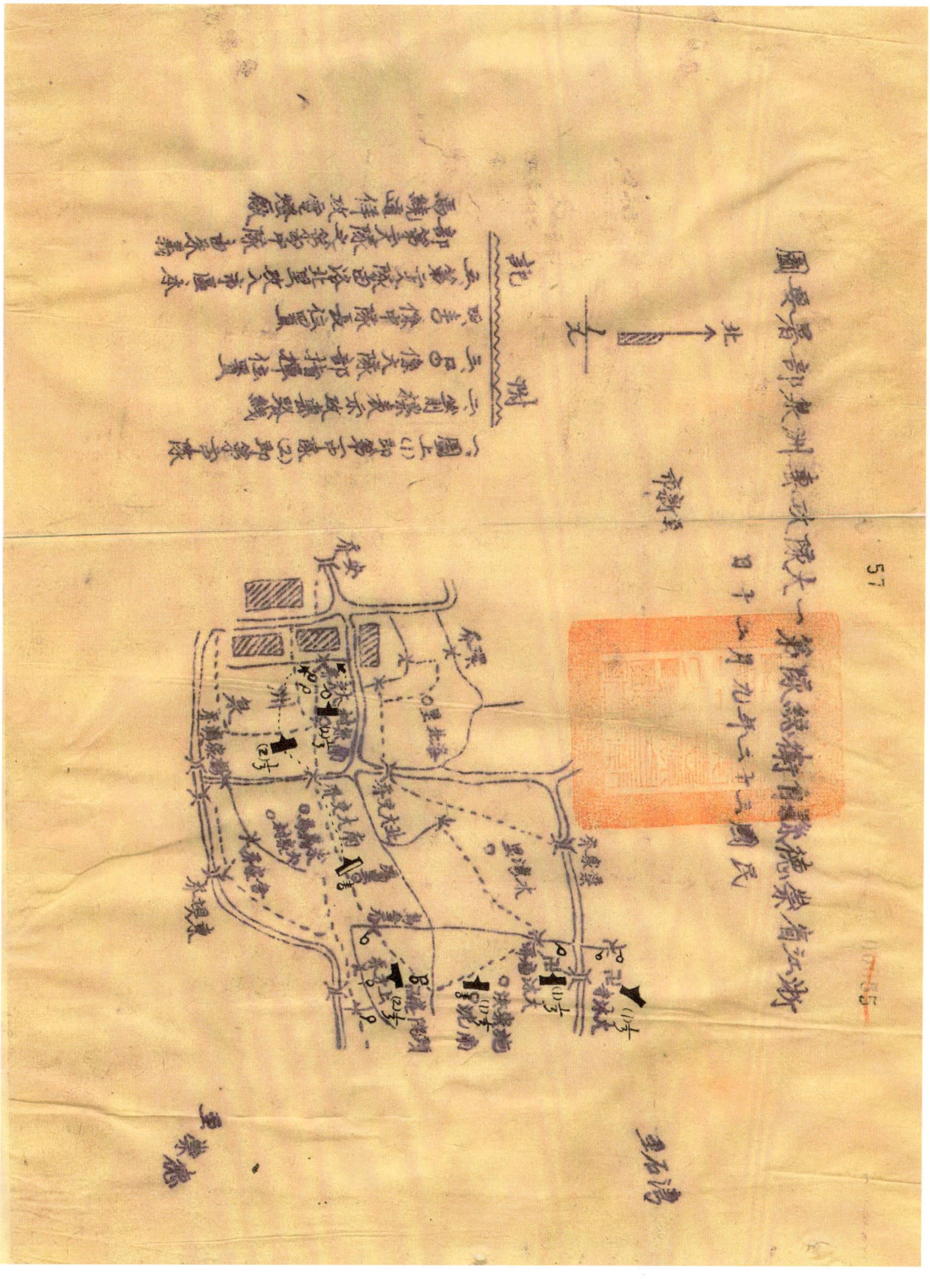

附六：崇德县自卫第一总队第二大队攻击洲泉兵力部署要图（一九四三年九月二十日）

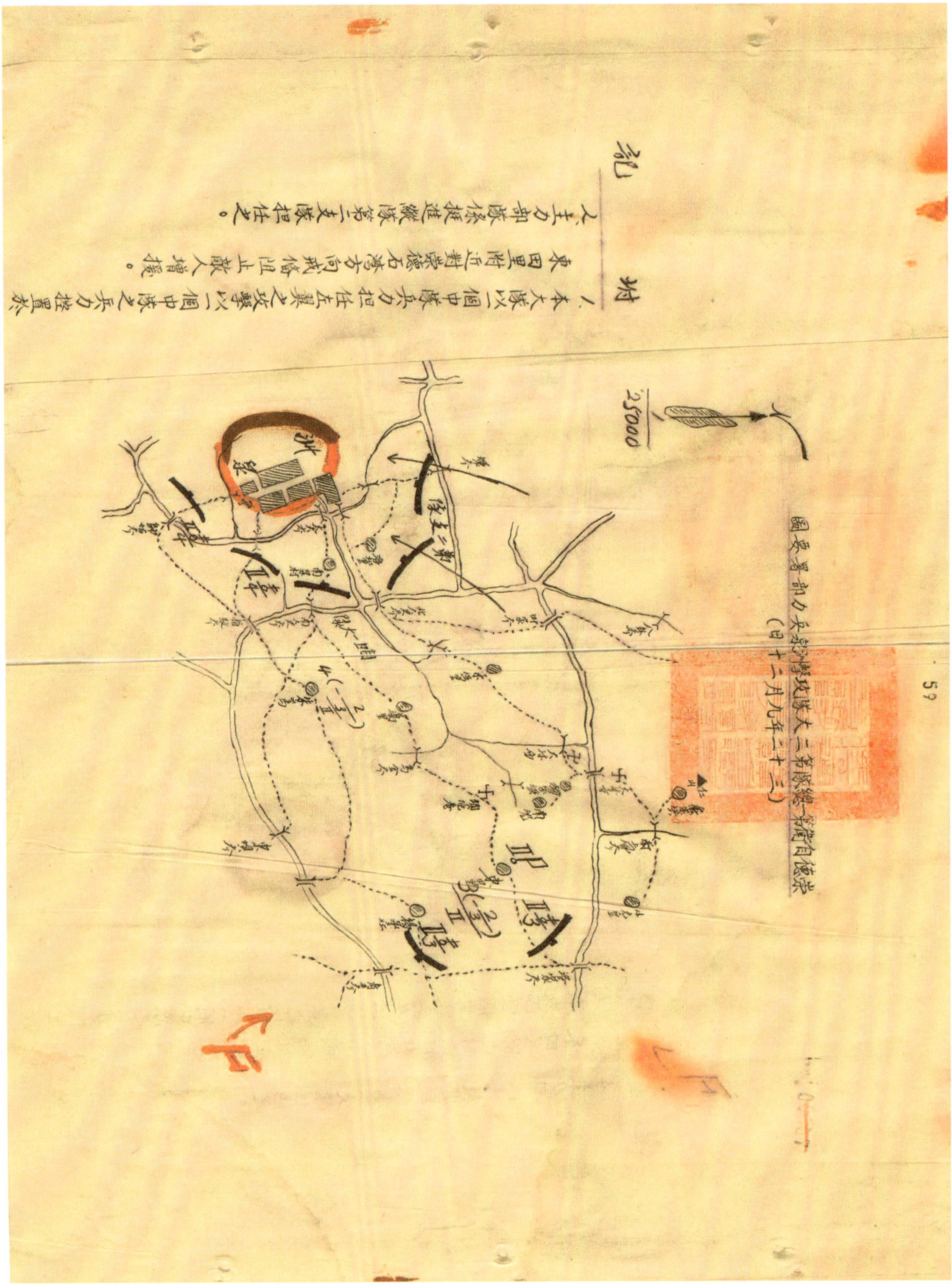

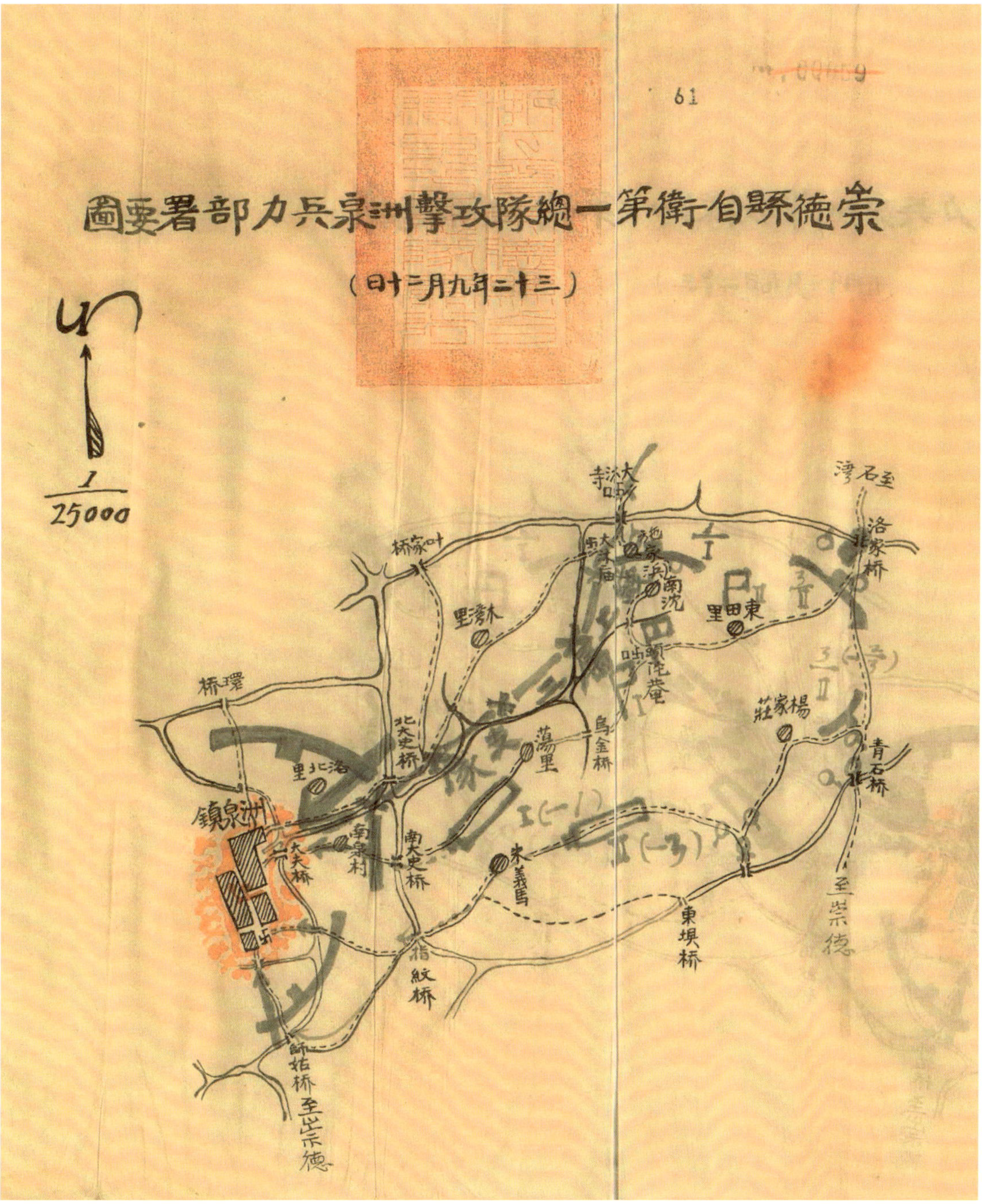

附七：崇德县自卫第一总队攻击洲泉兵力部署要图（一九四三年九月二十日）

崇德县自卫第二总队部关于天河桥作战经过暨士兵伤亡损耗弹药情况致崇德县政府的呈（一九四三年十一月七日）

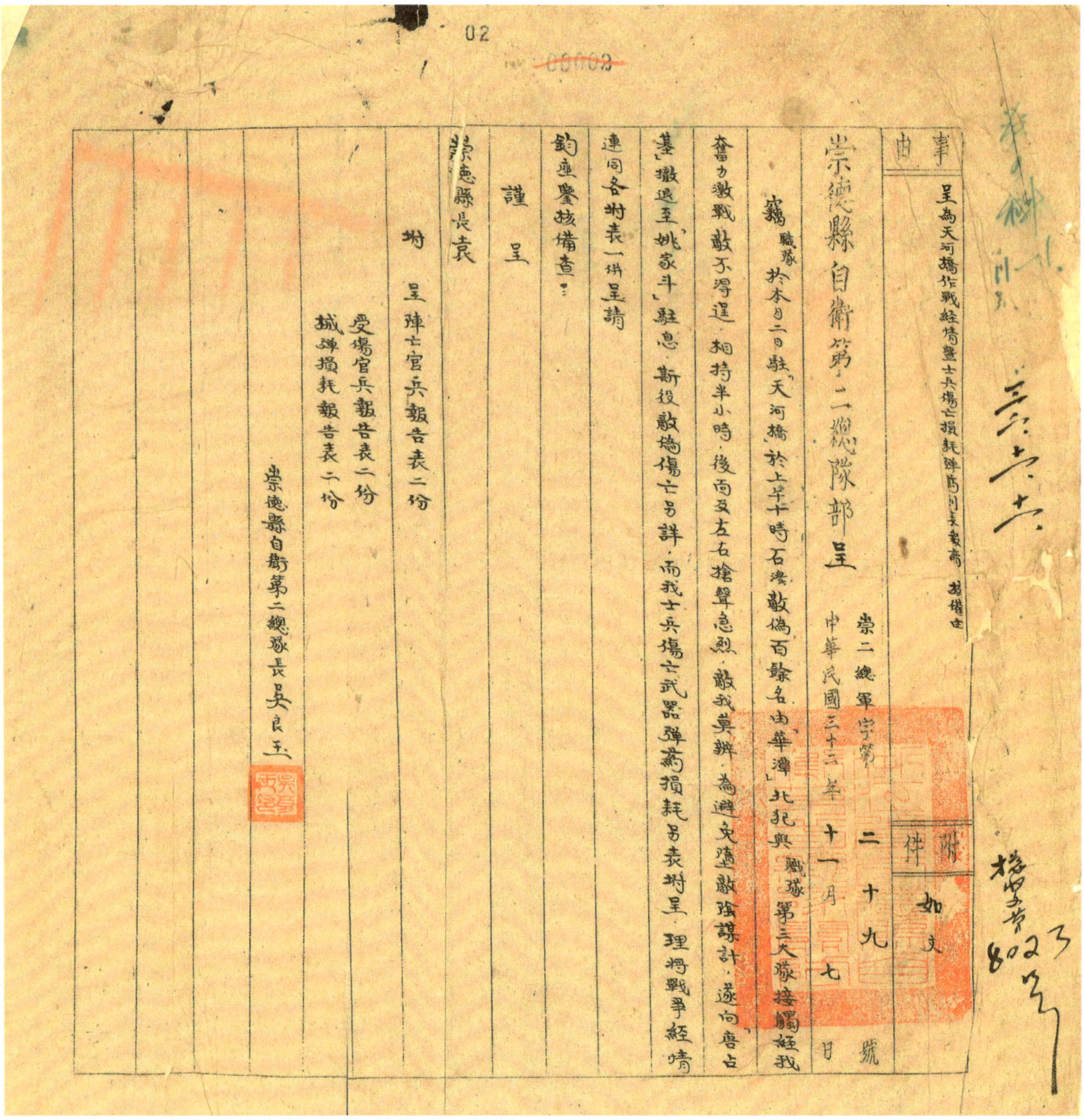

02

事由：呈為天河橋作戰經情暨士兵傷亡損耗彈藥列表報請　核備由

崇德縣自衛第二總隊部呈

崇二總軍字第二十九號

中華民國三十二年十一月七日

附件：如文

竊職隊於本月二日駐「天河橋」，於上午十時石灣敵偽百餘名由「華澤」北犯與職隊第三大隊接觸，經我奮力激戰，敵不得逞，相持半小時，後面及左右槍聲急烈，敵我莫辨，為避免墮敵陰謀計，遂向唐占墓撤退至「姚家斗」駐息。斯役敵偽傷亡另詳，而我士兵傷亡武器彈藥損耗另表附呈，理將戰爭經情連同各附表一併呈請

鈞座鑒核備查！

謹呈

崇德縣長袁

附呈陣亡官兵報告表二份

受傷官兵報告表二份

械彈損耗報告表二份

崇德縣自衛第二總隊長吳良玉

附一：崇德县自卫第二总队第三大队第五中队阵亡官兵报告表（一九四三年十一月三日）

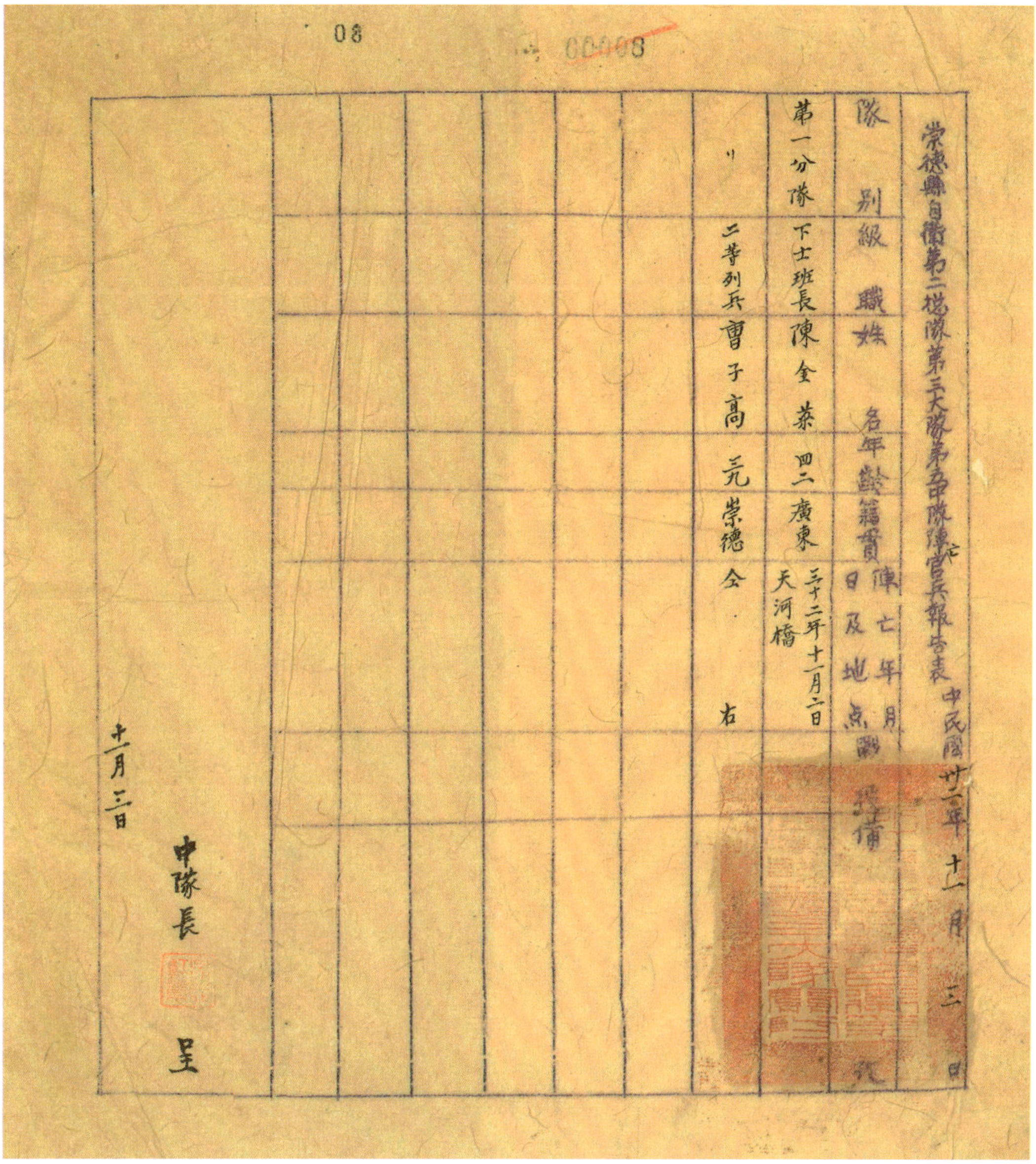

08 00008

崇德縣自衛第二總隊第三大隊第五中隊陣亡官兵報告表 中民國卅二年十一月三日

隊別	級職	姓名	年齡	籍貫	陣亡年月日及地點	備攷
第一分隊	下士班長	陳金荼	四二	廣東	三十二年十一月二日 天河橋	
〃	二等列兵	曹子高	三九	崇德	仝右	

十一月三日

中隊長 呈

附二：崇德县自卫第二总队第三大队第五中队受伤官兵报告表（一九四三年十一月三日）

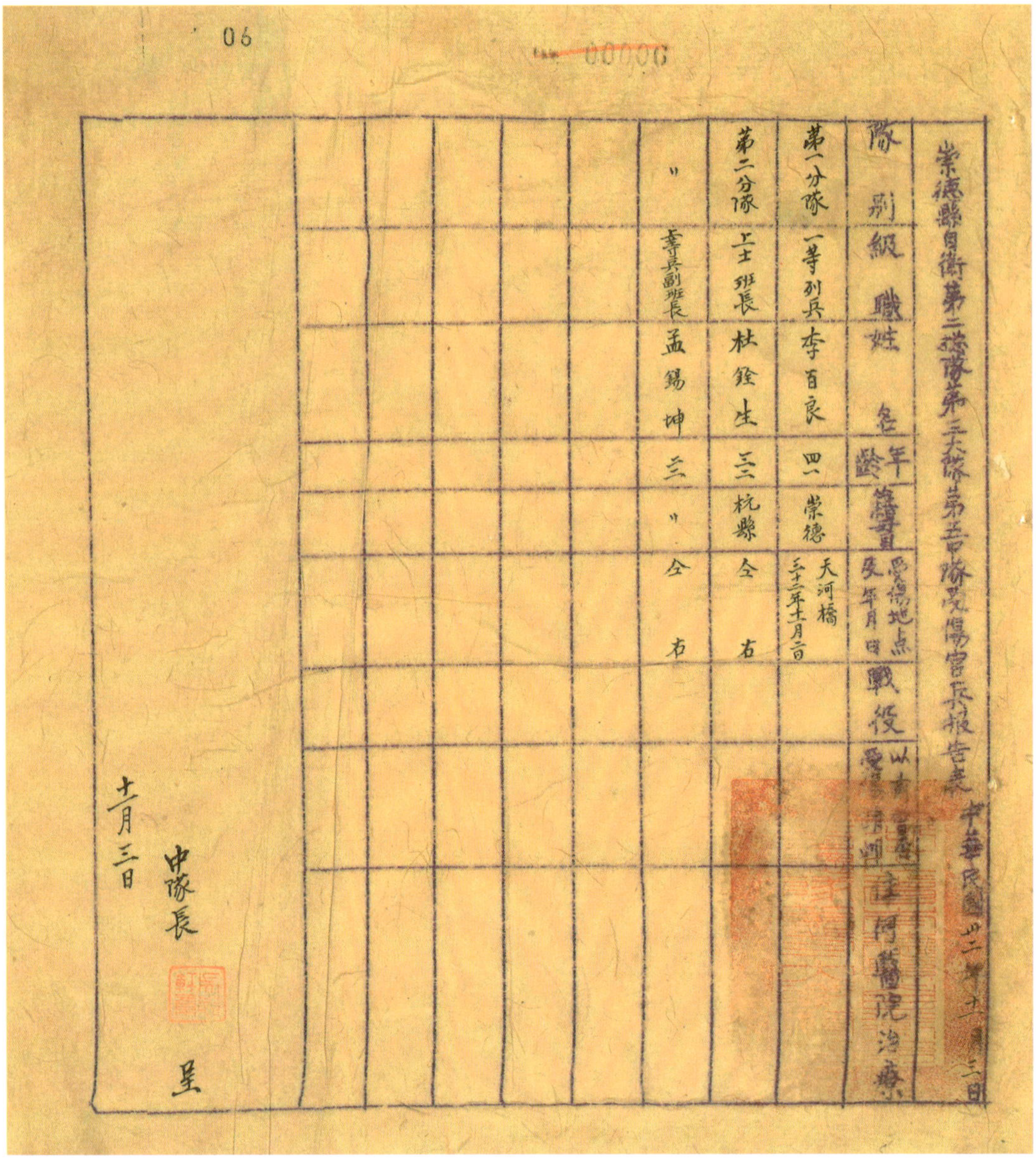

06

00006

崇德縣自衛第二總隊第三大隊第五中隊受傷官兵報告表　中華民國卅二年十一月三日

隊別	級職	姓名	年齡	籍貫	受傷地点及年月日	戰役	以[illegible]
第一分隊	一等列兵	李百良	四一	崇德	天河橋 三十二年十一月三日		
第二分隊	上士班長	杜銓生	三三	杭縣	仝右		
〃	一等兵副班長	孟錫坤	三三	〃	仝右		

[illegible]河醫院治療

十一月三日　中隊長　呈

附三：崇德县自卫第二总队第三大队抗敌战役械弹损耗报告表（一九四三年十一月七日）

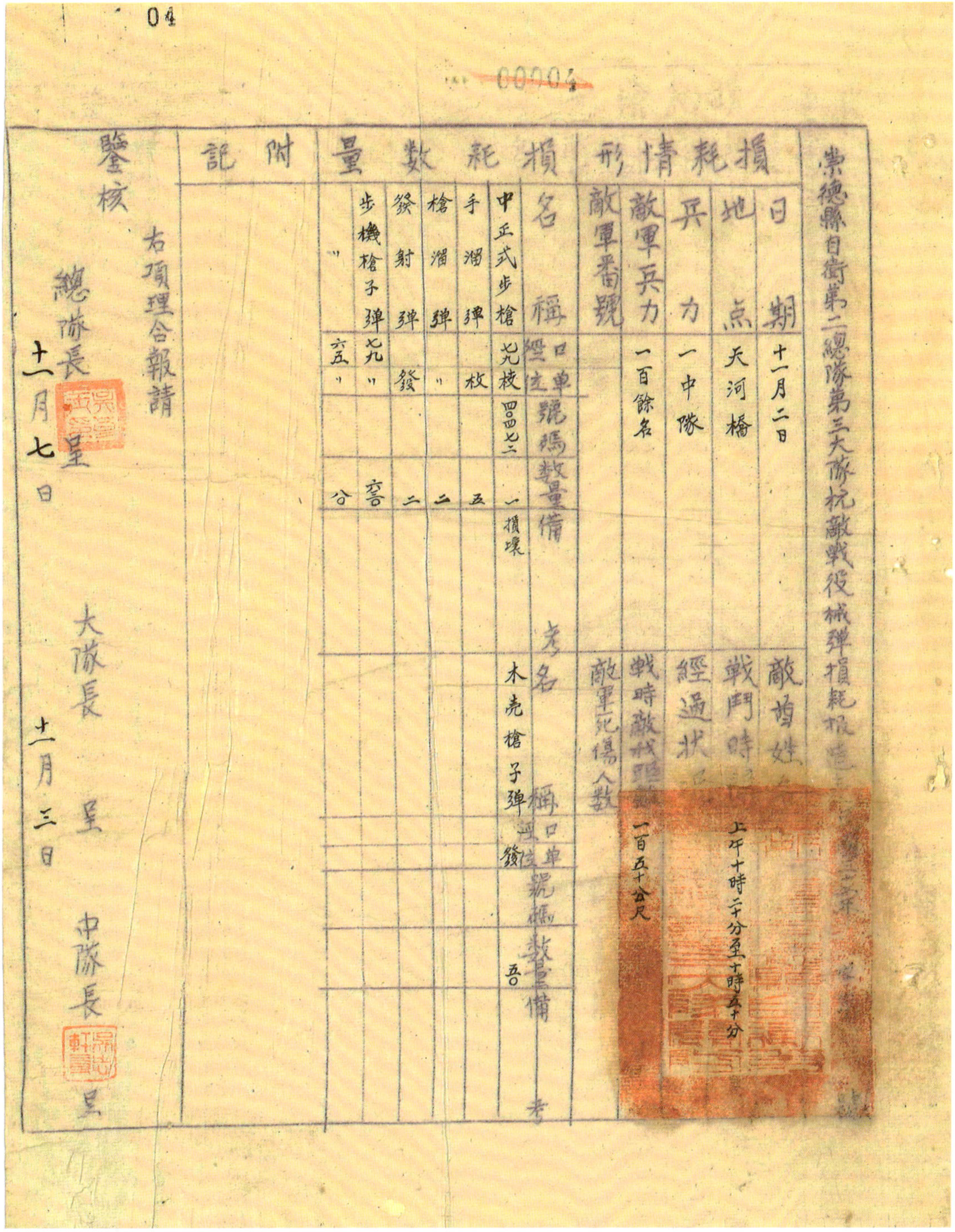

04

00004

崇德縣自衛第二總隊第三大隊抗敵戰役械彈損耗報告表

損耗情形

日期	十一月二日
地点	天河橋
兵力	一中隊
敵軍兵力	一百餘名
敵軍番號	
敵酋姓名	
戰鬥時間	上午十時二十分至十時五十分
經過狀況	
戰時敵我距離	一百五十公尺
敵軍死傷人數	

損耗數量

名稱	口徑	單位	號碼	數量	備考
中正式步槍	七九	枝	四四七二	一	損壞
手溜彈		枚		五	
槍溜彈		〃		二	
發射彈		發		二	
步機槍子彈	七九	〃		一百	
〃	六五	〃		八	

名稱	口徑	單位	號碼	數量	備考
木殼槍子彈		發		五	

附記

右項理合報請

鑒核

總隊長　　呈

十一月七日

大隊長　　呈

十一月三日

中隊長　　呈

崇德县自卫第一总队部关于十一月二日钟家浜战斗经过及损伤情况致崇德县政府的报告

（一九四三年十一月十五日）

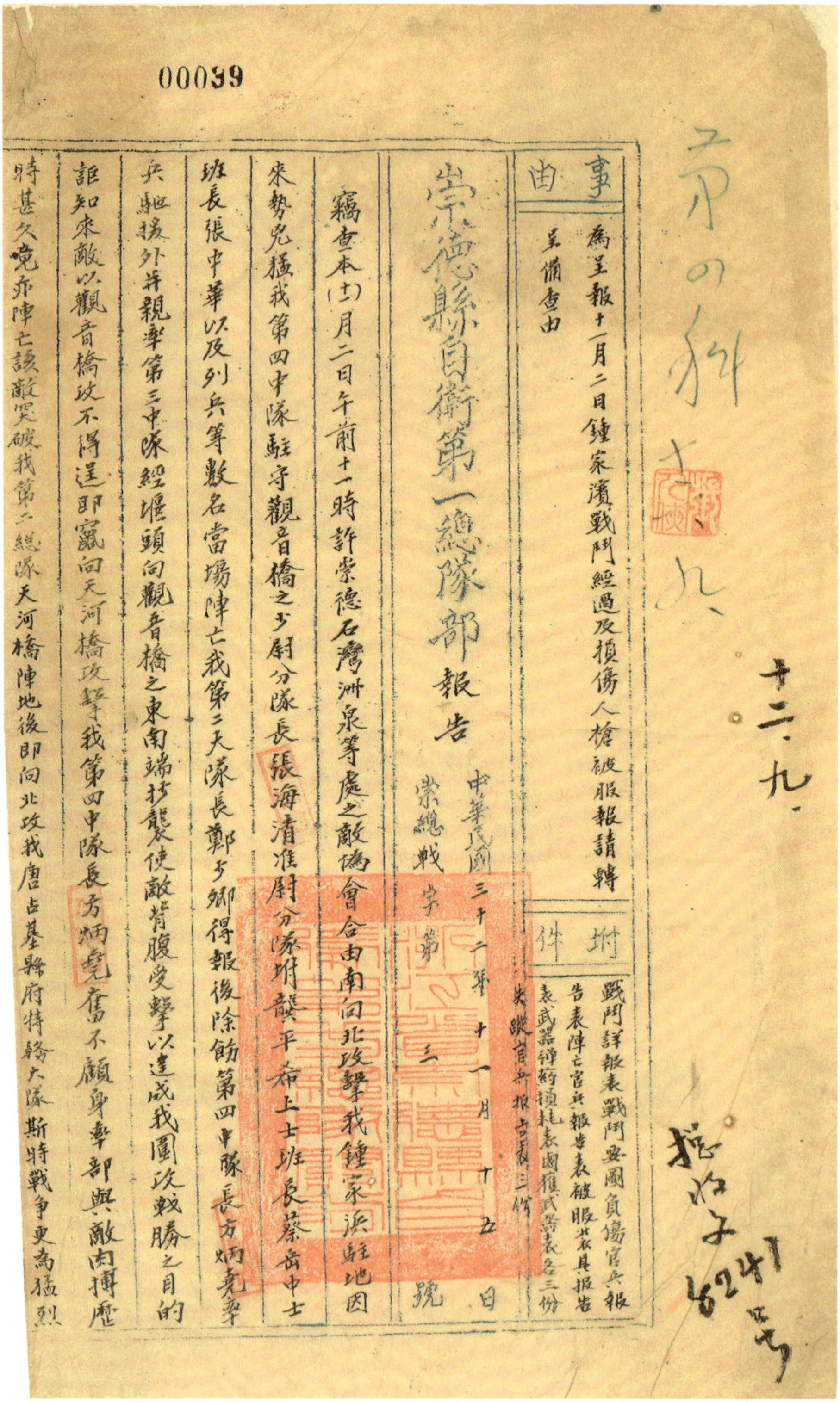
00039

事由：為呈報十一月二日鍾家濱戰鬥經過及損傷人槍被服報請轉呈備查由

附件：戰鬥詳報表、戰鬥要圖、負傷官兵報告表、陣亡官兵報告表、被服裝具報告表、武器彈藥損耗表、鹵獲武器表各三份、失蹤官兵報告表三份

崇德縣自衛第一總隊部報告

崇總戰字第三號

中華民國三十二年十一月十五日

竊查本（十一）月二日午前十一時許，崇德石灣、洲泉等處之敵偽會合由南向北攻擊我鍾家浜駐地，因來勢兇猛，我第四中隊駐守觀音橋之少尉分隊長張海清、准尉分隊附龔平希、上士班長蔡岳、中士班長張中華以及列兵等數名當場陣亡。我第二大隊長鄭少卿得報後除飭第四中隊長方炳堯率兵馳援外，并親率第三中隊經堰頭向觀音橋之東南端抄襲，使敵背腹受擊，以達成我圍攻戰勝之目的。詎知來敵以觀音橋攻不得逞，即竄向天河橋攻擊我第四中隊長方炳堯，奮不顧身，率部與敵肉搏，歷時甚久，竟亦陣亡。該敵突破我第二總隊天河橋陣地後，即向北攻我唐占基駐府特務大隊，斯時戰爭更為猛烈

副特務大隊奉　命向東南轉移我第二中隊担任掩護此次戰爭歷時約三小時我敵均有損傷我第四中隊陣亡官長三員士兵八名負傷士兵七名失蹤士兵三名損失捷克式輕機槍壹挺七九步槍九支步機彈四百七十粒槍榴彈及發射彈各八顆機槍彈夾四個刺刀九把灰棉軍服八套灰軍毯二條腰皮帶三根步槍皮背帶九根刺刀皮插九個槍榴彈筒衣一件步槍彈帶廿二根黃軍服廿一全套棉大衣二件棉被背心五件消耗步機彈壹仟粒槍榴彈及發射彈各十三顆鹵獲三八式步槍一枝我第二中隊消耗步機彈一百四十三發槍榴彈及發射彈各三顆除鹵獲步槍懇請准予留部使用外理合將戰鬥情形附具圖表一併報請

鑒核

謹呈

縣長袁

自衛第一總隊長楊廷禎

附一：崇德县自卫第一总队战斗详报表（一九四三年十一月十五日）

00056

浙江省崇德縣自衛第一總隊戰鬥詳報表　中華民國三十二年十一月十五日

總隊長　鍾家濱　楊定植

戰鬥日時	天候
十一月二日	陰　晴

戰鬥前彼我形勢之概況

交戰部隊	兵力		友軍之位置兵力	我軍之狀態	部署
崇德縣自衛第一總隊	三個甲隊		第二總隊特務大隊海寧大隊	本總隊駐防鍾家濱，第二總隊駐天河橋，東海寧大隊駐天河橋西，縣府特務大隊駐屠	占基

敵軍之狀況

番號	兵力	地點	狀態	企圖
偽部隊三十餘名爲基幹，配合偽第一方面軍崇德偽保安大隊各一部	百餘名	崇德　石灣　洲泉	三個據點之敵偽在西堅埭附近會合，先至北部村落，然後北上至觀音橋附近，即分三路突擊	

接觸時間地點之狀況
是日上午十一時許先與我第四中隊駐守觀音橋之第三分隊接觸，因來勢兇猛，致我該分隊官兵傷亡殆盡，旋我第四中隊長方炳堯率部馳援，與敵肉搏，亦致陣亡，第二大隊長率部包抄，詎知該敵已突破天河橋竄至唐占基

[illegible]激烈[illegible]之[illegible]
午前十一時至十一時三十分觀音橋突擊，以致肉搏與偽突破天河橋竄至唐占基之午後二時許戰鬥最為激烈，我縣府特務大隊在唐占基與敵發生村落戰，往返衝殺，各有損傷

決戰時間[illegible]之狀況
午後二時許，我周縣府人員全部轉移，任務已達，且我傷亡亦重，故奉命轉移顧家村集結待命反攻，待我向唐占基反攻時，敵已回竄石灣老巢，我部即鞏原地處理傷亡善後

戰[illegible]

我軍之[illegible]				
[illegible]	[illegible]	[illegible]	[illegible]	今後[illegible]
擄克式輕機槍壹挺，槍榴彈筒兩個，七九步槍九枚，步槍彈四百七十粒，餘詳附表	鹵獲三八式槍壹枚	陣亡官長二員，士兵八名，負傷七名	步機彈壹千壹百四十三粒，槍榴彈發射壹十六顆	奉命集結顧家村整理待命，旋派第二大隊附率第三中隊馳往伏擊

敵軍之[illegible]		
敵傷亡[illegible]	今後之企圖	[illegible]
斃敵偽十餘名	敵偽因我反攻，倉惶竄回老巢，加強工事，嚴密警戒，且謀傳即將清鄉	

附二：崇德县自卫第一总队钟家浜战斗要图（一九四三年十一月二日）

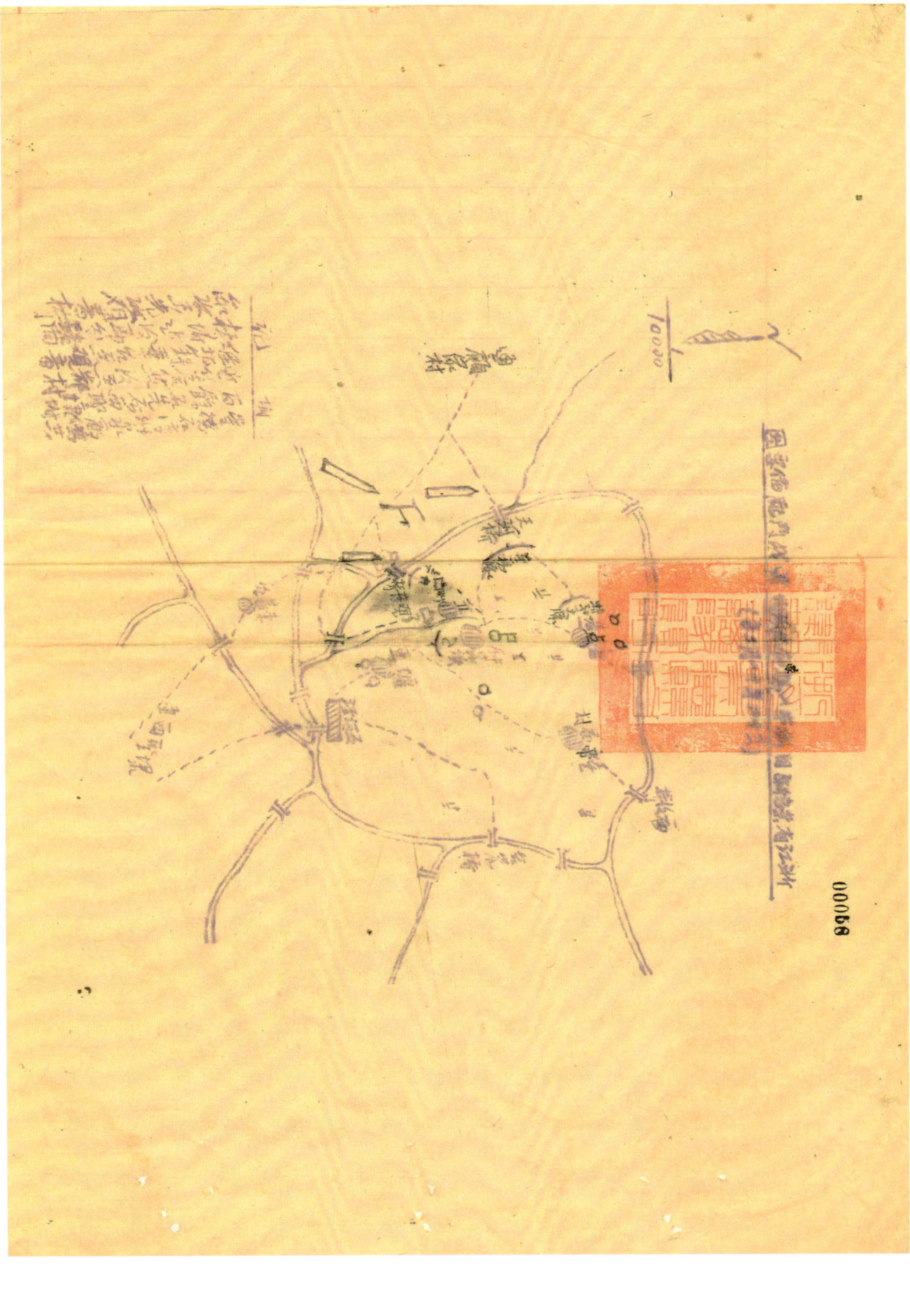

附三：崇德县自卫第一总队受伤官兵报告表（一九四三年十一月十五日）

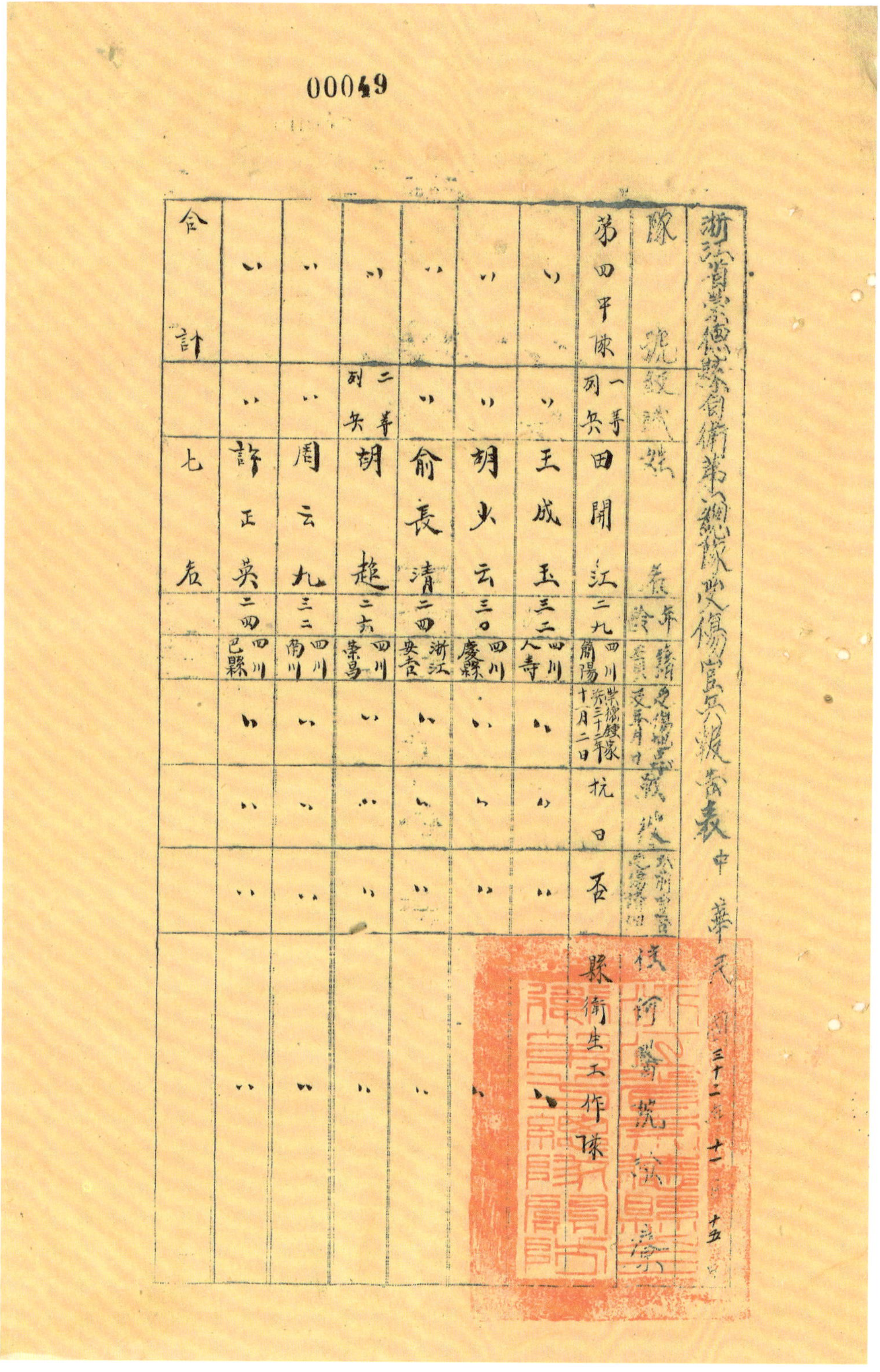

00049

浙江省崇德縣自衛第一總隊受傷官兵報告表　中華民國三十二年十一月十五日

隊號	級職	姓名	年齡	籍貫	受傷地點 受傷年月日	戰役	是否當時醫治	送何醫院
第四中隊	一等列兵	田開江	二九	四川簡陽	崇德縣 民三十二年十一月二日	抗日	否	縣衛生工作隊
〃	〃	王成玉	三二	四川人寺	〃	〃	〃	〃
〃	〃	胡火云	三〇	四川慶縣	〃	〃	〃	〃
〃	〃	俞長清	二四	浙江安吉	〃	〃	〃	〃
〃	二等列兵	胡趙	二六	四川榮昌	〃	〃	〃	〃
〃	〃	周云九	三二	四川南川	〃	〃	〃	〃
〃	〃	許正英	二四	四川巴縣	〃	〃	〃	〃
合計		七名						

附四：崇德县自卫第一总队失踪官兵报告表（一九四三年十一月十五日）

00054

浙江省崇德縣自衛第一總隊失蹤官兵報告表　中華民國三十二年十一月十五日

隊號	級職	姓名	年齡	籍貫	失蹤年月日及地點	戰役	備考
第四中隊	下士副班長	黃志明	二八	湖南宜昌	三十二年十一月二日崇德鍾家浜	抗日	
	一等列兵	税肇先	三二	四川南溪	〃	〃	
	二等列兵	葉銀春	二四	四川犍為	〃	〃	

附五：崇德县自卫第一总队抗敌战役械弹损耗报告表（一九四三年十一月十五日）

00044

浙江省崇德縣自衛第一總隊戰役械彈損耗表第 號附表

三十二年十一月十五日 自衛總隊武器彈藥損耗表

種類	區分	第二中隊	第四中隊				總計
消耗彈藥	步槍彈	六八	四〇〇				四六八
	輕機槍彈	七五	六〇〇				六七五
	槍榴彈	二	一三				一五
	發射彈	二	一三				一五
損耗武器	步槍		九				九
	輕機槍		一				一
	槍榴筒		一				一
	[illegible]						
遺失彈藥武器	步槍彈		四〇				四〇
	輕機槍彈						
	槍榴彈		八				八
	發射彈		八				八
	排槍彈夾		四				四
	刺刀		九				九

備考

附六：崇德县自卫第一总队被服装具损耗报告表（一九四三年十一月十五日）

00042

崇德縣自衛第一總隊被服裝具損耗報告表

名稱	單位	數量	俻
灰棉軍衣褲	套	八	
灰軍毯	條	二	
腰皮帶	條	三	
槍皮帶	條	九	
刺刀皮插	個	九	
槍榴彈筒衣	件	一	
步槍彈帶	條	二二	
黃軍衣褲	套	二一	

三十二年十一月十五日

效

棉大衣　件　二

棉背心　件　五

路东各县反清乡谈话会记录（一九四四年一月四日）

37

路東各縣反清鄉談話會記錄

時間：三十三年一月四日下午八時

地点：吳興呆家潭

出席者：張洪仁　談益民　張釗之　李梓龢

袁勲　陳柏椿　馮贊成　錢　介

吳翰　馮薰　韋成萱　朱　希

主席：朱　希　　記錄　朱渭深

報告事項：略

討論問題：

一、如何實施反攻：

决議：容

二十、區部隊在未進入區境前之活動地區如何指定：

決議

(甲)各部活動地區如左

1、崇德及海寧部隊面对新市油車橋之敌活動於新市西南及白馬高橋一帶而不能越过鍾管、白鹿、下舍、之线

2、桐鄉部隊面对合山、九里橋、六里橋之敌活動於千金以東地區北不越石塚、西不越千金。

3、嘉兴總隊及平湖大隊面对練市、堠保塘橋、顧家墻橋

38

00060

烏鎮之敵活動於石塘以東地區而不得越石塘。

4、保一總隊隨專署活動于善璉、千金、石塘之間

(乙)各部在指定地區內對當面之敵應經常保持接觸阻撓其封鎖工事之作業并打擊其流竄以樹立反攻基礎。

(丙)指定地區內之部隊軍風紀及地方治安由各該部隊長官負責。

三、十區部隊在未進入區境以前之給養如何籌借?

決議:暫向吳德武商借一个月之需數并規定

1、崇德及海寧大隊向德清縣府商借。

2、嘉興獨立總隊桐鄉總隊平湖大隊向吳興縣府商借。

3、專署及其直屬各部隊分向吳德武三縣商借。

4、由縣府或總隊部(獨立大隊)逕向指定縣份統籌撥發。

四、彈藥之補充如何處理？

決議：由該縣會到會人員聯名電請行署及閩副總部撥發在未到以前之前請吳武德杭四縣捐助以應急需（由該縣縣長發起）

五、傷病治療事項如何設施？

決議：1、各縣創辦簡單治療所
2、各縣籌集款項由專署在後方籌設醫院一所

六、如何加強統一作戰力量？

決議：強化各鄉指揮部之組織在需要酌設分區但先電請行署核准。

七、如何加強指揮權力使各部隊忠於任務

決議：由指揮部擬就「反清剿戰鬥守則」經各部通過呈請省府暨行署備案通行遵守

浙江省第十区行政督察专员兼保安司令公署关于防范敌台湾妇女慰安团潜入我方刺探军情致崇德县政府的代电（一九四四年一月五日）

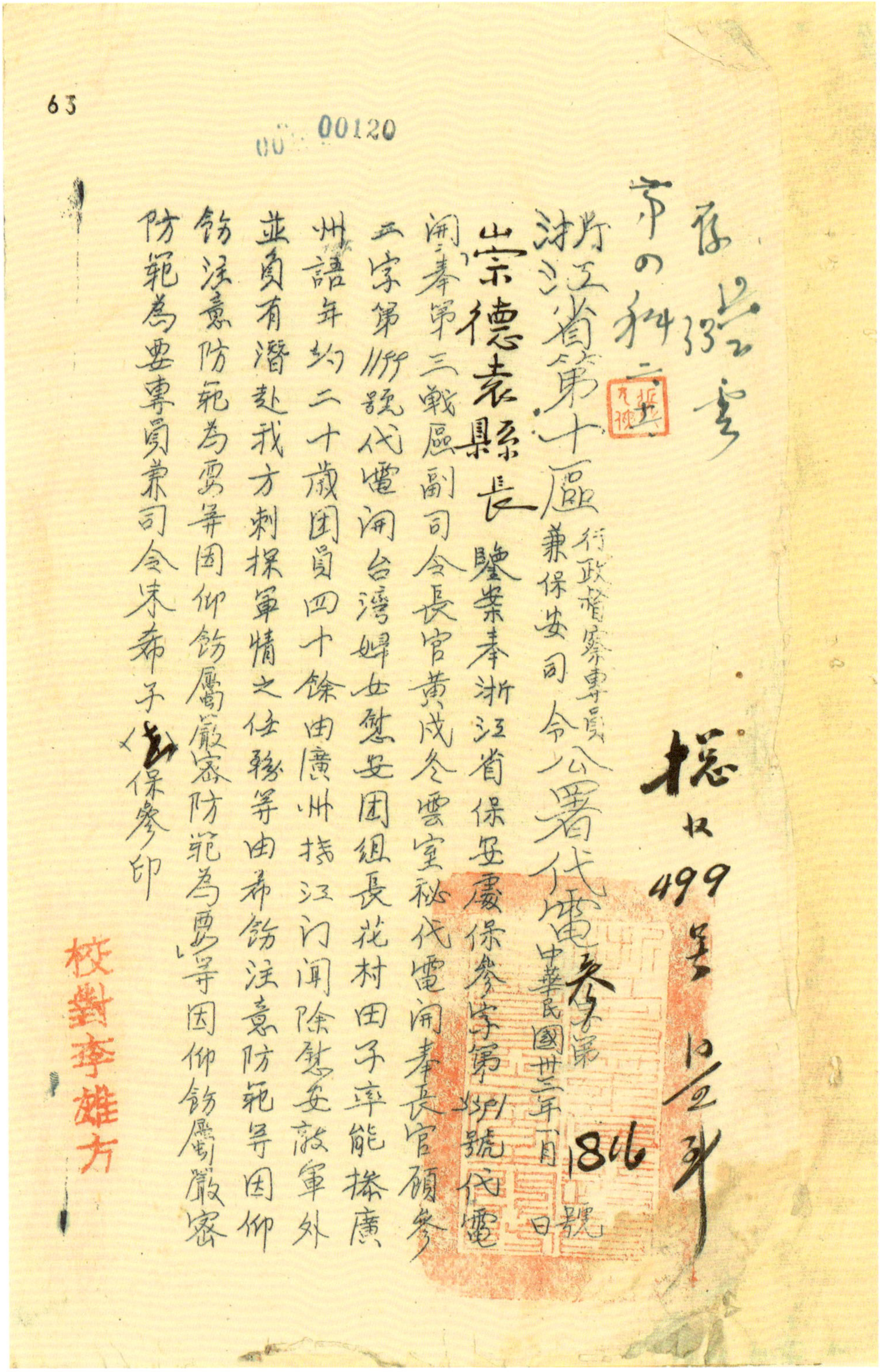

63

00120

存卷

浙江省第十区行政督察专员兼保安司令公署代电　参字第1816号　中华民国卅三年一月　日

崇德县县长览：案奉浙江省保安处保参字第3571号代电开：奉第三战区副司令长官黄戌冬云室秘代电开：奉长官顾参二字第1177号代电开：台湾妇女慰安团组长花村田子率能操广州语年约二十岁团员四十余由广州抵江门，除慰安敌军外，并负有潜赴我方刺探军情之任务等由，希饬注意防范为要等因，仰饬属严密防范为要等因，仰饬属严密防范为要。专员兼司令宋希子保参印

收499号

校对李雄方

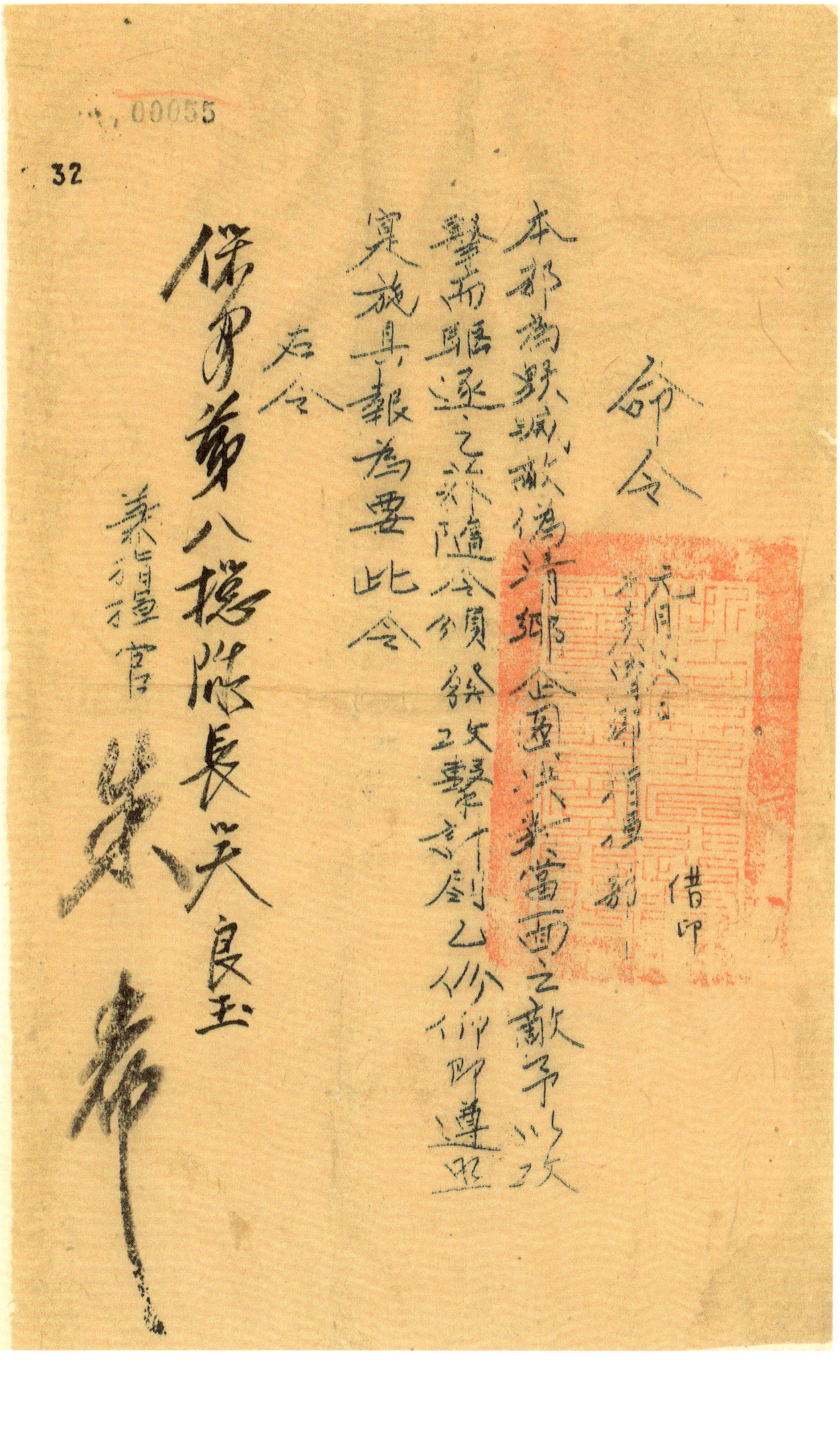

00055

32

命令

本部為殲滅敵偽清鄉企圖決以當面之敵予以攻擊而驅逐之茲隨令頒發攻擊計劃乙份仰即遵照實施具報為要此令

借印

右令

保安第八總隊長吳良玉

兼指揮官 朱希

浙江省第十区反清乡指挥部关于粉碎敌伪清乡企图致保安第八总队的命令（一九四四年一月六日）

附：反清乡攻击计划（一九四四年一月六日）

00098

36

反清鄉攻擊計劃

中華民國三十三年元月六日擬訂

一、決心：

為粉碎敵偽清鄉企圖，決對當面五杭、新市、含山、練市、烏鎮綫上之敵予以攻擊而驅逐之。

二、攻擊部署：

（甲）以五杭、新市、含山、九里橋、楊保塘橋、顧家塘橋為攻擊重點，各部任務區分如左：

①抗縣部隊攻擊五杭及其以南各據點。

②挺進隊攻擊白馬高橋。

③海寧大隊攻擊油車橋。

④德清部隊十屋係一總隊崇德部隊由崇德袁縣長指揮攻擊新市。

⑤吳興部隊攻擊含山、九里橋、六里橋。

⑥忠救軍金支隊攻擊練市。

⑦桐鄉總隊攻擊揚保塘橋。

⑧特務總隊攻擊顧家塘橋。

⑨蘇保四團攻擊烏鎮及以北各據點。

⑩武康自衛隊攻擊上柏。

⑪反敵行動團位置于鍾管東之青墩附近為總預備隊。

（乙）各部攻擊地段之界綫如附圖。

35

三、攻擊開始時間元月十二日下午十時。

四、其他規定：

1、吳、德、杭三縣應發動民伕嚴予組織，以配合作戰部隊破坏敵偽封鎖工事，并由各地段部隊長逕向當地各縣府洽辦（各地段內之敵偽封鎖工事由地段部隊長及當地行政長官負責全行破坏之）。

2、崇、桐兩縣應于擾攻時各抽派一個大隊突進縣境活動，擾攻奏效後即全部推進縣境。

3、各部應注意隣接部隊之連絡與接續部之警戒。

4. 總攻時一律使用十區專署頒發之口令信號。

5. 夜間以白手巾纏左上臂為識別記號。

6. 攻擊奏效後，除以一部施行追擊外，應將佔領地區內之敵偽工事，迅行徹底破壞。

7. 如攻擊頓挫，而不能繼續施行時，亦應將當面之敵予以轟摩，以掩護隣接部隊之安全，而不致影响其戰鬥。

8. 各部戰況除隨時報告外，并應隨時通報隣接部隊。

9. 攻擊時間限為十八小時（即自十二日下午十時起至十三日下午四時）。

五、攻擊時指揮部位址于千金坍近。

桐乡县政府关于呈送浙西各县敌军兵力驻地及主官姓名报表致第二十八军、浙西行署的报告
（一九四四年五月二十一日）

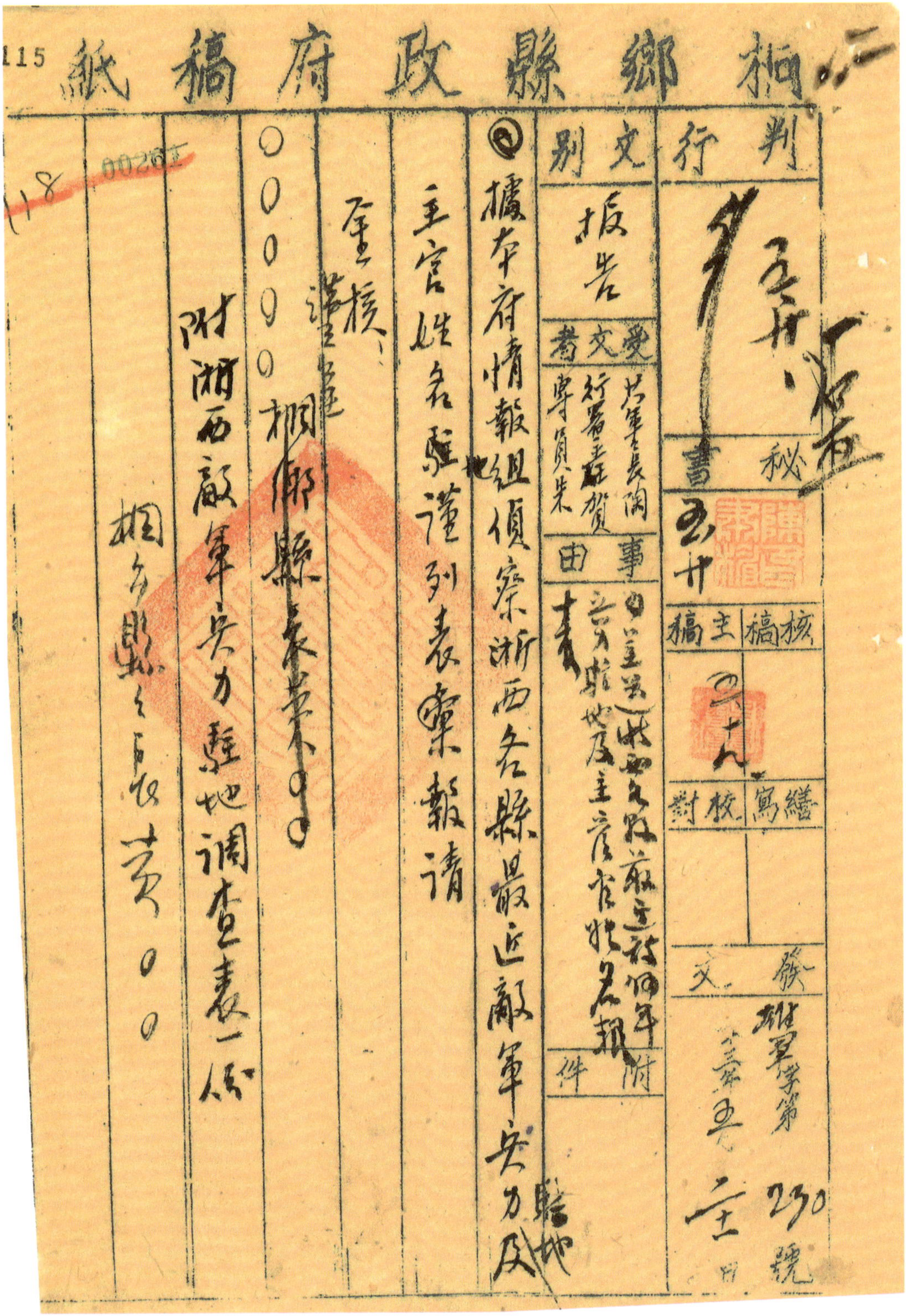
桐鄉縣政府稿紙

判行

文別　報告

受文者　廿八軍軍長陶　行署主任賀　專員朱

事由　為呈送浙西各縣敵軍兵力駐地及主官姓名報表由

秘書

核稿　主稿

繕寫　校對

發文　桐軍字第230號　三十三年五月二十二日

附件

據本府情報組偵察浙西各縣最近敵軍兵力駐地及主官姓名謹列表彙報請

鑒核。

謹呈

〇〇〇〇〇〇

桐鄉縣長黃〇〇

附浙西敵軍兵力駐地調查表一份

桐鄉縣縣長　黃〇〇

117 120 00263

浙西敵軍兵力駐地調查表

番號	主官姓名	駐地	備攷
敵中支派遣軍陸軍七〇師團	内田孝行	杭州	
六一旅團	西園宗吉	杭州	
獨立混合一〇三大隊	少野園太郎	梅溪	
一〇四大隊	野村森茂	嘉興	
一〇二大隊	坂本俊島	嘉興	
一〇四大隊一中隊	永井	嘉興	
二中隊	三谷	餘杭	
三中隊	安田	平湖	
四中隊	村重	嘉善	
五中隊	安齊	海盐	

附

機槍中隊	内藤	嘉興
炮兵中隊	高橋	嘉興
一〇五大隊	伊藤業	拱宸橋
一中隊	崎秀夫	延令埠
二中隊	池田	牌頭
三中隊	吉川純三	宋殿
四中隊	川猪上	富陽
五中隊	山崎	上柏
機槍中隊	野村	杭州
炮兵中隊	熊藤	杭州
一〇六大隊	瀨尾	吳興
一〇一大隊	石川正雄	調浙東

本表於五月十五日桐鄉縣政府調製

浙江省政府关于抄发敌机空袭时防范散播细菌要点致各县政府的训令（一九四四年六月九日）

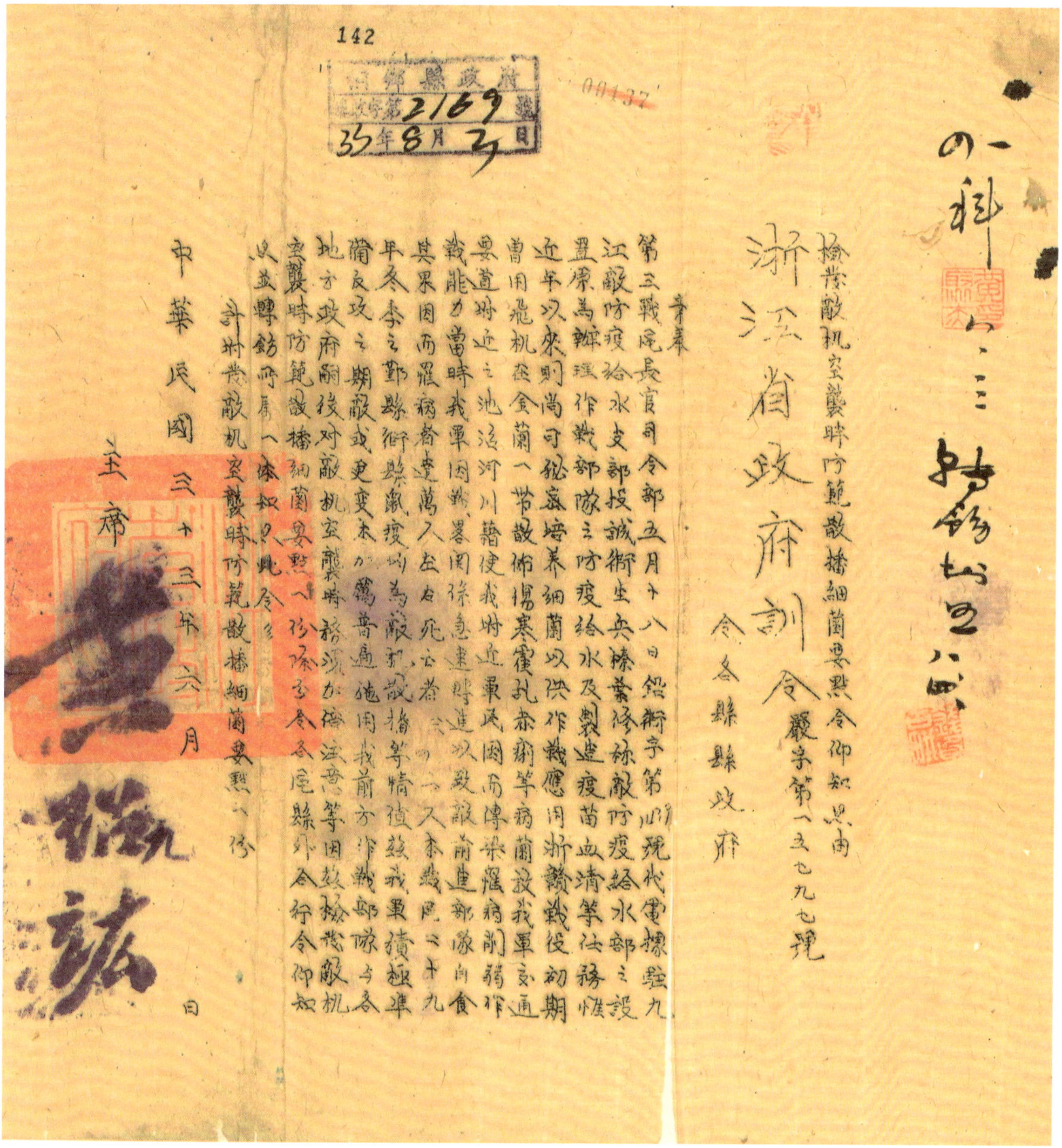

检发敌机空袭时防范散播细菌要点令仰知照由

浙江省政府训令 严字第一五七九七号

令各县县政府

案奉

第三战区长官司令部五月十八日铭卫字第四〇号代电据驻九江敌防疫给水支部投诚卫生兵榛叶修称敌防疫给水部之设置原为办理作战部队之防疫给水及制造疫苗血清等任务惟近年以来则尚可秘密培养细菌以供作战应用浙赣战役初期曾用飞机在金兰一带散布伤寒霍乱赤痢等病菌致我军交通要道将近之池沼河川藉使我将近军民因而传染罹病削弱作战能力当时我军因断、略因系急速前进以致敌前进部队向食其果因而罹病者达万人左右死亡者占之一、本岁民之十九年冬季之鄞县衢县鼠疫均为敌机散播等情查兹我军积极准备反攻之期敌或更变本加厉普遍施用我前方作战部队与各地方政府嗣后对敌机空袭时务须加以注意等因兹检发敌机空袭时防范散播细菌要点一份除分令各区县外合行令仰知照并转饬所属一体知照此令。

计附发敌机空袭时防范散播细菌要点一份

中华民国三十三年六月 日

主席 黄绍竑

附：敌机空袭时防范散播细菌要点

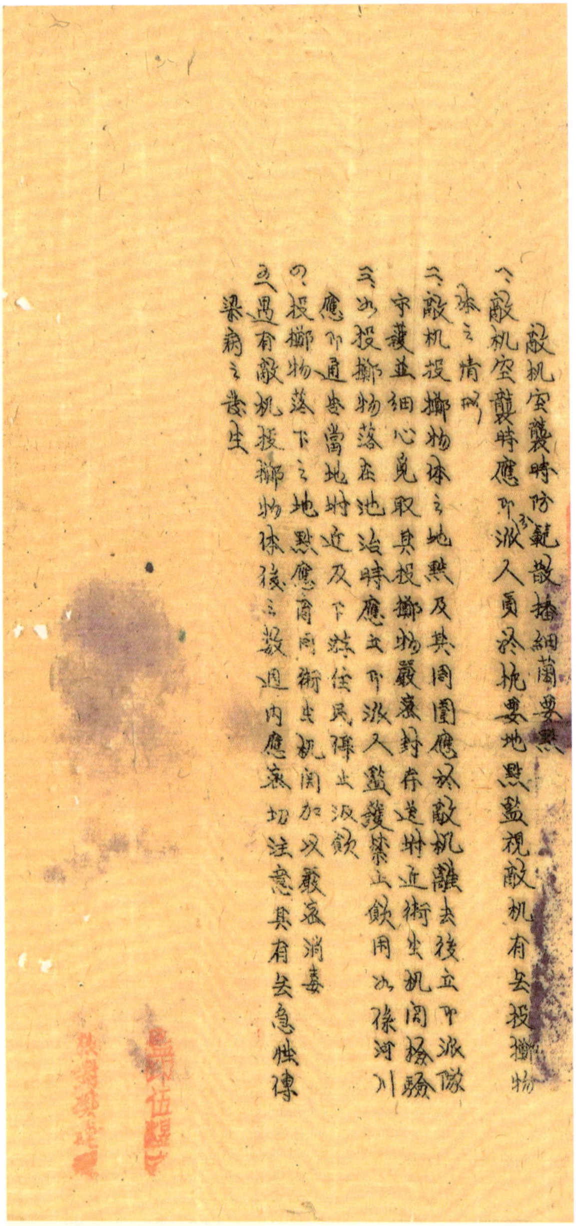

敵机空襲時防範散播細菌要點

一、敵机空襲時應即(加)派人員於扼要地點監視敵机有無投擲物体之情形

二、敵机投擲物体之地點及其周圍應於敵机離去後立即派隊守護並細心覓取其投擲物嚴密封存送附近衛生机関檢驗

三、如投擲物落在池沼時應立即派人監護禁止飲用，如係河川應即通告當地附近及下游住民停止汲飲

四、投擲物落下之地點應商同衛生机関加以嚴密消毒

五、遇有敵机投擲物体後之數週内應密切注意其有無急性傳染病之發生

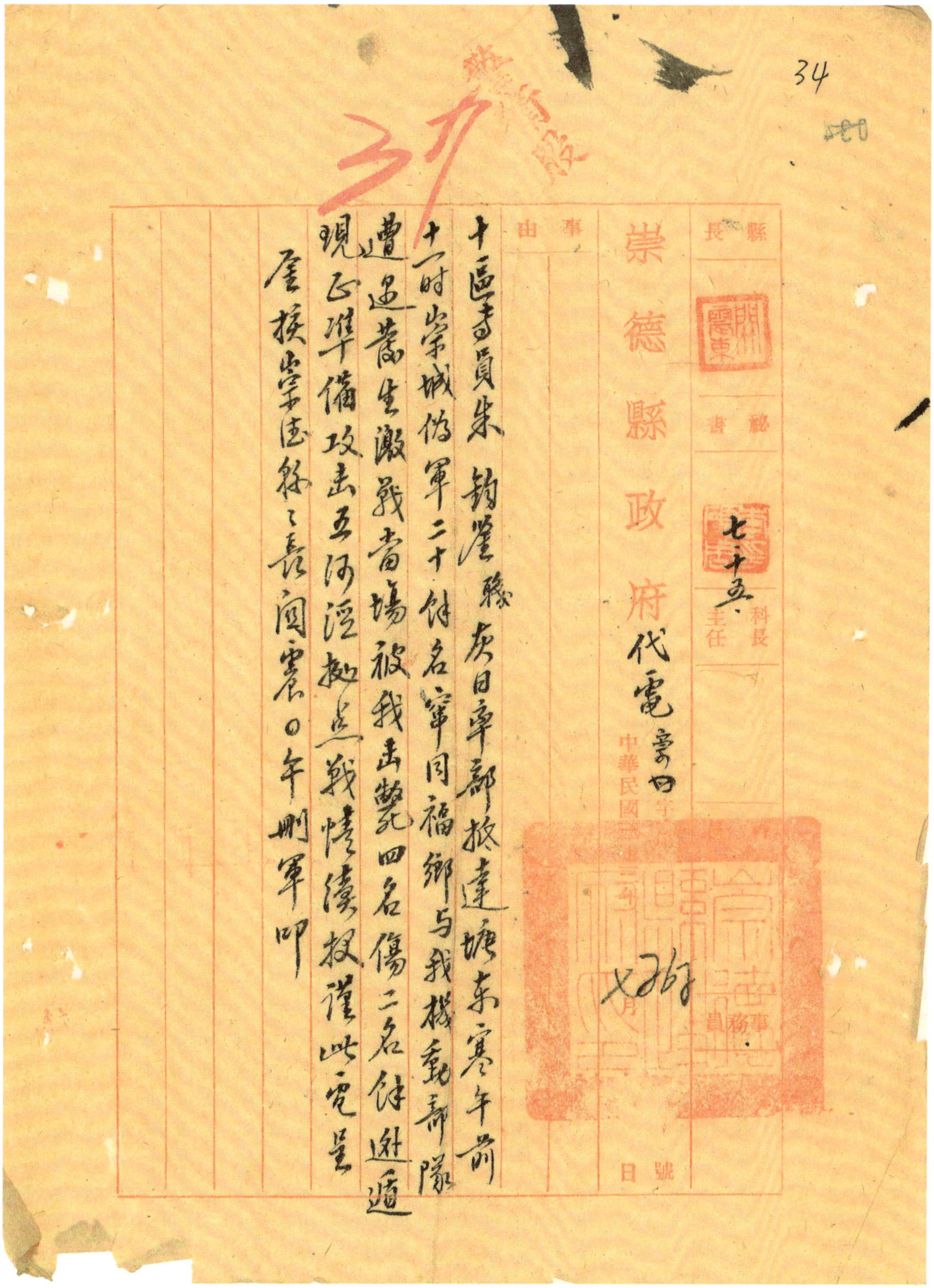

崇德縣政府代電

十區專員朱鈞鑒：據本日寧部報達塘東寒午前十一時崇城僞軍二十餘名竄同福鄉與我機動部隊遭遇，發生激戰，當場被我擊斃四名，傷二名，餘逃遁，現正準備攻擊五河涇據點。戰情續報，謹此電呈。

屋接崇德縣縣長閻雲農。午刪。軍印

崇德县政府关于同福乡战况致浙江省第十区行政督察专员兼保安司令公署的代电（一九四四年七月十五日）

崇德县政府关于我军夜袭五泾乡等地战况致浙江省第十区行政督察专员兼保安司令公署的代电

（一九四四年七月十七日）

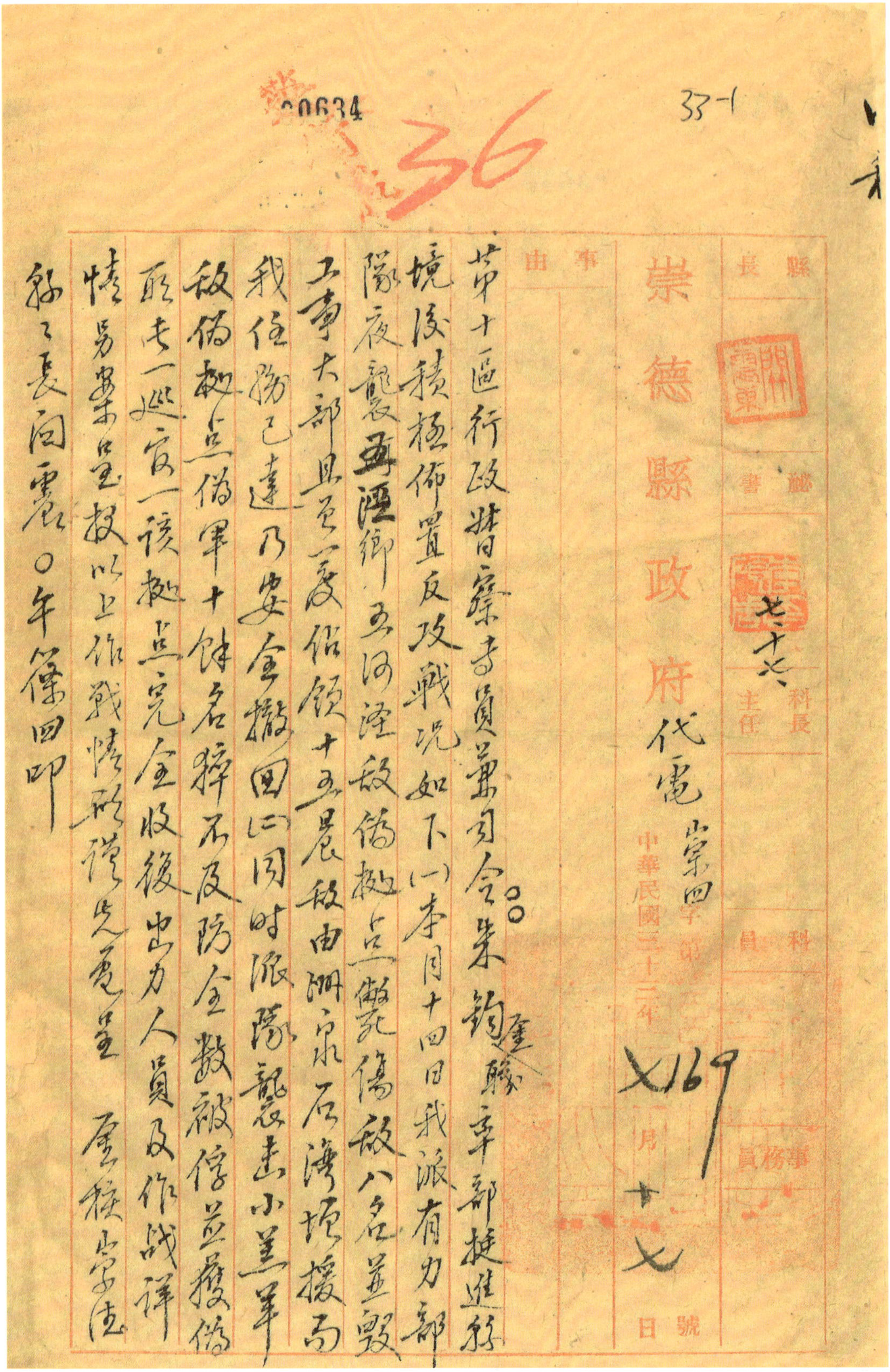

縣長　秘書　科長　主任　科員　事務員

事由

崇德縣政府代電　崇字第四號

中華民國三十三年七月十七日

第十區行政督察專員兼司令朱鈞鑒：辛部挺進縣境後積極佈置反攻，戰況如下：（一）本月十四日我派有力部隊夜襲五涇鄉五河涇敵偽據點，斃傷敵八名，並毀工事大部，且一度佔領。十五晨敵由洲泉石灣境援向我，任務已達，乃安全撤回。（二）同時派隊襲擊小羔羊敵偽據點，偽軍十餘名猝不及防，全數被俘，並獲偽所長一、巡官一，該據點完全收復。後出力人員及作戰詳情另案呈報。以上作戰情形，謹先電呈鑒核。崇德縣長向雲龍○午篠四印

浙西行署关于敌伪军派青年男女破坏我军事设施应注意防范致各县政府等的代电
（一九四四年七月二十一日）

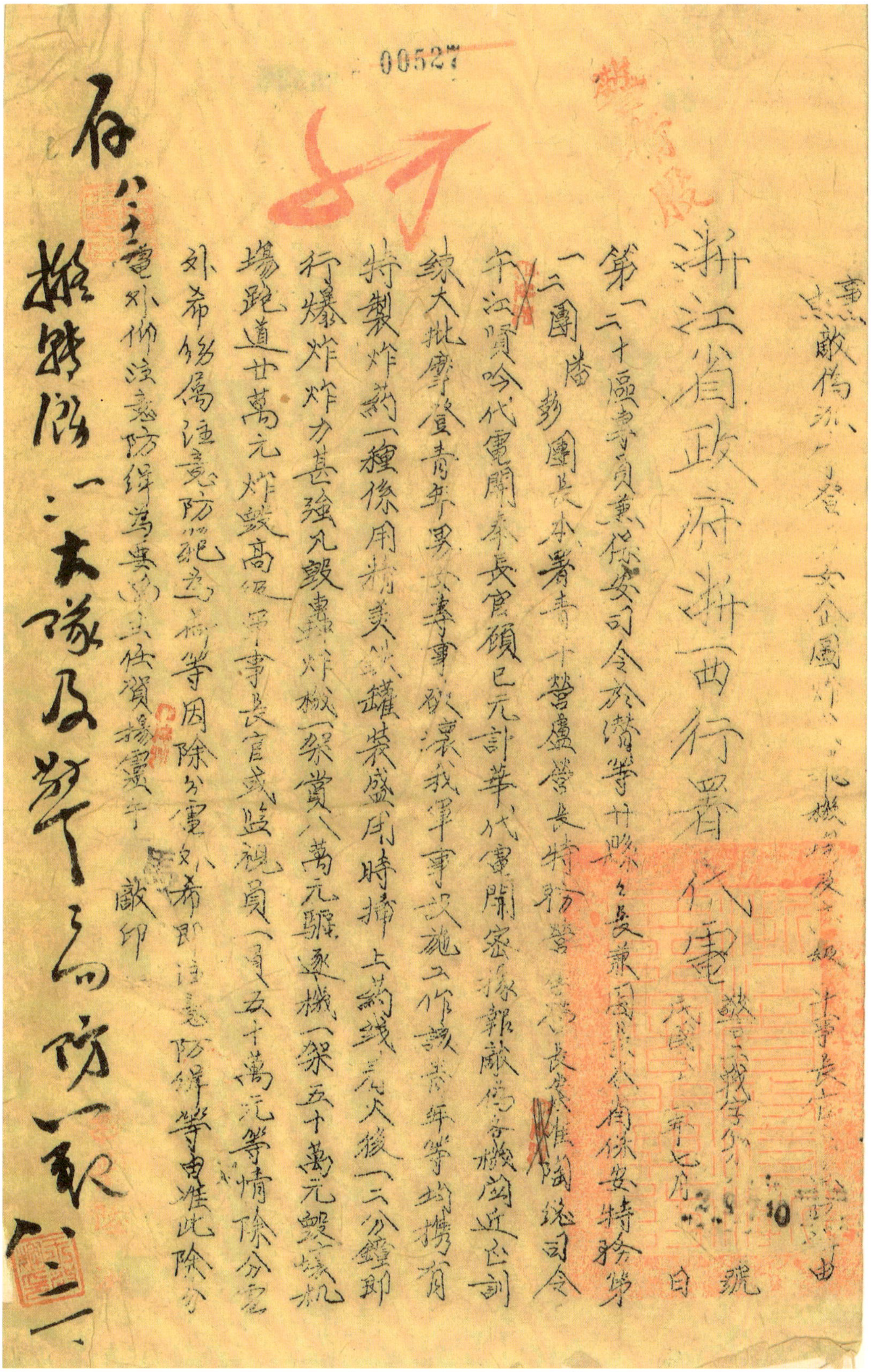
00527

事由：急 敌伪派青年男女企图炸毁机场及军事长官……由

浙江省政府浙西行署代电

戍字第 号

民国三十三年七月 日

第一、二十区专员兼保安司令、於潜等廿县县长、萧山县长兼保安特务第一、二团团长、彭团长本、署青年营卢营长、特务营营长、淮陶总司令：

午江贤吟代电开：奉长官顾巳元计华代电开：密据报，敌伪各机关近已训练大批摩登青年男女，专事破坏我军事设施工作，该青年等均携有特制炸药一种，系用精美铁罐装盛，用时拂上药线，先火一二分钟即行爆炸，炸力甚强，凡毁轰炸机一架赏八万元，驱逐机一架五十万元，毁机场跑道廿万元，炸毁高级军事长官或监视员一员五十万元等情，除分电外，希饬属注意防范，为荷等因，除分电外，希即注意防范等由，准此，除分电外，仰注意防范为要。

主任贺扬灵午敬印

存 八、二十三

抄转保一二大队及警卫防范

崇德县梵山区署关于高桥乡敌伪军蹂躏地方致崇德县政府的代电（一九四四年八月一日）

崇德縣梵山區區署代電

軍字第一二號

中華民國三十三年八月一日

事由

附件

崇德縣縣長闞鈞鑒案據高橋鄉周志仁報稱近日高橋偽方向每保勒派鉅款七萬元連日派偽保安隊下鄉催收扣留民眾人民叫苦連天致我方派款亦難着手懇請轉呈縣府設法克復以救民生等情據此查該鄉長所稱事屬實在復查扶駕橋偽軍亦有同樣情事蹂躪地方騷擾社會阻撓政治為害非淺特電懇請鈞長鑒核迅予設法收復拯人民于水火去行政之障碍臨電不勝迫切待命之至梵山區區長張寅未先叩

浙西行署关于联防第三办事处特务队袭击洲泉敌伪军致崇德县政府的指令（一九四四年八月四日）

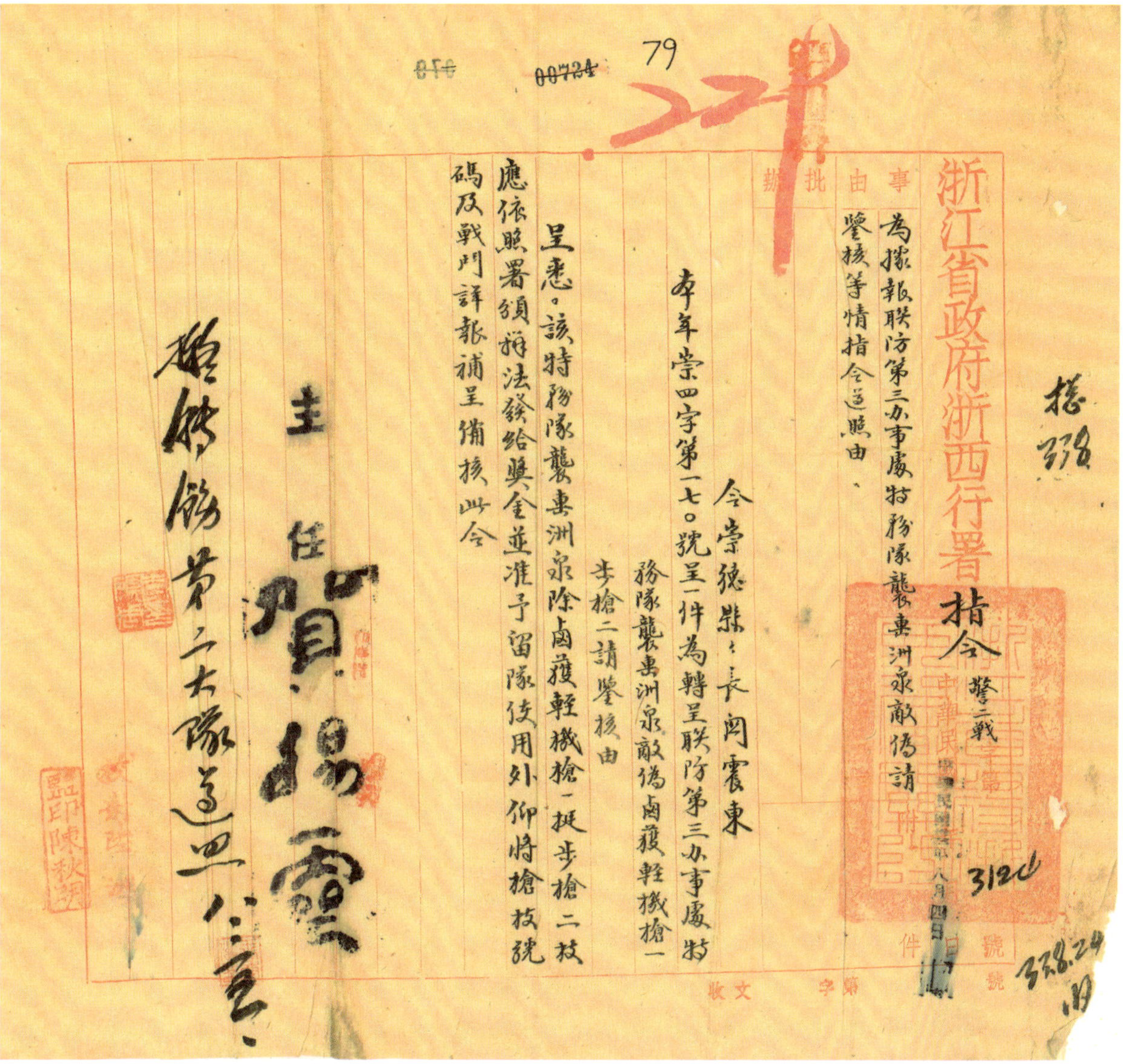
浙江省政府浙西行署 指令 警二戰

事由：為據報联防第三办事處特務隊襲击洲泉敵偽請鑒核等情指令遵照由

令崇德縣縣長関震東

本年崇四字第一七〇號呈一件為轉呈联防第三办事處特務隊襲击洲泉敵偽鹵獲輕機槍一步槍二請鑒核由

呈悉。該特務隊襲击洲泉除鹵獲輕機槍一挺步槍二枝應依照署頒辦法發給奬金並准予留隊使用外仰將槍枝號碼及戰鬥詳報補呈備核。此令

主任 賀揚靈

崇德县政府关于报送县国民兵团自卫队抗敌情形及战绩月报致浙江省保安处的呈（一九四四年八月十五日）

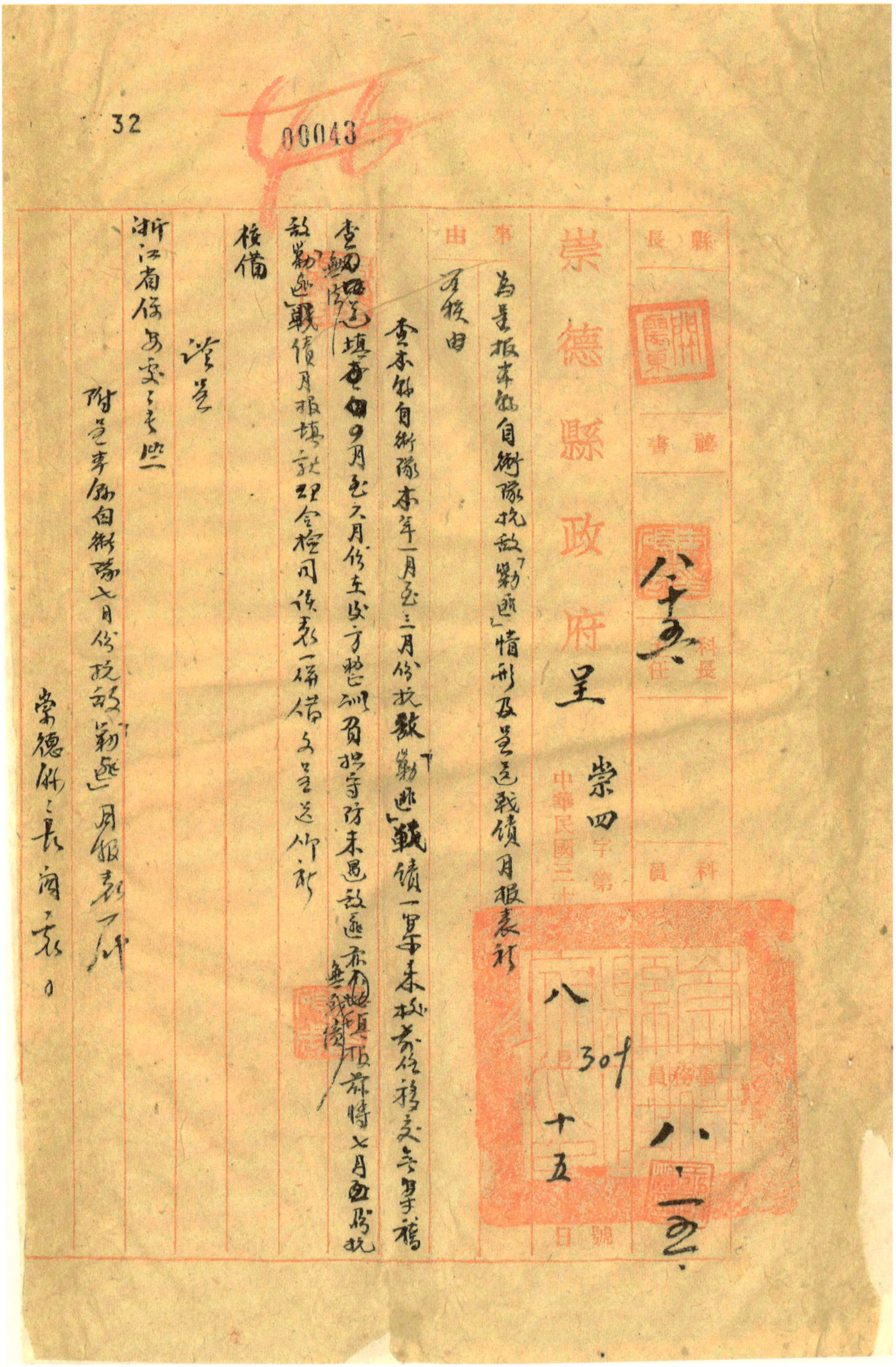

县长　崇德县政府呈　崇四字第　号
中华民国三十　年　月　日

事由：为呈报本县自卫队抗敌"剿匪"情形及呈送战绩月报表祈 鉴核由

查本县自卫队本年一月至三月份抗敌剿匪战绩一案，未据前任移交，无案稽查。四月至六月份在后方整训，负担守防，未遇敌匪，亦无战绩可填。兹将七月份抗敌剿匪战绩月报填就，理合检同该表一份，备文呈送，仰祈

核备。

谨呈

浙江省保安处处长

附呈本县自卫队七月份抗敌剿匪月报表一份

崇德县县长 □□

附：崇德县国民兵团自卫大队一九四四年七月抗敌战绩月报表

33　00045

浙江省崇德縣國民兵團自衛大隊民國三十三年七月抗敵剿匪戰績月報表

中華民國　年　月　日　部隊長官〇〇填呈

作戰部隊及剿匪兵力	自衛第三中隊一百餘員名
戰鬥或剿匪地區	崇德塘東
戰鬥或剿匪起止日期	十日至十七日
敵或匪兵力及配備情形	一百餘名 輕機槍五挺 步槍八十餘枝
所受任務	擬於[illegible]敵[illegible]
部署概要	率領該所屬及自衛第一二大隊僑嘉興自衛隊一大隊推進敵境
戰鬥或剿辦經過概要	十日至十三佈置戰線十日派至方部隊搜剿至五[illegible]鄉五河涇搜索偽敵六名並擊斃偽二名大部又派隊襲擊小麻羊擒獲偽軍十餘人得不及防全數被俘獲偽聯隊長巡官一[illegible]收復又偽軍二十餘名窜同福鄉為我機動部隊遭遇激戰當場擊斃偽四名俘二名餘逃逸
所獲戰果	克復五河涇鄉五河涇小麻羊三處 俘獲偽巡官一名偽軍四名
戰果以損耗	[illegible] 彈藥損耗未明
我軍傷亡勝敗原因	我方地形熟悉情報靈通士兵勇敢
俘獲及處置	偽巡官一名 俘獲偽軍十餘名呈送核辦
備　考	

轉呈兼團長閱完。

崇德县国民兵团自卫第一大队灵安乡密（篾）竹村战斗报告表（一九四四年八月二十三日）

038

~~00638~~

41

崇德縣國民兵團自衛第一大隊戰鬥報告表 三十三年八月二十三日

兼大隊長 聞震東

作戰月日	天候氣象	作戰地點
八月二十三日	晴	靈安鄉密竹村

戰鬥前

我軍之狀況

部隊名稱	自衛第一大隊
兵力	二佰伍拾名
駐防或出發地	靈安鄉密竹村朱家角駐防
友軍名稱兵力	
攻擊或防守之部署	本大隊駐密竹村派第一中隊防守東北面第二中隊防守西北面作防守之部署

敵軍之狀況

敵部隊番號及指揮官姓名	依藤部隊以依藤為指揮馮代春偽軍保安隊
兵力	敵偽三百餘名
所在地點	桐鄉新市洲泉石灣崇德城
進攖或防守之部署	分三路進攖一路由太平橋一路由李王廟一路田嚴家塘

接觸時間地點及狀況	戰鬥最激烈時間地點及狀況	決戰時間地點及狀況
本日十一時起至二時半密竹村初以步槍對射距離漸近之時兩方火力均甚激烈敵由東北角及南面進攻	本日十二時密竹村東北南三面互相衝殺	本日下午二時密竹村附近敵偽死傷慘重於進攻未遂乘機退卻

戰鬥後

我軍之狀況

損失情形	俘獲數目	傷亡數目	消耗數目	今後之處置
輕機一挺步槍二十一枝槍榴彈筒二個及被服等		陣亡官兵十六員名負傷三員名	輕機槍彈二千一百八十粒步彈六千九百八十粒	重整隊伍粉碎敵偽企圖

敵軍之狀況

被傷亡情形	今後之狀態及企圖
斃敵十三名偽軍二十八名傷敵七名偽軍十六名	掃蕩塘東征收田賦

崇德縣國民兵團自衛第一大隊戰鬥詳報第一號附表

死傷表

三十三年八月二十三日

區分／部隊號	戰鬥參加人馬			死			傷			生死不明		
	軍官	士兵（佐尉）	馬匹	軍官	士兵	馬匹	軍官	士兵	馬匹	軍官	士兵	馬匹
大隊部	七	一〇			一					二		
第一中隊	九	一二〇		三	一〇		一	一			四	
第二中隊	九	一二〇		一	一			一				
總計	二五	二五〇		四	一二		一	二		二	四	
備考												

00640

43

崇德縣國民兵團自衛第一大隊戰鬥詳報第〥號附表

武器彈藥損耗表

三十三年八月二十二日

種類		區分 號	大隊部	第一中隊	第二中隊			總計
消耗	彈藥	步槍	五五〇	四八三〇	一六〇〇			六九八〇
		輕機槍		二八〇				二八〇
		木殼槍						
		槍擲彈		五三				五三
損失	武器	步槍	二	一七	二			二一
		輕機槍		一				一
		馬槍						
		其他槍						
	彈藥	步槍						
		輕機槍						
		木殼槍						
		其他						
	其他武器							

備考

崇德县国民兵团自卫第二大队灵安乡朱家谷战斗报告表（一九四四年八月二十三日）

010　　00676

崇德縣國民兵團自衛第二大隊戰鬥報告表

三十三年八月二十三日　大隊長 吳良玉

作戰月日	天候氣象	作戰地點
八月二十三日	晴	靈安鄉朱家谷

戰鬥前

我軍之狀況

部隊名稱	兵力	駐防或出發地	友軍名稱兵力	攻擊或防守之部署
自衛第二大隊	壹佰捌拾伍名	靈安鄉朱家谷駐防		本大隊駐朱家谷派第四中隊防守東北及直北面、第五中隊防守西南及直南面作防守之部署

敵軍之狀況

敵部隊番號及指揮官名稱	兵力	所在地點	進擾或防守之部署
宇、藤部隊以宇藤為指揮 偽代春偽保安隊	敵偽二百餘名	崇德、洲泉、石灣、桐鄉、新市等	由靈安、太平橋、徐家廟、高家灣等處數路進擾

戰鬥中

接觸時間地点及狀況	戰鬥最激烈時間地点及狀況	決戰時間地点及狀況
本日上午十一時至下午二時半朱家谷初以步搶對射距離漸近之時兩方機搶火力均甚猛烈敵由東北方之唐家木橋及南方之目規橋進攻	本日十一時半朱家谷東北之唐家木乔兩方最激烈之衝殺	本日下午二時朱家谷附近之唐家木乔敵偽傷亡甚重後不支向直西之太平橋退卻

戰鬥後

我軍之狀況

損失情形	俘獲數目	傷亡數目	消耗數目	今後之處置
	一名	負傷弍名	輕機搶弹三伯三十發步弹四伯九十二發搶榴弹九枚發射弹九枚木壳弹四十六發	重整隊伍、再行攻擊粉碎敵偽企圖

敵軍之狀況

被傷亡之情形	今後之狀態及企圖
斃敵十二名、偽軍二十五名傷敵六七名偽軍十三名	掃蕩塘東、強征田賦

崇德县国民兵团自卫第二大队灵安乡碗盏浜战斗报告表（一九四四年八月二十四日）

026

00686

崇德縣國民兵團自衛第二大隊戰鬥報告表

大隊長 吳良玉（印）

三十三年八月二十四日

作戰月日	天候氣象	作戰地點
八月二十四日	晴	灵安鄉碗盞浜

戰鬥前

我軍之狀況

部隊番號	兵力	駐防或出發地	友軍名稱兵力	攻擊或防守之部署
自衛第二大隊	壹伯柒拾捌名	灵安鄉碗盞浜駐防		本大隊駐碗盞浜派第四中隊防守西南及直南方向第五中隊防守西北及直西方向作防守之部署

175

敵軍之狀況

敵部隊番號及指揮官名稱	兵力	所在地點	進攻或防守之部署
宇藤部隊以宇藤為指揮馮代春偽保安隊	敵偽叁佰餘名	桐鄉新市崇德石灣等	由茶家埠及鐵店浜暨太平橋等數路包圍

戰鬥中

接戰時間地点及状况	本日上午七時至四十分鐘碗盈浜初以步槍射擊继以槍機掃射西方火力甚激烈敵偽由東北角及南西角包圍進攻。
戰鬥最激烈時間地点及状况	本日上午七時二十分在茶家圩被敵偽四路包圍發生肉搏展開謝烈戰鬥
决戰時間地点及状况	本日上午七時二十五分碗盈浜附近我軍死傷慘重向東南向方轉進。

戰鬥後

我軍之狀況

損失情形	俘獲數目	傷亡數目	消耗數目	今後之處置
步槍四支被服等		陣亡士兵三名負傷官兵六名	七九機彈弍伯弍拾發步彈壹伯弍拾發槍榴彈叁枚發射彈叁枚木壳彈弍拾六發	重行整頓粉碎敵偽企圖。

敵軍之狀況

損傷之情形	今後之狀態及企圖
傷亡不明	掃蕩塘東·強征田賦

崇德县国民兵团自卫第二大队部关于朱家谷、碗盏浜之役战斗情况致崇德县政府的呈（一九四四年八月二十九日）

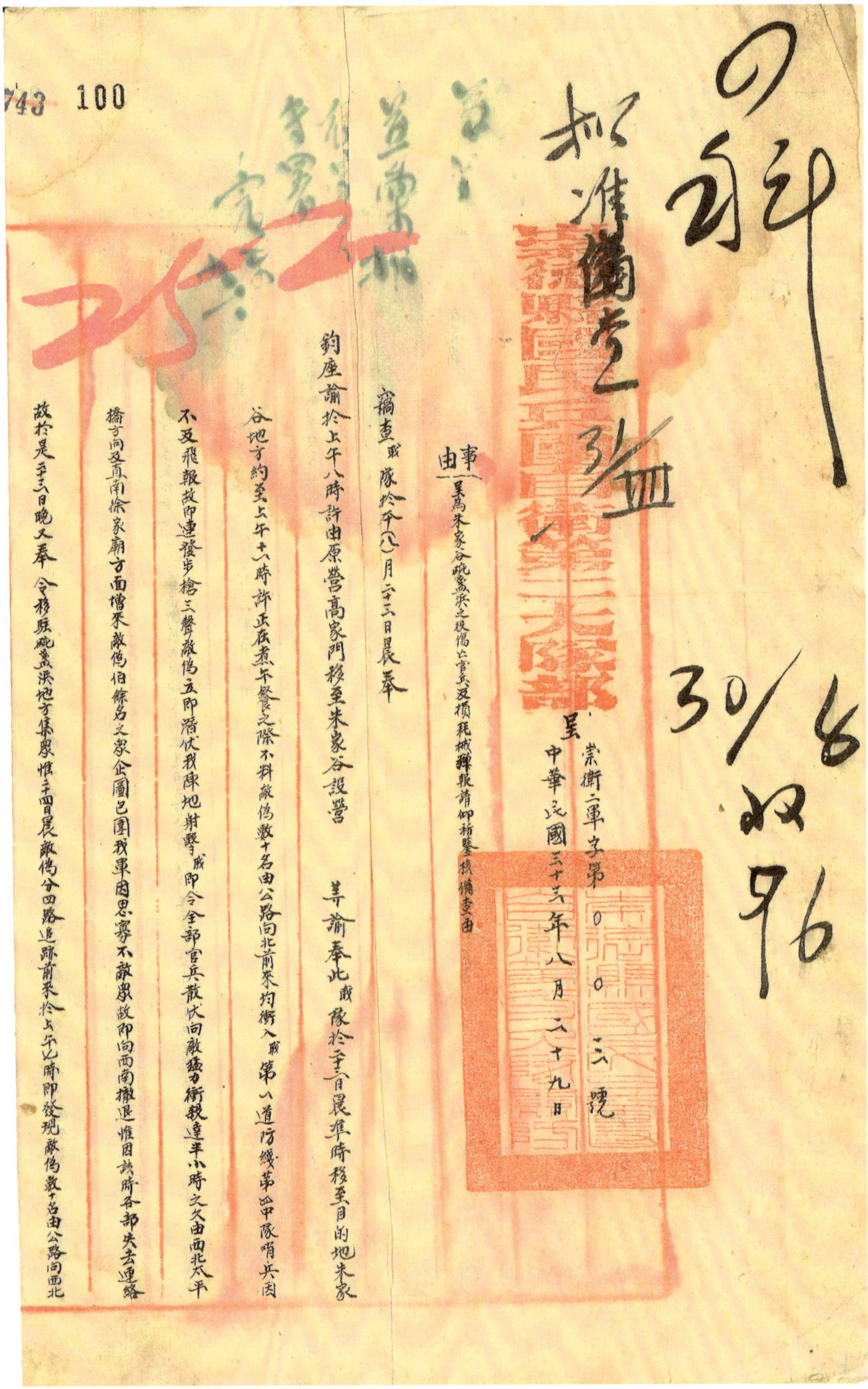
事由：呈为朱家谷碗盏浜之役伤亡官兵及损耗械弹报请仰祈鉴核备查由

崇德县国民兵团自卫第二大队部

呈 崇卫二军字第〇〇三八号

中华民国三十三年八月二十九日

窃查职队于本（八）月二十三日晨奉

钧座谕于上午八时许由原营高家门移至朱家谷设营

等谕奉此职队于二十三日晨准时移至目的地朱家谷地方约至上午十一时许正在煮午餐之际不料敌伪数十名由公路向北前来均冲入职第八道防线第四中队哨兵因不及飞报故即连发步枪三声敌伪立即潜伏我阵地射击职即令全部官兵散伏向敌猛力冲杀达半小时之久由西北太平桥方向及直南徐家庙方面增来敌伪佰余名之众企图包围我军因思寡不敌众故即向西南撤退惟因该时各部失去连络故于是二十三日晚又奉令移驻碗盏浜地方集聚惟二十四日晨敌伪分四路追踪前来于上午七时即发现敌伪数十名由公路向西北

方向前來職即令撒伏田野待機迎擊達半小時之久各方敵偽絡續增援已達數佰名之多已成包圍形勢職因思敵衆難與久持

又地勢欠佳故即令各官兵奮勇衝殺即行向東南撤退惟是役之戰損失甚重另册呈陣亡官兵受傷官兵失踪官兵損失槍械彈藥服

裝等報告表各一份理合備文呈請仰祈

鈞座鑒核備查實為德感

謹呈

縣長閻

職吳良玉

附一：崇德县国民兵团自卫第二大队阵亡官兵报告表（一九四四年八月）

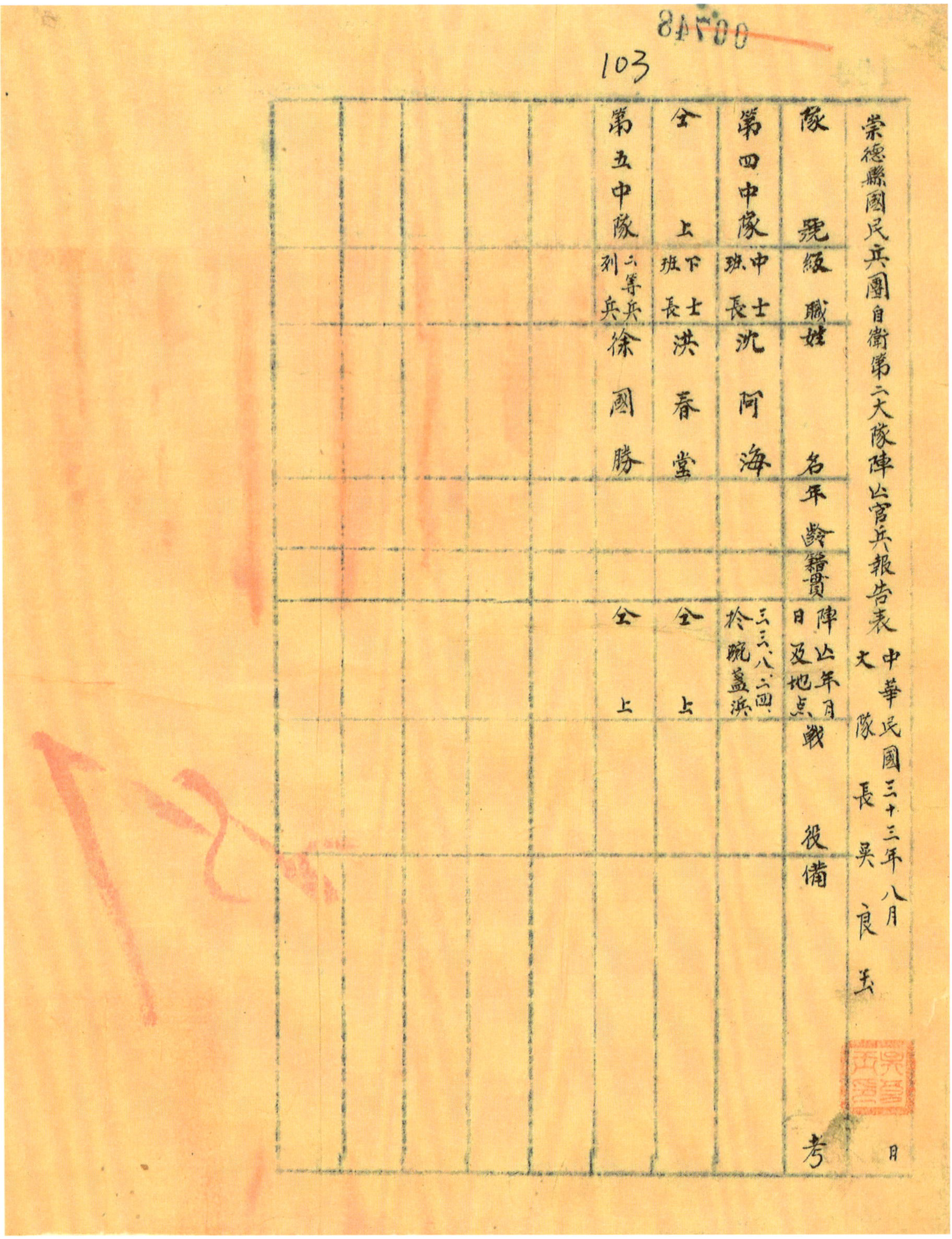

00748

103

崇德縣國民兵團自衛第二大隊陣亡官兵報告表

中華民國三十三年八月　日

大隊長　吳良玉

隊號	級職	姓名	年齡	籍貫	陣亡年月日及地點	戰役	備考
第四中隊	中士班長	沈阿海			三三、八、二四、於碗盞浜		
仝上	下士班長	洪春堂			仝上		
第五中隊	二等兵列兵	徐國勝			仝上		

崇德縣國民兵團自衛第二大隊失蹤官兵報告表

中華民國三十三年八月　日

大隊長　吳良玉

隊號	級職	姓名	年齡	籍貫	失蹤月日及地點	戰役	備攷
第四中隊	一等兵傳達兵	鍾瑞昌			三三、八、二三 拎朱家谷		被擄

附三：崇德县国民兵团自卫第二大队受伤官兵报告表（一九四四年八月）

崇德縣國民兵團自衛第二大隊受傷官兵報告表

隊號	級職	姓名	年齡	籍貫	受傷地点及年月日	戰役	以前曾否受傷請郵	住何處醫院治療
第四中隊	上士班長	吳曉松			於朱家谷 三三、八、二三、			平家橋附近
第五中隊	下士副班長	沈長發			仝上			仝上
第四中隊	准尉副排	舒加生			於碗盈浜 三三、八、二三、			仝上
仝上	二等兵列兵	顧子良			仝上			仝上
仝上	仝上	沈金山			仝上			仝上
	下士班長	吳榮			仝上			仝上
	上等兵副班長	楊福興			仝上			仝上

中華民國三十三年八月　日

大隊長　吳良玉

崇德縣國民兵團自衛第二大隊槍械彈藥損耗報告表

中華民國三十三年八月　日

大隊長　吳良玉

隊號	名稱	數量	損失原因	備考
第四中隊	北造步槍	壹枝	士兵陣亡被獲	槍號碼第九○號
仝上	漢造步槍	壹枝	仝上	槍號碼第三九四七號
仝上	仝上	壹枝	仝上	槍碼第五五○號
第四五中隊	七九步機子彈	五百五拾發	射擊消耗	
仝上	七九步槍子彈	六百拾弍發	仝上	
仝上	槍溜彈筒	拾弍枚	仝上	
仝上	發射彈	拾弍發	仝上	
仝上	木壳彈	柒拾弍發	仝上	

四中隊　人2

什造步槍　壹支　當係當造　北洋二四四五等

步彈　二十發　遺失　人2

附五：崇德县国民兵团自卫第二大队被服装具损耗报告表（一九四四年八月）

101

00745

崇德縣國民兵團自衛第二大隊被服裝具損耗報告表

隊號	名稱	數量	原因	日期	備攷
第四中隊	藍布服裝	肆套		三三、八、四、	
	磁碗	五隻		仝上	
	子彈帶	叁條		仝上	

中華民國三十三年八月 日

大隊長 吳良玉

崇德县国民兵团自卫第一大队部关于灵安乡密（篾）竹村战况致崇德县政府的报告（一九四四年八月三十日）

108

00753

262

451

崇德縣國民兵團自衛第一大隊部

報告

副字第104號

民國三十三年八月三十日

竊 職隊自隨縣府挺進縣境塘東迄將兩月，隨時各地游擊工作，粉碎敵偽陰謀，受我威發之中，敵偽糾合桐鄉長安臨平新市等據點約有三百餘名，分路窜擾塘東，於本（八）月二十三日上午十一時進犯我防地，我軍駐於靈安鄉米家角密竹村一帶，當經發覺，即令一二中隊散佈擇佔有利地形，双方接觸，戰鬥慘烈，經三小時光景，敵偽乘機而退向太平橋李王廟徐家廟小羔羊等處盤據宿夜，次日敵偽附近勒鄉我方保長強刼民財征收錢粮之企图，至（條）日 職率領兩中隊向太平橋據点攻擊，敵偽力不支，至黄昏時惶倉潰退，原果是役結果陣亡第一中隊中尉分隊長顧閔雎、准尉分隊附鄭行焊、吳國全等三員，上士班長周耀椽、中士班長顧桂林、下士班長陳勇根、陳志英、闵光生、汪木春、孫炳生、曹鉊金、上等列兵張和寶、黄德興等拾名，負傷准尉分隊附陳應才、上等列兵張芳度等二員名，失蹤下士班長黄祖炎、崇门狗、上等列兵濤詩、祝福仁及大隊部上尉附員

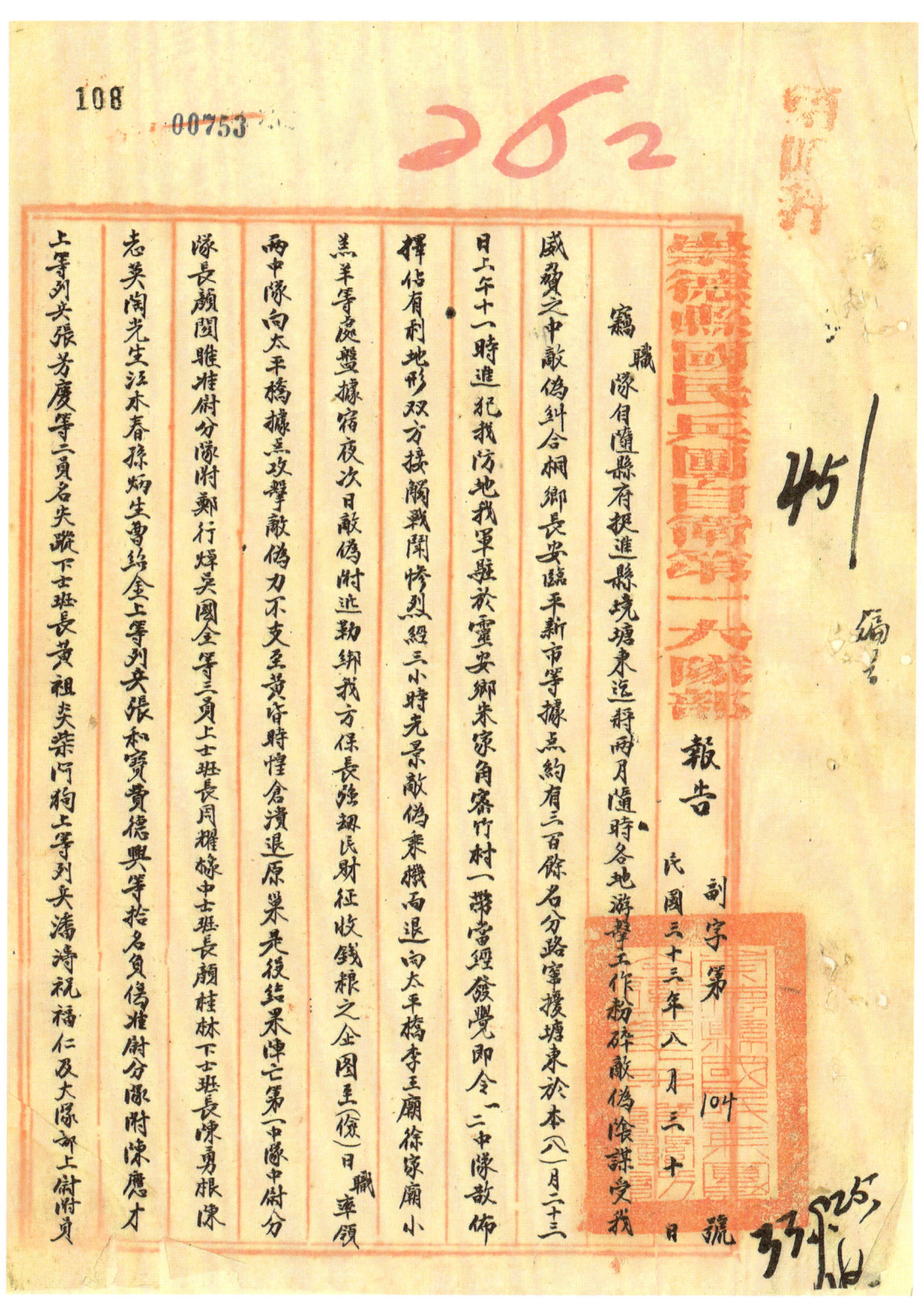

周海清准尉附員黃邦藩等六員名第二中隊陣亡准尉分隊附裘啟文上士班長林水及大隊部
中士軍械士李阿松等三員名負傷下士班長吳大根一名合計陣亡官兵十六員名負傷三員名失蹤官
兵六員名損失輕機槍一挺步槍二十一枝槍榴彈筒二個戰鬥共斃敵十三名（證實洲泉焚屍八具崇
城二具石灣三具）偽軍二十八名傷敵七名偽軍十六名此役戰鬥經過情形理合造具戰鬥詳報表官兵
陣亡失蹤負傷表武器彈藥損耗表被服裝具損耗表各三份隨文附呈報請
鑒核轉報註銷實為公便
謹呈
縣長閔
（附呈戰鬥詳報表官兵傷亡失蹤表武器彈藥損耗表被服裝具損耗表各三份）
職 閔震東

擬將投行署 九、二六
彙同第二大隊損耗各表轉呈 九、

崇德县国民兵团自卫第二大队部关于碗盏浜之役部分失踪官兵陆续归队及丢失枪弹情况致崇德县政府的呈

（一九四四年八月三十一日）

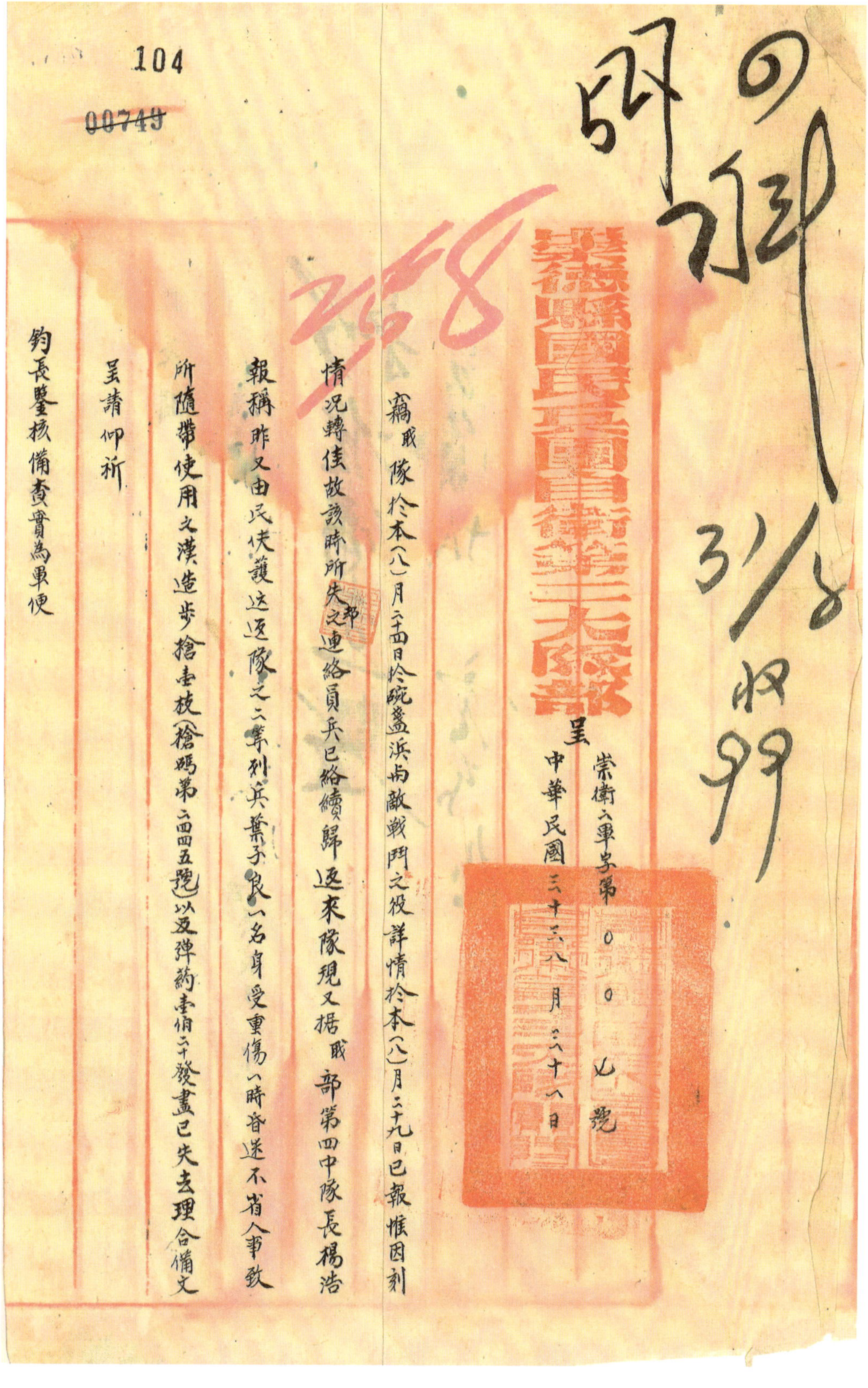

104

00749

崇德縣國民兵團自衛第二大隊部 呈

崇衛二軍字第〇〇七號

中華民國三十三年八月三十一日

竊職隊於本（八）月二十四日於碗盞浜與敵戰鬥之役詳情於本（八）月二十九日已報惟因刻情況轉佳故該時所失之職部連絡員兵已絡續歸還來隊現又據職部第四中隊長楊浩報稱昨又由民伕護送返隊之二等列兵葉子良一名身受重傷一時昏迷不省人事致所隨帶使用之漢造步槍壹枝（槍碼第二四四五號）以及彈藥壹佰二十發盡已失去理合備文

呈請仰祈

鈞長鑒核備查實為軍便

謹呈

縣長闕

職 吳良玉 呈

擬准備查

並函報

震東 九

关于崇德县国民兵团梵山区队捕获日军宪兵后被海宁县自卫队劫走事的一组文件（一九四四年九月一日至九日）

崇德县国民兵团梵山区队致崇德县国民兵团的呈（一九四四年九月一日）

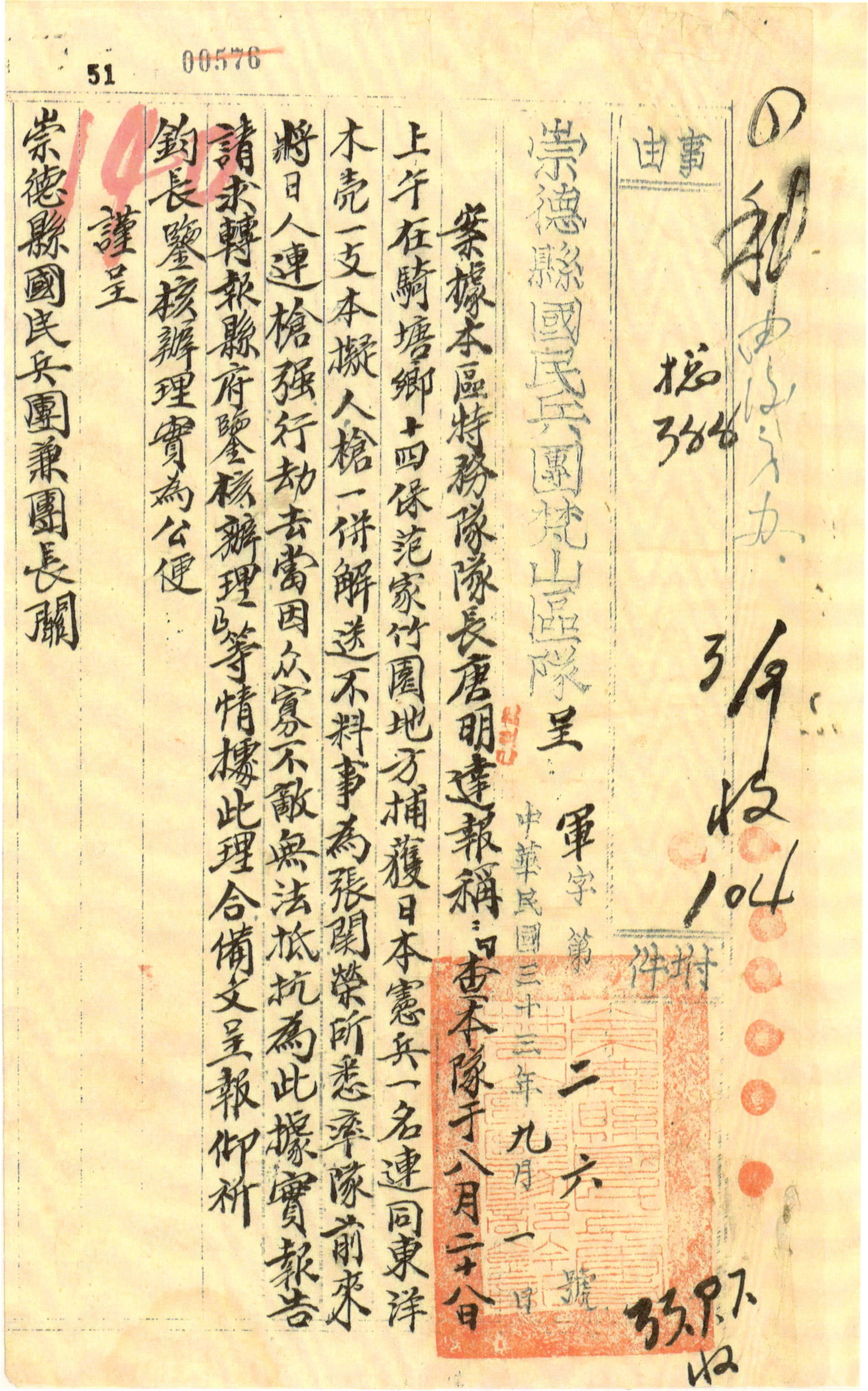
51 00576

事由

崇德縣國民兵團梵山區隊呈 軍字第二六號

中華民國三十三年九月一日

案據本區特務隊隊長唐明達報稱：「查本隊於八月二十八日上午在騎塘鄉十四保范家竹園地方捕獲日本憲兵一名，連同東洋木壳一支，本擬人槍一併解送，不料事為張關榮所悉，率隊前來將日人連槍强行劫去。當因众寡不敵，無法抵抗，為此據實報告，請求轉報縣府鑒核辦理」等情。據此，理合備文呈報，仰祈

鈞長鑒核辦理，實為公便。

謹呈

崇德縣國民兵團兼團長關

附錄日人姓名　年齡　職務　身長

小西時南洋　二五　憲兵中士　五尺三寸

梵山區兼區隊長張寅

查張寅等係海寧縣自衛中隊第□，抑將其案函電行署，飭海寧縣政府將該日本人及槍械送還本府。

經 九、四

警衛股

00575

52

崇德縣政府 電

浙西行署主任賀鈞鑒：八密。署據本縣梵山區區長張寅呈稱：查本區特務隊于八月二十八日上午在騎塘鄉十四保范家村圍捕獲日本憲兵一名，連同東洋木殼一枝，擬將人槍一併解送，不料被張闡崇率隊前來將人槍強翻去，當因力薄無法抵抗，為特據請鑒核等情。據查張闡崇係海寧自衛隊中隊長……將人槍解送本府……崇德縣縣長……申佳四印。

中華民國三十三年九月九日

浙江全省保安司令部关于盟邦战友在我战区境内行动或参观国防设备须先报核致各区行政督察专员兼保安司令公署、各县政府及保安各团队的代电（一九四四年九月二日）

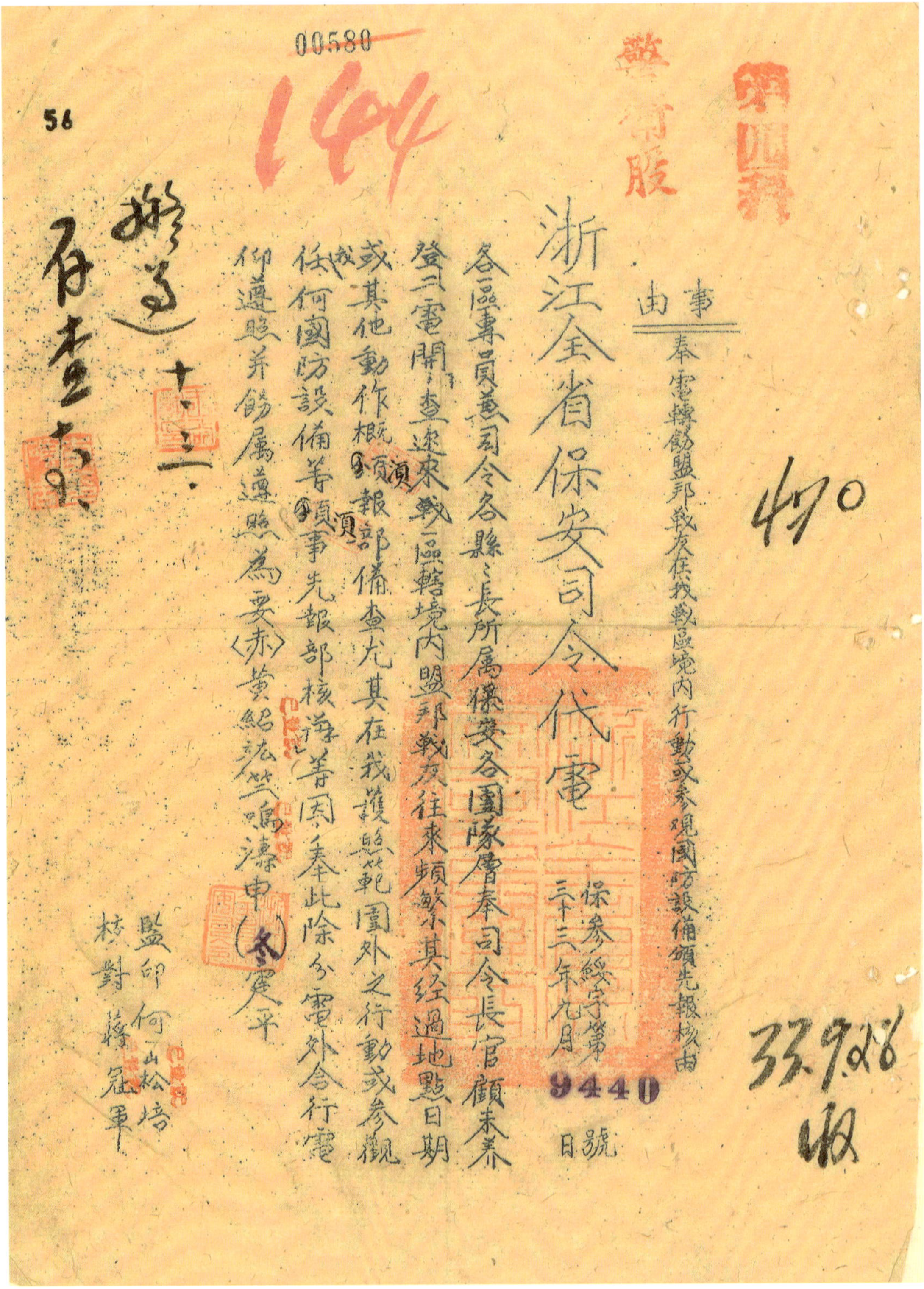

事由：奉電轉飭盟邦戰友在我戰區境內行動或參觀國防設備須先報核由

保參綏字第 9440 號

三十三年九月 日

浙江全省保安司令部代電

各區專員兼司令、各縣縣長、所屬保安各團隊：奉司令長官顧未養參二電開：「查迭來戰區轄境內盟邦戰友往來頻繁，其經過地點、日期或其他動作概須報部備查，尤其在我護照範圍外之行動或參觀任何國防設備等項，須事先報部核准」等因。奉此，除分電外，合行電仰遵照並飭屬遵照為要。（赤）黃紹竑（笁）嘯滬申（參）寁平

監印 何松培
校對 蔣冠軍

崇德县政府关于推进塘西扫除敌伪致县国民兵团自卫第一、第二大队的命令（一九四四年九月五日）

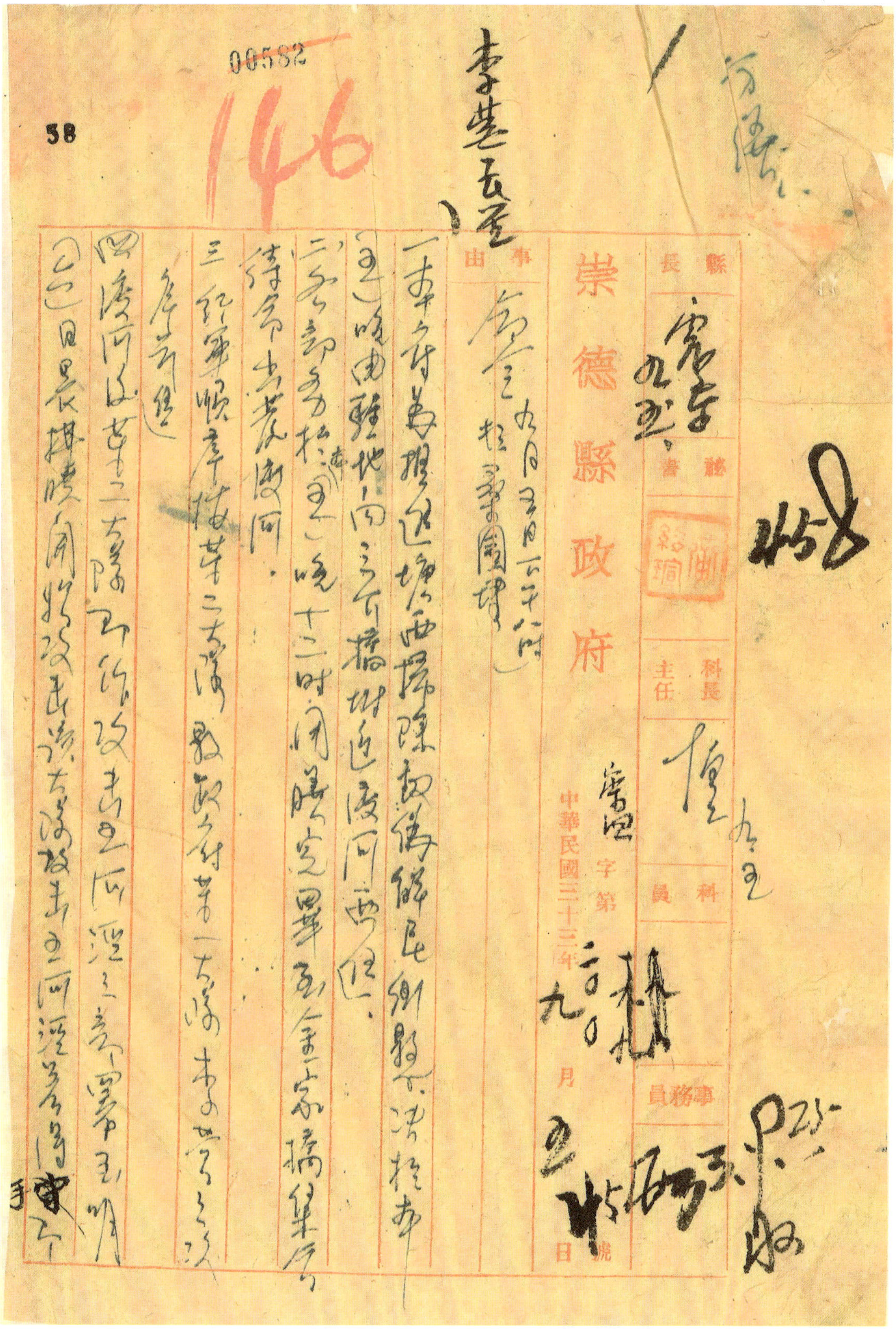

00583

14

乙

縣長	秘書	科長 主任	科員	事務員

崇德縣政府

字第　號

中華民國三十三年　月　日

事由

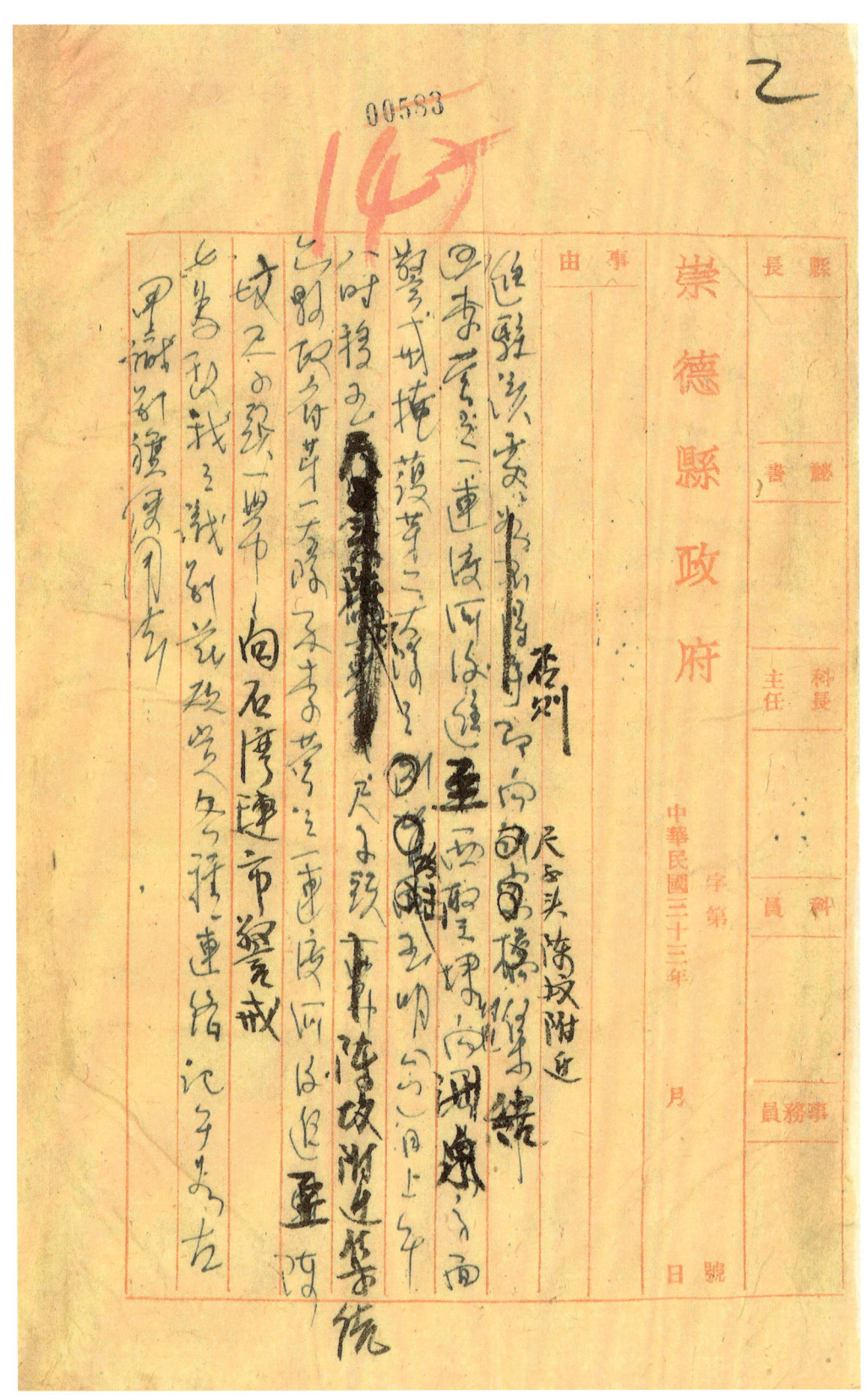

迳启者：案据密报，否则向敌伪据报民丰头陈坟附近集结
伪李荣之一连，从河埠迳至西驻洲泉之南
警戒，并据第二大队之（明）于明公历日上午
八时移至[redacted]民丰头陈坟附近警备
以期敌伪第一大队李荣之一连从河埠迳至陈
坟之一带，向石湾镇市警戒
为特函达，即希查照，并希随时联络为荷
此致
思（崇）德县长

00584

59

148

縣長	祕書	科長 主任	科員	事務員

崇德縣政府

字第　號

中華民國三十三年　月　日

事由

1.單日白旗垂直上舉上下移動六次
然後水平向前伸出左右擺動二次
2.雙日白旗垂直向上舉左右擺動二次
然後水平向前伸出劃一圓圈
(三)紅布旗使用法
1.單日舉起右臂　2.雙日舉起左臂
(四)鐘鑼間用以令之識別法
1.單日向鼓擊三次　然後鼓擊二次、啞敲一聲

60

00585

149

4

崇德縣政府

縣長 秘書 科長主任 科員 事務員

事由

七、双日同敎業二次偵緝人員、並又敎業公偵緝人员

八、前進時千里敵陽討光顧、方去友、陳牧坊送

△

右令

第二大隊

縣長 周〇〇

中華民國三十三年 月 日

字第 號

崇德县政府关于趁夜渡河西进打击敌伪致江苏省保安三团第一营的代电（一九四四年九月五日）

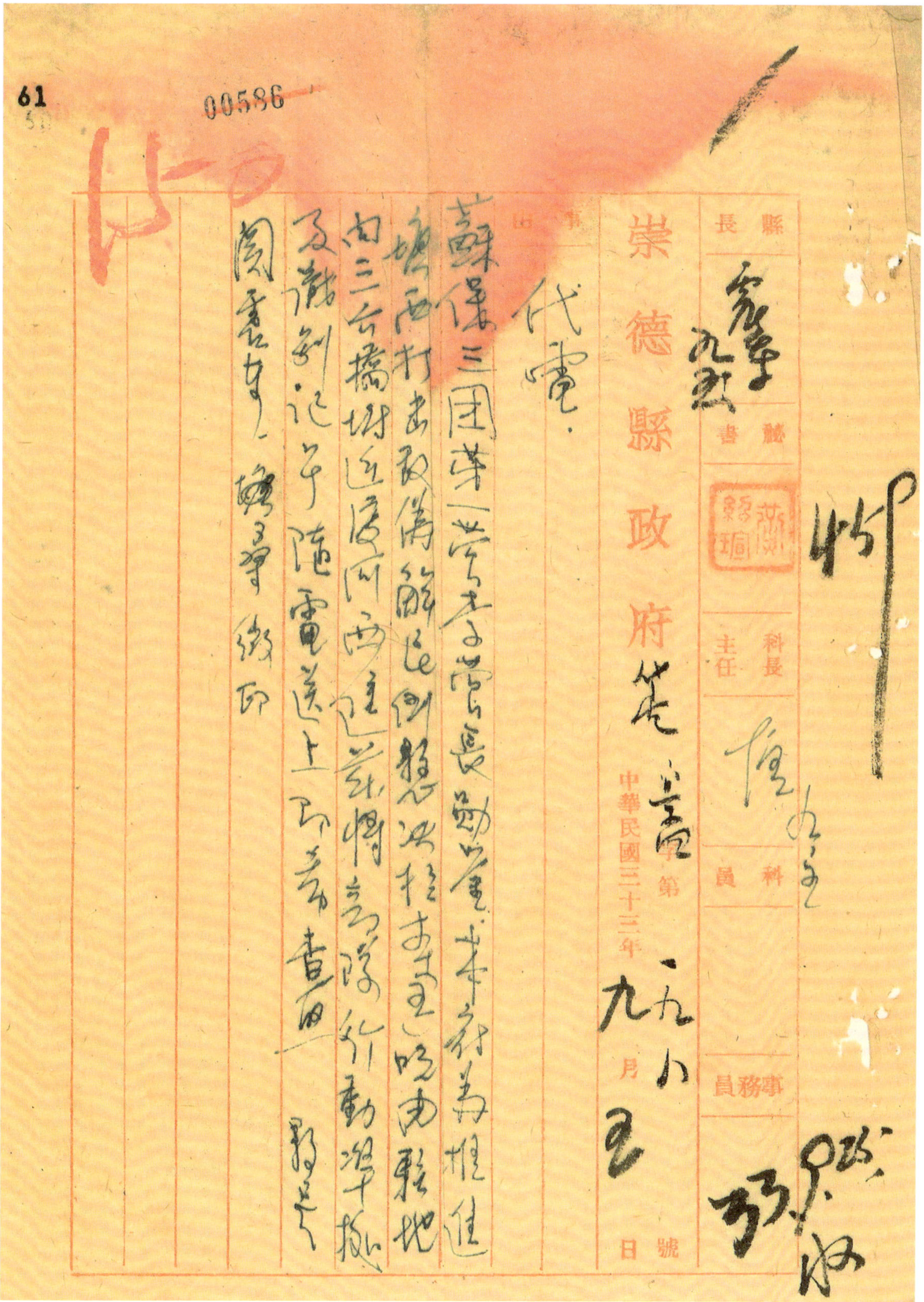

61

00586

崇德縣政府箋

縣長　秘書　科長　主任　科員　事務員

事由

代電

蘇保三团第一营李营長勛鑒：本府為推進塘西打击敌僞，解除倒懸起見，擬於本夜由縣地內三合橋附近渡河西進。茲將我隊行動準據及識別記號隨電送上，即希查照為荷。縣長鍾子纘印

中華民國三十三年九月五日　第　號

崇德县国民兵团自卫第一大队部关于思家村战况及阵亡失踪士兵、损耗械弹情况致崇德县政府的报告

（一九四四年九月）

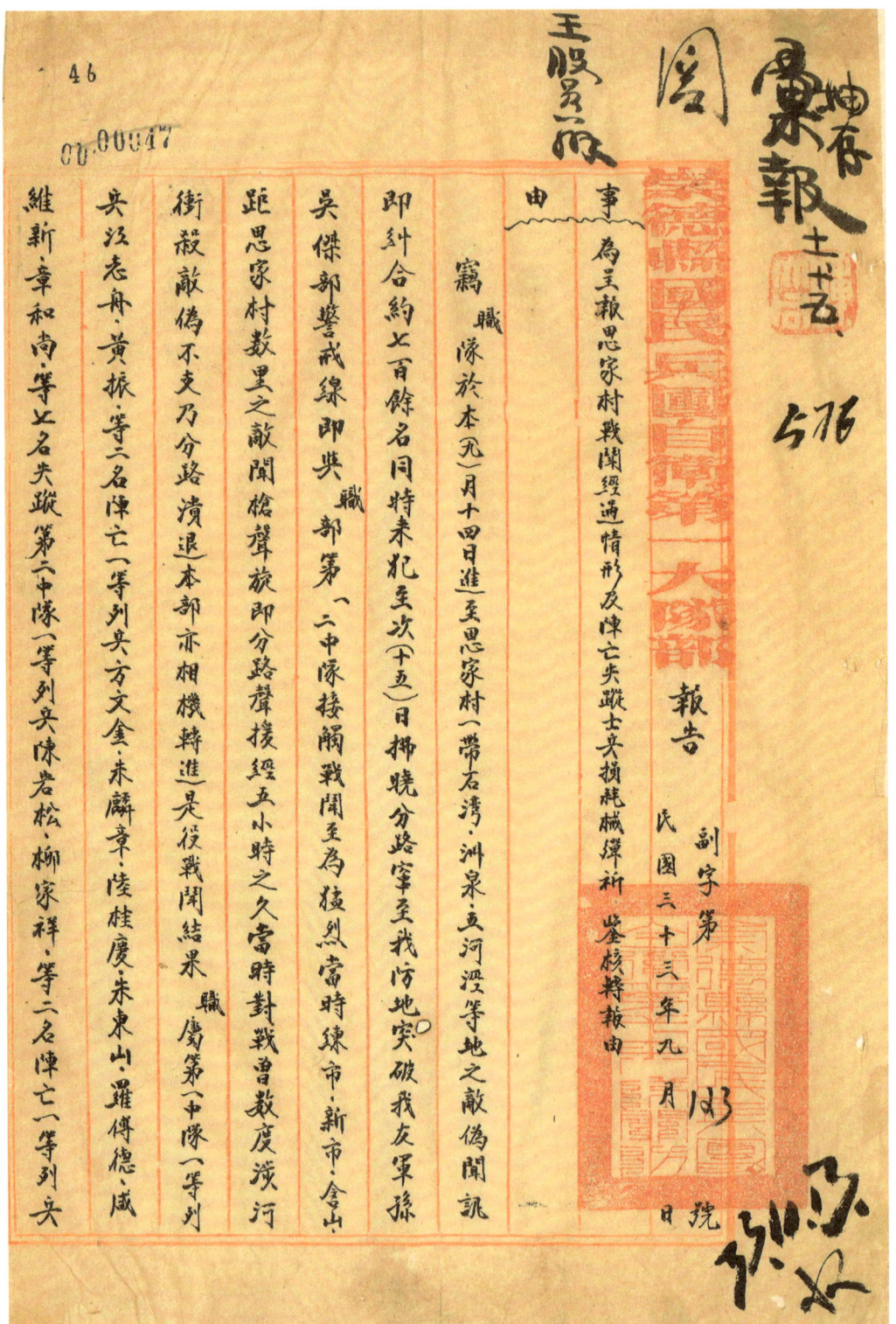

呈報 十五、

王股長閱

46

00.00047

崇德縣國民兵團自衛第一大隊部 報告

副字第 號

民國三十三年九月 日

事由：為呈報思家村戰鬥經過情形及陣亡失蹤士兵損耗械彈祈鑒核轉報由

竊職隊於本（九）月十四日進（駐）至思家村一帶石灣、洲泉、五河涇等地之敵偽聞訊即糾合約七百餘名同時來犯至次（十五）日拂曉分路竄至我防地突破我友軍孫吳傑部警戒線即與職部第一、二中隊接觸戰鬥至為猛烈當時練市、新市、含山距思家村數里之敵聞槍聲旋即分路聲援經五小時之久當時對戰曾數度涉河衝殺敵偽不支乃分路潰退本部亦相機轉進是役戰鬥結果職屬第（一中隊）一等列兵汪志舟、黄振、等二名陣亡（一等列兵方文金、朱麟章、陸桂庚、朱東山、羅傳德、戚維新、章和尚、等七名失蹤第二中隊（一等列兵陳岩松、柳家祥、等二名陣亡（一等列兵

俞仁田、阮秀全、俞仁榮、黄阿廣、全達三、吳春兆、上等傳達兵吳鐵幹、賴美等八名失蹤本部中士看護士鍾惠仁、中士司號陳全士、上等看護兵鍾英德、一等炊事兵鍾韶等四名失蹤合計陣亡士兵四名失蹤士兵十九名損失步槍十枝是役戰鬥共計擊斃敵軍七名僞軍十五名傷敵軍九名僞軍二十三名理合將此役戰鬥經過情形暨損失武器造具戰鬥詳報表士兵陣亡失蹤表武器彈藥損耗表被服裝具損耗表各三份備文呈報仰祈

鑒核轉報註銷實為公便

謹呈

縣長閔

（附呈戰鬥詳報表、士兵陣亡失蹤表、武器彈藥損耗表、被服裝具損耗表各三份）

職 閔震東

附一：崇德县国民兵团自卫第一大队思家村战斗报告表（一九四四年九月十六日）

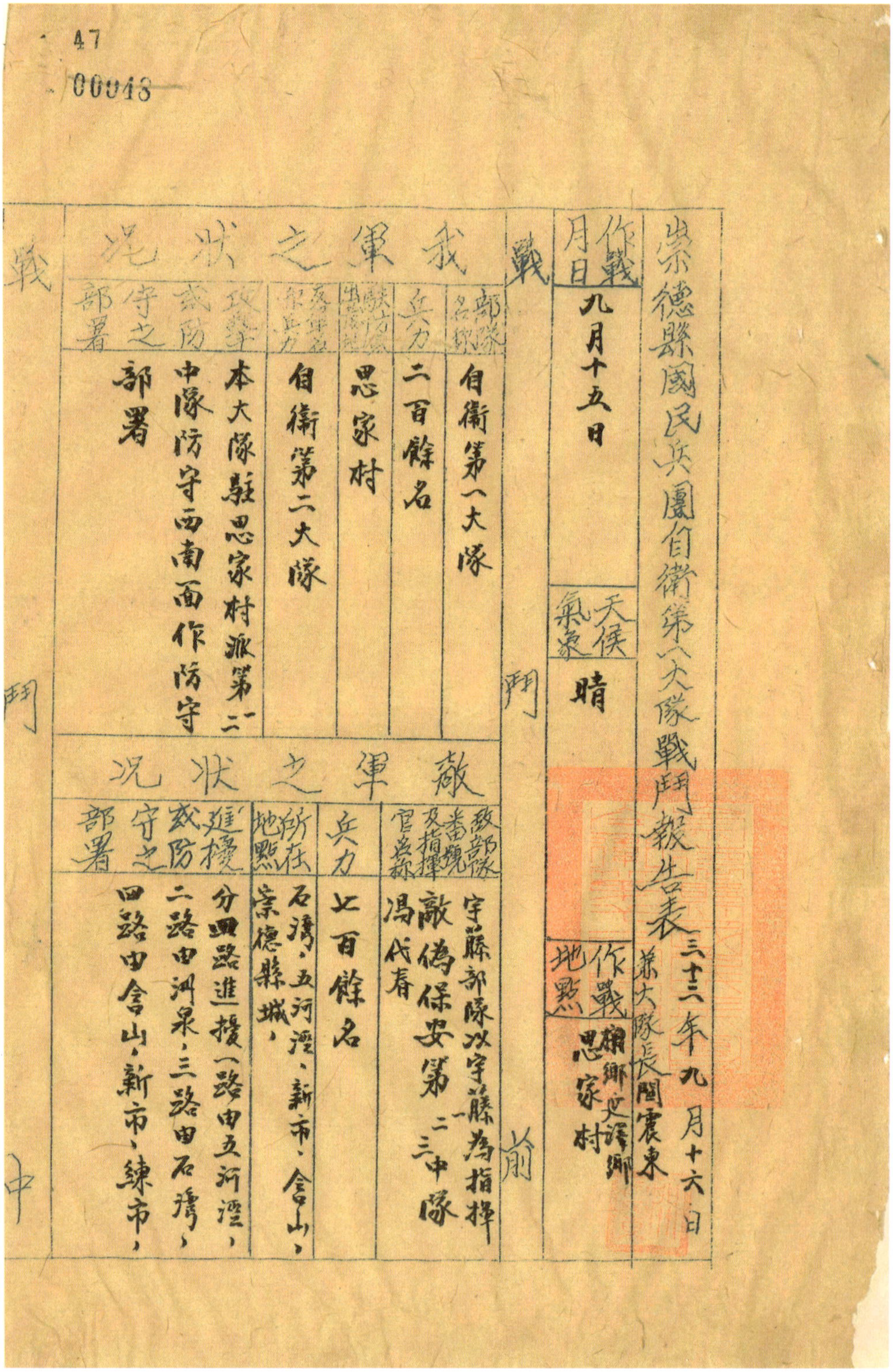

崇德縣國民兵團自衛第一大隊戰鬥報告表 三十三年九月十六日

第一大隊長 閻震東

作戰月日	天候氣象	作戰地點
九月十五日	晴	[illegible]鄉史澤鄉思家村

戰鬥前

我軍之狀況

部隊名稱	兵力	戰鬥時地點	友軍番號及兵力	攻擊或防守之部署
自衛第一大隊	二百餘名	思家村	自衛第二大隊	本大隊駐思家村，派第一、二中隊防守西南面作防守部署

敵軍之狀況

敵部隊番號及指揮官名稱	兵力	所在地點	增援或防守之部署
宇蘇部隊以宇蘇為指揮，敵偽保安第二、三中隊，馮代春	七百餘名	石灣、五河涇、新市、含山、崇德縣城、	分四路進援（一路由五河涇，二路由洲泉、三路由石灣，四路由含山、新市、練市、

戰鬥中

接觸時間地點及狀況	本日上午五時至中午十一時思家村初以步槍攻擊後以機槍掃射距離漸近之時兩方大力甚劇敵偽由東南西北四面進攻。
最激烈時間地點及狀況	本日上午七時三十分思家村西南二面互相衝殺及渡河衝殺
決戰時間地點及狀況	本日上午十一時思家村之北敵偽不支竊援我軍相機轉進

戰鬥後

我軍之狀況				
損失情形	行蹤數目	傷亡數目	消耗數目	今後之處置
步槍十枝 機槍腳架一副 刺刀三把 被服等	失蹤士兵十九名	陣亡士兵四名	機槍彈 步槍彈 槍榴彈	重整隊伍打擊敵偽及粉碎其陰謀

敵軍之狀況	
被傷亡情形	今後之狀態及企圖
斃敵七名 偽軍十五名 傷敵九名 偽軍廿三名	仍有竄擾塘西之勢

附二：崇德县国民兵团自卫第一大队战斗死伤表（一九四四年九月十六日）

48

崇德縣國民兵團自衛第一大隊戰鬥詳報第1號附表

死傷表

三十三年九月十六日

區分 / 部隊號	戰鬥參加人馬 軍官	士兵	馬匹	死 軍官	士兵	馬匹	傷 軍官	士兵	馬匹	生死不明 軍官	士兵	馬匹
大隊部	七	一六									四	
第一中隊	七	一二〇			二						七	
第二中隊	九	一二〇			二						八	
總計	二三	二五六			四						一九	
備攷												

00950
49

崇德縣國民兵團自衛第一大隊戰鬥詳報第　號附表

武器彈藥損耗表

三十三年九月十五日

種類		隊號	大隊部	第一中隊	第二中隊			總計	備攷
消耗	彈藥	步槍		一四〇	一五二五			一六六五	
		輕機槍		二六五	五六一			八二六	
		木殼槍							
		槍擲彈		一九				一九	
損失	武器	步槍		二	八			一〇	
		輕機槍							
		馬槍							
		其他							
	彈藥	步槍							
		輕機槍							
		木殼槍							
		其他							
	其他武器								

附三：崇德县国民兵团自卫第一大队武器弹药损耗表（一九四四年九月十五日）

崇德县政府关于报送国民兵团自卫队八、九月份抗战战绩报告致浙江全省保安司令部等的呈

（一九四四年十月七日）

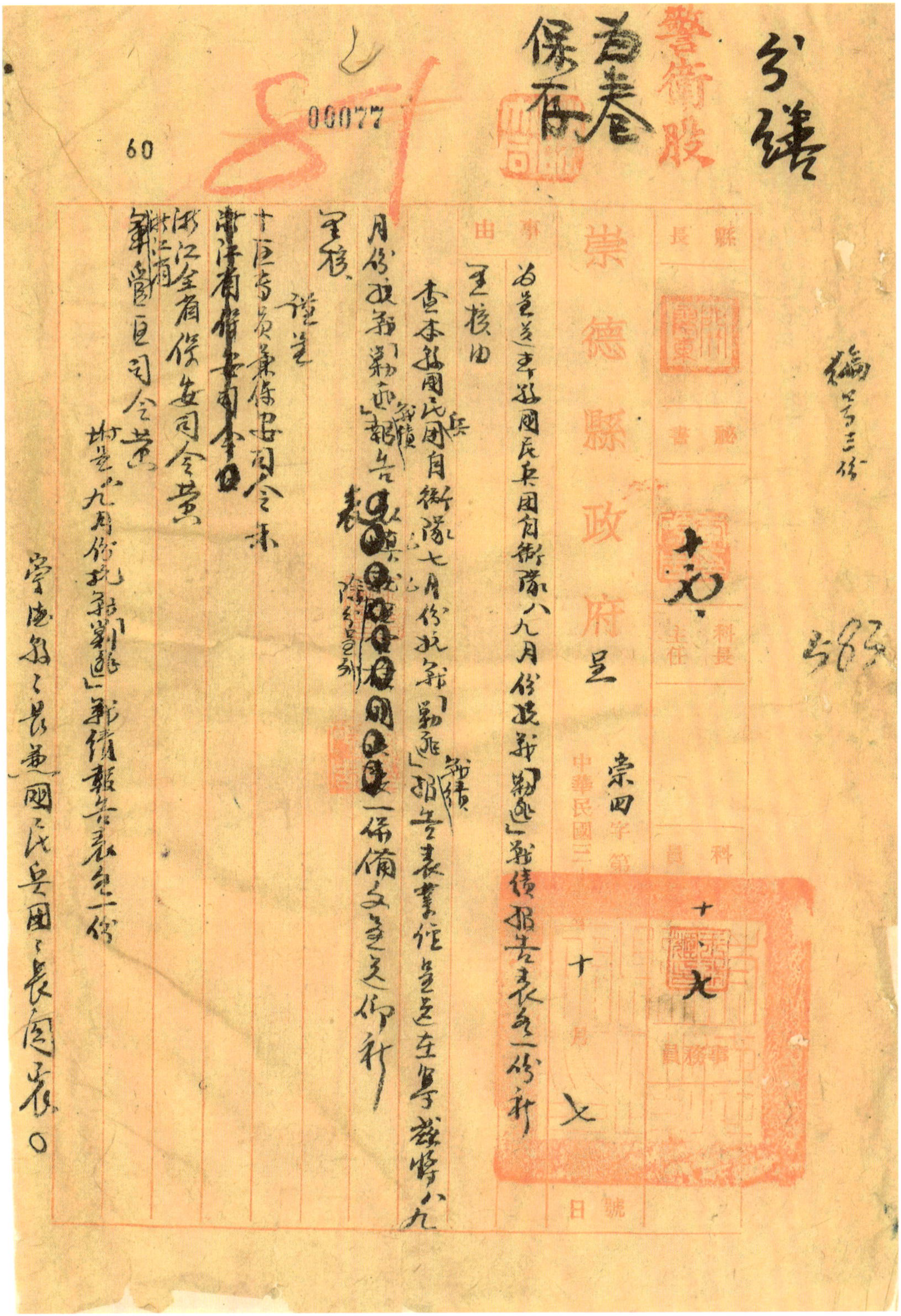

崇德縣政府 呈 崇四字第 號

中華民國三十三年十月七日

事由：為呈送本縣國民兵團自衛隊八九月份抗戰「勦匪」戰績報告表各一份祈鑒核由

查本縣國民兵團自衛隊七月份抗戰「勦匪」戰績報告表業經呈送在案，茲將八九月份抗戰「勦匪」戰績報告表各一份備文呈送，仰祈鑒核。

謹呈

浙江全省保安司令部

附呈八九月份抗戰「勦匪」戰績報告表各一份

崇德縣縣長兼國民兵團團長

浙江省崇德縣國民兵團自衛第一、二大隊民國三十三年度八月份抗敵剿匪戰績報告表

中華民國三十三年八月三十一日 縣長兼團長 [illegible] 填呈

作戰或剿匪部隊及兵力	戰鬥或剿匪地	戰鬥或剿匪起訖日期	敵或匪兵力及配備情形	敵或匪所受任務	部署概要	經過概要	戰果	傷亡損耗	勝敗原因	處置	備考
本縣自衛一、二大隊	靈安鄉塞竹村、皖盆浜朱家谷	八月二十三日至二十八日止	三百餘人，輕機枪十三挺，步枪六百支，十餘枝	推行政令	率領政府主要人員及自衛第一、二大隊全部官兵	二十三日在靈安鄉之朱家谷塞竹村發生遭遇戰，[illegible] 二十四日至二十八日我自衛第一、二大隊與敵攻[illegible]結果，[illegible] 官十三名，偽軍廿八名，偽兵七名，俘偽軍廿六名，我陣亡官兵四十名，傷十二名	繳獲敵偽步枪七枝，我損失輕機枪一挺，步枪二十五枝，失蹤官兵二名	擊傷偽官四員，士兵九名，陣亡官佐四員，士兵十四名，[illegible] 彈[illegible]，刺刀五十一把，輕機枪一挺，步枪二十五枝，輕機枪彈[illegible]，步枪彈[illegible]	武力不足		

附一：浙江省崇德县国民兵团自卫第一、二大队一九四四年度八月份抗战战绩报告表（一九四四年八月三十一日）

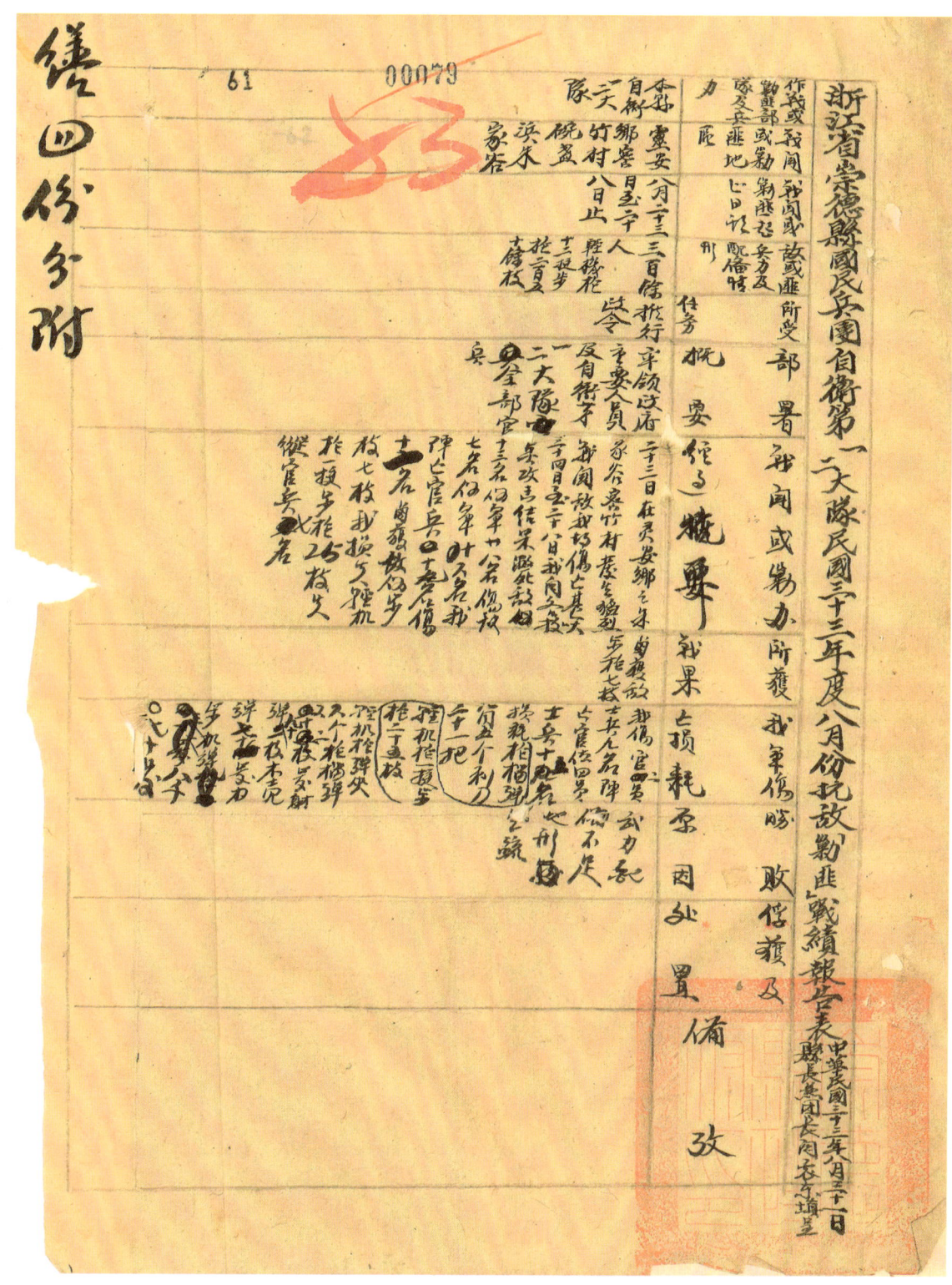

附二：浙江省崇德县国民兵团自卫第一、二大队一九四四年度九月份抗战战绩报告表（一九四四年九月）

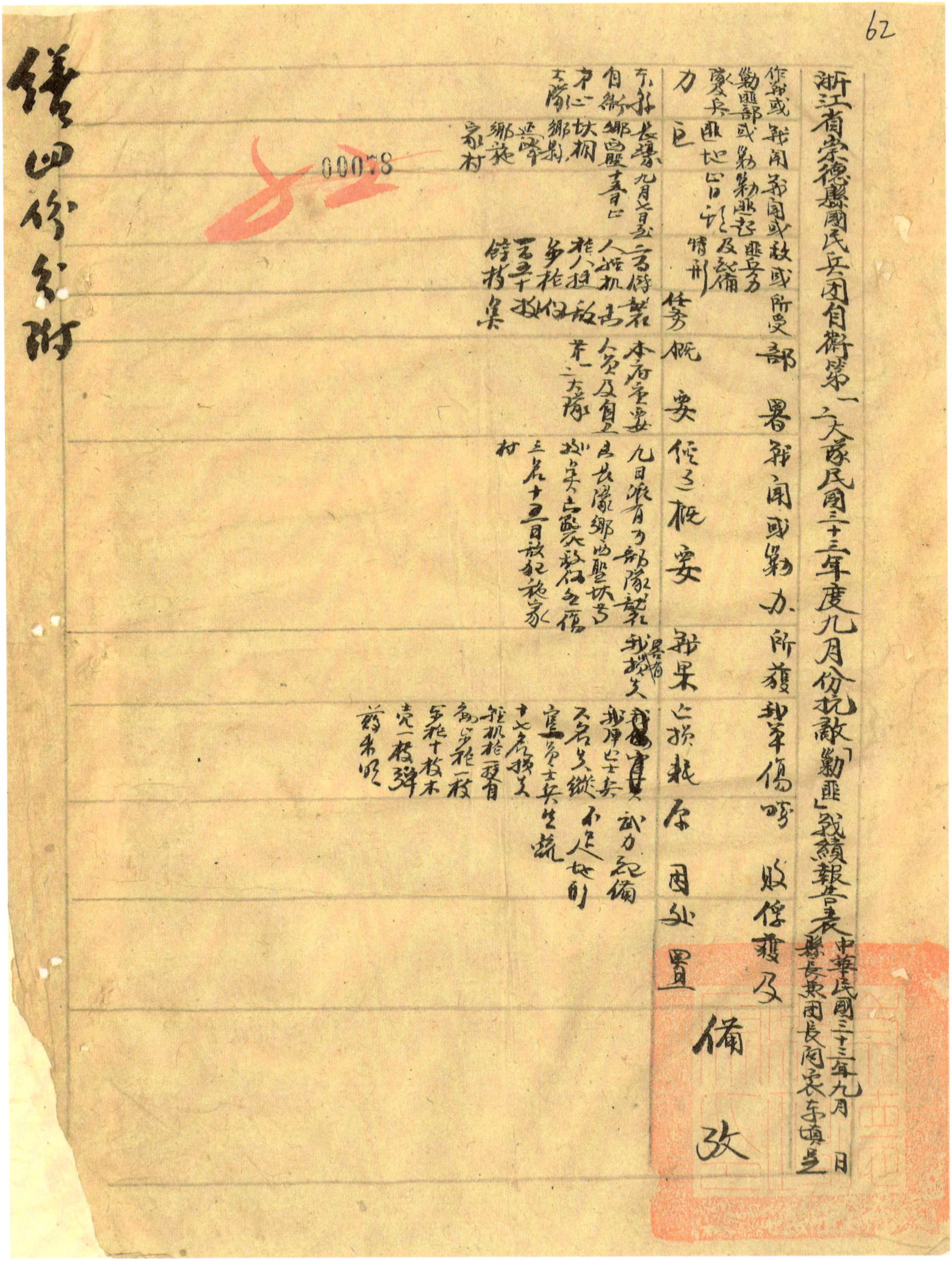
浙江省崇德县国民兵团自卫第一、二大队民国三十三年度九月份抗敌「剿匪」战绩报告表

中华民国三十三年九月　日　县长兼团长阎[illegible]填呈

備考

崇德县政府关于县自卫队推进县境袭击敌伪军战况致浙西行署的呈（一九四四年十月八日）

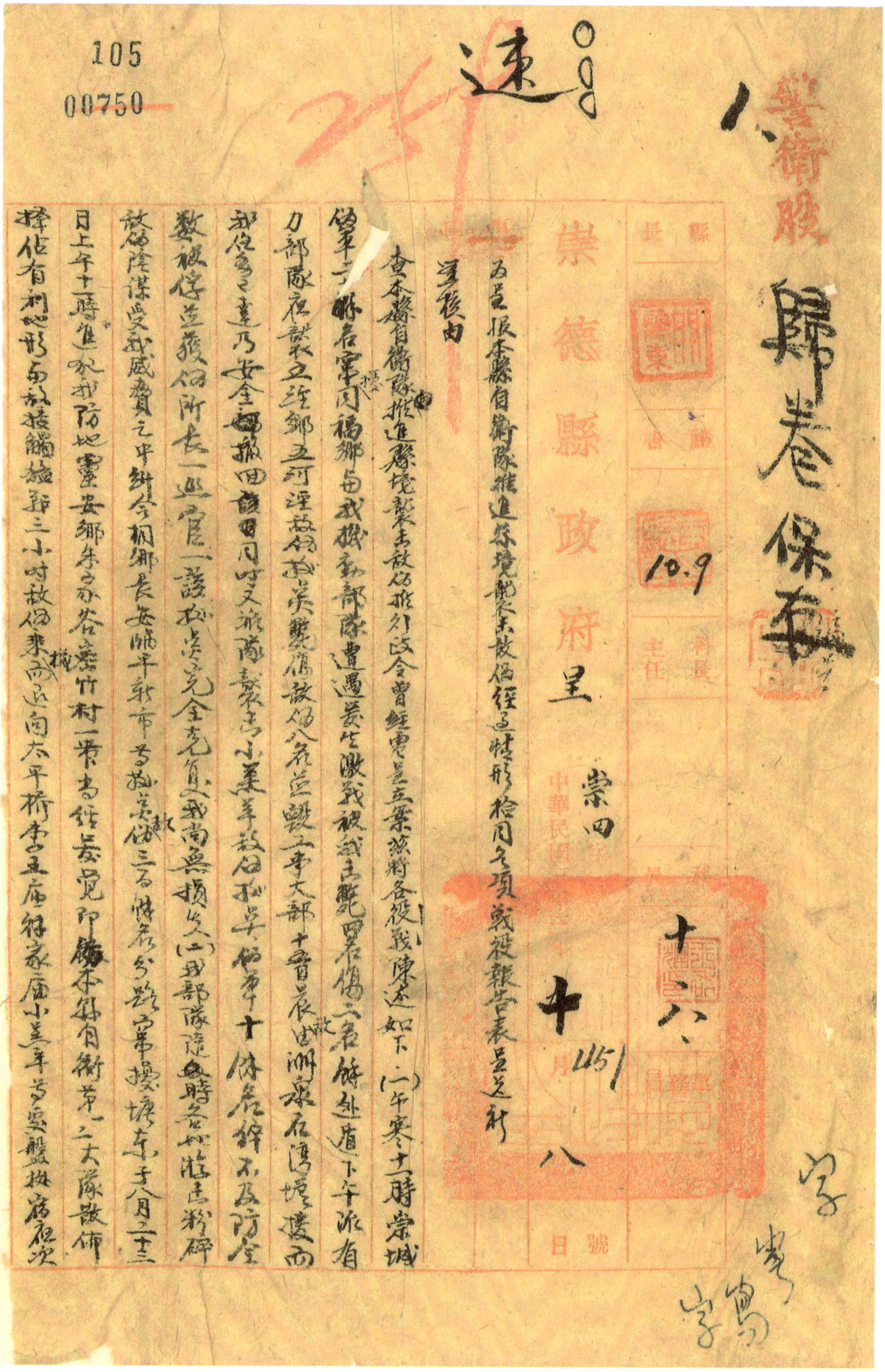

105

00750

速

警衛股

歸卷保存

10.9

崇德縣政府 呈

崇四字第 1451 號

中華民國三十三年十月八日

事由：為呈報本縣自衛隊推進縣境襲擊敵偽經過情形檢同各項戰役報告表呈送祈鑒核由

查本縣自衛隊推進縣境襲擊敵偽擾外，已令曾經電呈在案，茲將各役戰陳述如下：（一）午寒十一時崇城偽軍二十餘名竄同福鄉與我機動部隊遭遇發生激戰，被我擊斃四名、傷二名，餘均逃匿。下午派有力部隊夜襲五涇鄉五河涇敵偽，我出奇不意，傷敵偽八名，並毀二車，大部十四晨由洲泉屠甸境遁而去，我部傷亡之多，乃安全無損。四日同時又派隊襲擊小羔羊敵偽，我於十時偽乘不及防，全數被俘，並獲偽所長一、巡官一，護兵全克全隊，我尚無損失。（二）我部隊隨即各地游擊，粉碎敵偽陰謀，受我威脅之中，特令桐鄉長安臨平新市等地敵偽三百餘名分路實施擾壞，本月八日二十三日上午十時進犯我防地靈安鄉朱家公谷家竹村一帶，當經長覺印本縣自衛第一二大隊散佈擇佔有利地形與敵接觸，鏖戰三小時，敵偽乘機而逃向太平橋、本五廟、錢家廟、小羔羊等處盤據，當經

106　00751　262

崇德縣政府

縣長　秘書　科長主任　科員　事務員

事由

字第　號

中華民國三十三年　月　日

日勤郎我方偵長張劫民財征收稅賦之企圖，乃（於）同日率隊一、二大隊向太平橋擬實攻擊，敵因力不支，乃黃昏時燃倉潰退原巢。八月廿二日至廿八日之役，結果我方陣亡中尉分隊長[illegible]嚴閣、准尉分隊附鄭行燁、吳國全、葉家啟、文等四員，士兵李阿松等十五名，負傷准尉分隊附陳應才、賈舒加等二員，士兵張善慶等九名，失蹤上尉附員周海清、准尉附員黃郁蔭等二員，士兵潘濤等五名，損失輕機槍一挺，步槍二十五枝，槍榴彈筒五個，刺刀二十一把，皇[illegible]二天根（彈藥附冊）。毙敵十三名（誠實湖泉[illegible]六具，掌[illegible]城二具，石灣三具），毙偽軍二十八名，傷敵七名，偽軍十六名，鹵獲敵步槍七枝，[illegible]現仍在繼續乘機截獲，其中[illegible]鹵獲步槍等碼清冊另外造報外，理合檢具（自衛）二大隊各項戰鬥（詳報）表及損耗報告表一併備

107 107 00752

261 3.

縣長	秘書	科長 主任	科員	事務員

崇德縣政府

字第　　號

中華民國三十三年　月　日

事由

文呈送，仰祈

鑒核，賜予核銷，實為公便。

謹呈

浙江省政府浙西行署主任 賀

附呈自衛第一二大隊戰鬥報告表三份、抗敵戰役械彈損耗報告表三份

官兵陣亡負傷失蹤報告表二份、被服裝具損耗報告表二份

崇德縣縣長兼國民兵團團長周霖。

崇德县政府关于收集东南沿海敌伪情报致灵安区署的代电（一九四四年十月八日）

00008　08

收文字第十二號

崇德縣政府代電　崇秘机字第　號　中華民國卅三年十月九日　41

連案不錄由

靈安區張區長覽：極机密。案奉浙西行署申佳敵忠電開：“案奉主席黃申銑電，以奉軍委會電，以蔣總裁東南沿海敵奮勤地帶資料考察內容：（一）沿海重要港灣以往設備及現狀；（二）沿海鐵路公路驛運電訊及其他交通破壞情形；（三）沿海海陷區內交通情形；（四）沿海重要島嶼與敵偽軍守備兵力番號及軍事設施經濟情形；（五）沿海敵偽封鎖設施概況；（六）其他有關事項。希迅速詳密搜集，製成圖表報會，仰飭屬並辦核轉。查本縣關係軍事，仰有關部份詳查先行電報，並製成圖表呈報，本署彙核，以憑轉陳。除分電外，仰迅於旬日內遵辦。”除分電外，合行電仰該區長剋日遵辦具報，以憑核轉為要。（吳）縣長閔震東酉齊秘机印

秘書李元明代行

存報　十六

国民政府军事委员会别动军、忠义救国军第一纵队前进指挥所关于通报敌伪军活动情况致桐乡县政府的代电
（一九四四年十一月三日）

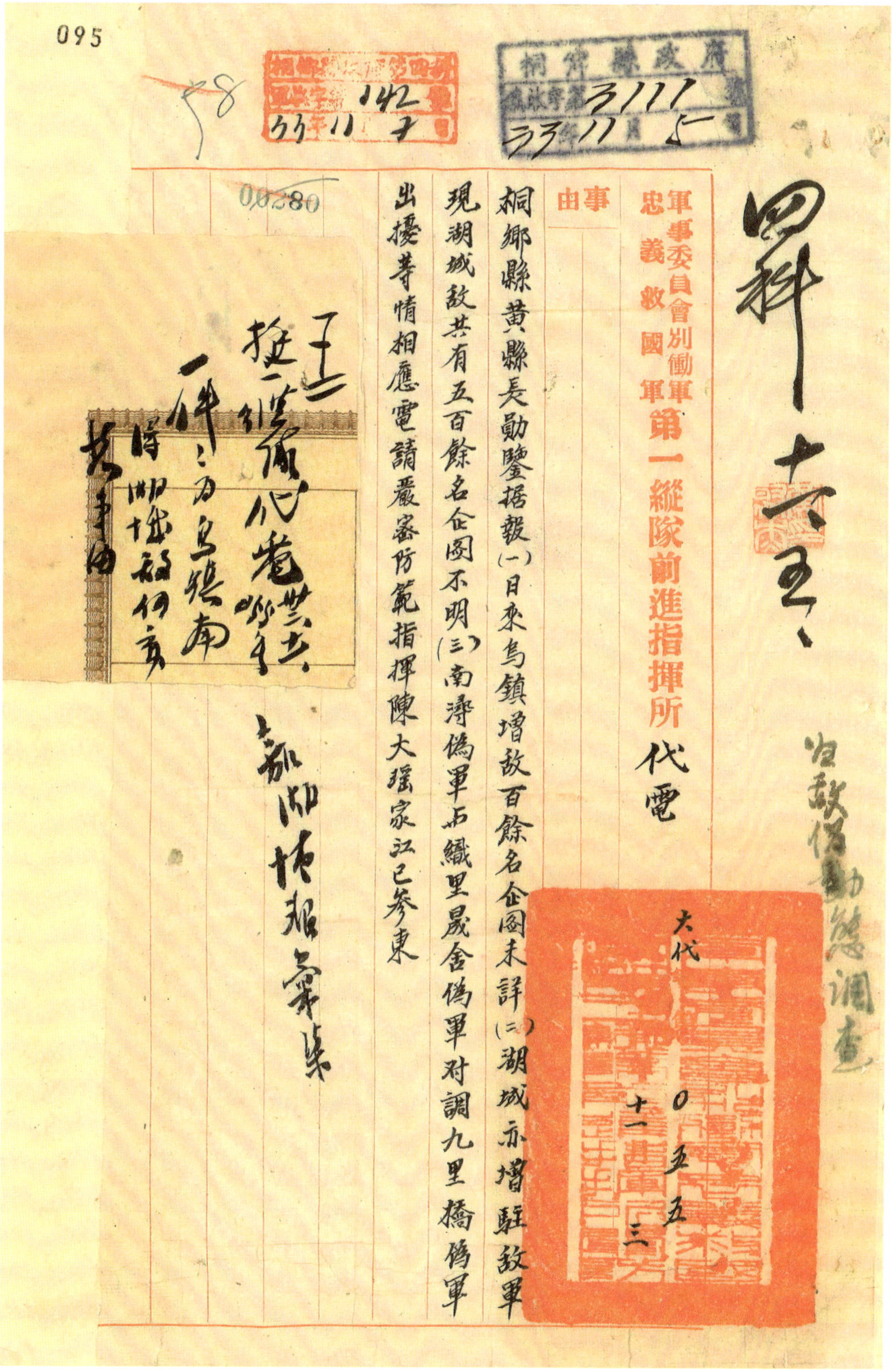

軍事委員會別働軍
忠義救國軍
第一縱隊前進指揮所 代電

事由

桐鄉縣黃縣長勛鑒據報（一）日來烏鎮增敵百餘名企圖未詳（二）湖城亦增駐敵軍現湖城敌共有五百餘名企圖不明（三）南潯偽軍与織里晟舍偽軍对調九里橋偽軍出擾等情相應電請嚴密防範指揮陳大猩家江巳叅東

浙江省卫生处关于传达第二次全国防疫会议应对敌细菌战决议致各县政府的代电（一九四四年十一月十九日）

密不錄由

浙江省衛生處代電　雲体字第2343號

各縣縣政府鑒：案准衛生署十月廿三日代電內開「前據第二次全國防疫會議秘書處呈以全國防疫會議案內關於敵人施用細菌戰術應如何嚴密防範一案經決議積極方面（一）搜集敵機投擲之物品以資研究（二）增設研究設備並設置專員負責研究（三）消極方面仍採用三十一年二月一日中央修正頒布之「處理敵機擲下物品須知」辦理本案原提辦法備供參考抄同原提辦法請鑒核施行到署經核尚屬可行應准照辦，除分別抄發電達各省（市）衛生處（局）注意外合亟抄發原提辦法電仰知照參考為荷」等因附抄發原提辦法一份奉此除分電外合亟抄發原提辦法電仰知照雲衛生處處長孫序裳戌皓 體印 附抄發原提辦法一份

中華民國三十三年十一月十九日

監印 孫季蘭　校對 沈季倫

17

00258

敵人施用細菌戰術應如何嚴密防範

一、敵機擲下物品地區之封鎖

敵機空襲解除警報以後一部份鼠蚤必已離開應即就當地挖深壕溝或築適當之圍牆以避免鼠族逃逸繼以硫酸鈣或烈火積極殲滅鼠族與跳蚤

二、敵機擲下物品之初步處理

(一)採取擲下物品之一部份並特別注意搜集滲有跳蚤之物品用玻璃瓶(注意嚴密封蓋)送往有檢驗設備之衛生機關負責檢驗。

(二)檢驗樣品採取後對該擲下物品可用熱肥皂水加以適量之火酒或石炭酸充分噴灑然後將該項物品集合一處以大缸盛裝嚴密封蓋運往郊外場所用烈火徹底焚燒或施以煮沸。

(三)擲下物品移運後應用石灰灑濃其所污染之地區。

(四)擲下物品地區內之房屋應用熱肥皂水加以清洗並宜注意黑暗之處所。

（五）在可疑之房屋中應採用捕蚤器，其法在碟內滿盛濃肥皂水，水面置植物油二三寸，油面浮一軟木，中間插一燈心，夜間燃之，蚤類即被吸集跳入肥皂水中。此外並可施用鐵絲籠盛（裝）豚鼠以吸捕跳蚤，所有捕得之蚤均放入盛有百分之二食鹽水試驗管或小玻璃瓶中（須先消毒），注意嚴密封蓋，裝入於木盒中送備檢驗。

（六）擲下物品之地區在處理完備以前應禁止軍民之通行。

（七）各種工作人員應着長統襪靴，特別避免跳蚤之叮咬，工作完成其衣服亦應予澈底消毒，最好採用蒸薰方法。

三、敵機擲物品後之經常措施

對擲下物品之地區應認有染鼠疫之嫌疑，茲將經常措施臚列如次：

（一）竭力推行衛生運動，務使民衆知鼠疫流行之危險，最好暫時遷出此項污染之地區。

（二）鼠疫病人及疑似病及其早期症狀，應使每人明瞭，以便疫情報告之收集。

2582

（三）預防注射——挨户注射為最良好之方法，應由軍警方面協助執行，為此項工作及其他重要措施之執行應宣佈戒嚴。

（四）抗鼠運動——擲下物品之局部地區首宜澈底辦理，漸次向外擴大施行，如經精炭酸鈣、炭酸鋇等藥品可由居民設法捕殺，規定逐户逐街所應捕捉之數量，此項鼠類應送交接收站於檢驗後焚滅之，捕殺老鼠同時須推行防鼠建築及保護食糧之工作。

（五）成立檢疫站——出口貨物為易於藏匿鼠及跳蚤之米谷、雜糧、棉花及棉製品應予禁止。

（六）如鼠族已感染鼠疫或更有傳染至人類之危險，應積極準備治療及殺鼠及鼠蚤等一切藥品器材，並宜組織健全之防疫機構加緊辦理。

崇德县政府关于要求采集有关抗战主要设施及敌伪阴谋情报致各区署的代电（一九四四年十一月）

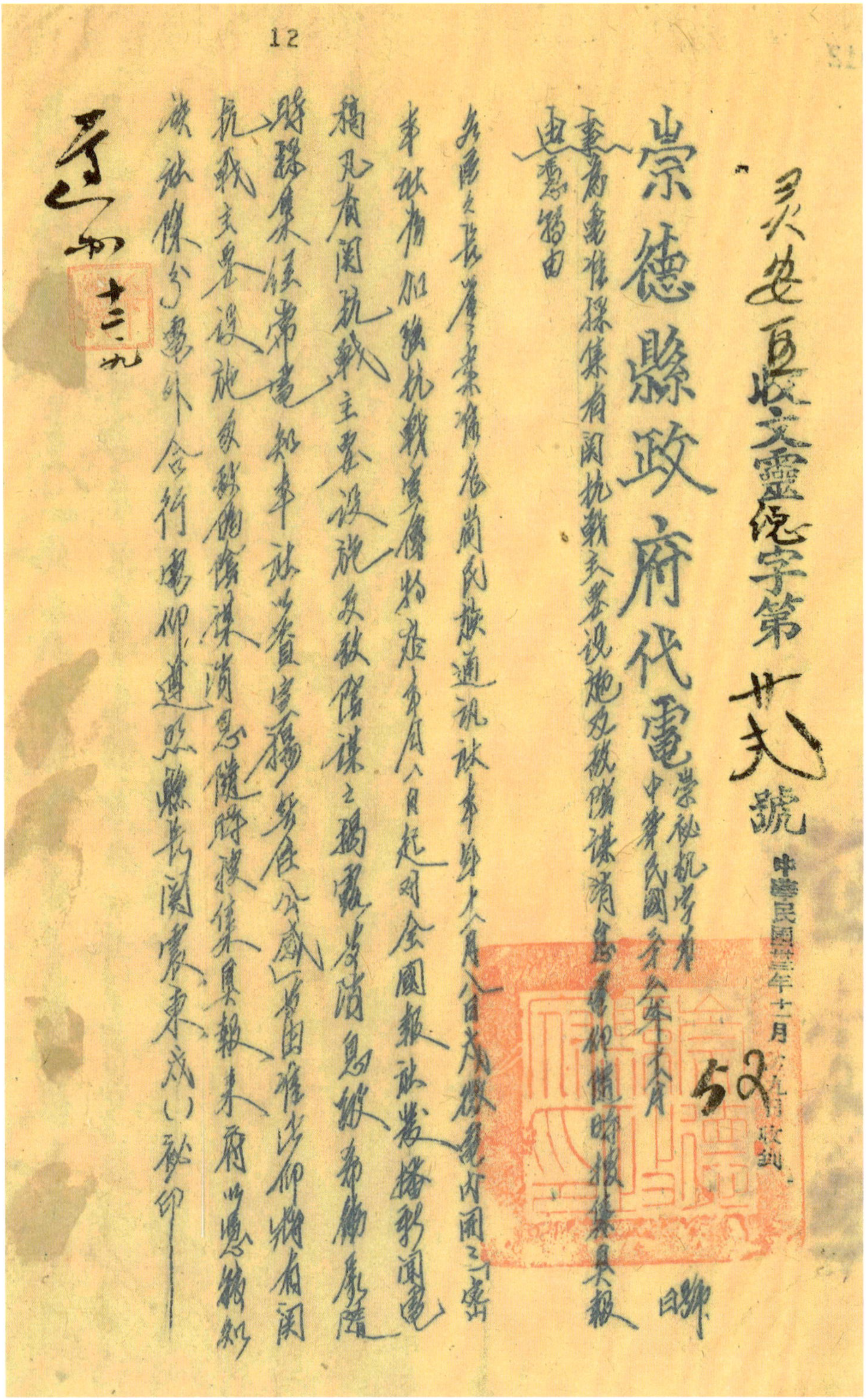

12

民安區收文靈絶字第廿九號

中華民國卅三年十一月 日收到

崇德縣政府代電 崇秘机字第 號 中華民國卅三年十一月 日

事由：為要求採集有關抗戰主要設施及敵偽陰謀消息隨時報告具報由

各區區長：案准浙省民族通訊社本年十一月八日代電內開：「案准中央社東南分社轉中央社抗戰資料特派員本月八日起對全國報社發播新聞電稿，凡有關抗戰主要設施及敵偽陰謀之揭露，消息報導，希隨時聯絡採集，經常寄發本社，以資宣揚，務使公眾周知」等由，准此，特電仰將有關抗戰主要設施及敵偽陰謀消息，隨時採集具報來府，以憑轉知該社為要。特此電仰遵照。縣長關震東 戌（）秘印

准此 知 十二 九

一九四四年崇德县自卫队抗敌战斗调查表（一九四四年十二月十日）

34　00046

三十三年崇德縣自衛隊抗敵戰鬥調查表　三十三年十二月十日填

作戰日期	作戰地點	敵我部隊番號及兵力				遭遇或攻擊	敵我作戰目的		戰鬥經過		作戰結果						作戰結果						備考
		我		敵							收獲						損失						
											敵官兵			物質		克復土地	官兵			物質		失陷土地	
		番號	兵力	番號	兵力		我方	敵方	作戰情形	經歷時間	俘	傷	斃	毀滅	鹵獲		失踪	傷	陣亡	被毀	被擄		
[illegible]月[illegible]日	福[illegible]	自衛第一大隊	一大隊	偽警察所	一中隊	攻擊	攻克敵偽據點	死守	派隊攻去全部被我包圍	一晝夜	二名	二名	四十二名	工事大部	無	克復小王斗	無	無	無	無	無	無	
八月廿三日	吳安鄉	自衛第二大隊	兩大隊	偽騎部隊	三百餘名	遭遇	殲滅	進犯	經我猛烈迎頭截擊敵偽不支潰退	六天	無	二十三名	五十一名	無	鹵獲步槍七枝	堅守防地	四員名	二十一名	十二員名	無	三名	無	
九月十日	五河涇	自衛第二大隊	一大隊	偽保安隊 偽騎部隊	一百餘名	遭遇	殲滅	進犯	經我抵抗敵偽潰退	二小時	無	三十二名	四十七名	無	無	堅守防地	十八名	無	無	無	無	無	
九月十五日	桐鄉施家村	自衛第二大隊	二大隊	偽保安隊 偽騎部隊	七百餘名	遭遇	殲滅	進犯	經數度迎頭衝殺敵偽潰退原寨	五小時	無	三十二名	二十二名	無	無	堅守防地	三十七員名	無	十名	無	無	無	

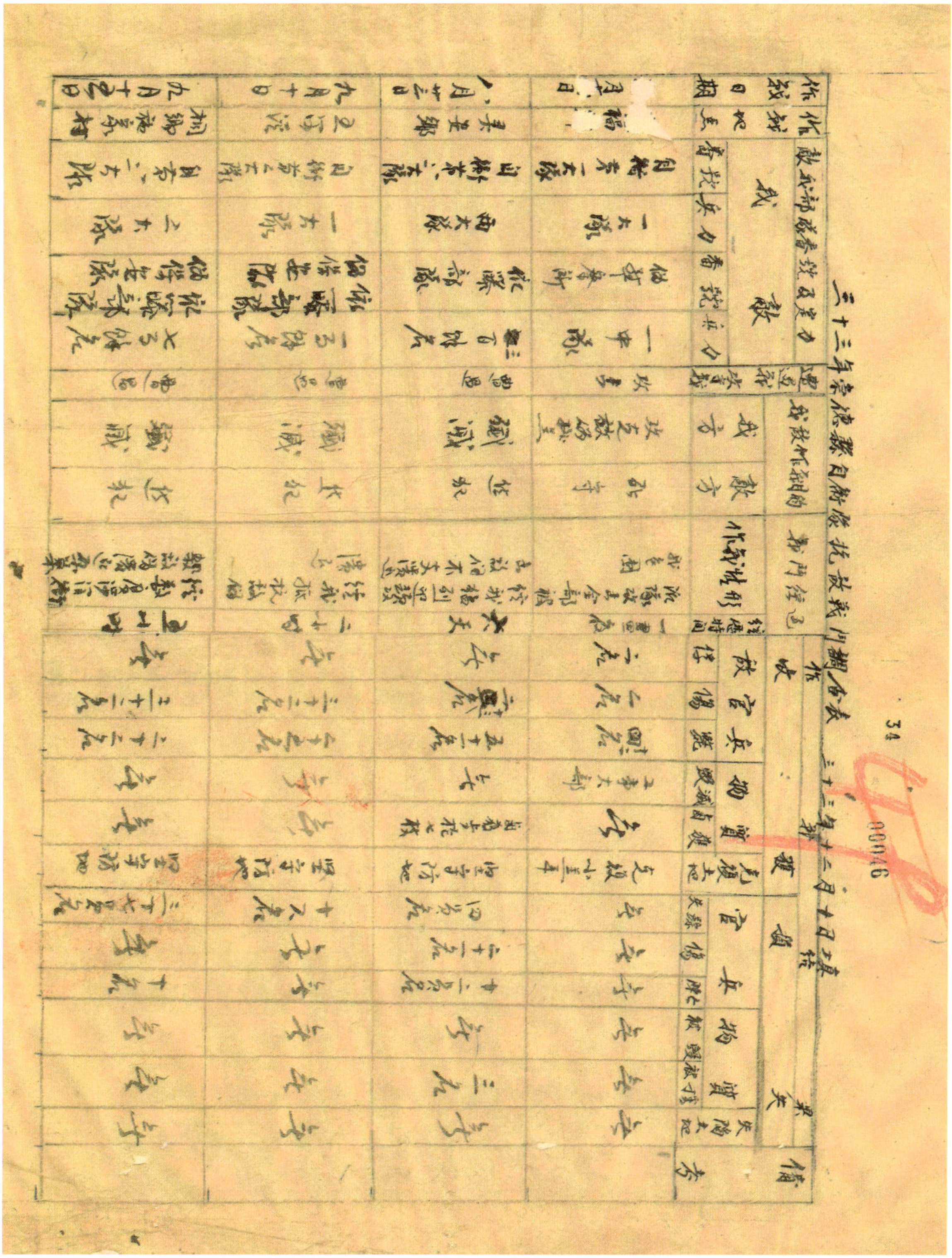

桐乡县国民兵团关于敌伪军企图封锁运河动态及我军人员损伤情况致第二十八军、浙西行署的电（一九四四年十二月三十一日）

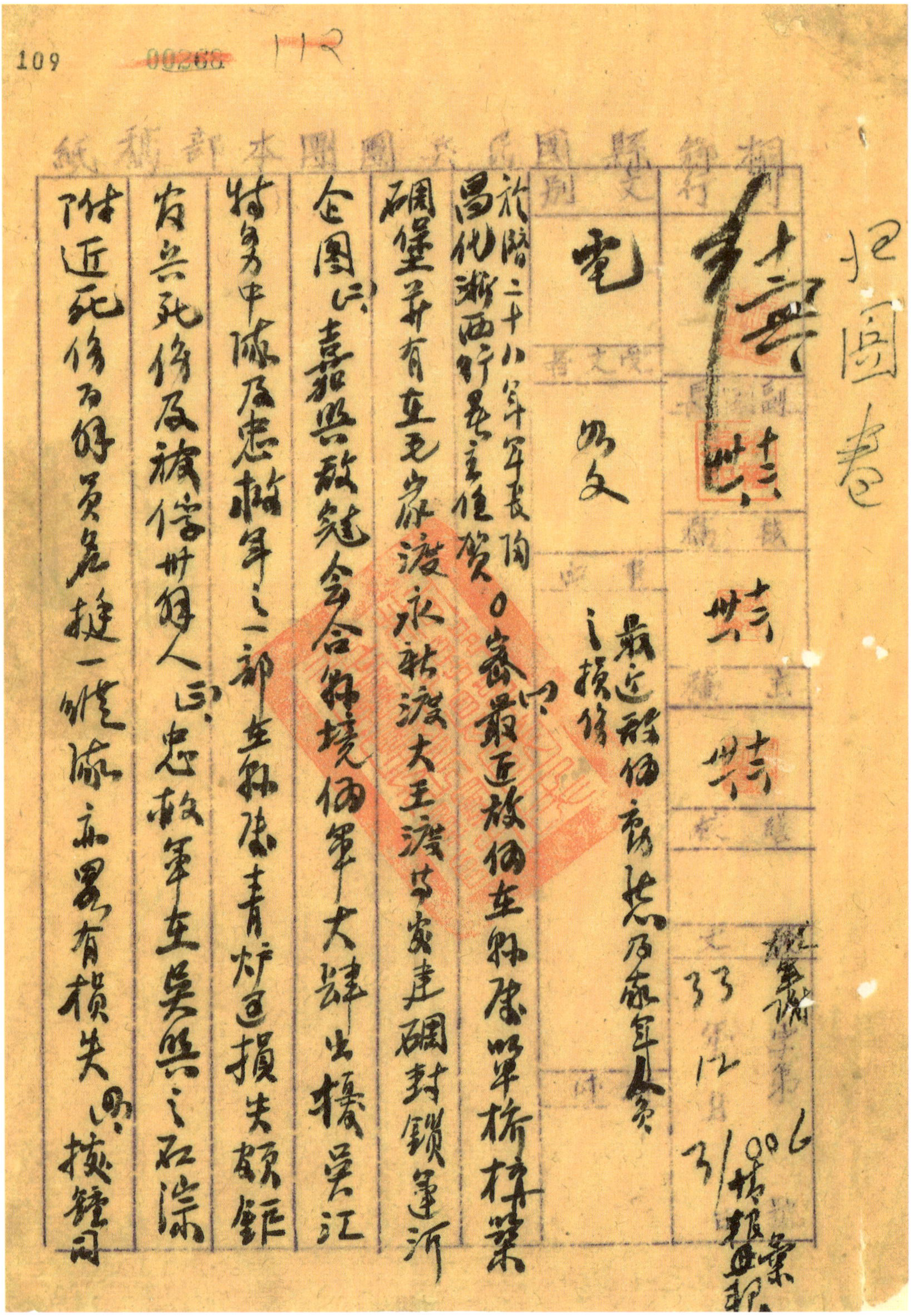
109

桐鄉縣國民兵團團本部稿紙

行文別：電

事由：最近敵偽動態及我軍人員損傷

於潛二十八軍軍長陶
昌化浙西行署主任賀　○密。最近敵偽在新塍以北橋梓葉
碉堡並有在屯家渡、永秋渡、大王渡等處建碉封鎖運河，
企圖以嘉興敵寇會合鄉境偽軍大肆出擾吳江。
特務中隊及忠救軍之一部在新塍青炉遭損失頗鉅，
官兵死傷及被俘卅餘人。又忠救軍在吳興之石淙
附近死傷百餘員，危擬一營隊亦略有損失。
[illegible]

110 ~~F00260~~ 113

桐鄉縣國民兵團團本部稿紙

判行	文別
副團長	受文者
核稿	事由
主稿	
繕校	
發文	附件
字第　號	
年　月　日	

令迎吉洲泉新市鎮增設分處均由袁嘉興開來

職員6人 亥世[illegible]防卯

謹付將進往政林善邨及試從討情上四頁

王千

廿27 號

10

覺

亥世防卯

伸

西覺那十二月份

請領軍餉

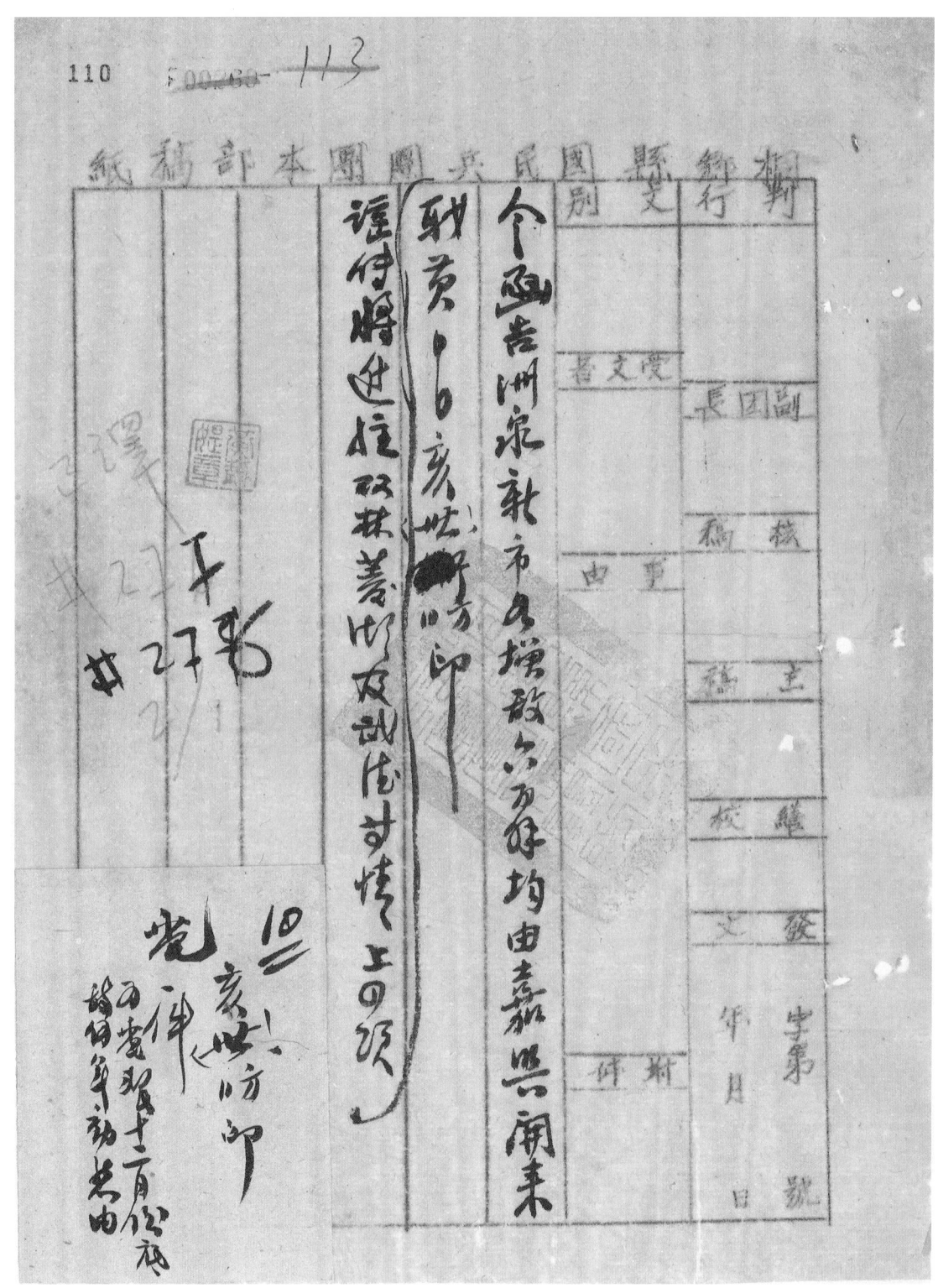

浙江省第十区崇德县敌伪军势态概况表（一九四四年）

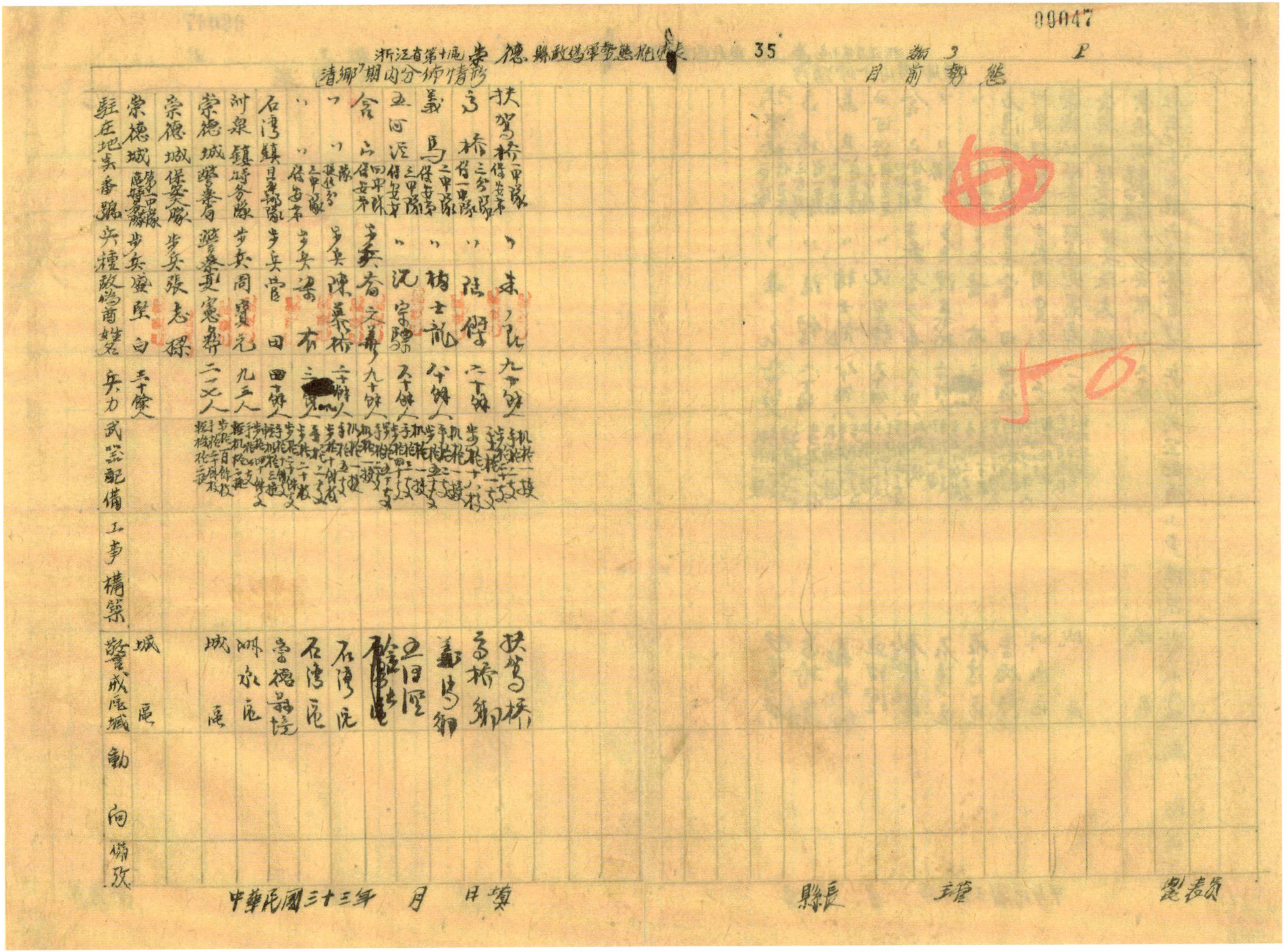

99047

浙江省第十区崇德县敌伪军势态概况表　35　浙 3 P

清乡期内分布情形　月前势态

驻在地	番号	兵种	敌伪酋姓名	兵力	武器配备
扶鸳桥	保安本一中队	〃	朱[illegible]	九十余人	[illegible]
乌桥	保安三分队一中队	〃	陆杰	六十余人	[illegible]
义马	保安第二中队	〃	杨士龙	八十余人	[illegible]
五河泾	保安第三中队	〃	沈宗骥	五十余人	[illegible]
含山	保安本四中队	步兵	春之寿	九十余人	[illegible]
〃	保安三中队	步兵	陈[illegible]	二十余人	[illegible]
〃	保安本	步兵	梁[illegible]	三[illegible]人	[illegible]
石湾镇	日本部队	步兵	官田	四十余人	[illegible]
洲泉镇	特务队	步兵	周宝元	九五人	[illegible]
崇德城	警察局	警察	[illegible]	二一七人	[illegible]
崇德城	保安大队	步兵	张志樑		
崇德城	[illegible]	步兵	[illegible]白	五十余人	

工事构筑

警戒区域：扶鸳桥、乌桥乡、义马乡、五河泾、[illegible]、石湾区、石湾区、崇德县境、洲泉区、城区、城区

动向

备考

中华民国三十三年　月　日填　县长　[illegible]

崇德县战地国民兵团自卫第二大队关于会同自卫第一大队痛击敌伪军战况致崇德县政府的呈

（一九四五年三月九日）

崇德縣戰地國民兵團自衛第二大隊呈

崇衛二文字第七號

中華民國三十四年三月九日

事由：為呈報遭遇崇敵數十名經我聯合第一大隊官兵勇力痛擊奏效仰祈核備由

查本隊於二月三日會同第一大隊開赴靈安區游擊籌肅匪奸五日移宿中塔鄉仄塔廟宿營六日午後三時游擊至景雲鄉南江家角西端地方卒遇崇德出發至扶駕橋敵偽四十餘名當即展開猛烈戰鬥双方相持五十分鐘敵偽不支倉惶潰退而我聯合第一大隊協力追擊至石庄橋敵偽向西南方向逃遁同時扶駕橋之敵聞槍聲來援至九里双橋東端敵乃向我軍襲擊仍經我與第一大隊官兵迎頭勇猛痛擊相持二十餘分鐘終將敵擊潰狼狽逃遁而我安全至羣昌鄉董家浜宿營是役敵偽輕重傷五六名我無損害計消耗機彈三〇四發步槍

彈二〇六發[illegible]理合檢同戰鬥詳報表彈藥損耗表併文呈報仰祈

鈞長鑒核備查

謹呈

兼團長顧

附呈：戰鬥詳報表一份　彈藥損耗表一份

崇德縣自衛第二大隊大隊長張崇春

14 00126

8

警衛股

崇德縣戰地國民兵團自衛第二大隊報告

崇衛二文字第十五號

中華民國三十四年四月　日

事由

附件

補呈崇衛二文字第七號呈文附件仰祈

鑒核備查

謹呈

兼團長關

附呈：戰鬥詳報表四份　附表三種各四份

崇德縣自衛第二大隊大隊長張崇春

34.5.12.386号

附一：战斗详报表（一九四五年三月七日）

00128 16

崇德縣淪陷地國民兵團自衛第二大隊戰鬥詳報表

中華民國三十四年三月七日 呈

第二大隊大隊長張榮春

作戰	二月六日
天候氣象	雪冷
作戰地點	景雲鄉南汪家谷 石灰橋 九里双橋

戰前

我軍之狀況

部隊名稱	崇德縣自衛第二大隊
兵力駐地	貳百五十六名
出發地	游擊
友軍兵力名稱	崇德縣自衛第一大隊 八十餘名
攻擊或防禦之部署	遭遇崇德偽軍即派第四中隊左翼警戒第五中隊向敵襲擊右翼與第一大隊切取聯絡

敵軍之狀況

敵部隊番號及指揮官名稱	崇德縣偽保安第一中隊 中隊長朱良
兵力	四十餘名
所在地點	崇德縣
增援或防守之部署	由崇德出援

戰鬥中

接觸時間地點及狀況	三時二十分在南汪家谷西面發覺敵人 敵向石灰橋方面逃走即指揮全隊連合第一大隊追蹤痛擊
戰鬥最激烈時間地點狀況	三時五十五分追擊達石灰橋附近 敵得援軍反身爭鬥歷二十分鐘 敵終不支向九里双橋方向且拒且退
停戰時間地點狀況	四時二十五分追擊至九里双橋 敵向扶駕橋方向狼狽遁逃

戰後

我軍之狀況

情形	
俘獲數目	
傷亡數目	
消耗數目	機槍彈三六六顆 步槍彈一八四顆
今後之處置	至華昌鄉董家浜宿營

敵軍之狀況

傷亡情形	斃重五六名
今後之狀態企圖	逃至扶駕橋巢穴

18

00130

崇德縣戰地國民兵團自衛第六大隊抗擊戰役械彈損耗統計表

損耗數記

名稱	口徑	單位	大隊部	第四中隊	第五中隊	合計	備考
機槍彈	七九	顆		一〇二	二〇二	三〇四	
步槍彈	〃	〃		八二	一二四	二〇六	

崇德县政府关于转报国民兵团自卫第二大队景云乡战斗情况致浙西行署的代电（一九四五年五月十四日）

附卷一宗

全

銜代電　崇警字第188号

中華民國卅四年五月十四日

事由　為轉報第二大隊遭遇崇敌經過痛擊奏敌仰祈鑒核備案由

浙西行署主任賀鈞鑒：案據本县自衛第二大隊張大隊長本年三月九日崇王二文字第七号呈稱：查本隊於二月三日間駐吴安區，將妻五日移宿中塔乡於塔廟，於六日午後三時至景雲乡南汪家角西端地方遭遇崇城敵偽四十餘名，當即展開激戰，雙方相持五十分鐘，敵不支倉惶潰退，經追擊至石底橋，該敵向西南方逃遁，又遇扶駕橋之敵當即於聲來援，復經我迎頭痛擊，相持廿餘分鐘，敵被擊……

是役敌伤轻重炮五六名我无损伤计消耗机弹3044发步
弹206发理合检同战斗详报表及弹药损耗统计表报请鉴核
等情据此查属实除抽存一份备查外理合检同战斗详
报表及弹药损耗统计表各一份呈核注销兼团长
阎〇〇（八）印　附呈战斗详报表弹药损耗统计表
各一份

兼团长

副团长

团附　五、十四、拟

国民党浙江省执行委员会关于要求战区各县一切地方武装集中编为国民抗战自卫团致各县党部的代电
（一九四五年七月六日）

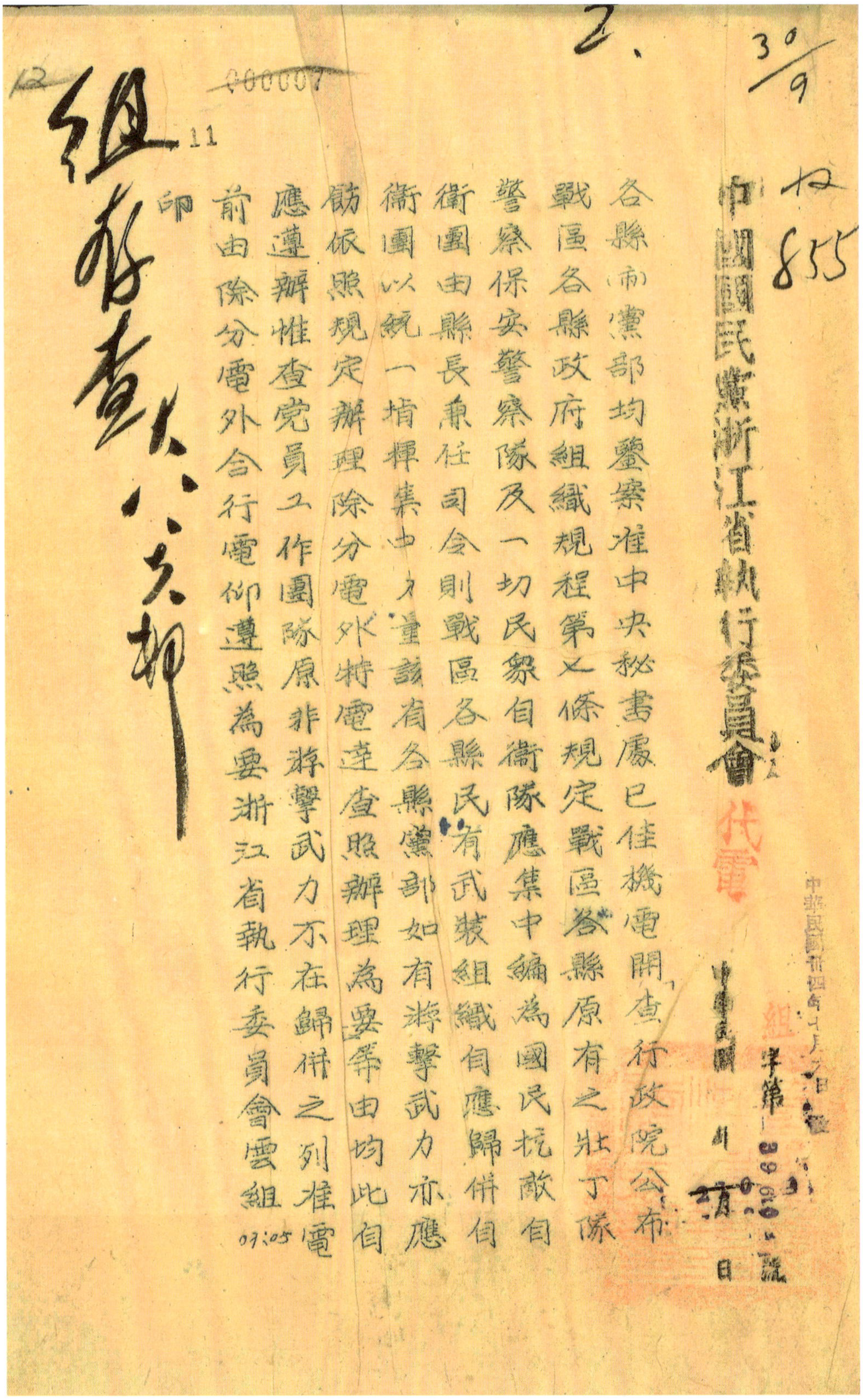
中國國民黨浙江省執行委員會代電

各縣（市）黨部均鑒：案准中央秘書處巳佳機電開，「查行政院公布
戰區各縣政府組織規程第七條規定：戰區各縣原有之壯丁隊
警察保安警察隊及一切民衆自衛隊應集中編為國民抗敵自
衛團，由縣長兼任司令，則戰區各縣民有武裝組織自應歸併自
衛團以統一指揮，集中力量。該省各縣黨部如有游擊武力，亦應
飭依照規定辦理。除分電外，特電達查照辦理為要」等由，均此自
應遵辦。惟查党員工作團隊原非游擊武力，不在歸併之列。准電
前由，除分電外，合行電仰遵照為要。浙江省執行委員會雲組

一九四四年浙江省第十区崇德县对敌伪军作战概况表（时间不详）

浙江省第十區崇德縣對敵偽軍作戰概況表　類 4. 卫28

日期 年	月	日	作戰對象	作戰部隊	準備與佈置	作戰方式	戰果 敵傷亡數	鹵獲品	我傷亡	檢討 戰鬥得失
三十三年	七月	十四日	偽警察所	自衛第一大隊	分路佈置 派一中隊兵力	分路衝入 [illegible]	偽軍傷亡十大名	無	無	工事大部 點[illegible]毀敵偽 [illegible]
〃	八月	十二日	依縣部隊	自衛第二大隊	分左右側主 [illegible] 面迎[illegible]敵作別 [illegible]	防衛 堅守據地	敵偽軍七十四名 傷七	鹵獲[illegible]枝	傷亡三十七名 [illegible]	失 [illegible]武力不足[illegible] 殲滅敵偽[illegible]
〃	九月	十日	依縣部隊	自衛第二大隊	地形近區 [illegible]佈利用	防衛 堅守[illegible]	敵偽軍[illegible]十七名 傷七	無	失[illegible]十六名	[illegible] 有損失 [illegible]
〃	九月	十五日	依縣部隊 偽保安隊	自衛第二大隊	藏匿 [illegible]	防衛 [illegible]	敵偽軍傷亡五名	無	傷亡五十四名 [illegible]	失 不足[illegible] [illegible]兵力

年　月　日填　[illegible]　[illegible]

一九四四年浙江省第十区崇德县重要战役调查表（时间不详）

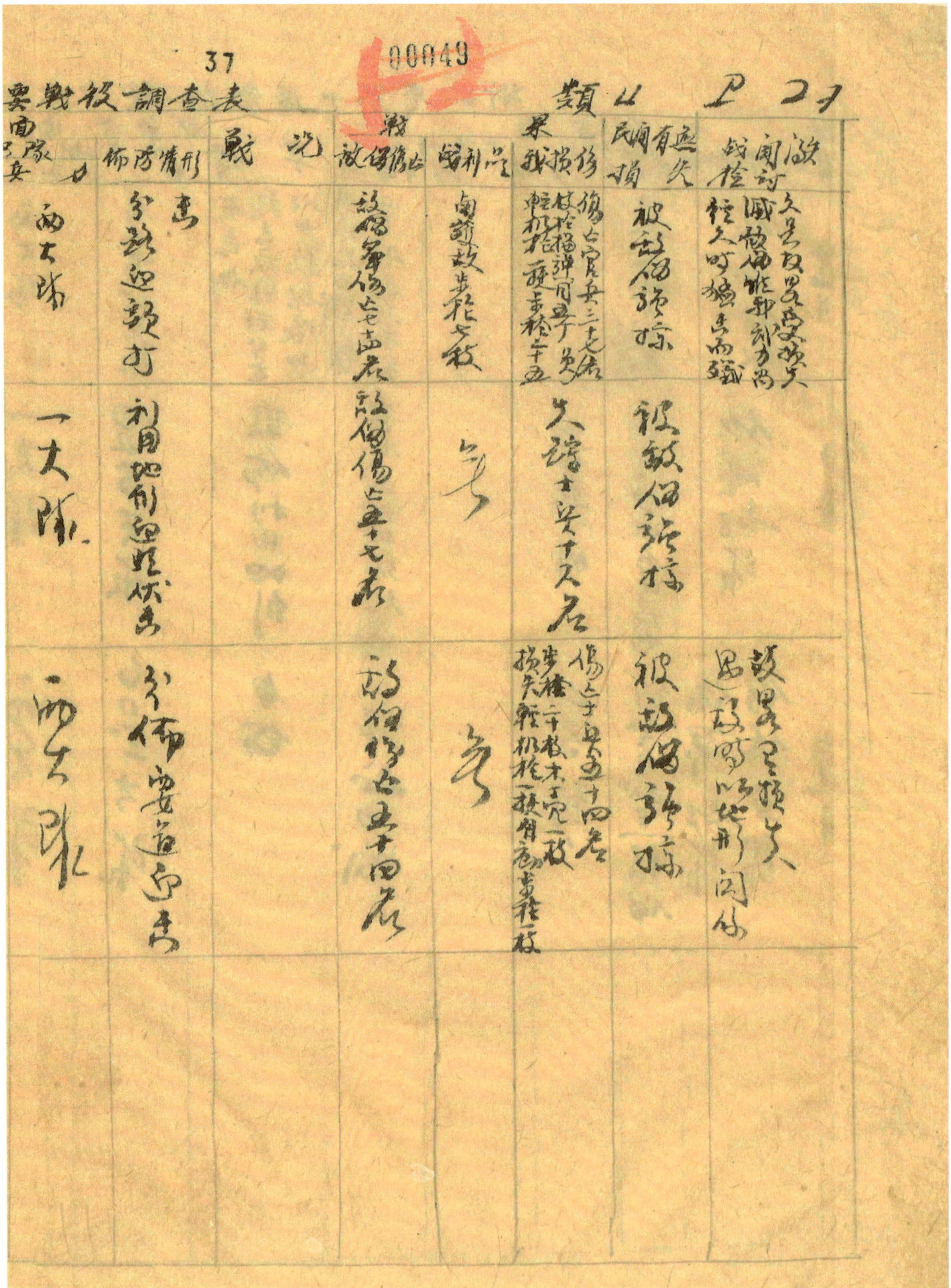

37

00049

要戰役調查表　　類 [illegible]

部隊番號	佈防情形	戰況	戰果：敵傷亡	戰果：鹵獲戰利品	戰果：我損傷	民間有無損失	敵方檢討
兩大隊	分路迎頭打擊		敵偽軍傷亡七十名	鹵獲敵步槍七枝	傷亡官兵三十七名 [illegible]	被敵偽搶掠	[illegible]
一大隊	利用地形迎頭伏擊		敵偽傷亡五十七名	無	失蹤士兵十六名	被敵偽搶掠	
兩大隊	分佈要道迎擊		敵偽傷亡五十四名	無	傷亡士兵五十四名 [illegible] 損失輕機槍一挺 [illegible] 步槍二枝	被敵偽搶掠	敵眾我寡 [illegible] 地形 [illegible]

浙江省第十區崇德縣重

日期			敵偽方面						我軍或方面部隊番號
年	月	日	敵偽軍番號駐地	調兵來源	兵力情形	出擾路綫	情形目的	備考	
三十三年	八月	廿三日	依勝部隊	新合各據点一部偽	三百餘		圍剿稻田鄉竄擾我活動範圍	在此側頭高敵時則分左以少數部隊迎	自五第一二大隊
	九月	十日	依勝部隊	新合洲泉石灣據偽	一百五十餘		竄擾我防地據稻田鄉	散佈利用地形	回五第一大隊
	九月	十五日	依勝部隊 偽保安隊	新合自據点一般偽	二百餘		襲稻田鄉	自由	自五第二大隊

崇德县敌伪军驻地兵力武器调查表（时间不详）

崇德县敌伪军驻地兵力武器调查表

敌伪军番号	驻地	队长姓名	官	兵	重机枪	轻机枪	步枪	木壳	掷弹筒	手榴弹	防御工作程度	[illegible]	备攷
伪保安大队	崇德城区	张志祥	三八	六三五		二	四二〇	六九			四周防禦工事	不详	
伪特务第二四中队	洲泉	丁兆元 王子安	三七	二四六		二	四〇	七			〃	〃	
日军部队	石湾	曾田	九	八一		四	五〇	十七			〃	〃	
伪保安第四中队	含山	乔文华	七	八二		一	一五〇	十二			向我方有铁丝网 外有壕	〃	
伪保安第三中队	五河泾	沈宗骢	六	五四		一	一五〇	十二			〃	〃	
伪保安第二中队	义马	杨士龙	七	七三		一	一五〇	十二			〃	〃	
伪保安第一中队第三分队	高桥	张杰	三	十七			一八	一			〃	〃	
伪保安第一中队	扶驾桥	朱郎				一	一二〇	二			〃	〃	

附：1. 崇德县城区伪政府及第一、二、三、四、五、六区队、警察局、水警队均未列入

2. 此外石湾尚有保安第三中队第二分队、运河保安分队尚未列入

崇德县自卫队三十三年度重要战役得失检讨表

战斗日期	地点	敌伤亡	我方伤亡	卤获武器	损耗武器	机枪	步枪	手枪	其他
七月十四日	同福乡	一八	年						
八月廿三日	吴兴乡	七四	三七			七	一	一五	
九月十日	五河泾	五七	一六					二	
九月十五日	桐乡钱家村	五四	四七				一	九	

附注

1. 同福乡战役系为挑衅敌令见派队截击敌伪拟占吴兴乡复小莲庄据点
2. 第二三四次战役为我守派有力部队突击敌伪受威胁不安而纠合敌伪进犯我防地等战斗之
3. 前黑系受到近犯敌伪扰保卫县部队退出的保安队

崇德县国民兵团自卫第二大队抗敌战役阵亡、失踪、负伤官兵统计表（时间不详）

064

00710

崇德縣國民兵團自衛第二大隊抗敵戰役陣亡失蹤負傷人員統計表

區別／人員	編制數	負傷數	損耗數：病故	損耗數：陣亡	損耗數：開除	損耗數：潛逃	損耗數：失蹤	損耗數：合計	補充數	現有數	備攷
上尉											
中尉											
少尉											
准尉		1						1			
官佐合計		1						1			
上士		1						1			
中士				1				1			
下士		2		1				3			
上等兵		1						1			
一等兵							1	1			
二等兵		3		1				4			
士兵合計		7		3			1	11			
官兵合計		8		3			1	12			

附記：第四中隊中士班長一名下士班長一名陣亡一等兵一名失蹤准尉分隊附一名上士班長一名下士班長一名上等兵一名二等兵三名負傷

第五中隊二等兵一名陣亡下士班長一名負傷

214

（印：崇德縣國民兵團自衛第二大隊關防）

065

00711

崇德縣國民兵團自第二大隊第四中隊陣亡官兵報告表

隊別	級職	姓名	年齡	籍貫	陣亡年月日及地點	戰役	備攷
第四中隊	中士班長	沈阿海	二五	吳興	三十三年八月二十四日 硤盞洪	與敵偽激戰四十分鐘	
〃	下士班長	洪春堂	二一	於潛	三十三年八月二十四日 崇德縣硤盞洪	〃	

附二：崇德县国民兵团自卫第二大队第五中队阵亡官兵报告表

066

00712

216

崇德縣國民兵團自衛第二大隊第五中隊陣亡官兵報告表

隊別級職	姓名	年齡	籍貫	陣亡年月日及地点	戰役	備攷
第五中隊二等列兵	徐國勝	三八	吳興	三十三年八月二十四日 崇德縣硯盂浜	與敵偽激戰四十八分鐘	

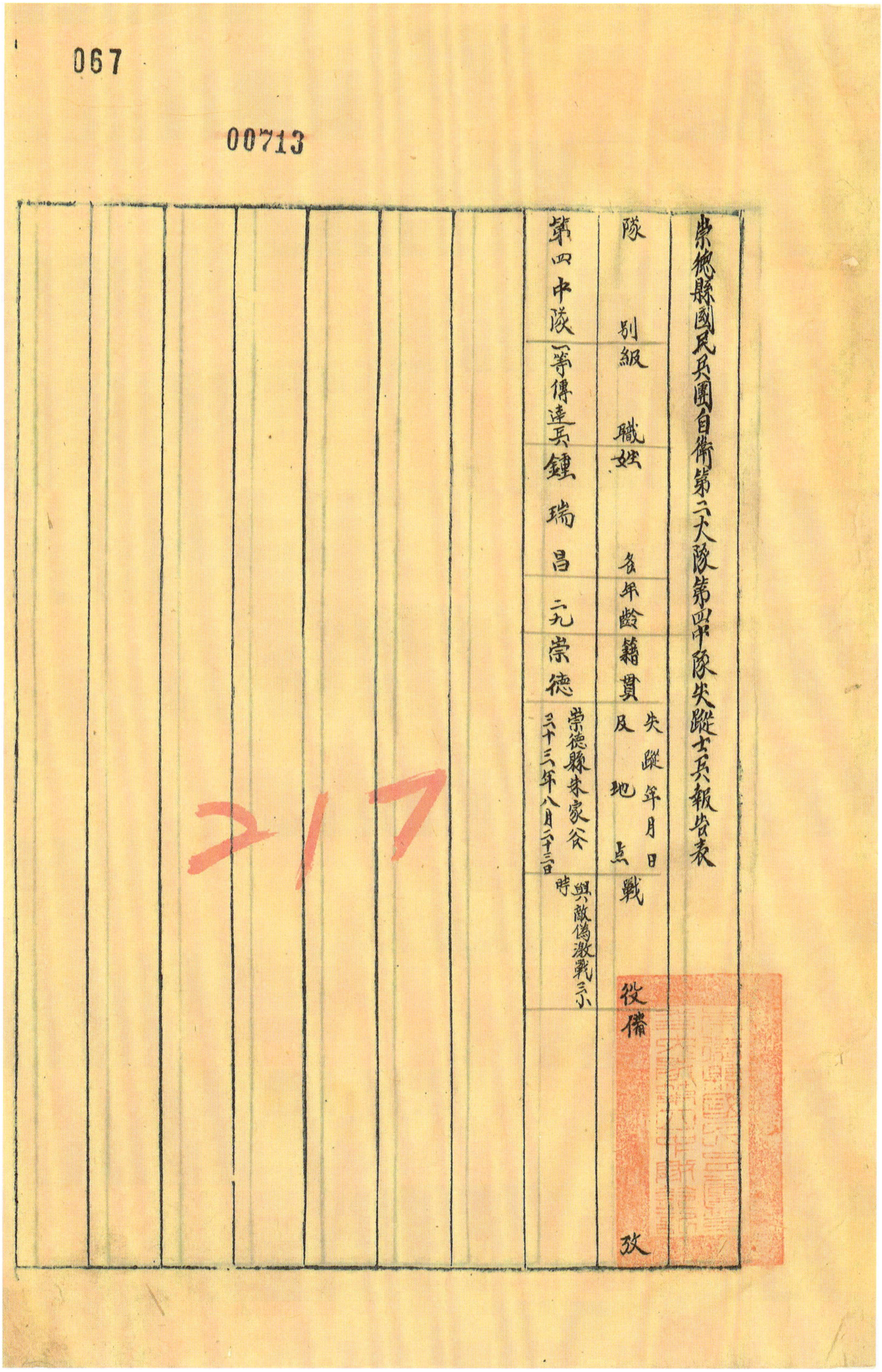

067

00713

崇德縣國民兵團自衛第二大隊第四中隊失蹤士兵報告表

隊別	級職	姓名	年齡	籍貫	失蹤年月日及地點	戰役	備攷
第四中隊	一等傳達兵	鍾瑞昌	二九	崇德	三十三年八月二十三日 崇德縣朱家谷	與敵偽激戰三小時	

217

附四：崇德县国民兵团自卫第二大队第四中队受伤官兵报告表

068

00714

218

崇德縣國民兵團自衛第二大隊第四中隊受傷官兵報告表

隊別	級職	姓名	年齡	籍貫	受傷地點及年月日	戰役	以前曾否受傷請卹	住何處醫院治療
第四中隊	上士班長	吳曉松	二七	崇德	崇德縣朱家谷 三十三年八月二十三日	與敵偽激戰三小時	無	前在平家橋附近 現已送往菱湖醫治
〃	准尉分隊長	舒加生	三七	湖北	崇德縣碗盃溪 三十三年八月二十四日	與敵偽激戰 半小時以上	〃	平家橋附近
〃	下士班長	吳榮	三〇	蕭康	仝右	仝右	〃	仝右
〃	上等兵副班長	楊福興	三七	德清	仝右	仝右	〃	仝右
〃	二等列兵	顧子良	二二	崇德	仝右	仝右	〃	仝右
〃	〃	沈金山	二六	德清	仝右	仝右	〃	仝右
〃	〃	葉子良	二四	上海	仝右	仝右	〃	仝右

069

00715

崇德縣國民兵團自衛第二大隊第五中隊受傷士兵報告表

隊別	級職	姓名	年齡	籍貫	受傷地點及年月日	戰役	以前曾否受傷請卹	住何處醫院治療
第五中隊	下士副班長	沈長發	二一	紹興	崇德縣朱家谷 三十三年八月二十二日	與敵偽激戰三小時	無	平家橋附近

桐乡县敌伪据点概况调查表（时间不详）

124

127

表丙之二

（特殊的敵偽部份）　桐鄉縣敵偽據點概況調查表　　年　月　日填

地名	所屬：區	所屬：鄉鎮	所屬：保	淪陷：年	淪陷：月	淪陷：日	面積	人口	備攷
爐頭	千溪區	楊園鄉	第一二兩保	二十六年	十一月	十一日	五平方公里	一佰餘人	
宗楊廟	千溪區	楊園鄉	第九保	二十六年	十一月	十五日	三平方公里	五十餘人	
石灣	千溪區	石灣鎮	第一保	二十六年	十一月	十二日	四平方公里	二佰餘人	
烏鎮	青爐區	青鎮	第一保	二十六年	十一月	十三日	三平方公里	二佰餘人	
陳莊	青爐區	金東鄉	第八保	二十六年	十一月	十三日	二平方公里	六十餘人	
桐鄉縣城	城濮區	附廓鄉	第二三保	二十六年	十一月	十一日	十平方公里	萬餘人	
濮院鎮	城濮區	濮北鄉	第一二三四保	二十六年	十一月	十一日	六平方公里	五佰餘人	
屠甸市	日石區	屠甸鎮	第一二三四五保	二十六年	十一月	十一日	七平方公里	六佰餘人	
南日暉橋	日石區	南日鄉	第五六兩保	二十六年	十一月	十一日	五平方公里	二佰餘人	
北日暉橋	日石區	北日鄉	第二三兩保	二十六年	十一月	十一日	四平方公里	一佰五十餘人	
東油車橋	日石區	北日鄉	第七八兩保	二十六年	十一月	十一日	三平方公里	一佰六十餘人	

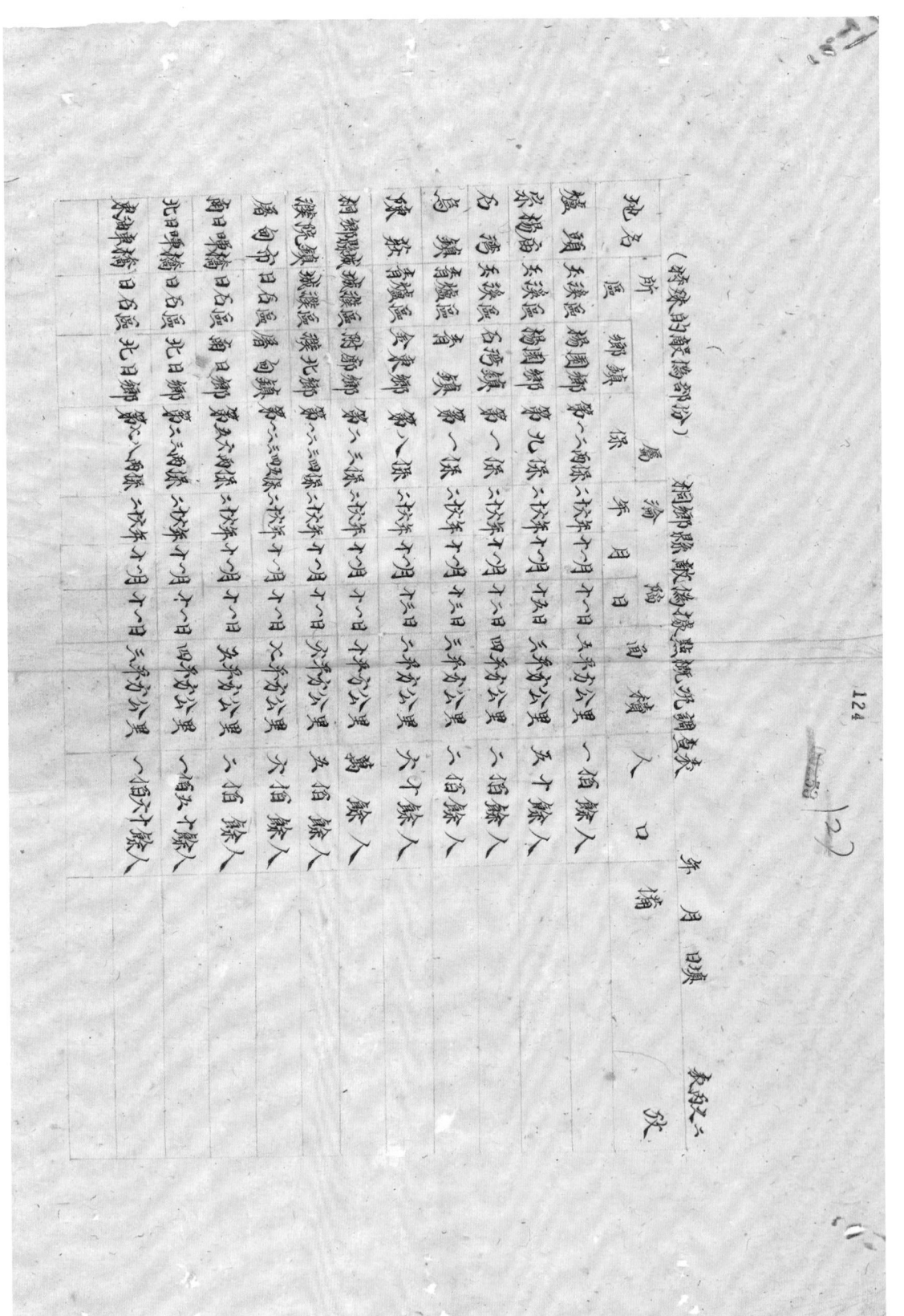

浙江省第十区行政督察专员兼保安司令公署关于挺进纵队一、三支队推进崇德、桐乡两县致崇德县政府的命令（时间不详）

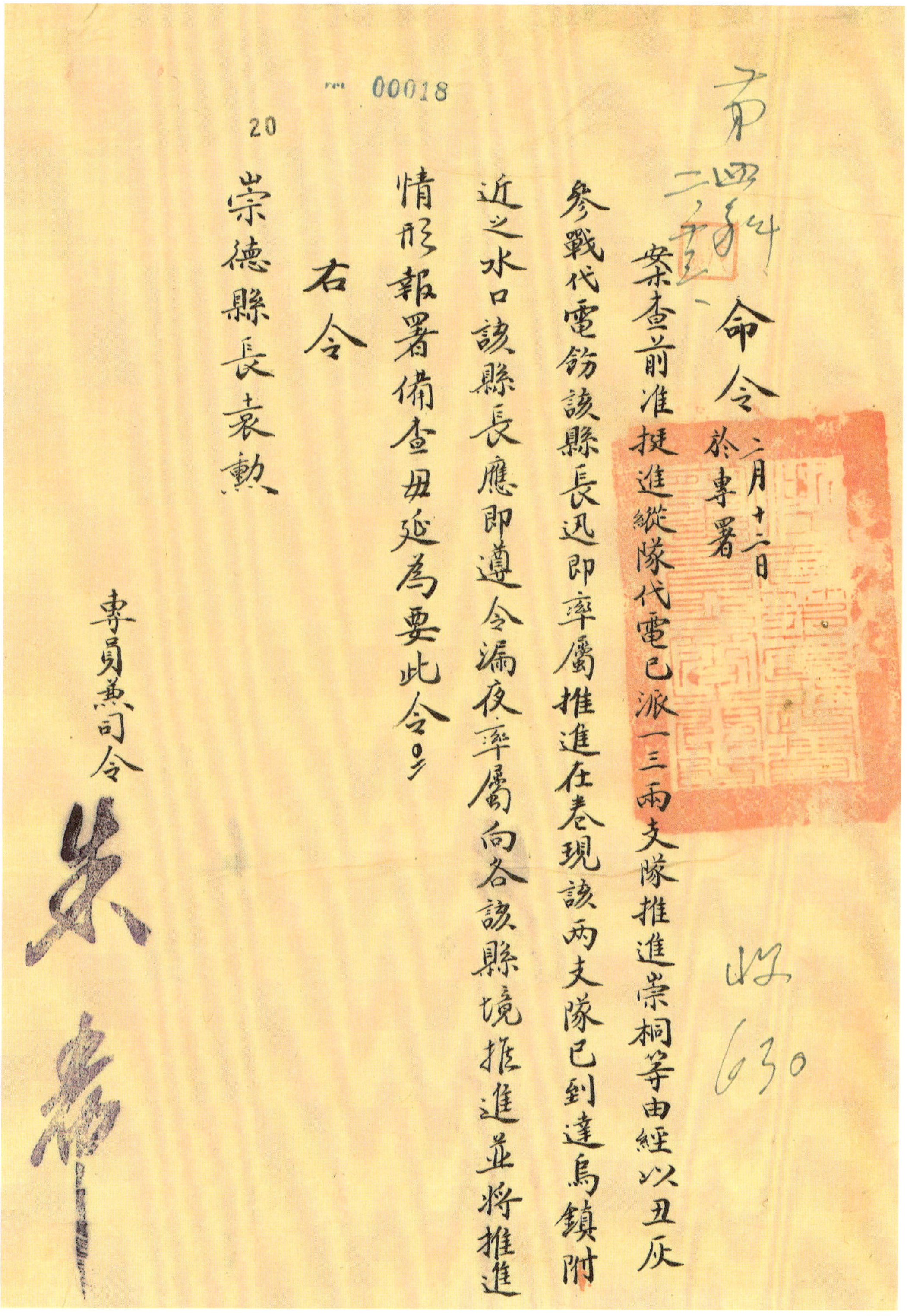
00018

20

命令　於專署　二月十二日

案查前准挺進縱隊代電已派一三兩支隊推進崇桐等由經以丑灰參戰代電飭該縣長迅即率屬推進在卷現該兩支隊已到達烏鎮附近之水口該縣長應即遵令漏夜率屬向各該縣境推進並將推進情形報署備查毋延為要此令

右令

崇德縣長袁勲

專員兼司令　朱

崇德县抗战大事摘要（时间不详）

128

崇德縣抗戰大事摘要

（甲）抗戰初期情形：抗戰初起時的本縣情形如下：

一、縣長劉平江，江蘇人。

二、二十六年十一月五日敵軍在金山衛登陸，國軍後撤後，始來崇德駐防。當時駐防崇德的部隊，為七十九師之一部，崇德城防司令為七十九師營長鄭宗海。

三、抗敵後援會主要人員為郭俊、朱濟、蔡家駿等，其主要工作係發動民力，支助前線。

四、中國國民黨縣黨部常務委員為郭俊。

（乙）縣城撤守年月日：縣城撤守前後情形如下：

一、敵軍在金山衛登陸，嘉興形勢緊急，黨政機關即向本縣南之卅

二、二十六年十一月二十一日，敵軍木野部隊由嘉興向崇德進逼，侵入本縣之石灣鎮，十二月（烏鎮鎮西移。）

二十三日，木野部隊令本縣民沈志明為向導，侵入縣城，縣城遂陷。

丙、政治鬥爭概況：

一、本縣黨政機關後撤後，旋復來為本縣政府，與桐鄉合併組織崇德桐鄉兩縣聯合行動委員會於留良，以謀繼續抵抗。當時首推主任委員為鄭俊，副主任委員為沈明才，惟當時之工作未能到達本縣。

二、縣城撤守後至民國二十七年春，城鄉均有偽的維持會之成立，鄉鎮則陷於無政府狀態，萑苻遍地，為一極度之黑暗時期。

三、二十七年四月，崇德偽維持會改組為偽崇德縣自治會，由沈芝明等操縱主其事，派遣爪牙潛往各鄉鎮組織為鄉鎮自治會，企圖推行偽政。時，抗敵志士張偉英為發動抗戰工作，展開政治肉搏攻勢，乃以[illegible]之崇德抗敵自衛縣政府辦事處宣言，及組織規程祕密[?]合[?]設（共商抗敵大計，四月上旬由[?]自衛等組織抗敵特政於四月十五日）辦事處於西鄉[?]埭之華光寺，（當成立之時，各鄉志士前來參加者達八九十人，群情至為熱烈和慷慨）敵偽陰謀，終於為我粉碎。

四、歷任縣長姓名及更易年月，列表如下：

128-1

002230

任次	姓名	籍贯	到任年月	卸任年月	备注
第一任	沈明才	桐乡	二十七年七月	二十八年九月	二十七年四月组织崇德县政府办事处于南浦，九月下旬推进崇城。
第二任	沈蟠龄	新登	二十八年九月	二十九年六月	
第三任	钱万镒	嘉善	二十九年六月	三十年八月	
第四任	袁勤	四川乐山	三十年八月	三十三年三月	三十三年三月，接事于吴兴之菱湖，五月推进桐境
第五任	关震东	广西苍梧	三十三年三月	三十四年七月	
第六任	谈益民	上海市	三十四年七月		谈县长本任德清县长，兼任崇德县长。

五、本县政治权光明及黯淡的各个时期：

甲、政权光明时期　年月

二十七年四月至二十七年九月，为地方人士自动组织抗敌自卫团政府办事处时期，虽备经艰苦，尚赖同人努力，遂得奠定县政基础。

二十七年九月至二十八年九月，为沈明才县长执政时代，对全县编为三百三十一保，镇三[illegible]九十九保，并将乡镇保长予以半个月之训练，办学校七十六所，一切政治设施，[illegible]未能达到，[illegible]依然为旧观，实为政权最光明之时期。

二十八年九月，经敌伪扫荡后，政治上便逐渐衰落下去。[illegible]迨三十年八月袁县长主政，积极打[illegible]开武力，[illegible]因环境日非，政治日趋少进展。三十三年，敌伪在本县积极清乡，[illegible]十一月十二[illegible]迁移德清[illegible]之七[illegible]，本至全境之淪陷。如此以往，為本獄政機最黯淡的時期。

三十四年五月，關獄長所主持之獄政計劃推進因安，獄政稍見光明，但因形格勢禁，獄務終難有所展佈。

六、抗戰期內之在本獄敵酋及偽獄長之更替及施政举要

敵酋偽獄長姓名	籍貫	到職年月	施政举要	敵酋
王幼恒	杭縣	二十七年八月		川島
瞿迪民	杭市	二十八年十二月		川島
曾祖衛	海寧	三十一年一月		川島
張志標	江蘇	三十二年四月	建造偽獄所官舍	宇藤
盧幹臣	[illegible]	三十四年五月		宇藤
張壽棠	杭市	三十四年六月		宇藤

二、受降缮后措施

崇德县政府、崇德县国民兵团关于对待城内日军态度问题的命令（一九四五年八月十九日）

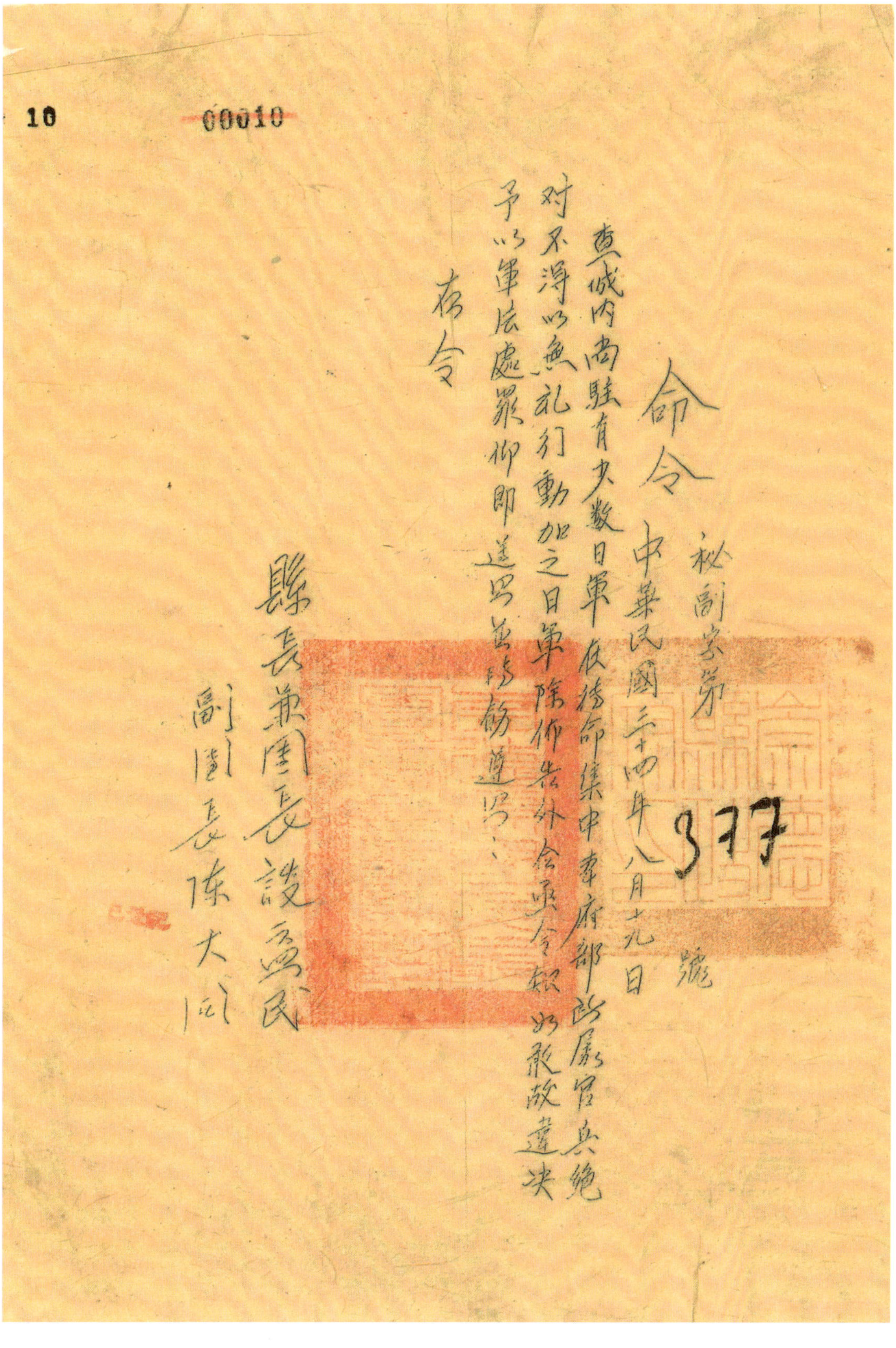

10　00010

秘副字第 377 號

命令　中華民國三十四年八月十九日

查城内尚駐有少數日軍在待命集中本府部所屬官兵絕对不得以無礼行動加之日軍除佈告外合亟令知如敢違決予以軍法處罪仰即遵照並轉飭遵照、、

布令

縣長兼團長談憲民
副團長陳大風

浙西行署关于接受日军投降事致海宁县政府的电（一九四五年八月二十一日）

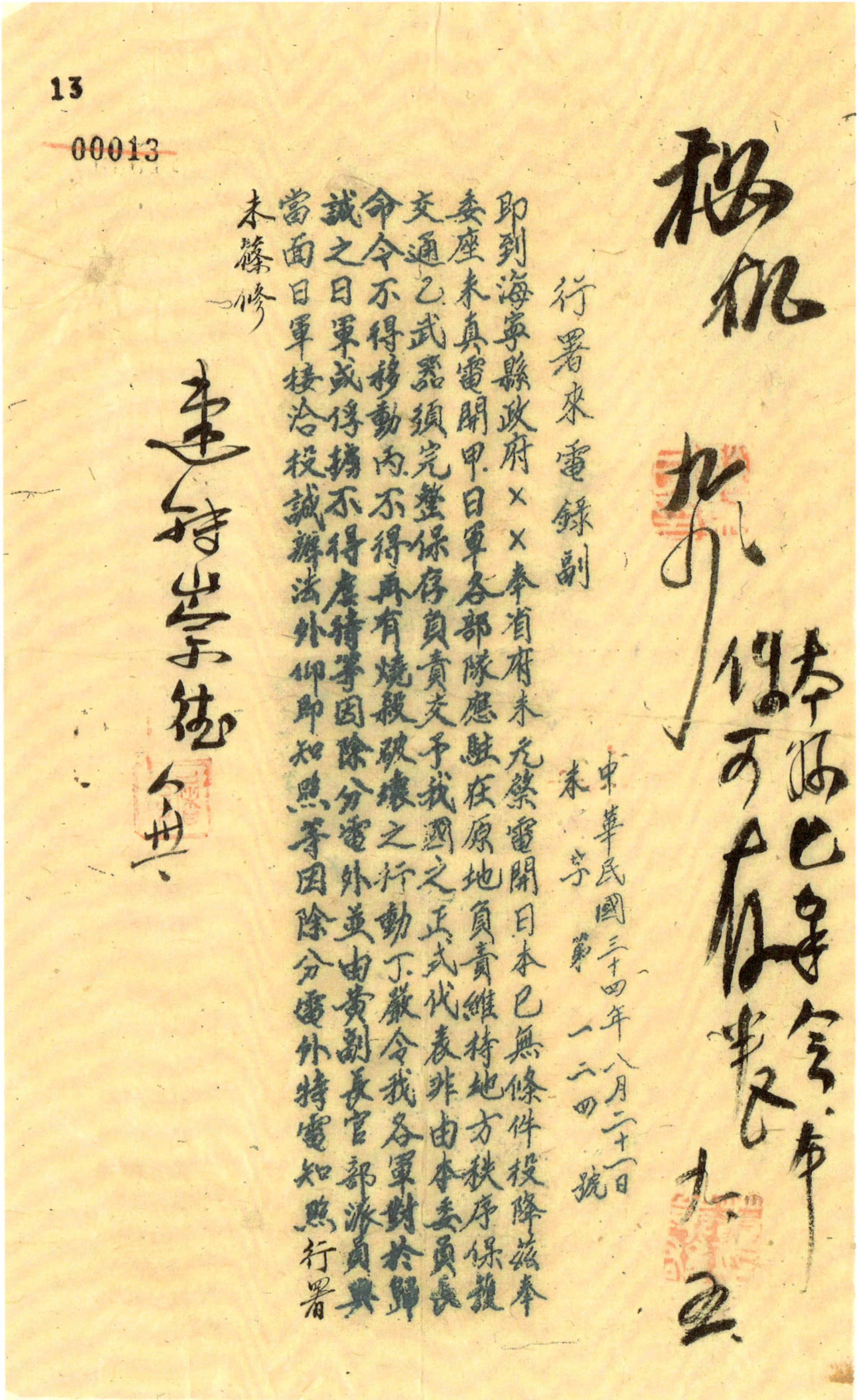

13

00013

秘机

[illegible]

行署來電錄副

中華民國三十四年八月二十一日

來字第一二四號

即到海寧縣政府××奉省府未元縈電開日本已無條件投降茲奉委座未真電開甲日軍各部隊應駐在原地負責維持地方秩序保護交通乙武器須完整保存負責交予我國之正式代表非由本委員長命令不得移動丙不得再有燒殺破壞之行動丁嚴令我各軍對於歸誠之日軍或偽軍不得虐待等因除分電外並由黄副長官部派員與當面日軍接洽投誠辦法外仰即知照等因除分電外特電知照 行署 未篠修

速轉崇德

八卅

崇德县各界庆祝胜利大会第一次筹备会议记录（一九四五年八月二十二日）

崇德縣各界慶祝勝利大會第一次籌備會議紀錄

日期：三十四年八月二十二日下午二時。

地點：縣黨部會議室

出席者：曹克非（縣幹訓所）、蔡國琳（鎮公所）、朱介壽（縣商會）

陳大同（國民兵團）、楊華緒（崇岩區署）、王一鳴（縣政府）

程裕仁（警察局）、蔡晉華（臨參會）、孫文浩（青年團二區隊長曹克非代）

談惠民（戰地服務隊）、褚文教（青年團督導組）、朱淼（行動支隊郁時文禮代）

吳文淇、周富春（縣黨部）

主席：吳文淇

紀錄：周富春

開會如儀：

甲、主席報告：

（一）前略，舉行慶祝勝利大會，係未奉到明文規定公文，而報章已登載中央規定辦法，全縣以資統一起見，須有今日第一次籌備會，關於日期、程序、方式等等，除日期在中央大軍推進之時舉行，其他悉依照地方情形而商討之（餘略）。

乙、討論事項：

（一）大會名義應如何規定案。

決議：定為崇德縣各界慶祝勝利大會。

2、大會主席团應如何推定案。
決議：推定縣党部、臨參會、縣政府、青年团、國民兵团部、行動支隊部、縣商会、婦女會等各首長為主席团，大会主席由主席团推定之。
3、應否推定籌備会主任，負責進行籌備事宜。
決議：推定籌備會主任，請縣党部書記長担任。
4、大會組織應如何分設案。
決議：應分設：總务股，以下設文書組、庶务組、會計組；
宣傳股，以下設游藝組、出版組、宣傳隊；
警衛股，以下設糾察隊、巡查隊；
慰勞股，以下設勸募組、慰問組、招待組。
5、大会各股人事應如何推定案。
決議：總务股推定縣政府、梵山区署、縣商会、鎮公所。
宣傳股〃縣党部、战服隊、青年团、督導組、幹訓所。
警衛股〃兵团部、警察局、支隊部。
慰勞股〃臨參會、縣農會、縣商會、縣婦女會。
6、大會各股主持應如何推定案。
決議：總务股推定縣政府主持，
宣傳股推定縣党部主持，
警衛股推定兵团部主持，
慰勞股推定臨參會主持。
7、大會應如何決定程序案。
決議：1、慶祝日期，為三天。
2、全縣懸国旗三天，
3、各机关、学校放假一天。

009

00010　00009

4、廟宇鳴鐘五分鐘、
5、正午燃放爆竹、
6、晨呼、
7、慶祝會、
8、遊藝會、
9、勞軍訪問、
10、火炬遊行、
11、燈火、
12、出版勝利特刊、壁報、標語等、
13、募[illegible]救[illegible]。

5、大會日經費來源應如何決定案。
決議：百分之二十由縣各單位自動負擔，百分之八十由城區地方負擔之。
9、大會地點應如何決定案。
決議：縣運動場。
10、慶祝勝利大會籌備會地址如何規定案。
決議：黨部參議會。
11、大會日期應如何決定案。
決議：於下屆籌備會時再行決定。
12、全縣慶祝勝利大會應如何統一案。
組一
決議：各區慶祝大會應依照本會決議辦法參照舉行（日期另行通

四、散會。

湖嘉苏驻军联合指挥部关于进入京沪之各部队接受日军投降事致崇德县政府的代电（一九四五年八月二十四日）

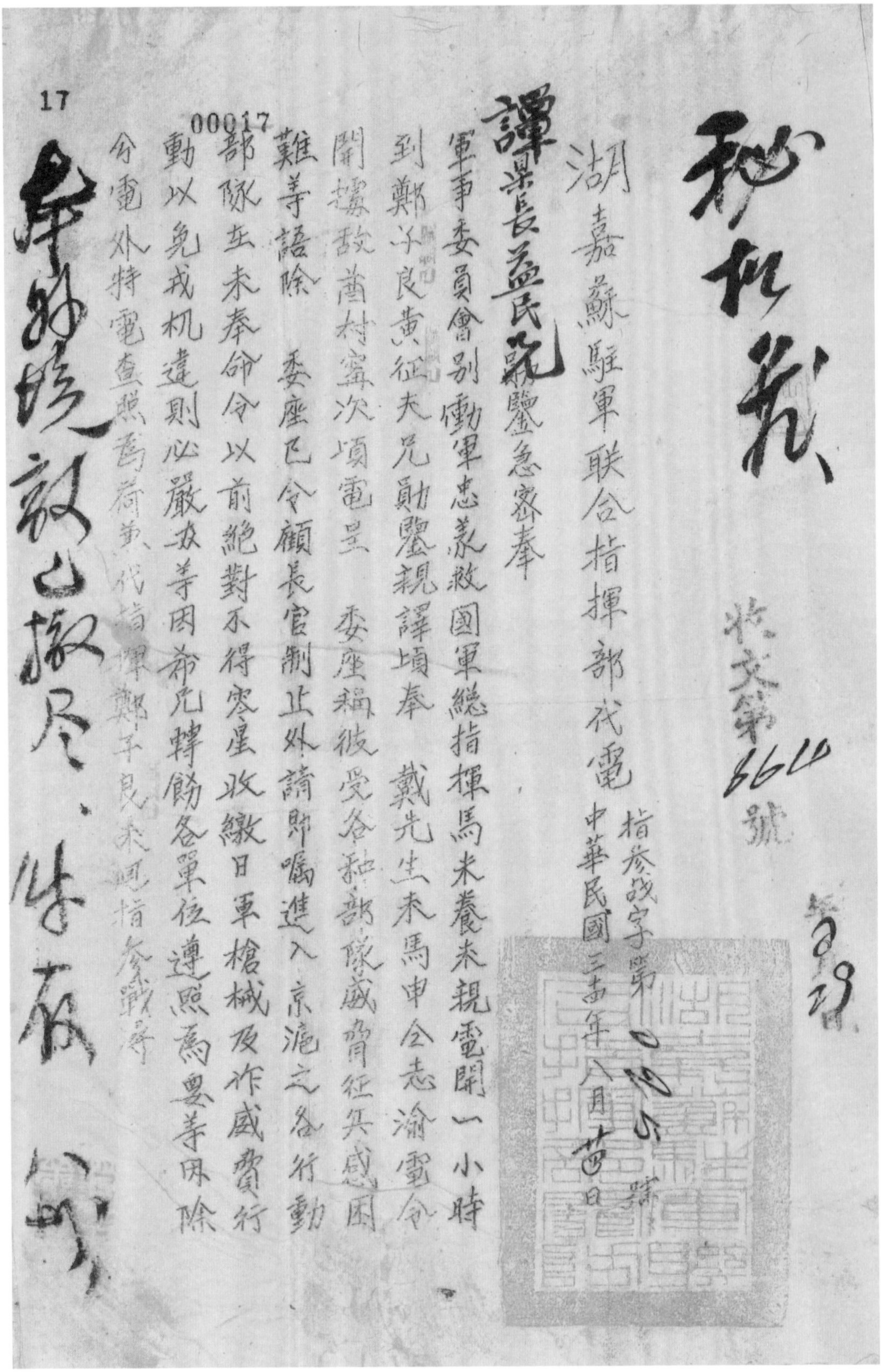

17

00017

秘机號

收文第8610號

湖嘉蘇駐軍联合指揮部代電

指參戰字第0925號

中華民國三十四年八月廿四日

譯崇長益民兄勛鑒急密奉

軍事委員會別動軍忠義救國軍總指揮馬未養未親電開一小時

到鄭子良黃征夫兄勛鑒親譯頃奉　戴先生未馬申公志渝電令

開據敵酋村寧次頃電呈　委座稱彼受各種部隊威脅征兵感困

難等語除　委座已令顧長官制止外請即囑進入京滬之各行動

部隊在未奉命令以前絕對不得零星收繳日軍槍械及作威資行

動以免我机違則必嚴懲等因希凡轉飭各單位遵照為要等因除

分電外特電查照為荷弟代指揮鄭子良未迴指參戰寄

湖嘉苏驻军联合指挥部关于接受日军投降事致崇德县政府的代电（一九四五年八月二十八日）

, 06

00006

收文第915號

中華民國卅四年九月八日收到

湖嘉蘇駐軍联合指揮部代電 指参戌字第0六二號

中華民國三十四年八月廿八日

該縣長益民鈞鑒奉

總座馬未廻申戰參電開奉　長官顧銑奉陸軍總司令何未寒電開据日方来電稱口蕪湖及崑山附近有未明部隊嘗对日軍隨時接收解除武裝並另有侵奪情事等語希將該項部隊查明究屬何項部隊關於接受敵軍投降事必須由各戰區及方面軍受降主官統籌處理非經指定接收之部隊不得任意向敵軍要求接收受降計劃希速嚴予查禁並具報等因查此項部隊非本戰區所派顯係搗亂除電南京日軍駐中國派遣軍最高指揮官岡村寧次在長江以南各部隊非中國陸軍何總司令及本戰區長官所指定之部隊如有擅行隨時接受日軍投降可趕速維持治安防衛除分令到各軍遵令外仰即遵照並飭屬遵令為要等因除分電外特電遵照並飭屬遵照為要兼代指揮鄭子良未儉指參戰潯

崇德县政府关于举行该县各界追悼抗战殉职官员、阵亡士兵及死难同胞大会的通知（一九四五年八月）

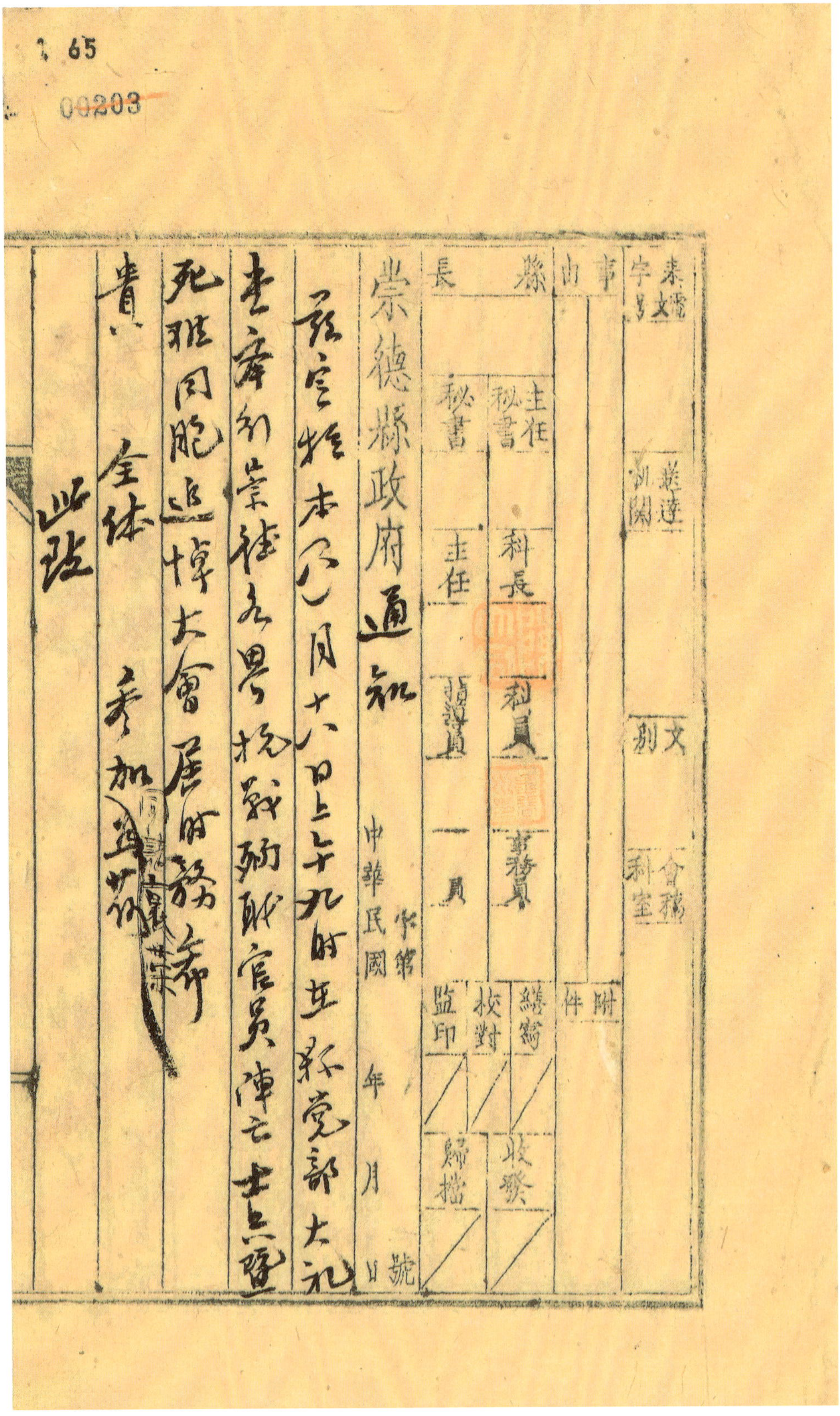
65
00203

來文字號
事由
縣長
主任秘書　秘書
科長　主任
科員　辦事員
事務員　一員
送達　判閱
文別
會稿科室
附件
繕寫　校對　監印
收發　歸檔

崇德縣政府通知　　字第　號
中華民國　年　月　日

茲定於本八月十八日上午九時在縣黨部大禮堂舉行崇德各界抗戰殉職官員陣亡士兵暨死難同胞追悼大會，屆時務希
貴全体參加為荷
此致

五城各机关团体、五城各学校（全体）

自卫队 警察局 学兵队 青年团 巡察兵队

府戳 启

崇德县各界庆祝胜利大会筹备会关于举行抗战胜利日庆祝活动致县税征收处的函（一九四五年九月二日）

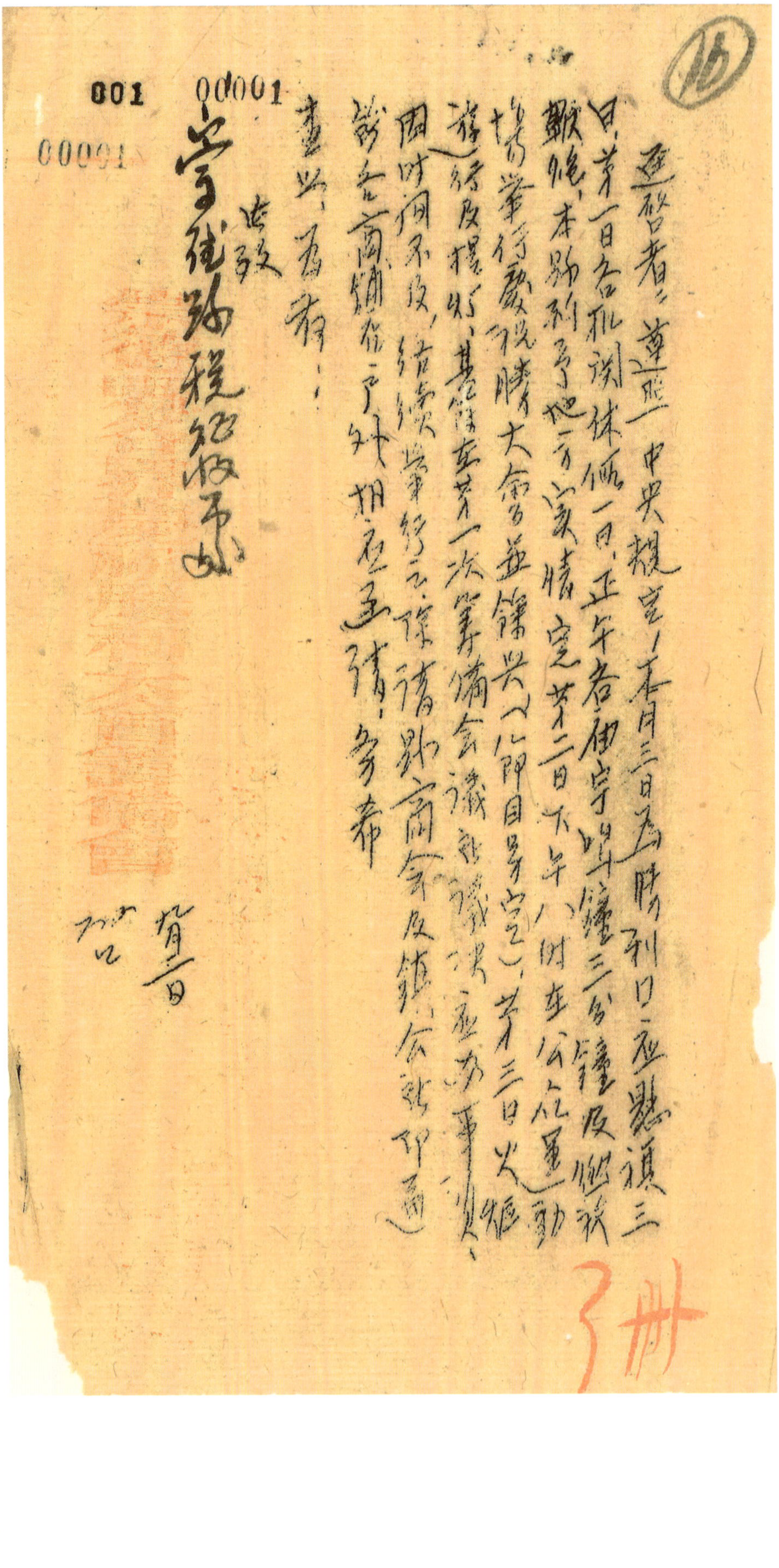

逕启者：查遵照中央规定，本月三日为胜利日，应悬旗三日，并于是日各机关休假一日，正午各商号鸣钟三分钟及燃放爆竹，本县就本地方实情定于二日下午八时在公众运动场举行庆祝胜利大会并游艺（以节目另定），于三日火炬游行及提灯，其余在第一次筹备会议议决应办事项，因时间不及，继续举行外，除请县商会及镇公所印通知各商铺在户外挂旗应遵办外，相应函请，务希

查照，为荷！

此致

崇德县税征收处

崇德县各界庆祝胜利大会筹备会关于抗战胜利日庆祝活动延后举行致县税征收处的函（一九四五年九月三日）

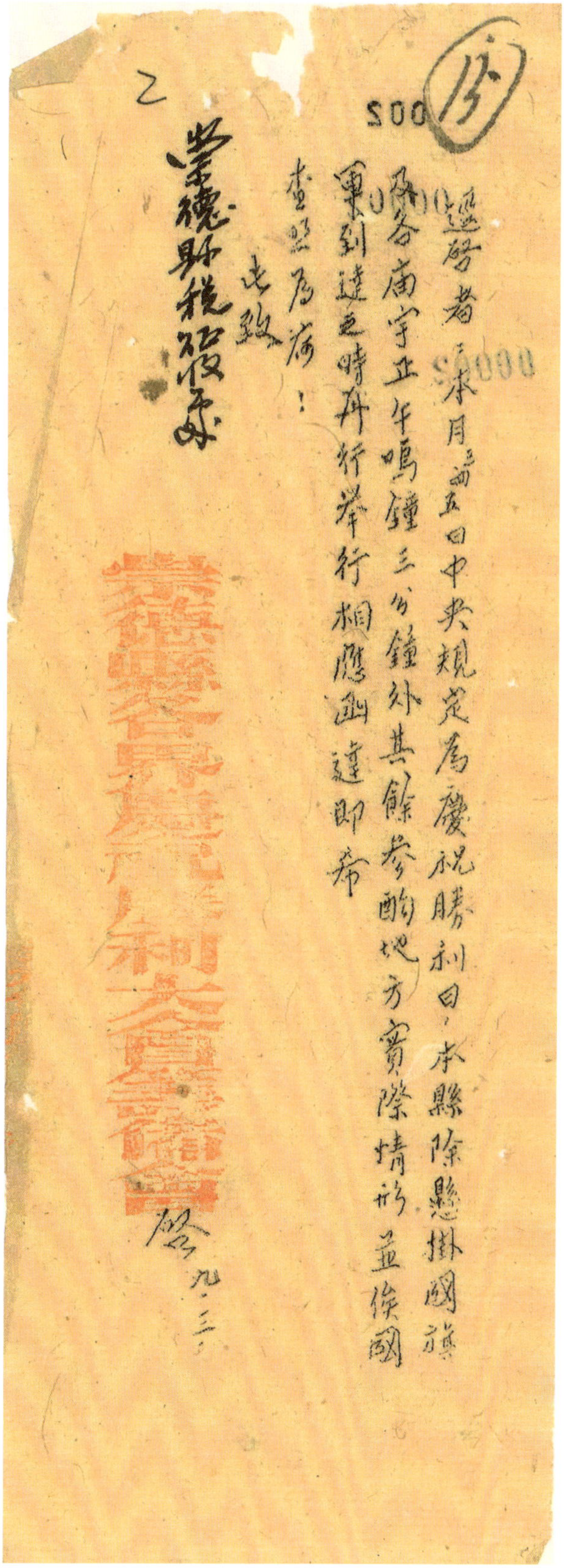

逕啓者：本月三日中央規定爲慶祝勝利日，本縣除懸掛國旗、各廟宇正午鳴鐘三分鐘外，其餘參酌地方實際情形，並俟國軍到達之時再行舉行，相應函達，即希查照爲荷！
此致
崇德縣稅徵收處
崇德縣各界慶祝勝利大會籌備會啓
九、三

浙西行署关于敌俘虏解送事宜致第一、二、十区行政督察专员兼保安司令公署等的代电（一九四五年九月七日）

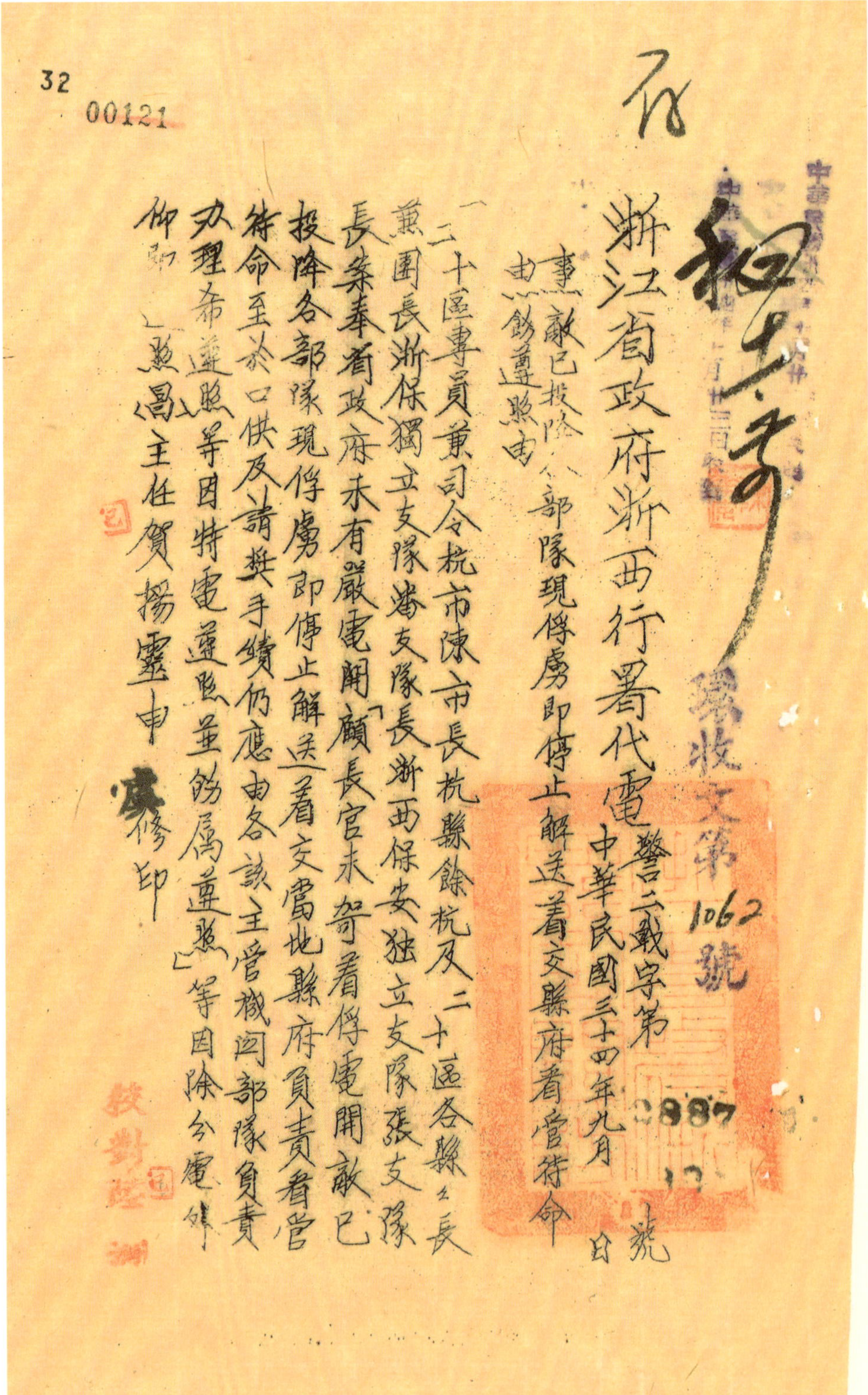
32
00121

浙江省政府浙西行署代電　警二戰字第2887號

收文第1062號

中華民國三十四年九月[illegible]日

事由：為敵已投降，各部隊現俘虜即停止解送，着交縣府看管待命由

由飭遵照由

一、二、十區專員兼司令、杭市陳市長、杭縣餘杭及二十區各縣縣長、蕭團長、浙保獨立支隊潘支隊長、浙西保安獨立支隊張支隊長：案奉省政府未有嚴電開「顧長官未哿着俘電開：敵已投降，各部隊現俘虜即停止解送，着交當地縣府負責看管待命，至於口供及請獎手續，仍應由各該主管機關部隊負責辦理，希遵照」等因。特電遵照，並飭屬遵照」等因。除分電外，仰即遵照。區主任賀揚靈申虞修印

桐乡县城濮区署关于举行该区各界联合庆祝胜利大会致县政府的报告（一九四五年九月十九日）

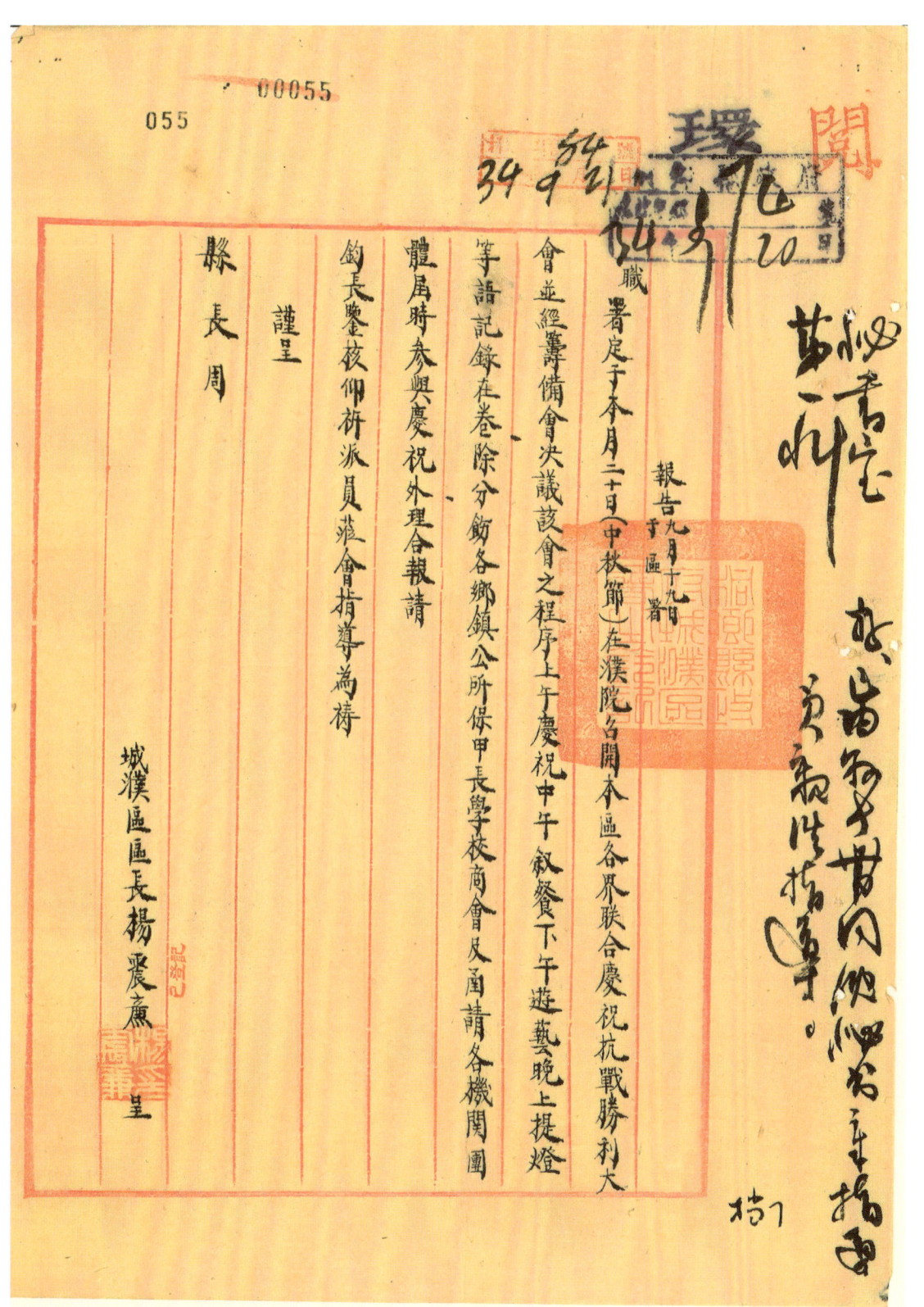

報告 九月十九日 于區署

職署定于本月二十日（中秋節）在濮院召開本區各界联合慶祝抗戰勝利大會並經籌備會決議該會之程序上午慶祝中午叙餐下午遊藝晚上提燈等語記錄在卷除分飭各鄉鎮公所保甲長學校商會及函請各機關團體屆時參與慶祝外理合報請

鈞長鑒核仰祈派員莅會指導為禱

謹呈

縣長周

城濮區區長楊震廉 呈

崇德县各界庆祝胜利大会筹备会关于转发庆祝抗战胜利大会及「九一八」纪念会程序致县税征收处的函（一九四五年九月）

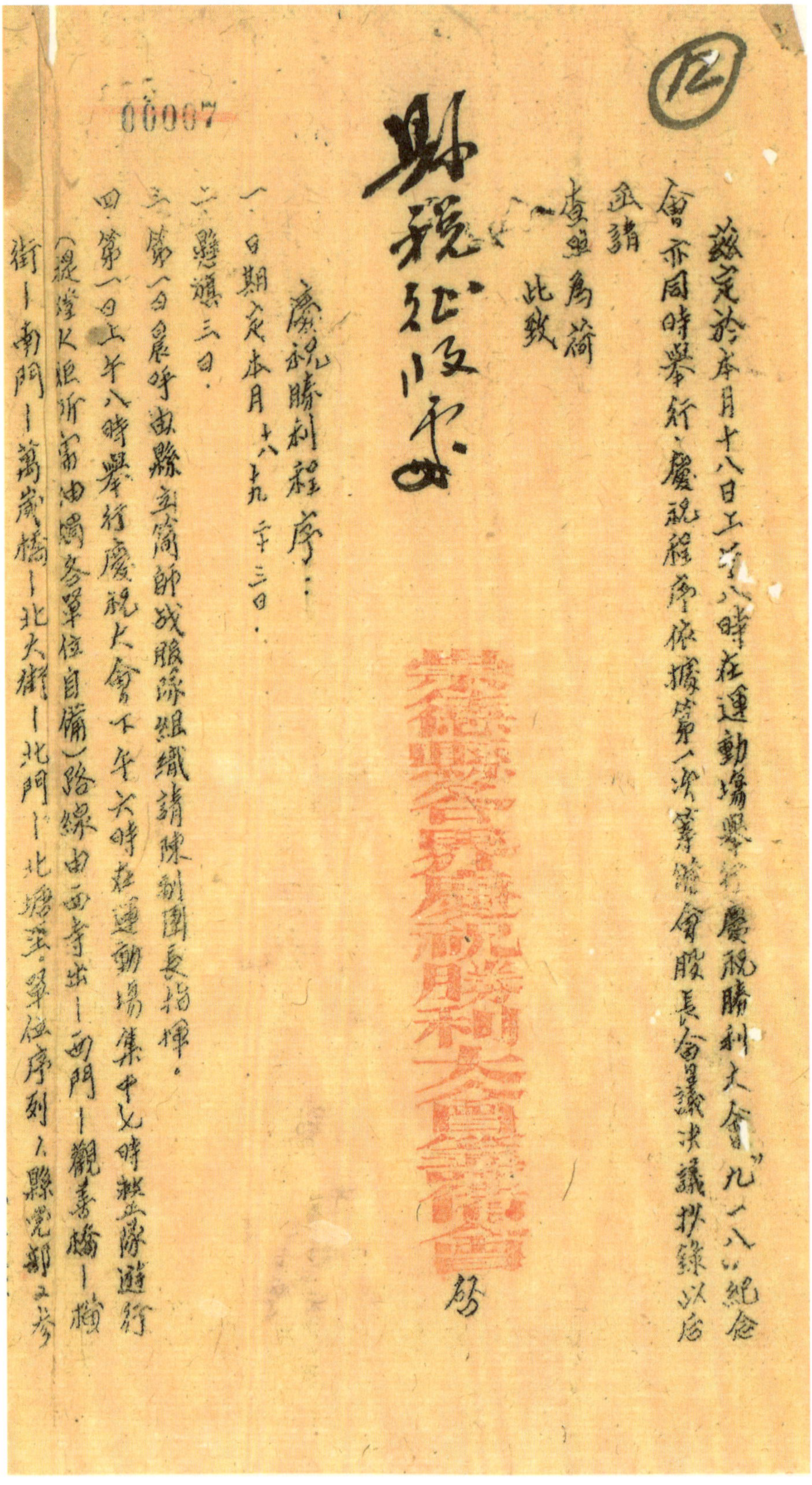

00007

縣稅征收處

兹定於本月十八日上午八時在運動場舉行慶祝勝利大會"九一八"紀念會亦同時舉行，慶祝程序依據第一次籌備會暨股長會議決議抄錄以函請
查照爲荷
此致

慶祝勝利程序：
一、日期定本月十八、九、廿三日。
二、懸旗三日。
三、第一日晨呼由縣立簡師戰服隊組織請陳副團長指揮。
四、第一日上午八時舉行慶祝大會，下午六時在運動場集中，七時提燈隊遊行（提燈火炬所需油燭各單位自備）路線由西寺出—西門—觀音橋—橫街—南門—萬歲橋—北大街—北門—北塘止。單位序列人縣黨部[illegible]參

崇德縣各界慶祝勝利大會籌備會 啓

005

00066

議會3、縣政府4、青年團第一區隊5、戰服隊6、幹訓所7、縣稅征收處8、梵山區署9、鎮公所10、縣立簡師11、中正小學12、國民小學13、民教館14、縣商會（各職業公會代表）15、國民兵團部及團隊16、警察隊。

五、節二三日下午及晚上在運動場演劇餘興（凡自願參加餘興者需於十八日前向宣傳股登記）會場及演劇餘興地點由總務股指導縣商會鎮公所負責佈置，所需費用由商會及鎮公所墊付。

六、大會正門及東北西城門各紮彩排（應由總務股督導縣商會鎮公所辦理）。

七、由陳副團長負責計劃辦理警戒及維持秩序。

八、提燈行列經過商舖住戶時應燃放鞭炮並向 總理遺像及 總裁肖像鞠躬致敬。

九、慰勞事宜由慰勞股計劃辦理。

十、致敬電文請總務股辦理。

十一、擬定統一標語口號附發（標語張貼必以大會名義）。

国民党桐乡县党部关于该县各界筹备公祭宗礼将军及抗战阵亡将士死难同胞谈话会的记录（一九四五年十月十一日）

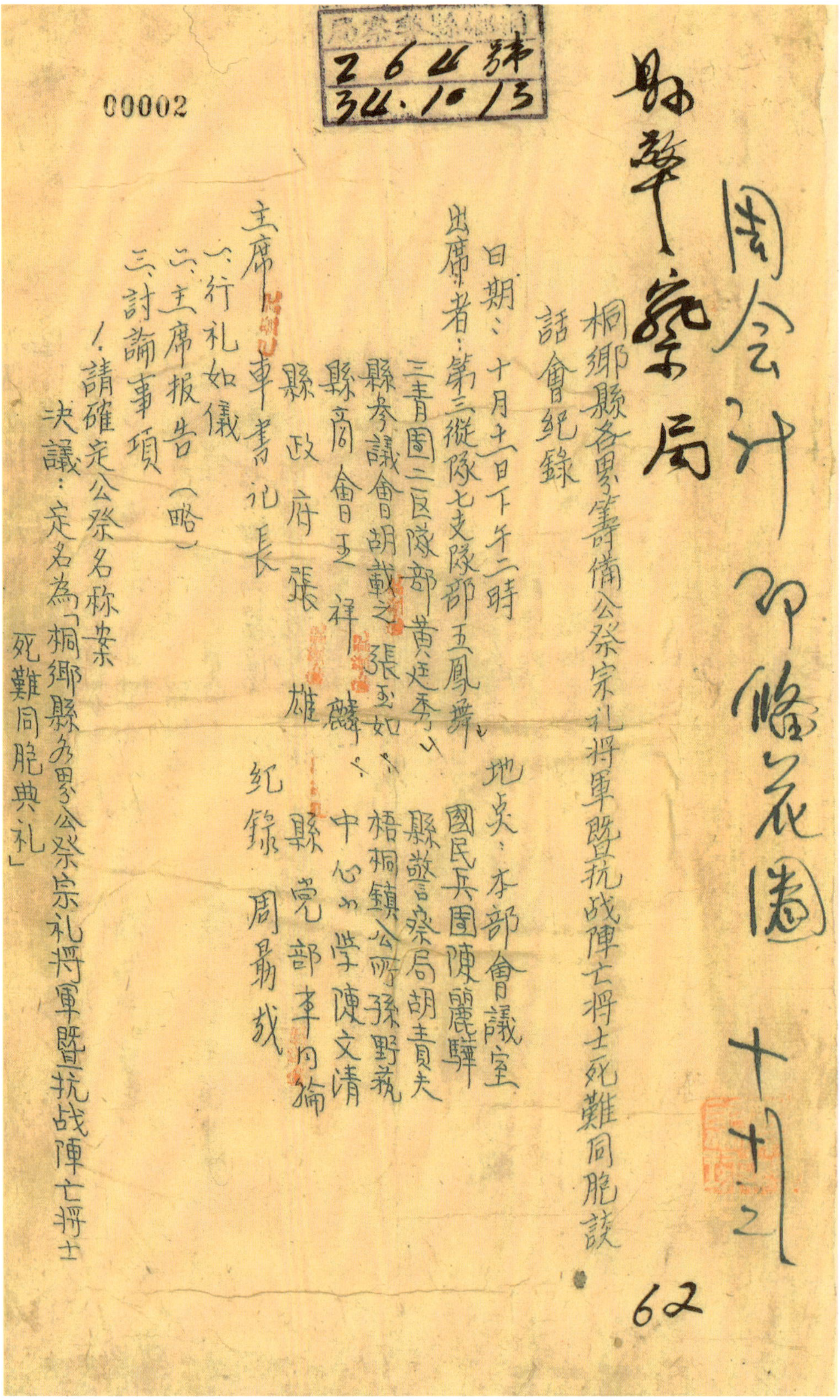

264號
34.10.13

00002

周会计即修花圈 十月十二

桐鄉縣各界籌備公祭宗礼將軍暨抗战陣亡將士死難同胞談話會紀錄

日期：十月十一日下午二時　地点：本部會議室

出席者：第三縱隊七支隊部王鳳舞　國民兵團陳麗驊
三青團三区隊部黃廷秀　縣警察局胡青夫
縣參議會胡載之　張玉如　梧桐鎮公所孫野秋
縣商會王祥麟　中心小學陳文清
縣政府張雄　縣党部車同倫

主席　車書記長　紀錄　周易哉

一、行礼如儀
二、主席报告（略）
三、討論事項
1. 請確定公祭名称案
決議：定名為「桐鄉縣各界公祭宗礼將軍暨抗战陣亡將士死難同胞典礼」

62

2. 推定主祭襄祭人員案
決議：推定周縣長為主祭，東書記長、李參議會長為襄祭。
3. 推定陪祭人員案
決議：各參加機關團體代表及民眾為陪祭。
4. 推定籌備佈置人員案
決議：推定張參議員玉如暨陳文清先生負責。
5. 請規定集合場所出發時間案
決議：定於十月十四日上午八時三十分正在縣黨部集合出發。
6. 花圈應如何備置案
決議：除各界致總花圈外，各機關團體自行置備一件。
7. 請通過公祭儀式程序案
決議：依照辦法修正通過。
8. 請推定公祭執事人員案
決議：推定陳文清為大贊　孫野執為引贊
朱肇甫王致遠為執事　李輔成為讀祝
胡參議員載之為講述宗公史蹟
9. 公祭畢後應否舉行宣傳案
決議：除由縣黨部文字宣傳外，於拾演劇前向民眾作口頭宣傳。

浙江省第十区行政督察专员兼保安司令公署关于日军投降物资接管事项致崇德县政府的代电

（一九四五年十月十七日）

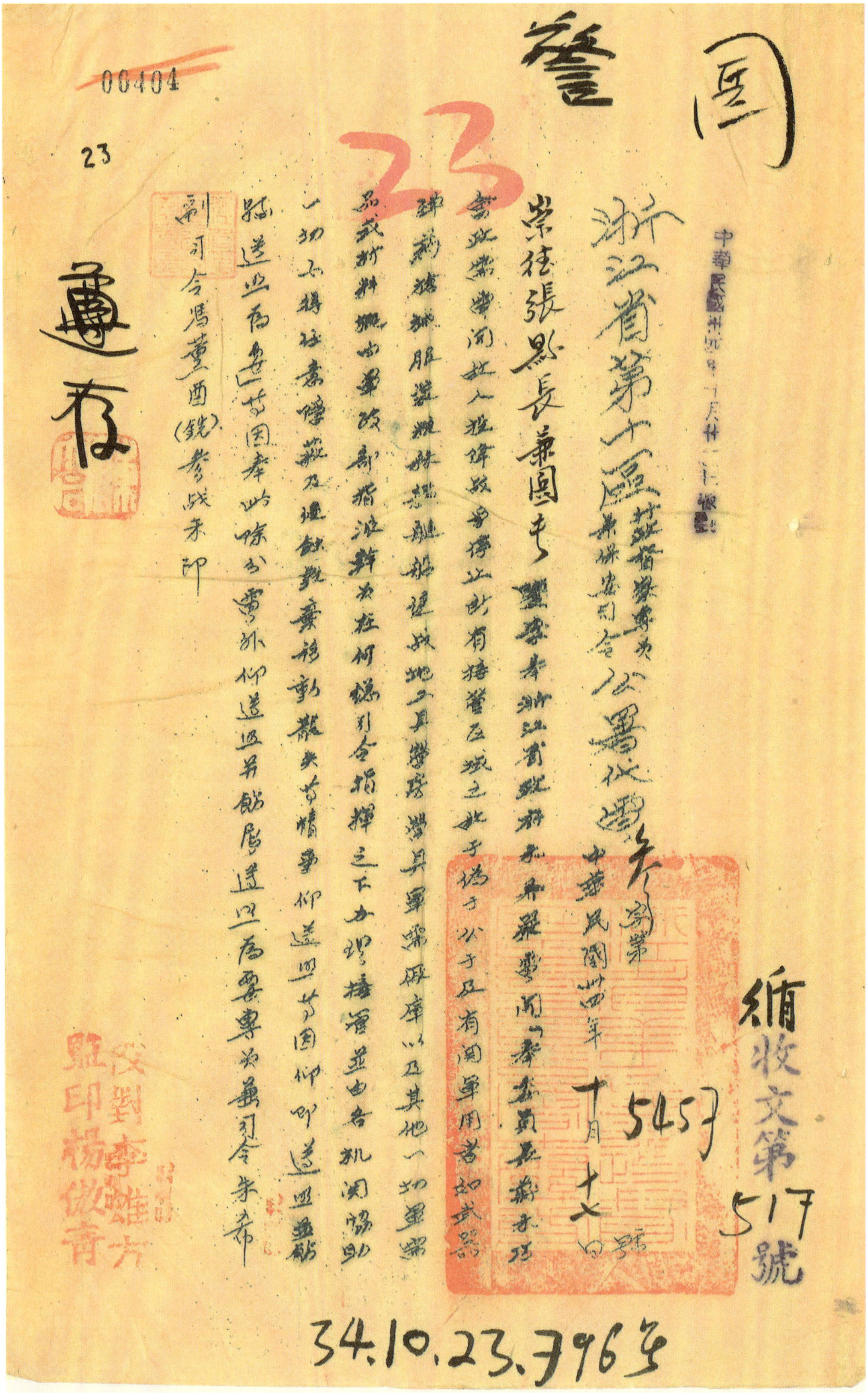

浙江省第十區行政督察專員兼保安司令公署代電 參第　號　中華民國卅四年十月十七日

崇德張縣長兼團長：頃奉浙江省政府[illegible]電開："奉[illegible]敵人在[illegible]所有接管及[illegible]偽公產及有關軍用者如武器彈藥被服器材糧秣船舶運輸工具暨[illegible]具軍需廠庫以及其他一切軍需品或材料概由軍政部指派辦事人在何總司令指揮之下分理接管並由各機關協助一切不得擅自處理及運銷變移動散失等情事仰遵照"等因仰即遵照並飭屬遵照為要。專員兼司令朱希

副司令馮董酉（銑）參戰未印

遵存

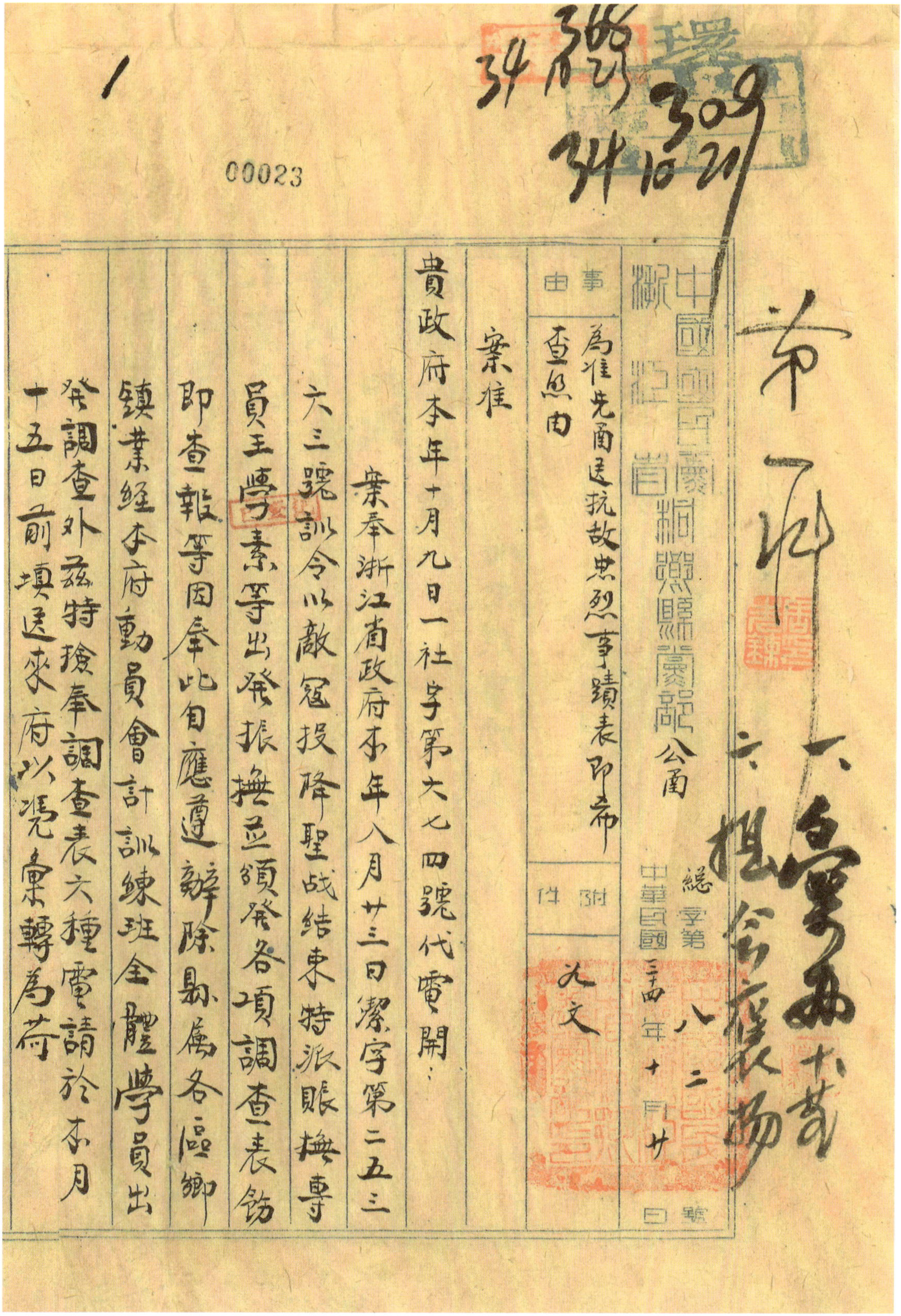
中國國民黨浙江省桐鄉縣黨部公函

總字第八二號

中華民國三十四年十月廿日

事由：為准先函送抗敌忠烈事蹟表即希查照由

附件：九文

案准

貴政府本年十月九日一社字第六七四號代電開：

案奉浙江省政府本年八月廿三日潔字第二五三六三號訓令以敵寇投降聖战结束特派賑撫專員王學素等出發振撫並頒發各項調查表飭即查報等因奉此自應遵辦除勗屬各區鄉鎮業經本府動員會計訓練班全體學員出發調查外茲特檢奉調查表六種電請於本月十五日前填送來府以憑彙轉為荷

国民党桐乡县党部关于查照抗敌忠烈事迹表进行抚恤致桐乡县政府的公函（一九四五年十月二十日）

等情暨調查表六種准此除將各項損失調查表等五種業已轉飭分別查填外查抗敵忠烈事蹟表一種先將本黨工作同志殉難事蹟業已填就相應備函轉請

貴政府查照並希給予撫卹為荷！

此致

桐鄉縣政府

附忠烈事蹟表壹份

已登記

書記長

2.

浙江省光復地區桐鄉縣　鄉鎮抗敵忠烈事蹟調查表

姓名	年齡	籍貫	出身	抗敵忠烈事蹟	曾否撫卹	遺族近況
吳心裁	四一歲	桐鄉	中學畢業	該員斯時任本縣青鎮鎮長三二年十一月被俘不屈致遭槍殺	否	
張昌祥	二八歲	海寧	〃	三二年任本縣田管處主任被敵補獲槍殺	否	未詳
王志賡	四〇歲	〃	私塾六年	該員參加八年抗戰工作三四年任本部虎賁工作隊組長六月間遭奸徒致被槍殺	否	貧
車鶴庭	三〇歲	桐鄉	私塾三年	三三年參加本部虎賁工作隊隊員于本年六月間工作時遭遇奸徒致被槍殺	否	貧
郭榮生	三〇歲	〃	〃	事蹟仝上	〃	〃
鄭平	〃	〃	北大肄業	該員為本縣有力之文化戰士歷任本縣報刊物主筆三三年冬本縣政府塘南辦事處主任十二月間遭敵偽掃蕩被迫投河溺斃以不願生補受辱	曾有撫卹	〃

桐乡县政府关于聘请振抚委员派发省拨赈济款致王连庆、徐冠英等人的代电（一九四五年十一月十五日）

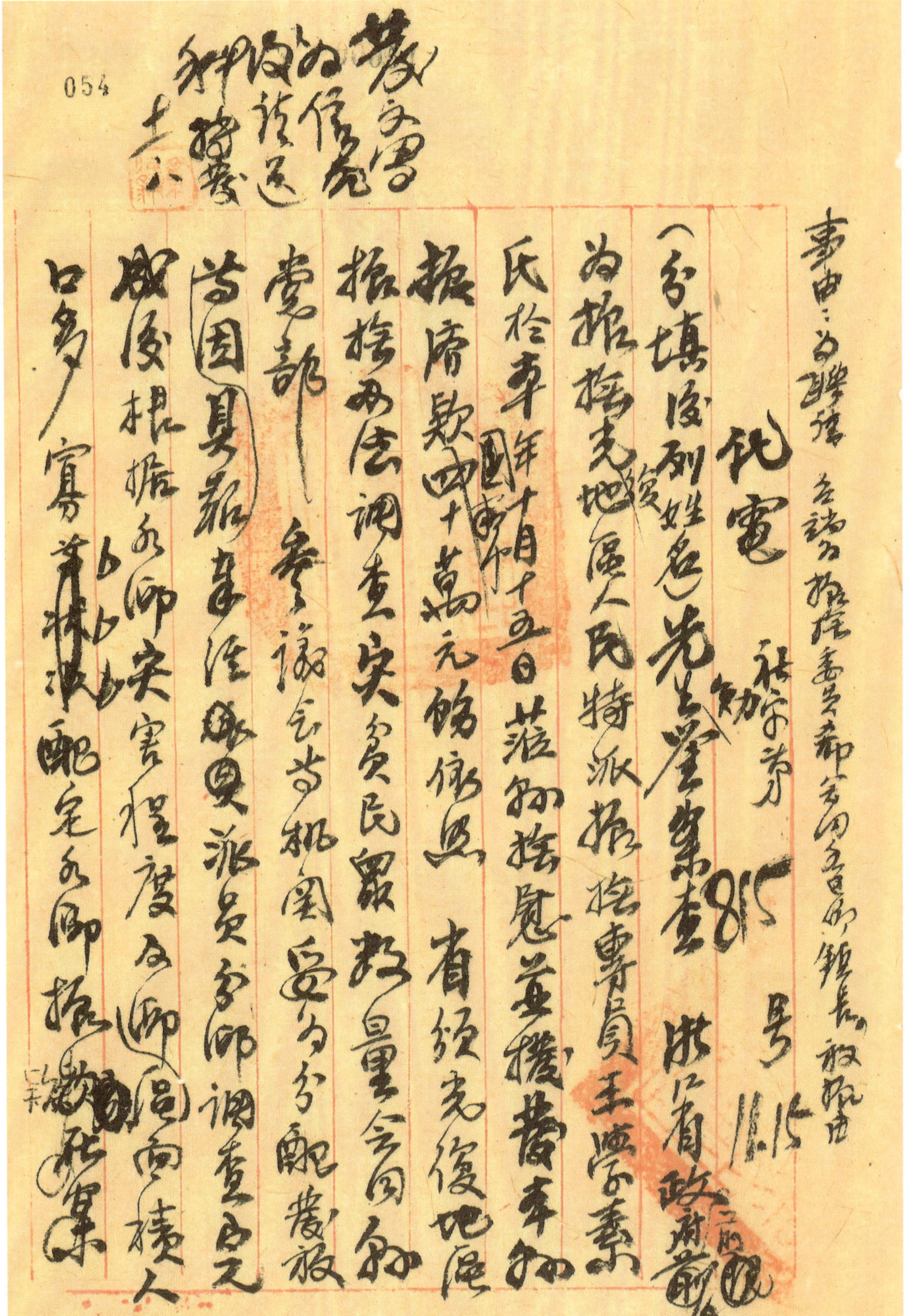
054

事由：为聘请台端为振济委员会同各乡镇长办理振济由

代电 社字第815号 11.15

（各乡镇依列姓名）先生台鉴：查浙江省政府前为振济光复地区人民，特派振济专员王[illegible]秦[illegible]氏于本年（国历）十月十五日莅县携带振款，并拨发本县振济款四十万元，饬依照光复地区振济办法调查实有贫民，[illegible]会同各党部参议会等机关分配发放。当因县[illegible]本年[illegible]派员分乡调查实[illegible]，按受损根据各乡实害程度及各乡[illegible]人口多寡，并[illegible]配定各乡振款[illegible]

社濟字二一號
寫

示。查是項振款本擬已大半給與災民區地待
發外啟亟應從速發放。茲召放振人員除
本府調派四人外，並遵照省頒振務辦法
第四條之規定，會商縣黨部及參議會決定
聘請台端為振務委員，除分令外，相應
檢附聘書一份暨振務有關辦法表件等八種，
即希前往指定地區會同各該區鄉鎮長依
照規定手續分配發放，檢同振冊振票及記
錄書等一併送府，以憑核轉彙報為荷。縣長
周先生〇式（ ）社印　計檢附聘書一份暨振務

00055

055

委员分配表、捐款分配比较表、捐款分配各乡镇一览表、捐捐程序表解、捐捐及调查办法、热心公正士绅调查表、领捐清册捐票式样各一份。

县长　陶

主任督导　夫

机　二十八

捐务委员　王秉庆　金选　徐健英　屠秀好　刘许渭　金雨文　戚澄　沈昌国　殷佐卿　何日西

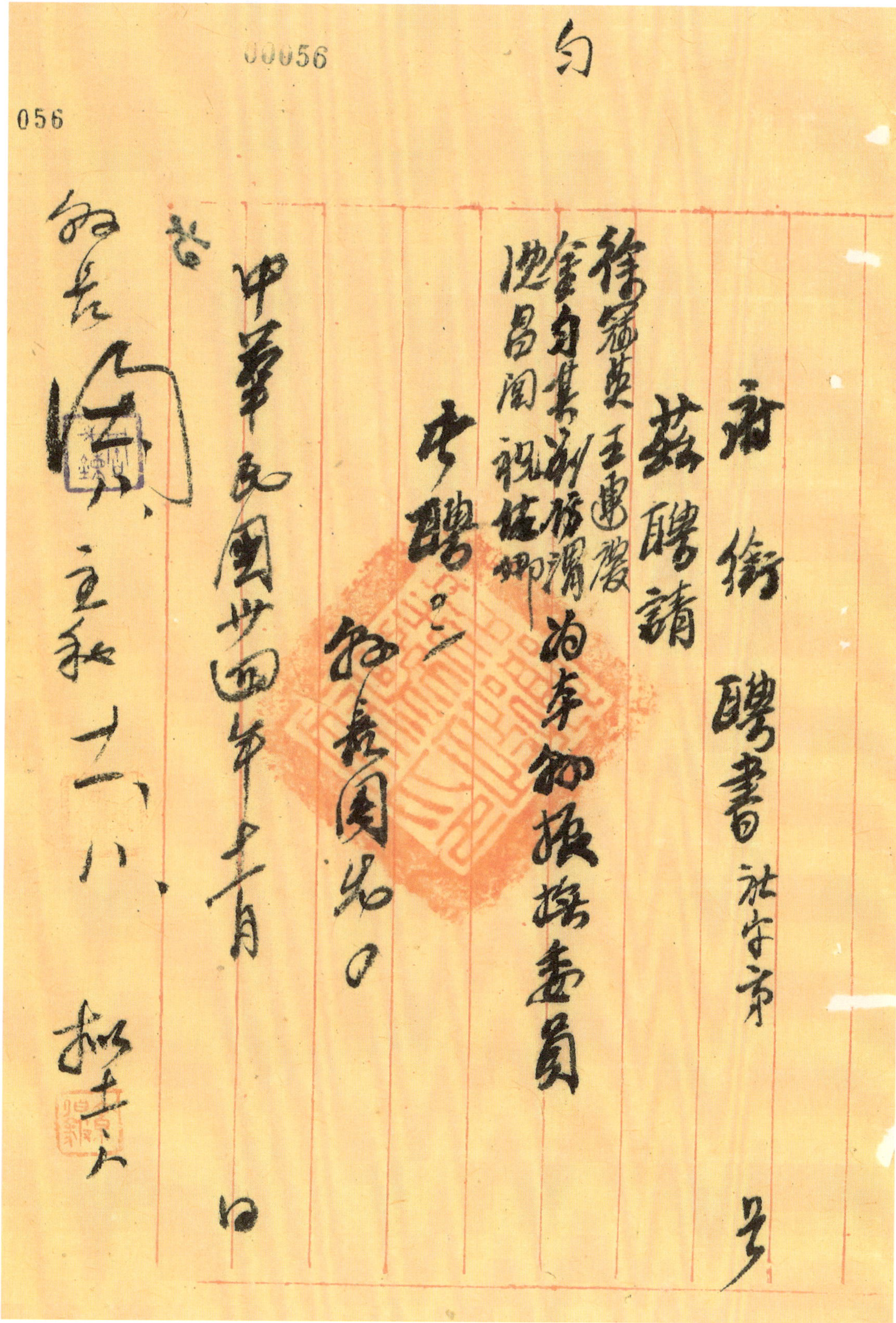

府銜　聘書　社字第　號

茲聘請

徐寵英　王惠慶　金自集　劉芳濡　沈昌閣　祝佐娜

為本特[illegible]採委員

此聘

社長周名

中華民國卅四年十一月　日

附二：桐乡县办理各区乡镇振抚及调查抗战伤亡派遣振抚委员分配表

062　00062

已編

（表一）

桐鄉縣辦理各區鄉鎮振撫及調查抗戰傷亡（派遣振撫）委員分配表

區別	派定振撫委員姓名	調派機關	備攷
青鑪區	徐冠英	參議會	
	張鉉	縣政府	
玉溪區	王連慶	參議會	
	張鉉	縣政府	
城濮區	金旬其	參議會	
	劉訪渭	縣党部	
	鍾鄴元	縣政府	
日石區	沈昌閣	參議會	

祝佐鄉　縣党部

鍾郁丙　縣政府

共計　程伊華

附三：桐乡县一九四五年度省拨光复区赈款分配各乡镇比较表

已繕

00065

（表二）

桐鄉縣三十四年度省撥光復區賑款四十萬元分配各鄉鎮比較表

分配賑款等級	受賑鄉鎮名稱	鄉鎮合計	每鄉鎮擬配給賑款金額	合計分配賑款金額
甲等	宜橋、史橋、南日	三	二0,000元	六0,000元
乙等	北日、乏山、屠田、石灣、延澤、楊園、青鎮、金東、澤岡、皂林、城北、濮北	十二	一五,000元	一八0,000元
丙等	晏城、分水、携李、青南、樂墅、青北、震安、青東、梧桐、城東、濮南、附廓、濮院	十三	一二,三00元	一六0,000元
倫放				

分配標準：

1、受災最重區域又大者為甲等

2、受災輕較區域不大或區域雖大但受災不重列為乙等

3、過去雖為敵偽據点但受災甚輕或貧民較少之鄉鎮均列為丙等。

桐鄉縣三十四年度省撥光復區賑款四十萬元分配各鄉鎮數額一覽表

（表三）

區別	鄉鎮別	列入賑濟分配賑款等級	金額	説明	備攷
青爐區	青鎮	乙	一、五〇〇〇元	本鎮除南柵受災略重外其餘災況甚輕因區域較大故列入乙等	
	青東	丙	一、二三〇〇元	災況甚輕	
	青北	丙	一、二三〇〇元	仝上	
	金東	乙	一、五〇〇〇元	沿金牛塘一帶受災較重	
	澤冈	乙	一、五〇〇〇元	沿運河塘兩岸受災甚重	
	皂林	乙	一、五〇〇〇元	仝上	
區合計			八、四六〇〇元		
玉溪區	石灣	乙	一、五〇〇〇元	受災甚重因鄉區小故列乙等	

10,1502

	青南	丙	一、二三〇〇元	災害較輕
	樂豐	丙	一、二三〇〇元	仝上
	延澤	乙	一、五〇〇〇元	災害甚重
	震安	丙	一、二三〇〇元	災害甚輕
	楊園	乙	一、五〇〇〇元	炉頭房屋被燬甚多災害較重
區合計	八、一九〇〇元			
城濮區	梧桐鎮	丙	一、二三〇〇元	區域較小本府還治時已單獨施以振米
	城北	乙	一、五〇〇〇元	沿公路受災甚重
	城東	丙	一、二三〇〇元	災較輕
	濮南	丙	一、二三〇〇元	災較輕

00064

45750元

濮北	乙	一、五〇〇〇元	灾害較重
坿廓	丙	一、二三〇〇元	灾害較輕
濮院鎮	丙	一、二三〇〇元	仝上
區合計		九、一五〇〇元	
日石區			
宜橋	甲	二、〇〇〇〇元	受灾最重民房大部被燬
南日	甲	二、〇〇〇〇元	仝上
北日	乙	一、五〇〇〇元	鄉區略小灾害輕
史橋	甲	二、〇〇〇〇元	受灾最重民房燬坏甚多
晏城	丙	一、二三〇〇元	灾害較輕
分水	丙	一、二三〇〇元	仝上

鳳山	乙	一五〇〇〇元	災害尚輕惟區域較大故列入乙等
屠田鎮	乙	一、五〇〇〇元	鎮上災貧民衆較多
携李	丙	一、二四〇〇元	災輕 分配後尚剩一百元加入李桐
區合計		一四、二〇〇〇元	
共計		四〇、〇〇〇〇元	

附註：一、分配標準根據各鄉人口多少面積大小及災貧輕重等分配之。

二、各鄉配定數額再由賑濟人員會同區鄉鎮長及鄉鎮民代表區党部書記等根據複查災貧户實在户数妥為分配。

附五：桐乡县一九四五年度办理放赈调查程序表解（一九四五年十一月）

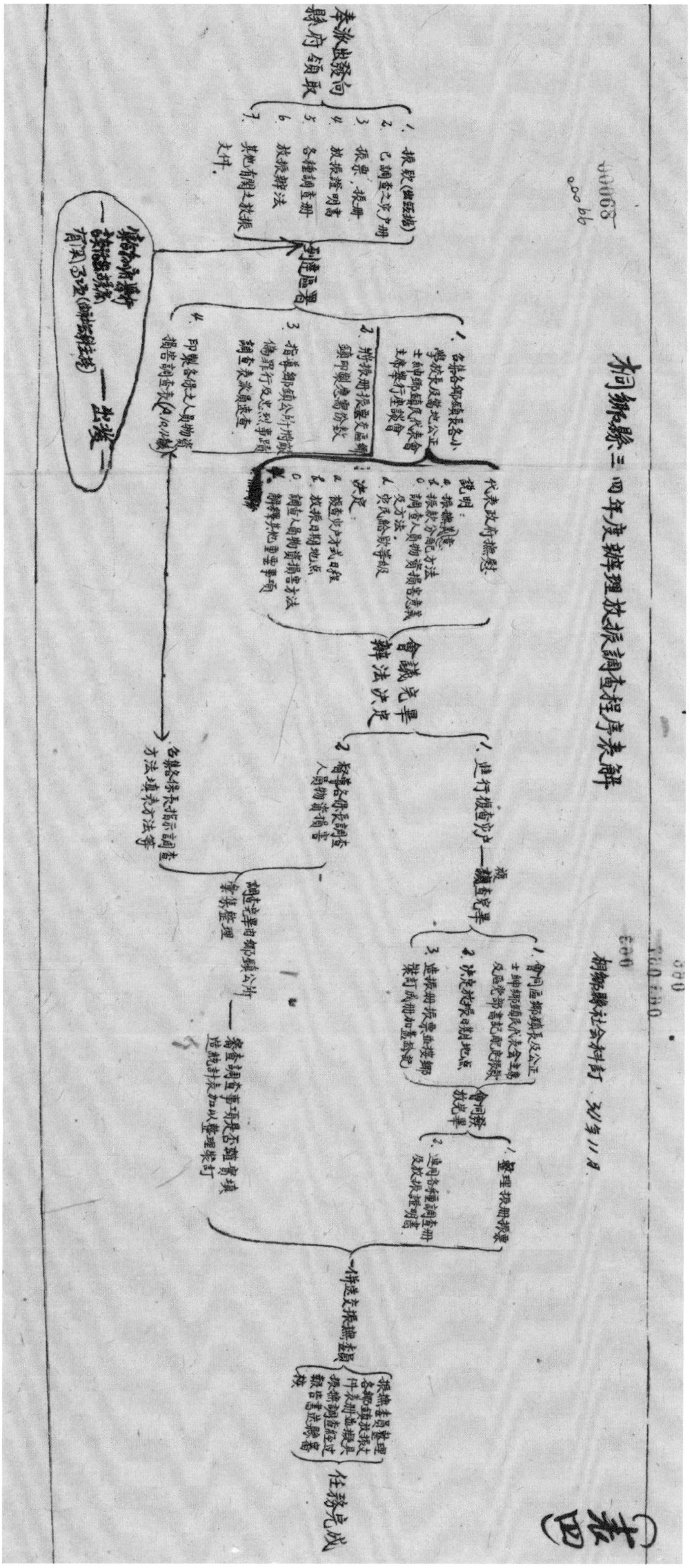

附六：桐乡县振抚敌灾赤贫民众及调查战时人员伤亡与物资损失办法

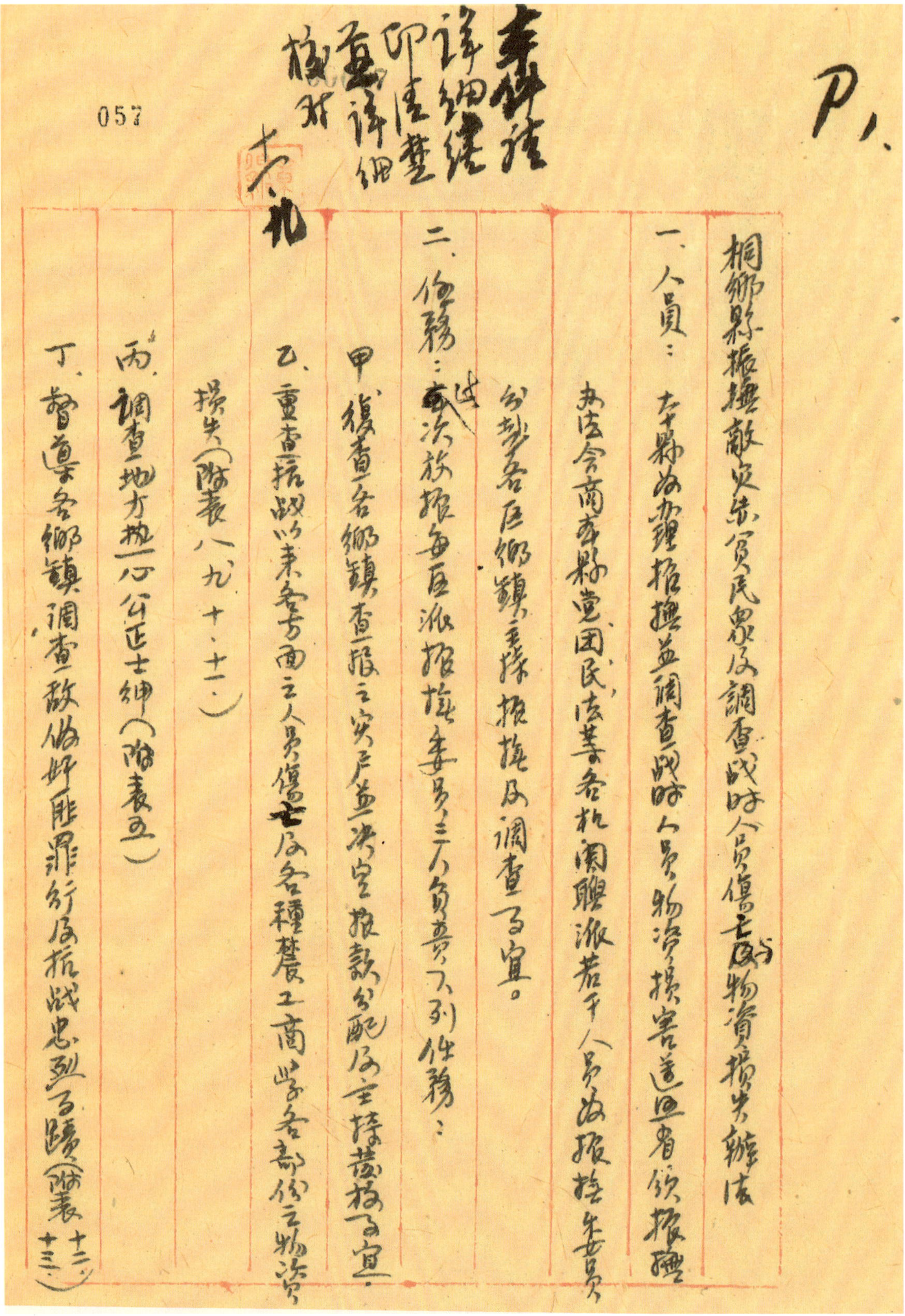

本件詳細繕印清楚查詳細核辦

十六 九

桐鄉縣振撫敵灾赤貧民衆及調查戰時人員傷亡與物資損失辦法

一、人員：本縣為辦理振撫並調查戰時人員物資損害遭遇者欲振撫由法會商本縣黨、團、民、法等各機關聯派若干人員為振撫委員分赴各區鄉鎮主持振撫及調查事宜。

二、任務：決於振每區派振撫委員三人負責下列任務：

甲、復查各鄉鎮查報之災戶並決定振款分配及主持發放事宜。

乙、重查抗戰以來各方面之人員傷亡及各種農工商業各部份之物資損失（附表八、九、十、十一）

丙、調查地方熱心公正士紳（附表五）

丁、督導各鄉鎮調查敵偽奸匪罪行及抗戰忠烈事蹟（附表十二、十三）

三、振款分配：此次發放之款，係以浙江省政府撥發光復區振款四十万元分配。各鄉鎮分配標準根據各鄉實況程度、鄉區面積、人口等狀況妥理（詳附表二、三）。

四、災戶複查：振務委員經聘後，應於規定日期內馳赴指定地區會同鄉鎮長、區黨部書記長及當地公正士紳等，首先就查報之災戶冊按戶複查虛實，然後根據複查後之災戶數依照規定等級妥為分配振款，俾按定地點按戶發放。

五、散振程序及報銷手續：發放振款時，應將振票（附表七）填好分發各災戶，另備領振清冊二份（附冊式六），於發放時令各災戶蓋章或按指模，發放完竣即加以整理，連同散振證明書並造具報

2.

告書一併呈送縣府核頒，上冊式均由區署或鄉鎮公所先事印製裝訂備用。

~~表式樣本依式印製裝訂備用。~~

六、災民等級：受振災民等級分下列兩種：

甲、極困戶：歷年遭敵偽匪徒搶劫，住屋被燬，家無恒產，殘廢老弱無法維持生活者。

乙、貧困戶：歷年遭敵偽搜括，家境已極度貧困，殘廢老弱者。

七、放振手續：

甲、放振日期地點決定後，先將振票分發各災戶，令集中指定地點應發。

乙、領款必須由各災戶戶主親領，除有特殊原因經保長證明外，不得代領。

丙、發放時各災戶須由各保長率領到場。

六、先按户正名標印，然後憑票按户發放。

七、每日發放完畢，辦理人員應當場計算當日發放數字。

八、調查戰時人員傷亡及物資損害辦法：此項調查工作，由本府責成各保保長或副保長、保幹事等辦理，[illegible]調查開始時應先召集各該保保長將調查意義首先解釋明白，然後詳細講解調查方法及填表方法，完成期限。若各保長因程度太低不能勝任時，得動員當地小學校長、教員、鄉鎮公所職員協同辦理。

九、調查步驟：1、先將調查表發交各調查人員（附表九、十、十一、十二）限定於幾日內詳細查畢，彙送鄉鎮公所，再由鄉鎮公所彙集整理，並將第十一類表詳細統計填入第八類表內，一併彙送本府。

3.

2、各項各調查表由各鄉鎮公所照頒發式樣大小印製分發各保應用、

十、區署及鄉鎮公所職責：1、協助振撫委員複查災戶

2、振撫委員到達時召集座談會保民大會鄉鎮民代表大會等

3、印製並填寫振票振冊協助辦理放振。

4、督導各保長調查戰時人員傷亡及物資損害。

5、統計並複核各保調查表資料有否錯誤。

6、派員調查地方公正士紳及敵偽罪行忠烈事蹟（詳附表十一、十二、十三）

十一、振撫日程及分組辦法：每區採振撫委員共同工作抑或分組工作由振撫委員會同當地區鄉鎮長視實際情形決定之但每鄉工作時間不得超過十天。

十二、待遇：振撫委員及協助辦理人員均為義務職惟在振撫期間區鄉鎮應

擬請縣府不得在賑款項下動支。

十三、辦理完畢時之手續：各賑撫委員應於任務完畢時將下列各表送縣府審核。

甲、賑濟表冊：1、每鄉鎮發賑清冊一式二份、

2、各災民賑票（連存根每頁蓋章）

3、每一鄉鎮放賑之證明書、

乙、調查表冊、1、各保農畜產房屋損失調查冊（表十一）

2、傷亡人數調查冊（表十）

3、各鄉熱心公益之地方公正士紳調查表（表五）

4、抗戰忠烈事蹟調查表（表十二）

5、敵偽奸匪罪行調查表（表十三）

4.

6、縣救振及主持調查經過報告表。

十四、區鄉鎮應注意事項：1、振冊振票應依照本府規定式樣及大小印製並以鄉鎮為單位分別裝訂以求整齊而便呈送省府報銷。

2、各種調查冊均依表式次序裝訂成冊。

十五、其他未及規定事宜得由振務委員斟酌辦理。

国民党浙江省执行委员会关于颁发《本党为抗战胜利告全国同胞书》及研讨大纲致各级党部的通令
（一九四五年十二月十九日）

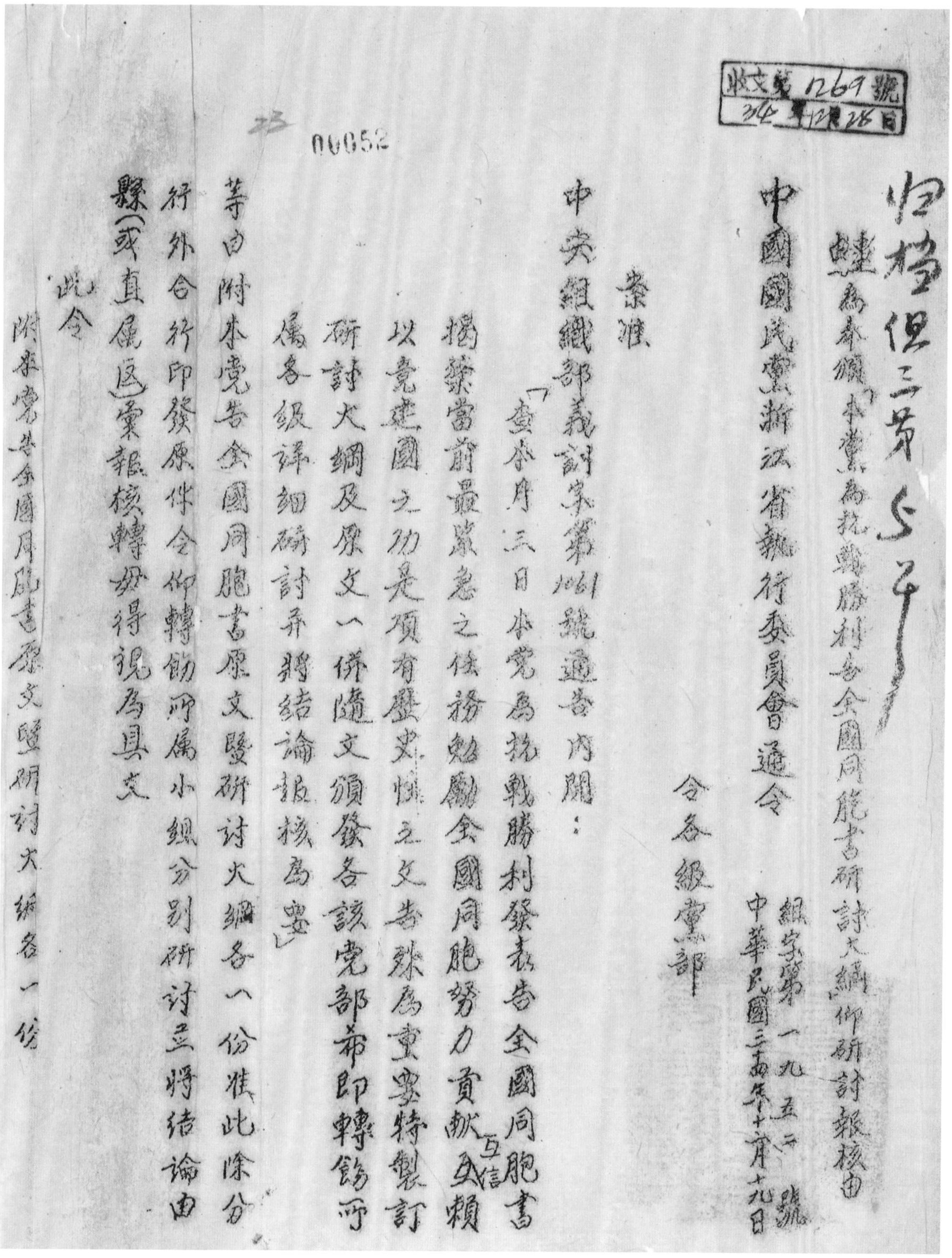

收文第1269號
34年12月28日

00652

事由：為奉頒「本黨為抗戰勝利告全國同胞書」研討大綱仰研討報核由

中國國民黨浙江省執行委員會通令　組字第一九五二號
中華民國三十四年十二月十九日

令各級黨部

案准

中央組織部義訓字第1061號通告內開：

「查本月三日本黨為抗戰勝利發表告全國同胞書，揭櫫當前最緊急之任務，勉勵全國同胞努力貢獻，互信互賴，以完建國之功，是項有歷史性之文告殊為重要，特製訂研討大綱及原文一併隨文頒發，各該黨部即轉飭所屬各級詳細研討，並將結論報核為要」

等由，附本黨告全國同胞書原文暨研討大綱各一份，准此，除分行外，合行印發原件，令仰轉飭所屬小組分別研討，並將結論由縣（或直屬區）黨部核轉，毋得視為具文。

此令

附本黨告全國同胞書原文暨研討大綱各一份

附一：研讨大纲

組織小會報

黄科長

文化委員羅霞天

本黨為抗戰勝利告全國同胞書研討大綱

一、本黨目前最急之兩大任務如何？

二、黨國目前兩大任務其目的安在？

三、總裁之睿慧與領導同為勝利因素而今後建國成功尤須依恃之理由安在？

四、抗戰勝利應歸功于全國同胞其理由安在？

五、今後黨員工作與實施憲政將如何進行？

六、尊重統一避免分裂之意義重大本黨將如何與全國同胞努力以赴之？

本黨告全國同胞書

全國同胞們：

當此抗戰勝利，全國騰歡，越能記憶 國父一句名言。「夫事有順乎天理，應乎人情，適乎世界之潮流，合乎人羣之需要，而為先知先覺者所決志行之，則斷無不成者。此古今革命維新與邦建國等事業是也。」這句話，在勝利的今日，國黨得如響斯應，論建國的前途。更將似耳提面命。

首先是本黨遵照 國父遺教，領導國民革命，爭取中國自由平等，今已在我同胞共同奮鬥之下獲得成功，而在這一成功之中，確已實現了「日本即欲實行其侵略政策，中國人亦必出而拒絕之，即不幸中國為日本所佔領，不論何時何處，亦斷非日本所能統治而有利」的遺教。更實現了「民國以前，吾黨本主義以產生民國，民國以後，則本主義以捍衛民國」的遺教。

國父曾指出「吾黨實繫中國之存亡，使吾黨強而不腐，則中國盛底事息」。五十年革命歷史，八年餘抗戰紀錄，都說明了本黨的努力奮鬥，與中國存亡實有不可分離的關係。但 國父也指出國民革命是國民之事，人人應負革命之責，我同胞今後自更當記取 國父教導，自強

不息，為建國大業成功的保証，
　其次　國父創立的三民主義，五權憲法，实為立國的極則，政
制的宏規。今不平等條約取消，日本帝國主義覆滅，民族主義中中國
民族自求解放一個目的，已完全達到；其第二個目的，「國內各民族
一律平等」，亦可遵奉遺教及六全大會決議促其徹底實現。尚待迅奮
策進的，即是最進步的民主政治，最適宜的經濟建設，此為本黨目
前最急的任务，亦為本黨始終一貫的決心，誓當與我同胞一心一德，再
接再厲，使民權主義能在最短期間完全实現，民生主義亦能定期
呈功。五十年來，本黨與全國同胞共同奮鬥，雖已推翻了二百數十年
滿清的統治結束了五千年的專制，掃蕩了大小軍閥的割據，取
消了一百年的不平等條約，打敗了侵略世界的日本帝國主義，但本黨
決不因此躊躇滿志，相反的，適與同胞和友邦加深其懲前毖後之念。務
使世界的永久和平，獲得確实保障，於民权主義民生主義的最大力量
之中，使一切為民所有，為民所治，為民所享，內以安慰我革命先
烈與抗戰犧牲的軍民，外以鞏固全人類互利互助共存共榮之基礎
　再次，革命維新與邦建國成功的前提，厥在先知先覺者攘情
處理，決去進行，　國父既由此倡率同胞共成開國之功，本黨
總裁亦將由此輔導同胞共成建國之業。九一八前，本黨　總裁承負重
任，宏濟艱難，固已為我同胞所熟知。九一八事變既起，便鄭重決定

檗悔救亡的國策，忍受輿論的譏責，堅拒敵人的誘惑，抱最後犧牲的決心，為和平最大的努力，並為抗戰最要的準備；及七七事變一起，便認定這次事變的發展，不僅是中國的存亡問題，亦將是世界人類禍福之所繫，立即號召全國，抱犧牲一切的決心，誓與日本抗戰到底，以爭取最後勝利；其後首都淪陷，即確定抗戰建國同時並進的國策，進行推動持久的戰略，粉碎了日本速戰速決與速和速結的企圖，其明效大驗；一如粉碎了九一八前[illegible]對國聯離間的毒計；及德國爆發歐戰，國際形勢演變，全國危疑震撼，我重申一貫不變的抗戰立場，並斷定最後的勝利，必然屬於反侵略的國家；及日本侵略海南島，又立即指出「這是太平洋的九一八」，提使友邦警戒；日本既暴發太平洋戰爭，便命將出師，與盟軍並肩作戰，並主張建立世界安全機構；即其指導我同胞處理國內問題，亦依然未變民國十七年時期的方針，所謂「本黨今後能否不辱革命建國的使命，我國能否依國民革命而獲救，[illegible]實需要長期艱苦努力，凡輕率偏窄，務求貫澈一己的主張，以加重革命環境的困難者。除固執國父遺留的一切教訓，絲毫不能動搖外，其他無不可以調和，無不可以容忍」我們在今日慶祝抗戰勝利之中，尤必能深信本黨總裁此種智慧和指導，不僅為抗戰勝利所由決定，亦為建國成功所必依恃。

二

最後，國民革命必賴全國同胞共同努力，纔能完成功。國父遺在同盟會宣言中，已說明國民革命的意義，並人人皆負革命的責任，政府不過是領導的機關，政府的功績，即國民的功績；後在其遺囑中，又指示本黨必須喚起民眾，共同奮鬥。本黨領導抗戰，未敢稍忘遺教。我同胞亦在八年多的長期抗戰之中，出力出錢，不怨不懈，遂成今日的勝利。在首都淪陷以後，本黨要求我同胞集中意志，集中力量，一面抗戰，一面建國，我同胞即在各級民意機關之中，捐棄成見，破除畛域，貢獻智慮，以利抗戰。在國際形勢不利於我之時，本黨要求我同胞更要加緊建立自力抗戰的精神準備，迎接最黑暗艱險的局勢，我同胞即恪遵黨議，不因局勢的險惡而餒氣，亦不平等條約的取消，友邦即與我並肩作戰之時，本黨要求我同胞勿驕勿怠，愈勉愈奮，必須認識惟自強乃能獲得真正之自由，惟自立始能求得真正之獨立，我同胞即能自勉自重，不存徼倖依賴之心，避免自怠自弛之失，特別是淪陷區域的同胞雖然輾轉受敵偽的艱苦燒殺奸淫擄掠，但仍能秘密接受最高統帥的命令，衷心服膺本黨的主義，探根敵偽的計劃，摧毀敵偽的佈置，甚或寧願不為敵偽屈服，不受敵偽利用，寧犧牲身家性命於敵可摧殘之下，決不稍稍損我民族忠義大節，且於全國數百萬戰士又都未白費，無不為忠勇特著的同胞。無論作戰如何艱苦，後養如何不足，總能接受，最高統帥與全國同胞的要求，犧牲一身，轉戰萬里，以劣勢的裝備，抗优勢的大敌，至八年之久，卒能獲得今日的戰果，海外僑胞，雖遭浩劫，或仍留原地，與敌從奮鬥，或遄歸祖國，效忠抗戰。凡此难能可貴的忠行與成就，实由於我同胞能認識國民革命的意義，能盡忠國民革命的責任。而國父「革命事業由民众發之，亦由民众成之」的教訓，乃被我同胞在此次抗戰之中，使之成為事实。本党飲水思源，願竭誠对我同胞表示，抗戰中一切力量，皆為我同胞的力量，一切成功，皆為我同胞的成功。

唯抗戰雖已勝利，任务仍未完畢。目前急待共同進行的復員，最近必須完全实施的憲政，有許多大事要做。關於前者，要為軍人布置就業的機会，要為抗屬傷兵難民難童取得必需的救濟，要為毁於砲火的城市鄉村籌復興，要為海外僑胞謀復業，要為青年解決求学的困難，要為工礦農商各業開拓發展之前路；關於後者，要加緊完成地方自治，要切实保障人民权利。要迅速成立各級民意機關，要充分養成遵重法治習慣，凡此種種。尤必賴我同胞本着抗戰時期的宝貴教訓，一以貫之於最後

三)

（三）

一程的建國。抗戰既由捨小異，棄私見而解決戰時問題，建國更應尊重統一，避免分裂，以開闢建設的坦途，抗戰既由自動而得人助，建國更應各盡其力，以求得國際的助力，並願我同胞記取前訓共圖全功。

同胞們，禦侮救亡的大戰已獲勝利，富強康樂的國家，自由和平的世界，正照耀在我們的眼前，但非慘淡經營，同向前進，便無由實現，本黨無日不迫切期望歸政於全國同胞，即欲使全國同胞共負建國的責任，共成建國的大業，一舉而實現 國父「主权屬於國民全体」「建設必自民治」的遺教。我們同胞要是能夠不驕矜不懈怠，把握時機，共當大任，本黨一定能和我同胞苦樂共嘗，共同建設成功一個民族平等，民权暢行，民生樂利的中華民國。本黨信賴我同胞今日以後能使建國必成，亦同於信賴我同胞今日以前的能使抗戰必勝；我同胞信賴本黨今日及今後諾言的必能實踐，當亦同於証明本黨今日以前諾言的業已實現。 國父說「建國之基當發端於心理」，本黨與全國同胞此種共信互信心理的交織，實為今日抗戰致勝的主力，今後建國必成的要素。全國父老兄弟諸姑姊妹幸共勉之。

浙江省保安司令部关于抄发第三、四、六批日本战犯名单并饬按册逮捕致全省各区县市及保安各团队的训令（一九四六年五月一日）

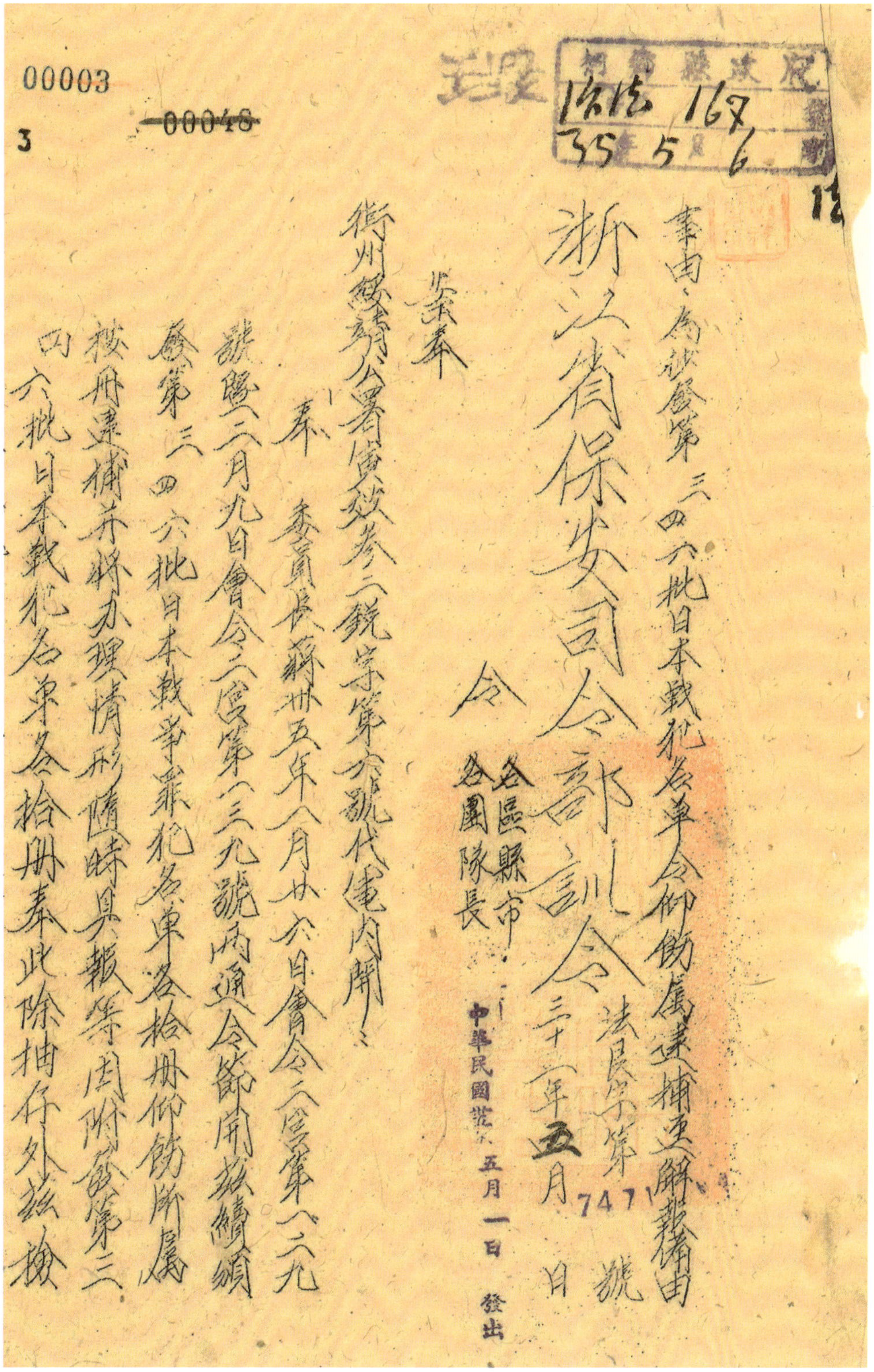
00003
3
~~00048~~

衢縣政府 收發 1616 167 35 5 6

浙江省保安司令部訓令 法保字第 7471 號 三十五年五月 日

事由：為抄發第三、四、六批日本戰犯名單令仰飭屬逮捕並解報備由

令 各區縣市 各團隊長

中華民國卅五年五月一日發出

案奉

衢州綏靖公署寅皓參二鈞字第六號代電內開：

"奉 委員長蔣卅五年一月廿六日會令一(四)字第一二九號暨二月九日會令一(四)字第一三九號兩通令節開：茲續頒發第三、四、六批日本戰爭罪犯名單各拾册，仰飭所屬按册逮捕并將辦理情形隨時具報等因，附發第三、四、六批日本戰犯名單各拾册。奉此除抽存外茲檢同原發各批日本戰犯名單各一冊，隨電附發，希飭所屬按冊逮捕，并將辦理情形隨時具報爲要。

等因。奉此，合行抄發原名單，令仰飭屬按冊逮捕，逕解衢州綏靖公署依法辦理，一面呈報本部備查。

此令。

計抄發第二一四六批日本戰犯名單各一冊

司令 竺鳴濤 代

副司令 竺鳴濤

監印 何蘊培

校對 周歷山

附一：第三批日本战犯名单（节选）（一九四五年十二月十九日）

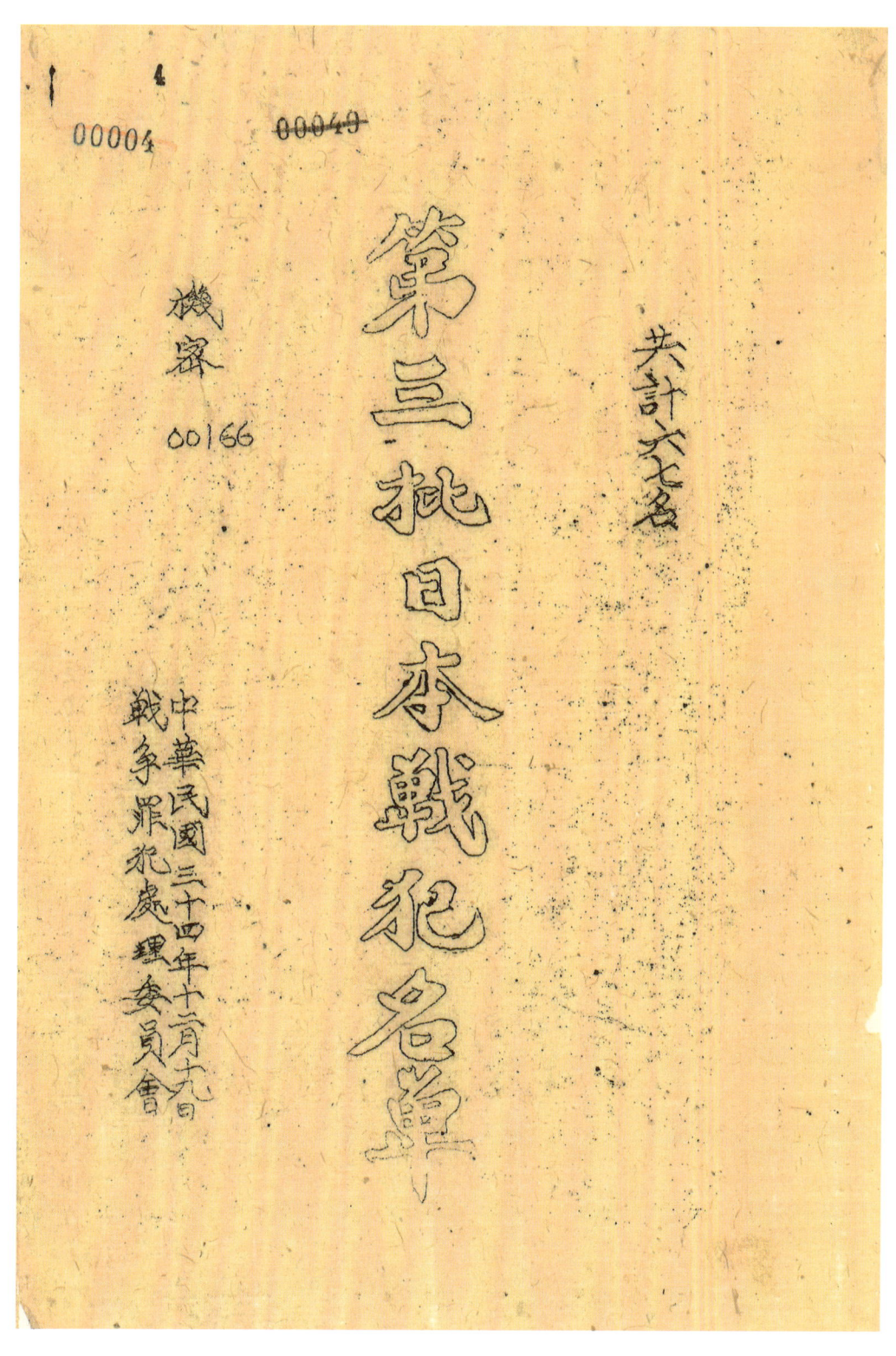

00004

~~00049~~

共計六七名

第三批日本戰犯名單

機密

00166

中華民國三十四年十二月十九日

戰爭罪犯處理委員會

5

~~00050~~

00005

第三批日本戰犯名單（六十七名被捕者七名自殺者（六名））

號數	姓名（中文）	姓名（英文）	籍貫（中文）	籍貫（英文）	階級	年齡	重要經歷	罪行
1、	安達二十三	ADACHI, HATAZO	東京	TOKYO	中將	五四	第三十七師團長 第十八軍司令官	民國卅年一月中旬犯吉鄉，三月中旬犯絳縣，五月中旬一部參加中條山戰役，八月中旬參加晉冀豫邊區戰役，到處慘殺無辜平民甚眾，為侵犯晉南之罪魁
2、	大谷直次郎	AMAYA, NAOJIRO	福井	FUKUI	中將	五六	曾任第四十師團長	民國廿九年五月參加豫鄂邊區戰役，十一月以一部參加湘河西岸戰役，卅年九月參加第一次長沙會戰，慘殺湘鄂無辜人民甚眾，為侵犯湘鄂之罪魁
3、	青木成一	AOKI, SEIICHI	石川	ISHIKAWA	中將	五二	曾任第四十師團長	參加第一次及第三次長沙會戰，卅三年六月侵犯沅江、益陽、寧鄉、湘鄉等地，到處搶劫慘殺我無辜平民甚眾，并於第二次長沙會戰在通山附近施放毒氣

編號	4.	5.	6.
姓名	藤江惠輔	藤井洋治	原田熊吉
	FUJIE, KEISUKE	FUJII, YOJI	KUMAKICHI
籍貫	兵庫	廣島	大阪
	HYOGO	HIROSHIMA	OSAKA
軍階、年齡	大將 五九	中將 五七	中將 五六
經歷	曾任第十六師團長、東部軍司令官	曾任第三十八師團長	曾任第三十五師團長
罪行	民國廿七年九月參加武漢會戰後，西犯花園、孝感、安陸、應城地區。廿八年一月下旬侵犯京山、皂市。三月陷鐘祥後，參與鄂北會戰。戰犯所到之處，任意強姦搶劫，燒殺無辜平民，焚燬房屋等無所不為。	民國廿九年該師之一部參加當陽會戰，五月中旬其主力犯良口地區。該師所到之處，強姦婦女，搶劫財物，故意殺害平民，無所不為。同年六月一日該師團之聯隊長山本茂一郎與我軍相持於從化東洞附近，該師因屢攻皆敗，乃以窒息瓦斯封鎖各道路，致我傷團長以下官兵四十五名。	民國廿九年四月二十三日該師團於開封劉市附近為我游擊隊等[illegible]退時施放窒息性毒氣彈廿個，我方遭毒致死者[illegible]餘人，[illegible]首

6

~~00051~~

00006

被捕

（續）	7.	8.	9.
HARADA	平田健吉 HIRADA KENKICHI	本間雅晴 HONMA MASAHARU	井出 SUZO
	和歌山 WAKAYAMA	新潟 NIKADA	東京 TOKYO
	中將 曾任第三十七師團長 五九	中將 曾任第廿七師團長 五七	中將 曾任第三十二師團長 五八
百餘人三十年侵犯冀東卅一年六月上旬其砲兵聯隊犯浙東一帶到處慘殺我無辜平民多人	民國廿八年十二月初旬犯中條山廿九年四月參加晉南戰役五月上旬犯鄉寧等處該師到處強姦搶劫無所不為又廿八年十二月該師之一部荒水正三在聞喜附近以砲彈施放毒氣十二發波及該駐地之三小孩其中一小孩文郎中毒斃命	九一八事變後主張滿洲內蒙古為日本生命線絕對不可放棄於民廿七年第廿七師團長任內參加武漢外圍作戰時肆意慘殺當地軍民廿八年四月廿三日至廿五日該師之一部於冀省河間東北齊會一帶為抵禦我軍二千餘人之猛攻施放毒氣傷害我軍官兵五百餘人	民國三十年十月上旬一部犯臨沂十一月上旬以主力犯沂水蒙陰臨沂地

編號	姓名	姓名（英文）	籍貫	籍貫（英文）	官階／年齡	職務	罪行
	井手鉄藏	IDE,TET					卅年一月一日一部犯冀魯邊區五月，以主力轉犯浙東竄犯所到之處強姦搶劫任意殺害無辜平民等無所不為
10.	飯田祥二郎	IIDA,SHOJIRO	山口	YAMAKUJI	中將 五六	曾任近衛師團長第十五軍司令官	民國廿八年在從化地區參加粵北戰役及賓陽南寧等戰役慘殺我無辜平民甚眾并肆意破壞財產
11.	飯沼守	IINUMA,MAMORU	愛知	AICHI	中將 卅一	曾任第一一〇師團長	民國廿八年十月三日該師之一部進犯任邱西南野窩窪附近之我軍余旅該師施放大量毒氣致我第七連官兵全部中毒廿九年六月參加安陽戰役十一月中旬參加阜平地區戰鬥三十年八月中旬進犯冀察晉邊區十月上旬該師之一部參加浙贛會戰該師竄犯之處強姦搶劫無所不為
12.	今村均	HITOSHI	宮城	MIYASHIRO	大將 五八	第八方面軍司令官曾任第五師團長	為日本小壯派軍人之中堅分子主張侵華最為激烈民國廿八年十月于該師團長任內參加魯北之掃蕩戰時慘

7

~~00052~~

00007

編號	姓名	姓名(英文)	籍貫	籍貫(英文)	年齡	職務	罪行
		IMAMURA					無辜平民難以計數同年八月廿日該師之一部進攻江蘇漣水附近之朱集韓德勤部施放毒氣致我軍遭毒者甚多
13、	井關仞	ISEKI MITSURU	兵庫	HYOGO	五六	中將曾任第三十六師團長	民國廿九年參加奧臨地區戰鬥卅年三月上旬以主力犯陵川五月中旬參加中條山戰役所到之處任意強姦搶劫慘殺無辜人民無所不為
14、	井關隆昌	ISEKI TAKEMASA	廣島	HIROSHIMA	五八	中將曾任第十四師團長	民國廿七年佔新鄉蘭封開封等地黃河決口復渡[illegible]道清沿線鐵路之處強姦婦女搶劫財物該師之一部於廿八年四月六日在博愛[illegible]岑附近以砲彈施放窒息瓦斯重傷我士兵六名同月廿五日該師之一部于沁陽附近向我龐軍一部之校尉營攻擊施放摧淚氏
20、	小林	?OBUO	茨城	GTSHIRO	五六	中將第六十師團長	民國卅年五月中旬一部參加[illegible]贛會戰卅一年十月初進犯安吉廣德溧

捕破

	21.	22.	23.
信男	熊谷敬一	久納成一	黑田重德
KOBAYASHI,	KUMAGAI, KEIICHI	KUNO, SEIICHI	SHIGENORI
	靜岡	東京	福岡
	SHIZUOKA	TOKYO	FUKUOKA
	中將 五八	中將 五七	中將 五七
	曾任第十五師團長	曾任第十八師團長及廿二軍司令官	曾任第廿六師團長
陽卅三年六月一部參加衢縣戰鬥，八月下旬一部竄犯麗水，九月上旬犯溫州，到處慘殺無辜平民甚多，并肆意破壞財產	民國廿九年四月下旬參加襄河西岸戰鬥，卅年五月上旬一部進犯宣成南陵，同年十二月下旬進犯浪溪等地，該軍所到之處慘殺我無辜平民甚夥，并肆意破壞財產難以數計	民國廿八年十二月犯翁源，廿九年一月以主力參加濱陽會戰，同年三月該師之一部轉犯瓊島北部，所犯各處慘殺無辜平民甚多，為侵犯廣東沿海之罪魁	民國廿九年一月廿日該師進犯包五公路一帶，以來有窒息瓦斯之砲彈伺我軍發射，致中毒者甚多，卅年三月該師參加汲縣戰鬥，肆行搶劫

附二：第四批日本战犯名单（节选）（一九四五年十二月七日）

共計三七名
第四批日本戰犯名單
中華民國三十四年十二月七日
戰爭罪犯處理委員會
00060
機密
0093
00015 15

16

00016

~~00061~~

第四批日本戰犯名單（共計三七名內被捕者三一名死亡者一名）

號數	1.	2.	3.	4.
姓名（中文）	赤鹿理	坂西一良	富士井末吉	濱本喜三郎
姓名（英文）	AKASHIKA, TATASHI	BANSAI, ICHRYO	FUJII, SUEKICHI	HAMAMOTO, KISABURO
籍貫（中文）	兵庫	東京	廣島	京都
籍貫（英文）	HYOGO	TOKYO	HIROSHIMA	KYOTO
階級	中將	中將	少將	中將
年齡	五六	五三	五八	五九
重要經歷	曾任第十三師團長	曾任第三十五師團長 曾任第二十軍司令官	曾任獨立混成第十八旅團長	曾任第一〇四師團長
罪行	民國三十三年七月進犯衡陽，我軍堅守該城，累攻均不得逞，乃施放毒烟彈掩護前進，致我軍傷亡甚衆。衡陽被陷後，該犯縱兵殘殺搶掠，任意慘殺民衆，殺害傷兵多名	民國三十二年四月進犯山西太行山地區，慘殺無辜平民甚衆。三十三年任二十軍司令官任內參加長沙衡陽戰役，肆意燒殺，沒收大量財產，縱兵強姦婦女，無惡不作	民國二十九年四月廿七日該旅團於宜興腹橋金家濠附近一帶以砲彈施放毒氣，殺害平民四千餘人，被害者均七孔流血	民國廿八年在汕頭登陸攻佔汕頭潮洲，肆意搶掠我財產及殘奪我物產，為害甚多。廿九年五月中旬以秀水孔良以一部攻花縣。十二月駐防廣州，到處燒殺姦淫，擄我廣州人民男女老幼為奴

被捕人				
	5	6	7	8
姓名	長谷川清	秦彦三郎	林芳太郎	本鄉義夫
	HASEGAWA,KYOSHI	HATAHIKOSABUKO	HAYASHI YOSHITARO	1ONGO,YOSHIO
籍貫	福井	三重	京都	兵庫
	FAKULI	MISHIGE	KYOTO	SHOGO
年齡、官階	六二 海軍大將	五四 中將	五五 中將	五二 中將
經歷	曾任第三艦隊司令官及台灣總督	曾任第三四師團長	曾任第一一〇師團長	曾任第六十二師團長
罪行	民國廿六年任第三艦隊司令長官動員三千海軍陸戰隊坐旗艦上指揮上海附近之日本海軍共行登陸慘殺我無辜平民故意轟炸不設防地區在上海登陸後肆意掠劫物資及毀壞我國財產難以數計廿九年任台灣總督策劃南進戰略	該師曾參加湘鄂會戰慘殺我無辜平民甚至縱兵劫掠強姦婦女掠奪物資強迫民伕從事軍事行動之工作任意捕人民施以酷刑並勒索非法捐款強迫徵發民間糧食致多饑餓平民等罪行無惡不作。	民國三十三年四月攻略我鄭州滎陽汜縣及月隨洛陽地區該師所到之處任意殺害平民強迫平民担任有關軍事行動之工作勒索糧草奪取軍用物資並肆意破壞財產等罪行無所不為	民國三十三年三月進犯河南五月參加中原會戰七月進佔鄭州以南地區屠殺我河南無辜平民甚眾肆意搶毀村鎮房屋及強姦婦女等罪行無惡不作

00017 ~~00062~~

編號	姓名	英文姓名	籍貫	籍貫(英文)	軍階	年齡	經歷	罪行
9	細川忠康	HOSOKAWA,TADAYASU	鳥取	TOTORI.	中將	五四	曾任第五十九師團長第四十三軍司令官	
10	井上成美	INOUE,NARUMI	宮城	MIYASHIRO	海軍中將	六八	曾任中國方面艦隊參謀長	在中國方面艦隊參謀長任內實行封鎖戰略切斷我國防交通線在沿海各地各地實行登陸戰慘殺我無辜平民故意作有計劃之轟炸各不設防城鎮等罪行皆出於該犯之策劃為侵略中國沿海一帶之罪魁。
11	井上貞衛	INOUE,SADAE	高知	KOCHI.	中將	五八	曾任第六十九師團長	民國三十二年四月進犯太行山地區對平民肆行屠殺任意燒毀平民住宅縱兵強姦婦女強迫人民從事軍事行動之工作徵發過度糧食故意餓斃平民甚眾。
12	石井嘉穗	ISHII,YOSHIHO	山口	YAMAKUCHI	中將	五四	曾任第三十二師團長	民國三十年十月下旬一部犯山東蒙陰臨沂十一月上旬一部犯沂水地區到處縱兵強姦搶劫對平民施以極刑及慘殺我無辜平民甚眾

13.	14.	15.	
片山省太郎	小松輝久	菰田保一	近
KATAYAMA SHOTARO	KOMATSU, TERUHISA	KOMODA, YASUICHI	OBUTAKE
和歌山	東京	静岡	東
WAKAYAMA	TOKYO	SHIZUOKA	YO
中將 五五	海軍中將 五七	中將 五六	海軍大將
曾任獨立混成第四旅團長	曾任華中艦隊司令官	曾任第一〇四師團長	曾任華南艦隊司令官
在四混成旅團長任內屢次進犯浙東餘姚地方殘殺我無辜平民甚眾縱兵到處強姦搶劫我民間財產無算並任意拘捕人民施以慘無人道之酷刑等罪行無惡不作	民國三十年任華中艦隊司令在我沿海各地實行登陸戰到處擄奪物資慘殺漁業平民指揮海軍航空隊轟炸沿海及後方各不設防城鎮並指揮艇在我國東海沿線一帶擊毀漁船及搶掠甚多	民國二十八年該師團之一部進犯白山新昌三十八年五月時犯從化花縣到處強姦擄劫掠財產及殘殺我無辜平民甚多並任意拘捕人民予以不人道之虐待。	民國二十七年任聯合艦隊參謀長兼第一艦隊參謀長為日本艦隊行動派之中堅份子主張積極侵華獨霸東亞在太平洋戰爭發生前調任海軍司令部次長積極策劃

18

00018 ~~00068~~

已死

	17.	18.	
竹…	桑木崇明	前田治	
KON…	KUWAKI AKAKIRA	MAEDA OSAMU	
東京	東京	兵庫	
TO…	TOKYO	HYOGO	
五八	中將 五九	中將 五七	
	曾任第一一0師團長	曾任第三十五師團長	
民國廿七年任華南方面海軍最高指揮官於海南島以作進攻太平洋之基地在其佔領期間強迫該地平民從事有關該軍事行動之工作組織偽政府潛奪我國主權三十一年任中國方面艦隊司令以海軍航空隊濫炸我國各地不設防城市及对我平民肆行掃射死亡極众	民國廿八年在河北省淶源附近參加所謂掃蕩戰到處搜捕我無辜平民任意殺戮或施以酷刑或不給飲食故意將其餓斃或予以不人道之待遇甚縱兵強姦婦女掠奪財物等罪行無惡不作	民國廿八年七月十四日及十五日該師之一部於博愛西北大小口一帶分八路進攻我龐軍馬師之一部隊施放毒瓦斯致我官兵三十餘人受傷同年九月該師之一部於溫縣城郊進攻我吳朝翰部施放催淚瓦斯致我軍死傷甚重	民國廿九年八月八日至三十日該師進攻我長子仙翁廟北溝附近一帶發射砲彈五百餘發內

22.	21.	20.	19.
三浦忠次郎	宮川清三	柳川悌	舞傳男
MIURASHUJIRO	MIYAKAWASEIZO	YANAGIGAWA	MAHI.DENO
東京	宮城	香川	大分
TOKYO	MIYASHIRO	KOGAWA	OITA
中將 五六	中將 五四	中將 五四	中將 五九
第六十九師團長	第四十師團長	曾任第五十九師團長	
民國三十三年四月中原會戰時，該師團由晉南擾澠池、新安、陝縣、大營，縱兵肆意焚燒，焚殺掠集糧食及各種物資，任意拘捕人民，施以酷刑，並勒索非法之大量捐款	民國三十三年七月參加衡陽會戰，九月下旬調隸湘桂路，十一月上旬參加桂林會戰，下旬調柳州附近作戰，該師所領各級肆意殘殺我無辜平民，縱兵強姦婦女，掠奪財物及任意破壞我財產無算	民國三十三年四月下旬參加冀魯豫攻區戰役，後復任泰安列處地，燒毀平民住屋，屠殺無辜平民，搶劫公私財產，迫令平民為該軍作有關軍事行動之工作等罪行，無惡不作	施放數種瓦斯，我方官兵眼喉部多受重傷者廿七人。同年五月廿七日該師犯晉城之晉廟鋪，對我防守部隊以迫擊砲施放內含催淚噴嚏性瓦斯之砲彈二十餘發，傷我官兵三十餘人

附三：第六批日本战犯名单（节选）（一九四六年一月十一日）

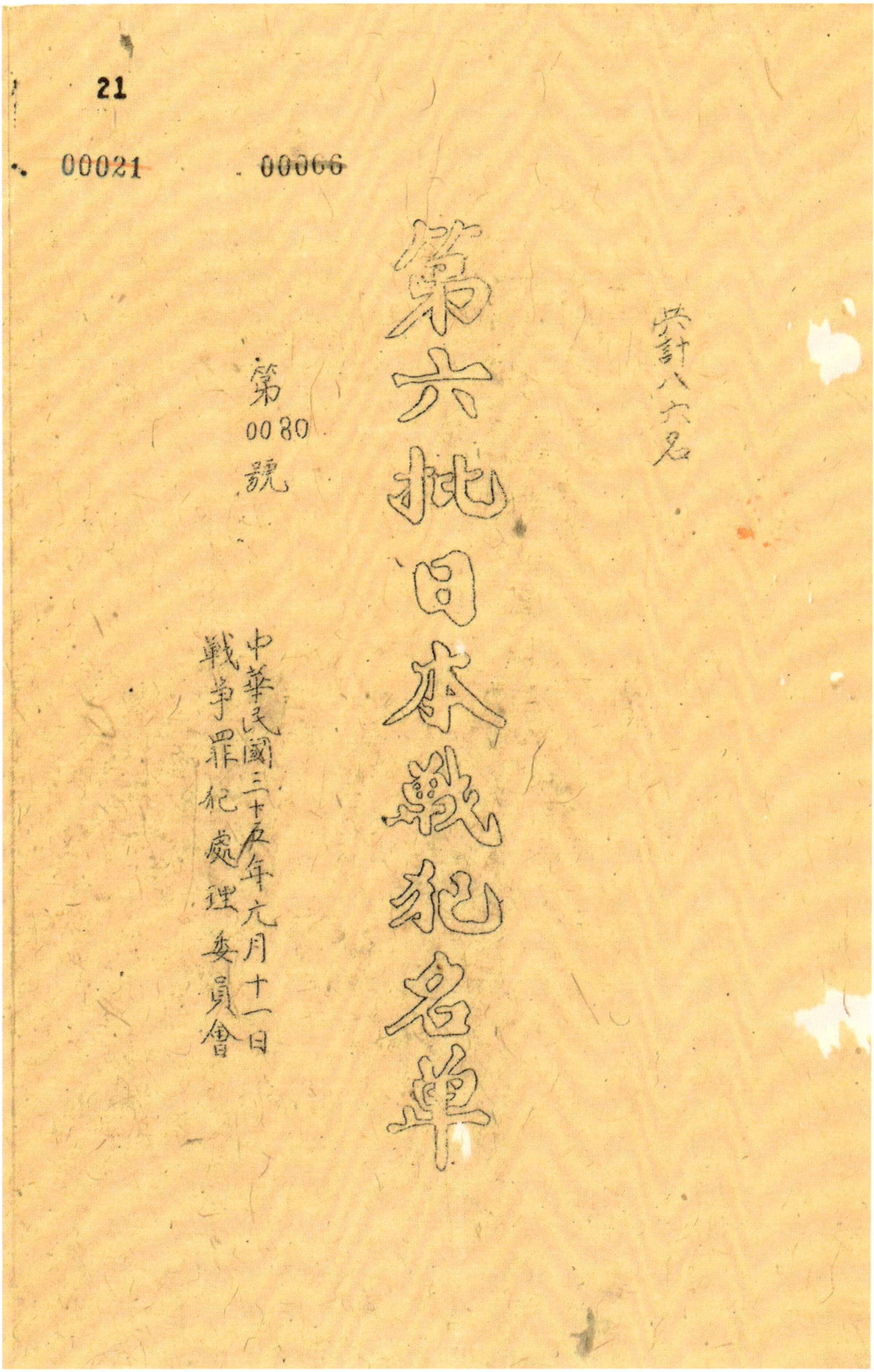
21

00021 00066

共計八六名

第六批日本戰犯名單

第0080號

中華民國三十五年元月十一日
戰爭罪犯處理委員會

22

00022

~~00067~~

第六批日本戰犯名單（共計八六名）

號數	姓名（中文）	姓名（英文）	籍貫（中文）	籍貫（英文）	階級	年齡	主要經歷	罪行	
1、	藍原梅松	AIBARAUMEMATSU	群馬	KEBA	中尉	三二	第廿三飛行場大隊中隊長	民國三十二年十月十六日率隊於九江縣遠庯鄉刦掠平民牲畜財產	361
2、	網屋	Amiya			兵		獨立混成第一七旅團第八八大隊所屬	民國三十二年八月三日在湖南崇陽縣物嶺郎村輪姦婦女搶刦財物殺害無辜平民	342
3、	青井	AOI			上等兵		獨立混成第十四旅團所屬	民國三十一年一月五日於九江縣刦掠食物殺害商民胡克鈺并搗毀店具	335

4、	5、	6、
青木	青木二郎	青田
AOKI	AOKIJIVO	AOTA
兵	下士	兵
第四〇師團第二三五聯隊第一大隊三中隊所屬	第三九師團所屬班長	第四〇師團第二三五聯隊第一大隊第三中隊所屬
民國三十二年七月十五日在湖北崇陽五里界輪姦少女汪菊原斃命	民國三十二年十二月八日於湖北枝江縣陡岩子掠奪粮食殺害平民	民國三十二年七月十五日於湖北崇陽強姦婦女致死
375	390	375

23

00023 ~~00068~~

10.	9.	8.	7.
板橋	麻生義男	朝倉	青山
ITABASHI	ASAU,YOSHIO	ASAKURA	Aoyama
	東京		
	TOKYO		
上士	少佐	中尉	海軍大佐
第四〇師団第二三六聯隊第三大隊第一〇中隊三小隊曹長	獨立混成第十四旅團砲兵隊長	第六九師團所屬中隊長	海軍陸戰隊
民國三十二年五月三日於湖北蒲圻縣峡山殺害平民搶刦錢財	民國廿八年三月及廿九年三月廿二日在江西德安縣縱使部屬搶刦財物殺害人民并強姦婦女	民國三十二年一月於山西臨汾縱犬咬噬戰俘盛本南等三人致死	民國三十四年三至六月在海南島虐待戰俘
379	372	356	

11、	美清葉千	Chiba.KIYomi			兵	第三十六師團所屬	民國三十二年七月五日於山西浮山梁村北溝搶刦財物殺害無辜人民	317
12、	郎四玄良木千	CHIKIRAGENSHIRO	馬群 KEBA	中尉 二七	第廿二師團第八四聯隊第三大隊迫砲中隊長	民國三十二年三月三十日於浙江蘭谿環街鄉第九保王鉄店村肆意破壞財産	376
13、	原藤	Fujiwara		兵	獨立混成第七旅團第八八大隊第四中隊所屬	民國三十二年十月十七日在湖北崇陽縣佛嶺鄉村強姦婦女搶刦財物并殺害無辜人民	335
14、	地福	FUKUCHI		兵	獨立第一七混成旅團八八大隊第四中隊所屬	民國三十二年七月十九日於湖北崇陽縣佛嶺鄉村輪姦老婦施行百般侮辱	340

24

~~00069~~

00024

15、	16、	17、
福永	波田重一	早渊四郎
Fukunaga	HADAJUICHI	HayabuchiSHIRO
	廣島	鹿兒島
	HIROSHIMA	KAGOSHIMA
海軍[illegible]士官	中將 五九	少將 五七
海軍陸戰隊	曾任台灣守備隊長	第十三師團第二十六旅團長
民國三十四年三月十一日在海南島殺害戰俘	民國廿六年十月上旬於上海羅店蘊藻濱等地使用毒氣達姆彈殺害我無辜人民甚衆	民國三十年九月於湖南長沙青山勝殺人民燬焚房屋
	324	354

18.	平田昇	HIRATA, NOBORU			海軍中將 六〇	海軍陸戰隊	民國三十四年三月及六月在海南島殺害戰俘	
19.	廣田	Hiroda			海軍中佐	海軍陸戰隊	民國廿七年十月廿一日及三十二年九月九日廣東廣州海南福山車站率率兵侵入民宅强姦婦女屠殺人民	328
20.	廣川	Hirokawa			下士	第三九師團所屬分隊長	民國三十二年十一月五日於湖北枝江江家台率所屬殺害人民	392

浙江省保安司令部关于抄发第七批日本战犯名单并饬按册逮捕致全省各区县市、各相关警察局及保安各团队的训令（一九四六年六月一日）

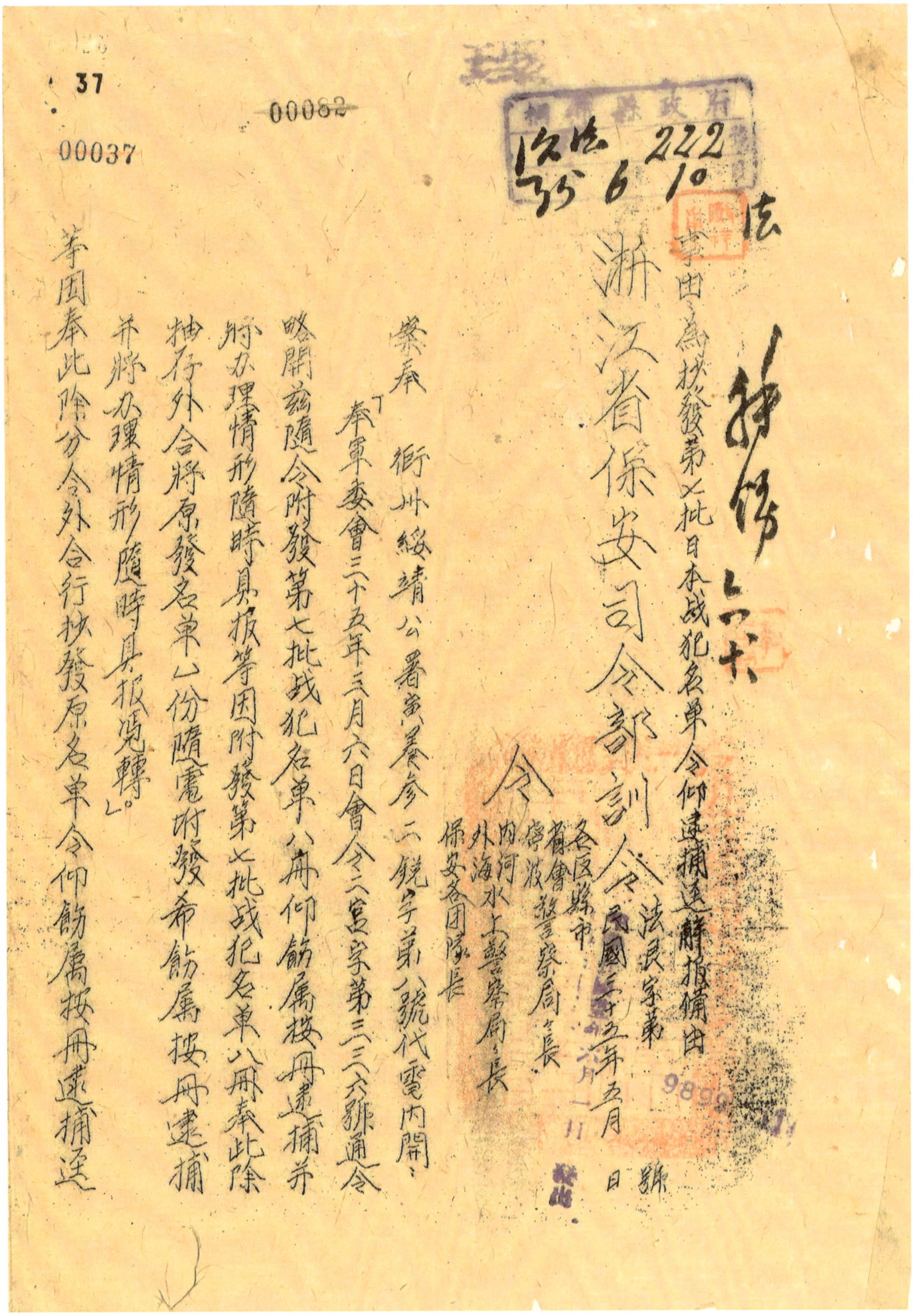

37

00037

00082

桐乡县政府 收文 法 222 35 6 10

法

静阅 六、十

事由：為抄發第七批日本战犯名单令仰逮捕送解报備由

浙江省保安司令部訓令 法民字第 號

中華民國三十五年五月 日

令各区縣市 省會寧波警察局々長 内河外海水上警察局々長 保安各团隊長

案奉ㄅ衢州綏靖公署寅養参二銑字第八號代電内開：「奉軍委會三十五年三月六日會令（三五）字第三三六號通令略開：茲隨令附發第七批战犯名单八冊，仰飭屬按冊逮捕并將办理情形隨時具報。等因；附發第七批战犯名单八冊。奉此，除抽存外，合將原發名单乙份隨電附發，希飭屬按冊逮捕并將办理情形隨時具報為要。」

等因；奉此，除分令外，合行抄發原名单，令仰飭屬按冊逮捕送解該署一面分報本部備查！

此令

計抄發第七批日本戰犯名單一份。

司令 沈鴻烈

副司令 笠鳴濤

監印 何崧培

校對 田歷山

附：第七批日本战犯名单（节选）（一九四六年二月二十日）

38

00038

00063

共計一八六名

第七批日本戰犯名單

中華民國三十五年二月二十日

戰爭罪犯處理委員會

機密第　號

39

00039

~~00084~~

第七批日本战犯名单（共八六名其中被捕者六二名）

号数	1.	2.	3.
姓名 中文	阿部	秋友春見	秋月作次郎
姓名 英文	abe	AKITOMO HARUMI	AKITSUKI SAKUJIRO
籍贯 中文			佐賀
籍贯 英文			SAGA
階级	少佐	兵	大尉
年龄			四三
重要經歷	第三十三軍司令部所屬	奉天集中營所屬	奉天集中營副所長
罪行	民國三十三年九—十月在雲南芒市及益餘殺害人民	民國三十四年在奉天虐待戰俘	民國三十四年在奉天虐待戰俘
		被捕	被捕

4.	5.	6.
秋山	天野正次	安藤竹虎
akiyama	Amano Masatsuga	ando Taketora
中尉	上士	少尉
吳淞戰俘收容所所屬	偽滿奉天收容所首長	偽滿奉天集中營所屬
民國三十一年在吳淞毒打戰俘	民國三十四年在奉天虐待俘虜	民國三十三、三十四年在奉天虐待俘虜
	被捕	

00040

40 00085

7	8	9	10
青山茂	淺川浩	永德增	遠藤
AOYAMA, SHIGERU	ASAKAWA, HIROSHI	EITOKU, MaSu	ENDO
	栃木		
	TOJIKI		
兵	大尉 台	兵	大尉
偽滿奉天集中營所屬	香港軍事法庭所屬	偽滿奉天集中營所屬	上海吳淞集中營所屬
民國三十四年在奉天虐待戰俘	民國三十四年四月六日在香港殺害(暗殺)戰俘	民國三十四年在奉天虐待戰俘	民國三十一年在吳淞虐待戰俘
被捕			

05

11.	12.	13.	14.
深澤勝三	羽部義彦	羽野龜助	原
FUKAZAWA, KATSUZO	HABU, YOSHIHIKO	HABU, YOSHIHIKO	Hara
中尉	兵	兵	大尉
僞滿瀋陽集中營第八分所之監察官	僞滿奉天集中營所屬	僞滿奉天集中營所屬	香港憲兵隊
民國三十三—三十四年在瀋陽虐待戰俘	民國三十四年在奉天虐待俘虜	民國三十四年在奉天虐待戰俘	在香港對俘虜濫施酷刑
被捕	被捕	被捕	

17.	16.	15.
畑逸郎	長谷真行	源野
HATA, ITSURO	HASE, SHINGO	Harano
兵庫		
HYOGO		
少佐 三八	兵	中尉
第十三軍法務部々員	偽滿奉天集中營所屬	上海桥度憲兵隊
民國三十一年八月廿二日在上海江灣殺害戰俘	民國三十一年在奉天虐待戰俘	民國三十一年在上海虐待戰俘

13

18.	19.	20.
林	林勇一	土方廣政
HAYASHI	HAYASHI,YUICHI	HIJIKATA,HIROMASA
	尉	中尉
上海龍華集中營指揮官	偽滿奉天集中營所屬	偽滿奉天集中營理事官
民國三十一年至三十三年在上海龍華虐待战俘	民國三十四年在奉天虐待战俘	仝前
	被捕	被捕

浙江省保安司令部关于抄发第八批日本战犯名单并饬按册逮捕致全省各区县市、各相关警察局及保安各团队的训令（一九四六年六月一日）

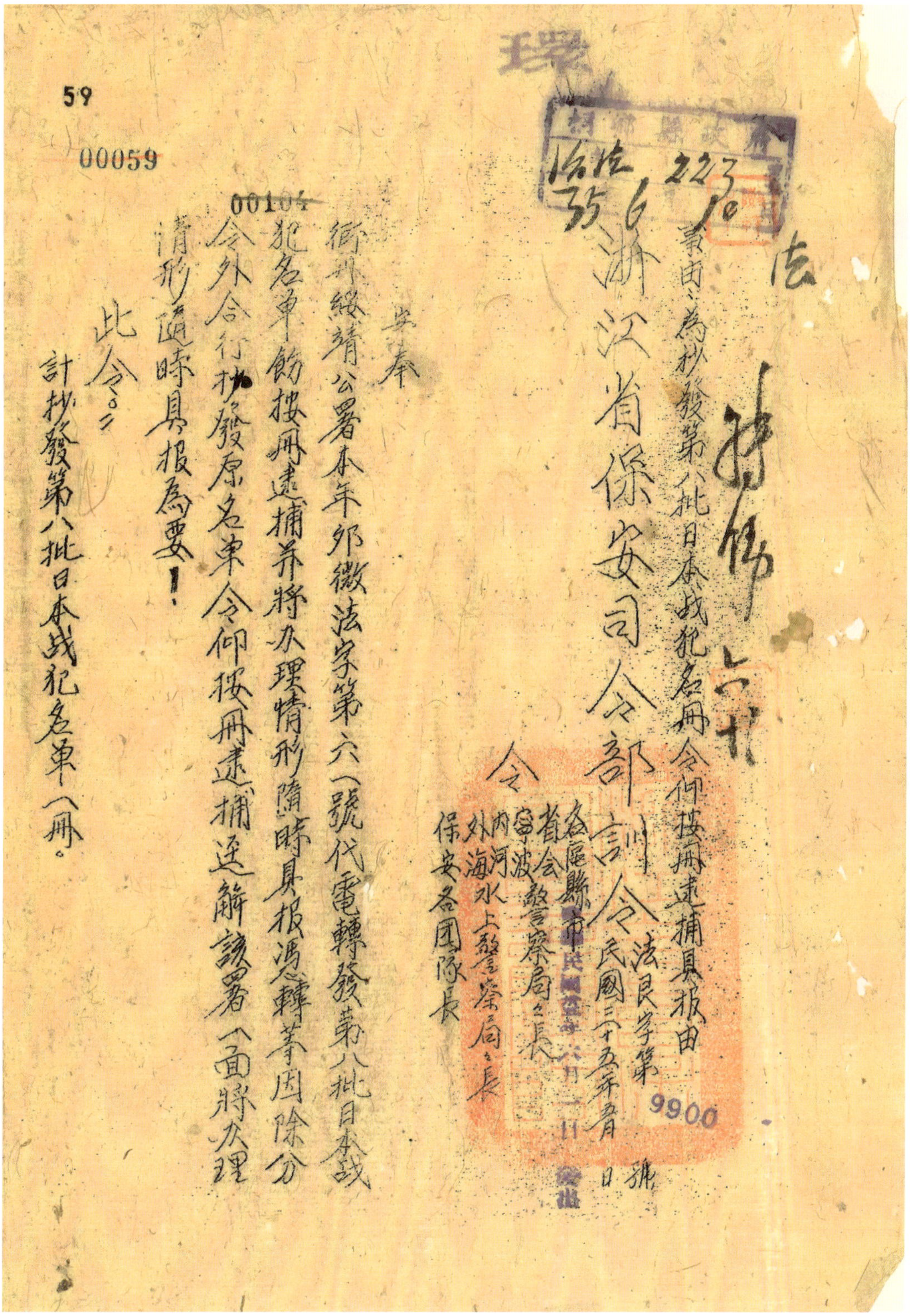

59

00059

00104

事由：為抄發第八批日本戰犯名冊令仰按冊逮捕具報由

浙江省保安司令部訓令　法良字第　　號

民國三十五年　月　日

令各區縣市長、省會警察局局長、寧波警察局局長、內河外海水上警察局局長、保安各團隊長

案奉

衢州綏靖公署本年卯微法字第六一號代電轉發第八批日本戰犯名單，飭按冊逮捕，并將辦理情形隨時具報，等因。除分令外，合行抄發原名單，令仰按冊逮捕逕解該署，一面將辦理情形隨時具報為要！

此令。

計抄發第八批日本戰犯名單一冊。

司令沈鴻烈
副司令竺鳴濤
監印何崧培
校對田歷田

附：第八批日本战犯名单（节选）（一九四六年二月二十五日）

60

00060

00105

共計四七名

第八批日本戰犯名單

中華民國三十五年二月廿五日
戰爭罪犯處理委員會

機密

61

~~00106~~

00061

第八批日本战犯名單（四〇名其中战犯者八名）

號數	姓名（中文）	姓名（英文）	籍貫（中文）	籍貫（英文）	階級年齡	主要經歷	罪行	
1.	阿米	ABEI			兵	第一砲兵團所屬	民三十年五至八月結夥於福州市殺害人民強姦婦女	405
2.	赤城秀夫	AKAGI, HIDEO			上士	步兵第二二四聯隊曹長	民三十年十一月四日於長沙東鄉青山市迫令善良人民參加偽組織未遂加以殺害	403
3.	阿都	ATOZU			兵	第一砲兵團所屬	民三十年六月於福州市結夥姦淫婦女擄殺平民	432
4.	千葉	CHIBA			上士	台灣俘虜收容所曹長	在台灣收容所虐待俘虜	
5.	藤田	FUJIDA				部隊長	民三十一年六月於江西德安後背山迫令平民充當嚮導不遂予以搶殺並擄劫財物	404
6.	林竹美	HAYASHI, TAKEMI			下士	第卅九師團第二三二聯隊所屬班長	民三十二年十一月二十日在湖北宜都千歲畈鄉強姦婦女曾氏未遂即加毆殺	402

18

11.	10.	9.	8.	7.
佐勝	蓮田	堀島	白田安次	引地吉三郎
SADO	HASUDA	HORIJIMA	SHIROTA,YASUTI	HIKICHI,YOSHISABURU
			馬群	
			KEBA	
中士		兵	中尉 三七	中士
第六十九師團第一一九大隊軍曹	憲兵隊副隊長	第一砲兵團所屬	第三十七師團第二二五聯隊中隊長	第二十三軍特務機關軍曹
民三十三年十二月廿五日於山西汾城縣鄉間率領士兵搶劫財物并殺害無辜平民	民三十四年八月二十八日在福州殺害無辜人民	民三十年五月至八月於福州市結駁殺害平民強姦婦女	民三十二年三月十五日於山西省趙城縣魯生村搶劫郵差	民三十年十月底於廣東中山縣前山殺害無辜人民并強姦婦女
397		405	437	435

62

00062　00107

12	13	14	15	16	17
鈴木誠一	糸見	木村	北島驥子雄	成田瀬三	倉山
IRABUKI, SEIICHI	ITOMI	KIMURA	KITAJIMA, MNEO	NARIDA, SEIZO	KURAYAMA
			東京 TOKYO	宮崎 MIYASAKI	
中尉			中將 五七	中佐 五八	兵
第三十一分隊[illegible]	瀋陽收容所翻譯人員	特務人員	第八砲兵司令官	曾任第十三師團第五十八聯隊本隊長	第八憲兵團所屬
民三十[illegible]年[illegible]月[illegible]日夜於福州[illegible]將華民[illegible]於河中[illegible]殺	於瀋陽收容所虐待戰俘	民廿九年於山東大安縣城西關集合漢奸兵多名對華系中學全體師生[illegible]辱強迫女生充當娼妓[illegible]部師生[illegible]淫	民三十年五至八月於福州市縱容士兵強姦殺害等不法行為	民廿七年七月廿八日於安徽舒城鄉間集体屠殺平民姦淫婦女并肆意破壞財產	民三十年五至八月於福州市殺害人民強姦女婦
4[illegible]		400	405	430	405

12

18	19	20	21	22	23
松井川 MATSUI KAWA	森川 MORI KAWA	村田 MURADA	長家義照 NAGAYA YOSHITERA	中村 NAKAMURA	那戸 IVATO
			香川 KOIGAWA		
		憲兵	少佐 四五	兵	少佐
搜索隊長	山西泰安警備隊長		曾任第十三師團第五十八聯隊副官	第一砲兵團所屬	
民廿七年四月廿六日於安徽當塗灣鄉寨廟大肆搶劫并拘捕人民活活集團屠殺燒死者一百餘人財產損失達四百伍十餘万	民二十九年部隊討西關焚共八中学全体師生施行酷刑強迫女生為娼並將一部師生活埋	民三十四年八月二十二日在安南殺害人民	民三十年於江西德安一再縱容部下四出殺人并搶奪人民錢財	民三十年五至八月於福州市姦殺人放火姦淫擄掠無所不為	民三十四年三至五月於安南殺害無辜千人民
43					

63

00063

00108

战犯

24.	竹下宜豊	TOKESHITA TAKOTOYO		海軍少將 四叉	日本中國方面艦隊海軍陸戰隊第二奇襲隊指揮官	民三十年四月二十一日登陸浙江溫嶺縣松門鎮肆意焚毁平民住宅殺害三千民	
25.	小笠原	OGASAWARA		兵	第八炮兵团所屬	民三十年五至八月於福州市殺害人民姦婦女無所不為	
26.	小原	OHARA		兵	仝右	仝右	4[illegible]
27.	大橋恭三	OHASHI KYOZO		海軍大佐 四五	遣華第三艦隊所屬	民二十九年七月十六日登陸福建連江縣時縱容士兵非法搜劫財物並搶殺人民	401
28.	小三菱	OMITSUBIHI		/	第八炮兵团所屬	民三十年六至八月在福州市姦淫婦女擄殺平民	432
29.	小野	ONO		兵	仝右	仝右	432
30.	小野村	ONOMURA		兵	仝右	民三十年六至八月於福州市燒殺搶掠無所不為	432

83

31.	野大	OONO	兵	仝右	民三十年六月至八月在福州市姦殺婦女擄掠平民	432
32.	勝尾	OSUGURE	兵	仝右	仝右	432
33.	佐藤	SATO	中士	第六十九師団第二一九大隊班長	民三十三年十二月二十五日率領士兵於山西汾城鄉間到處搶劫及殺害平民	397
34.	水清	SHIMIZU	兵	第八砲兵団、所属	民三十年五至八月於福州市縱燒殺擄掠無所不為	405
35.	田島	SHIMADA	憲兵		民三十四年八月二十二日於安南殺害平民	
36.	井田	TAI	兵	第八砲兵団所属	民三十年六月—八月在福建福州殺害人民搶劫財物	432
37.	田高	TAKADA	中尉	第三十四師団第二一六聯隊第二大隊所属	民三十二年七月於浙江江山縣姦淫婦女破壞財産	428

桐乡县参议员徐冠英关于报送一九四三年乌青两镇日军大屠杀惨案遭难烈士姓名及事实经过致县参议会议长朱玢的函（一九四六年八月一日）

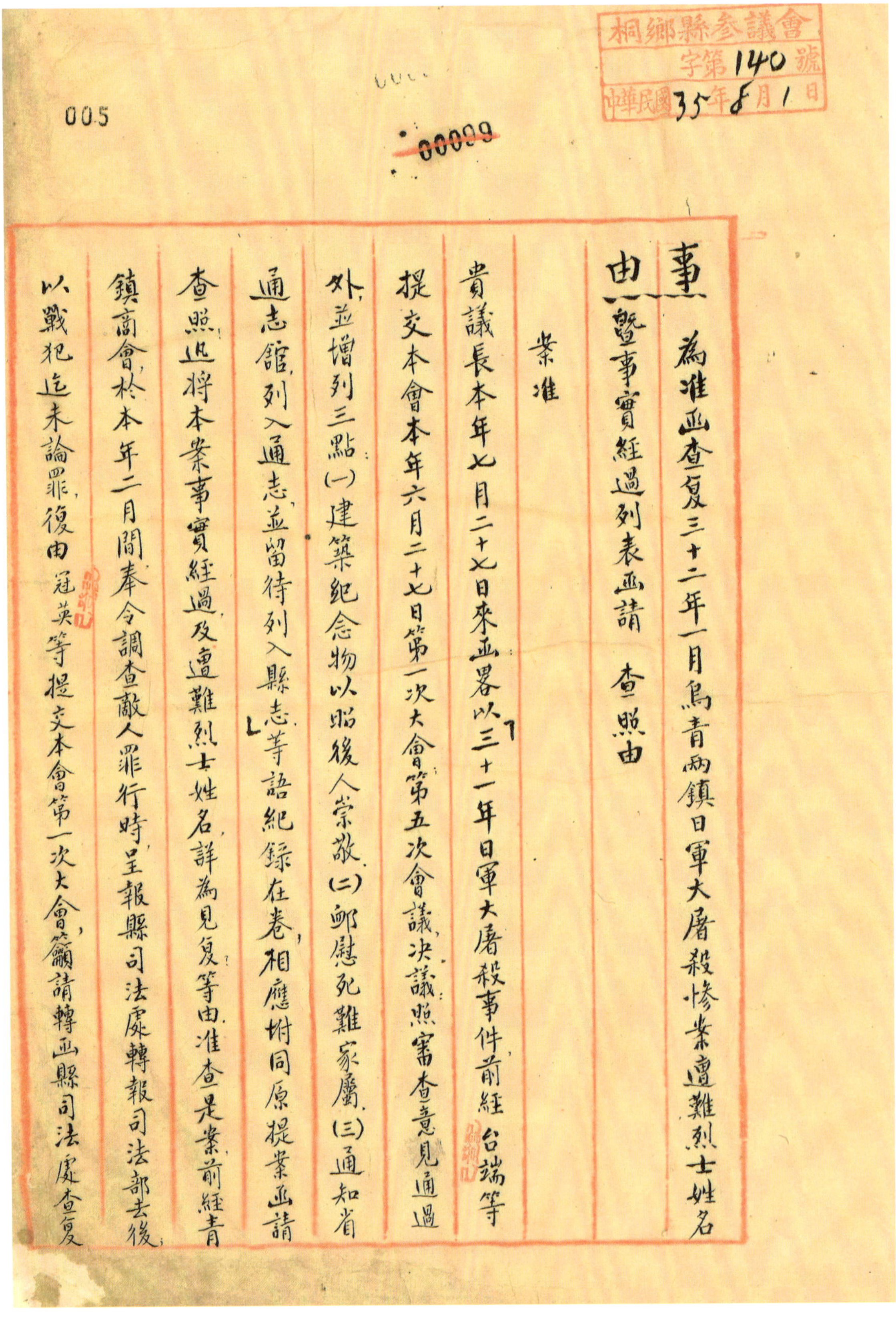

桐鄉縣參議會
字第140號
中華民國35年8月1日

005

00009

事由：為准函查復三十二年一月烏青兩鎮日軍大屠殺慘案遭難烈士姓名暨事實經過列表函請查照由

案准

貴議長本年七月二十七日來函略以「三十一年日軍大屠殺事件，前經台端等提交本會本年六月二十七日第一次大會第五次會議，決議照審查意見通過外，並增列三點(一)建築紀念物以昭後人崇敬(二)卹慰死難家屬(三)通知省通志館列入通志，並留待列入縣志等語紀錄在卷，相應檢同原提案函請查照，迅將本案事實經過及遭難烈士姓名詳為見復」等由，准查，是案前經青鎮商會於本年二月間奉令調查敵人罪行時，呈報縣司法處轉報司法部去後，以戰犯迄未論罪，復由冠英等提交本會第一次大會，簽請轉函縣司法處查復

各在案；茲悉遭難烈士張襄清家屬（寓上海福州路一三三號）張愷堯呈許主席

行轅，交國府文官處政務局，函請浙江省政府令飭本縣縣府查報，又在案；茲准前

由：除本案屠殺時期，查確為三十二年一月二十八日，應請轉函縣司法處逐級轉

報更正外，用將本案事實經過，暨遭難烈士姓名，列表函復，即煩

賜予查照為荷。//

此致

桐鄉縣參議會

議　長朱

參議員徐冠英（徐冠英印）

附：一九四三年一月日军流窜青镇被俘死难烈士姓名及事实经过调查表

006

00100

三十二年一月日軍八路大流竄青鎮被俘死難烈士姓名及事實經過調查表

死難烈士姓名	性別	被俘時所任職務	住址	備攷
吳仲青	男	烏青鎮商會會長	南柵	
吳培昌	男	大利紙燭店店主	南柵	吳先烈仲青之子
吳心裁	男	烏青鎮商會文牘	中市	
張璪青	男	青鎮第十四保保長	南柵	
王菊庭	男	烏青鎮商會常務委員人和布號店員	中市	
金尚鈺	男	青鎮第三保第二甲甲長	東柵	
徐廸生	男	前任桐鄉縣政府青鎮稅務處主任	中市	
陳金才	男	永利竹行店員	南柵	

高亭榮	男	撑船為業	南柵
陸順官	男	三泰米行店員	南柵
李克良	男	錦雲章店員	南柵
張仁嘉	男	張同寿藥号店主	南柵
孫明兒	男	葆康藥号店員	南柵

事實經過

本鎮自抗戰軍興不久即告淪陷，商民呻吟，於敵偽鐵蹄之下，水深火熱，痛苦滋深。迨至二十九年國軍六二師一九二師奉令開抵嘉湖一帶游擊，即以本鎮為根據地，其間出擊創敵，或進或退，地方損失綦重，而我鎮民咸深明大義，同仇敵愾，屢為國軍後援，致遭敵忌，乃於三十二年一月十八日敵酋吳江憲兵八木隊長糾合八路

007

00101

日軍流竄至境烏青鎮被俘居民及公務人員三十餘人青鎮占十三人盤踞五日始行撤退瀕去俘去人質悉數押往江蘇省吳江縣嚴墓鎮東北鄉間袁家浜地方屠殺殆盡無一倖免時為三十二年一月二十八日下午二時慘呼哀泣聲聞數里事後附近鄉民發現忠骸遍野不忍卒視分别通知遭難烈士家屬前往認殮因事隔數日屍體腐爛模糊不可識辨祗得認取衣履為證遺族咸痛哭領屍而返人間慘事莫甚於斯當茲抗戰勝利河山重光緬懷先烈殺身成仁碧血未乾大仇未復其間應如何促請政府當局從速根究主犯敵酋八木憲兵隊長獲案定讞卹慰死難家屬征集烈士生前事蹟呈請褒揚付志立傳立碑以供後人紀念等工作 冠英等劫後不遺當盡力以赴以慰英靈並盼本會同仁一致協助以竟全功。

桐鄉縣參議會公函稿

事由

附件

中華民國三十五年八月　日

字第　號

長　核稿　擬稿　繕寫　校對　監印　封發

歸檔　字第　號

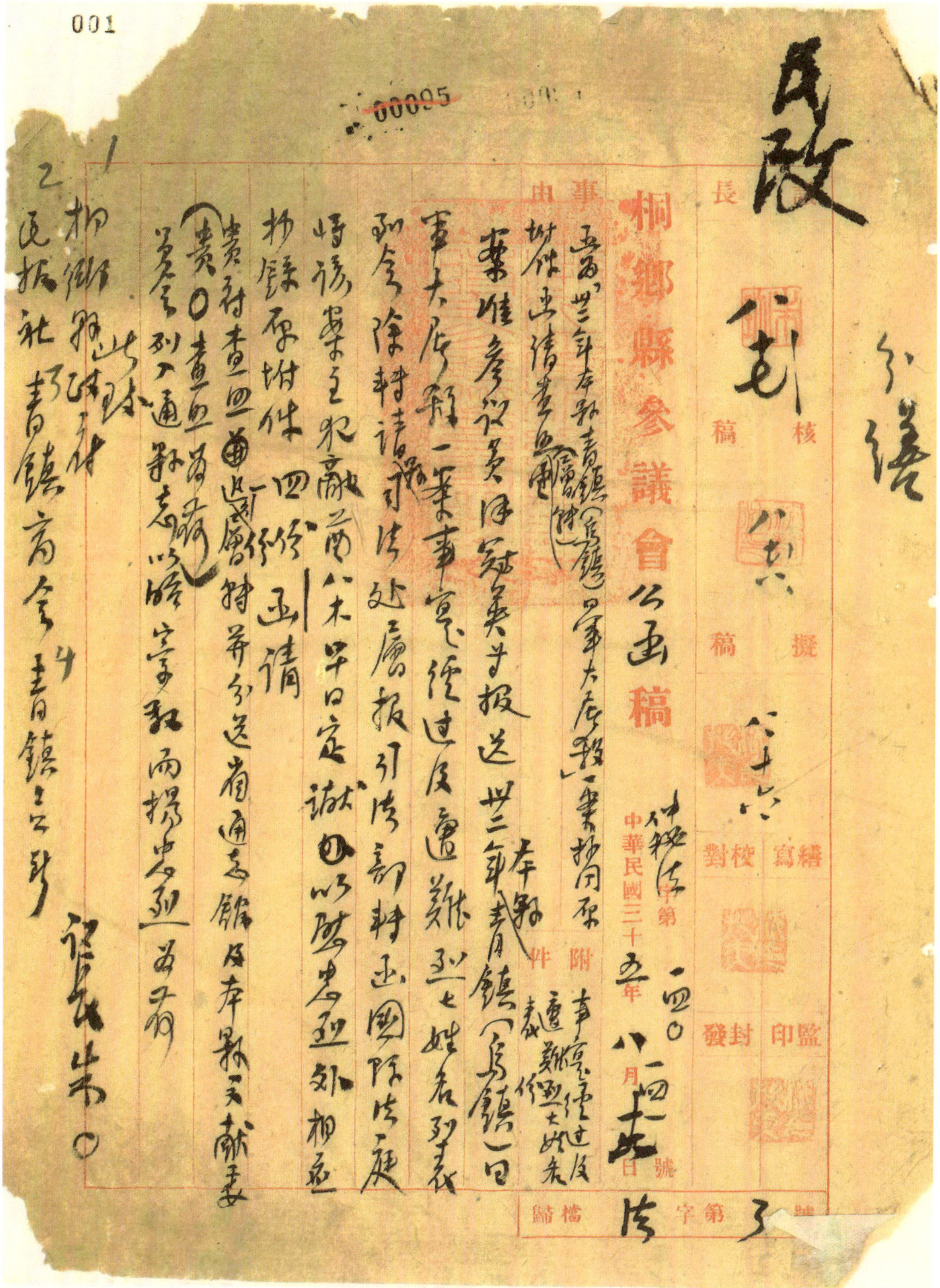

桐乡县参议会关于一九四三年乌青两镇日军大屠杀一案致桐乡县政府、民报社等的公函（一九四六年八月十六日）

桐乡县政府关于报送一九四三年乌青两镇日军大屠杀事实经过及遭难烈士姓名致浙江省通志馆、桐乡县文献委员会的公函（一九四六年八月二十三日）

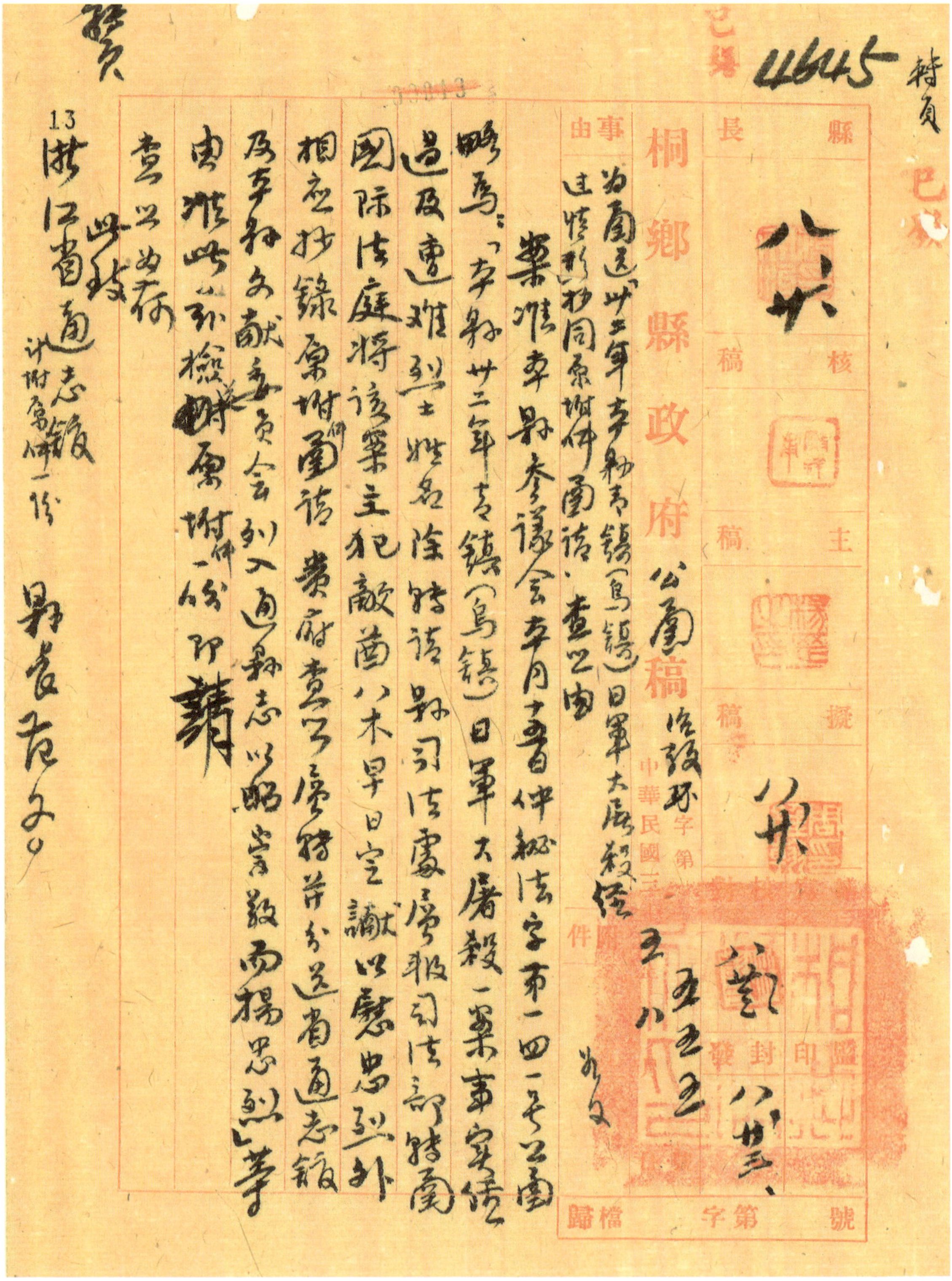

桐鄉縣政府公函稿 政教字第 号

事由：为函送卅二年本县青镇（乌镇）日军大屠杀经过情形抄同原附件函请查照由

案准本县参议会本月十三日伸秘法字第一四一号公函略为：「本县卅二年青镇（乌镇）日军大屠杀一案事实经过及遭难烈士姓名除转请县司法处层报司法部转函国际法庭将该案主犯敌酋八木早日定谳以慰忠烈外相应抄录原附件函请贵府查照层转并分送省通志馆及本县文献委员会列入通县志以昭崇敬而扬忠烈」等由准此，除分函外，相应检附原附件一份，即请查照为荷。

此致

浙江省通志馆

（计附原件一份）

县长 范

已發　已繕　4645

14

桐鄉縣政府公函稿

社教股　中華民國三十五年八月　日　第　號

縣長　八卅

核稿

主稿

擬稿　八卅

繕寫　校對　封發　印　八卅

事由：為轉發「卅二年本縣青鎮日軍大屠殺經過情形」附同原附件仰遵照由

令本縣文獻委員會

案准本縣參議會本年七月廿五日中秘總字第一〇一號公函略開：「本縣卅二年青鎮日軍大屠殺一案，為完備經過及遭難烈士姓名，除轉請縣司法處層報司法部轉國際法庭將該案主犯敵酋八木昌首定讞以慰忠烈外，相應抄錄原附件函請貴府查照轉發送省通志館及本縣文獻委員會列入通縣志以昭實錄而揚忠烈」等由。准此，合行檢發原附件一份，仰即遵照。

此令

附發原件一份

縣長　范□

歸檔　字第　號

桐乡县司法处关于乌青两镇大屠杀敌酋已由战争罪犯处理委员会列为战犯事致桐乡县参议会的公函（一九四六年九月十九日）

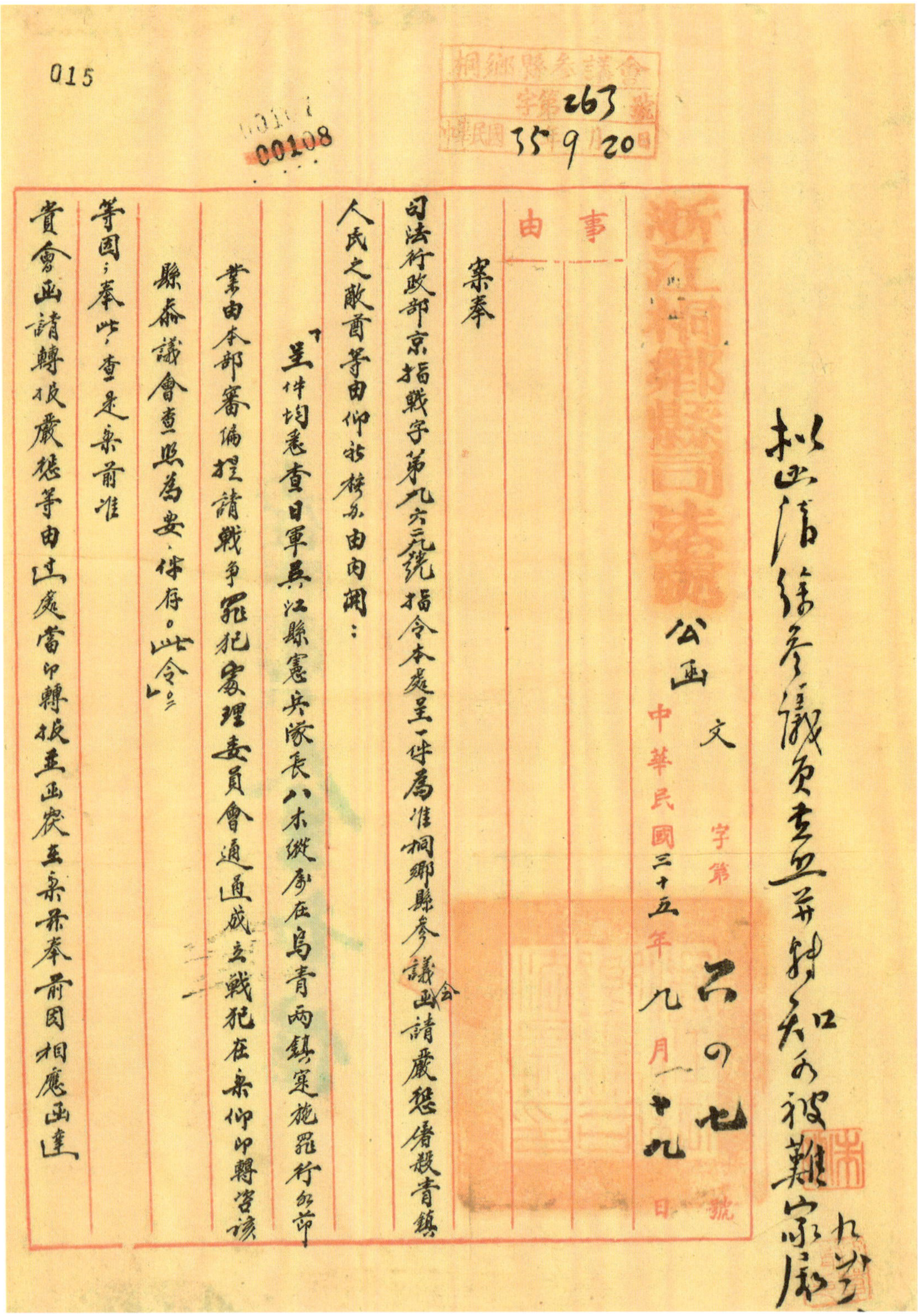
015

00108

桐鄉縣參議會 字第267號 35 9 20

浙江桐鄉縣司法處 公函 字第六〇七號

中華民國三十五年九月十九日

事由

案奉

司法行政部京指戰字第九六二九號指令本處呈一件爲准桐鄉縣參議會函請嚴懲屠殺青鎮人民之敵酋等由仰祈核示由内開：

「呈件均悉。查日軍吳江縣憲兵隊長八木繳彥在烏青兩鎮實施屠殺行爲節業由本部審編提請戰爭罪犯處理委員會通過成立戰犯在案，仰即轉咨該縣參議會查照爲要。件存。此令」等因；奉此，查是案前准

貴會函請轉核嚴懲等由，過處當即轉核並函復在案。奉令前因，相應函達

抄函後轉參議員查照并轉知各被難家屬 九.廿三

查照為荷！

此致

桐鄉縣參議會

主任審判官 金和信

崇德县政府关于查报抗战忠烈事迹办理入祀忠烈祠事致各乡镇公所的训令（一九四七年三月十一日）

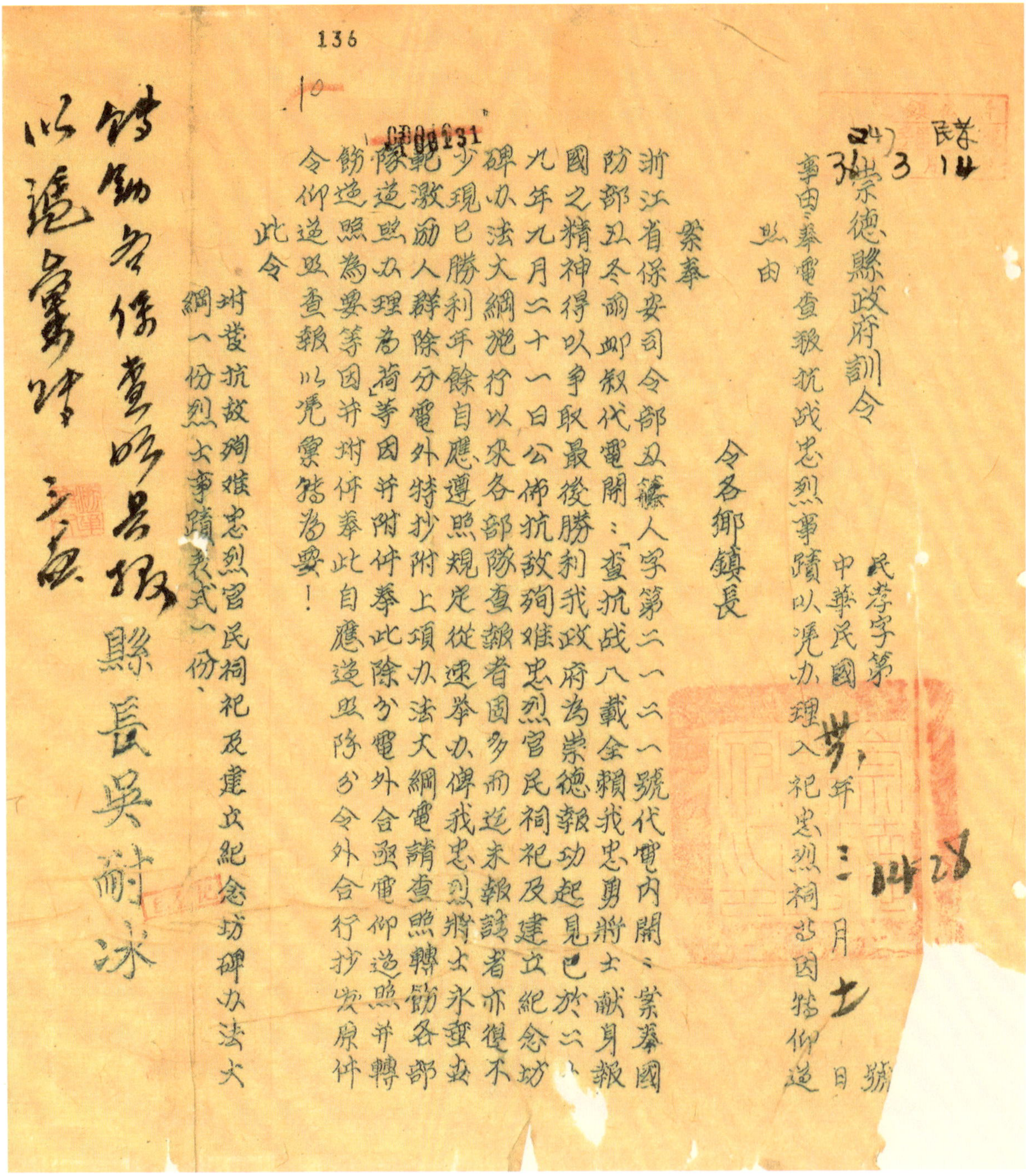

崇德縣政府訓令　民荐字第　號

中華民國卅六年三月十一日

事由：奉電查報抗戰忠烈事蹟以凭办理入祀忠烈祠等因特仰遵照由

令各鄉鎮長

案奉

浙江省保安司令部及縣人字第二一二一號代電內開：「案奉國防部丑冬兩邮叙代電開：『查抗战八載全賴我忠勇將士献身報國之精神得以爭取最後勝利，我政府為崇德報功起見，已於三十五年九月二十一日公佈抗敌殉难忠烈官民祠祀及建立紀念坊碑办法大綱施行以來，各部隊查報者固多，而迄未報請者亦復不少。現已勝利年餘，自應遵照規定從速舉办，俾我忠烈將士永垂無疆，激勵人群，除分電外，特抄附上項办法大綱電請查照轉飭各部隊遵照办理為荷』等因，并附件，奉此，除分電外，合亟電仰遵照并轉飭遵照為要」等因，并附件，奉此，自應遵照，除分令外，合行抄發原件，令仰遵照查報以凭彙轉為要！

此令

附發抗敌殉难忠烈官民祠祀及建立紀念坊碑办法大綱一份、烈士事蹟表式一份、

縣長　吳蔚冰

轉飭各保查明具報以憑彙轉　三、一

抗敵殉難忠烈官民祠祀及建立紀念坊碑辦法大綱

第一條　抗敵殉難忠烈官民之祠祀及建立紀念坊碑依本大綱行之

第二條　抗敵殉難忠烈官兵有左列情事之一者得入祀忠烈祠并得建立紀念碑或紀念坊。

1.身先士卒衝鋒陷陣者。2.殺敵致果建立殊勳者。3.守土盡力忠勇特著者。4.臨難不屈或臨陣負傷不治者。5.其他抗戰殺敵行為足資矜式者

第三條　抗敵殉難忠烈人民有左列情事之一者得入祀忠烈祠并得建立紀念碑。

1.偵獲敵人重要情报者。2.組織民眾協助軍隊工作或執行軍隊命令者。3.刺殺敵人或漢奸者。4.破坏敵人重要交通路線者。5.焚燬敵人倉庫者。6.破獲敵偽官謀組織者。7.被擄不屈者。8.救護抗敵官民者。7.組織民眾履行國民公約者。10.其他忠勇抗敵者。

第四條　凡合于前二条規定各款情事之一者得由其事蹟表著地殉難地或原籍地之公正人民或鄉鄰親屬填具詳細事蹟表呈由各縣(市)政府調查屬實後呈請省政府轉咨內政部分別核准入祀或建立紀念碑。

抗敵殉難忠烈官兵應由其原屬部隊填具事蹟表並造具清冊報由軍政部(現改國防部)轉咨內政部核准事蹟表及清冊格式由內政部定之。

第五條 各級地方政府應隨時查詢遇有合於第二條第三條規定各款情事之一者應詳具事實比照前條規定程序辦理。

第六條 忠烈祠設以省市(包括院轄市及省轄市)縣政府所在地鄉(鎮)亦得設立之紀念坊碑建立於事蹟表著地殉難地或原著地忠烈祠及紀念坊碑之建立經費由地方政府支出之。

第七條 國民政府於首都所在地建立忠烈祠並得特准建立專祠專坊或專碑首都忠烈祠及專祠專坊專碑之建立經費由國庫支出之。

第八條 忠烈祠之入祀及紀念碑坊之建立由內政部核准特定之忠烈事蹟特著及建有特殊勳績者入祀首都忠烈祠並得同時入祀各省市縣忠烈祠入祀首都忠烈祠者應經國民政府明令行之係已地方建有功蹟者入祀省忠烈祠並得同時入祀原籍市縣忠烈祠其他忠烈行為入祀原籍縣市(院轄市或省轄市)忠烈祠。

第九條 忠烈祠並祀古代名將及革命先烈。

第十條 忠烈祠設立及保管辦法另訂之。

第十一條 本大綱自公佈日施行。

宋作梅《受降室记》（一九四七年七月五日）

受降室記

日本軍閥對中國打了八年一個月零三天的侵略戰爭，結果得到了日本有史以來空前的慘劇，無條件投降。我從本鄉—宋殿—淪陷之日起，携了一家老幼，在後方受尽千辛萬苦，得到了完全解放，而重見天日，村落雖非，室廬無恙，不過塵泥滲漉，雨澤下注，經過一番支撑傾陊，完葺破漏，居然還我舊觀。興奮之餘，就引起了我寫這篇記的動機。

我的家在杭富公路旁边，二十七年三月十日，日軍侵佔作據點，直至向盟軍投降後，於三十四年八月三十日那一天，才完全撤退。當日軍没有投降以前，在浙江兵力的配備，駐有二九九一兩独立混成旅团及一二三師团，所以，這裏的日軍投降代表為一二三師团長野地嘉平中將，而受降主官則為第三戰區顧長官祝同，而接受投降地區則為嘉興、金華、杭州、寧波、厦门，而受降地点則為杭州。

這之間，中央規定「受降办法」中，还有各區受降主官，得依情况，臨時酌量變更的一條，那末，這一歷史性的受降地点，幸運地落在我的家了。

日軍住了我家七年五個月二十日，簡直是做了一場惡夢，他们住在我家耀武揚威，底底屠殺民衆的時候，從沒有想到恰巧地即為他们的垂頭喪氣底屈膝投降之處。三十四年九月四日，我们的村子——宋殿——週圍五華里以内，山巔澳曲，滿佈警戒，杭富公路上，每隔十步，立有新式裝備之憲兵一名，嶄新的黄卡機軍服，鋼盔革履，精神煥發，威武森嚴。下午二時，日軍一二三師团參謀長通澤大佐等分乘汽車式輛到達，由我方派少校一人指引入會客室休息。

受降禮堂，設在我家「賦梅堂」的後面底一間屋子裏，禮堂四週，环以白布，中懸聯合國旗，上設圓桌，為受降席，下設大菜桌，為日軍投降席。下午四時二十分，東南行轅副長官韓德勤，第三戰區副長官上官雲相，浙江省党部主任委員羅霞天，浙江省政府浙西行署主任賀揚靈，相率入坐於受降席上，長官部參謀長章主希，上官部參謀主任吳佩鳴，黄副長官部高參謀張曉，引導日軍投降代表，步入礼堂，先至規定地位，立正向受降主官作四十五度之鞠躬，受降主官欠身示答，並命坐下。日軍投降代表為駐杭一三三師团參謀長通澤大佐，隨員大尉達國雄，少尉大谷義一等五人，依次就坐。受降主官命日軍投降代表呈繳證明文件後，隨將日軍「降書」中文本兩份，交下通澤起立，双手接受，分别簽字蓋章畢，仍送受降主官，经檢閱後，即於「降書」上簽字蓋章，乃取「降書」一份，交付通澤，并由通澤繳出「日軍駐地表」一份，礼成而退。日本有史以來最大悲劇之最後一幕，在我家導演完畢，相反地，却為我國歷史上最有意義的一幕喜劇，因此，我名我的這间屋子曰：「受降室」。入此室者，不要忘記了八年抗戰血和淚交織成的史实，一方面使我的子孫，知道我八年底辛苦流離，僅存的只有這一点時時可以引為歷史的回憶吧。

三十六年七月五日宋作梅寫於宋殿受降室

桐乡县褒贬忠奸委员会忠烈人员和奸伪人员调查表（时间不详）

00001

說明：查本十鑑第二六一頁褒貶忠奸委員會忠烈人員調查表暨二六二頁奸偽人員調查表排印有悞，茲更正如下：

桐鄉縣褒貶忠奸委員會忠烈人員調查表

姓名	性别	年齡	籍貫	忠烈事蹟	備考
車同輪	男	四〇	桐鄉	二十七年夏領導同志並率隊挺進縣境樹立政權堅守崗位始終奮鬥不懈	現任桐鄉縣黨部書記長
南守先	男	三九	桐鄉	堅毅工作與縣偽苦鬥八年確保塘南政權勛蹟彪炳	
張玉如	男	三二	桐鄉	領導遊擊扶植政權不幸被俘不甘失節設計脫險繼續奮鬥不懈	現任參議員
劉方潛	男	二六	桐鄉	嚴守崗位奮鬥到底	
趙俊	男	二八	桐鄉	同前	現任縣農會理事長
周子九	男	四三	嘉興	堅毅苦幹不幸被俘拘囚南京受苦四年	現任梧桐中心學校校長
張國元	男	三〇	桐鄉	堅毅工作二次被俘始終保持氣節	現任縣黨部幹事
吳九華	男	二九	海寧	堅守崗位奮鬥不懈	現任民教館館長
李思濤	男	四三	桐鄉	同前	現任參議會秘書
朱運華	男	二九	平湖	同前	
士連慶	男		桐鄉	嚴守工作崗位	現任參議員
馬鳳祥	男		桐鄉	工作同志被敵捕獲殉難	
朱春潮	男		桐鄉	同前	
馬美英	女		桐鄉	敵籐川隊長脅姦不從自殺	
朱壽柏	男		桐鄉	被敵逮捕殉難	
皇甫煜	男		桐鄉	同前	
朱乾榮	男		桐鄉	同前	
朱阿三	男		桐鄉	同前	
鄒學如	男		桐鄉	農會幹事被敵殺害	
鄭平	男		桐鄉	因公殉難	
吳心裁	男		桐鄉	青鎮鎮長被敵殺害	
孫之人	男		桐鄉	攻克縣城被敵所害	
車鴻庭	男		桐鄉	被敵捕獲槍殺	
郭榮生	男		桐鄉	同前	
王廷有	男		桐鄉	被敵慘殺	
朱俊	男		桐鄉	忠勇不屈被敵槍殺殉職	
朱僞夫	男		桐鄉	忠勇不屈被敵槍殺殉職	
陳仲和	男		桐鄉	忠勇不屈被敵捕殺殉職	

桐鄉縣褒貶忠奸委員會奸僞人員調查表

姓名	性别	年齡	籍貫	奸僞事蹟	備考
楊振華	男	三二	桐鄉	嘉興自衛隊朱英部密探組組長濮院商會會長搜刮民田二百餘畝、	
張錫榮	男	三〇	桐鄉	封鎖線主任嘉濮偵探隊隊長强詐勒索無所不爲、	
沈士勳	男	三七	桐鄉	僞縣警察局科長青鎮石灣分局長、	
沈維孝	男	三六	桐鄉	僞合作社社長、	
尹漢嘉	男	四〇	桐鄉	倚附敵勢爲虎作倀魚肉鄉民無所不爲	
李永豪	男	五二	桐鄉	大民會會長縣黨部主任委員商會會長倚賴敵僞勢力搜括民財、	
曹哲民	男	三三	桐鄉	敵憲兵隊桐鄉組組長自立總隊副總隊長、	
商山舟	男	四〇	桐鄉	日石區長敵憲兵隊桐鄉組長、	
金阿四	男	四五	桐鄉	僞田賦征收員藉敵僞勢力横行不法敲詐勒索	
潘壽賓	男	五四	桐鄉	敵人進城歡迎敵人組織維持會强佔民財	
高祥和	男		桐鄉	搜刮斂財	
王法波	男	三二	桐鄉	同前	
鄭守廉	男	五三	桐鄉	同前	
李子松	男	二九	桐鄉	敵探爪牙魚肉鄉里	
沈濟世	男	三三	桐鄉	魚肉鄉民陷害抗戰同志	
邴秋榮	男	四四	桐鄉	石灣維持會長爲虎作倀欺凌民衆甘心認賊作父、	
金鴻年	男	四三	桐鄉	係漢奸李永豪爪牙横行不法硬賒賤買	
朱阿七	男	二五	桐鄉	樂墅鄉僞鄉長强佔民財約計千餘萬元	
李文華	男	三五	桐鄉	同前	
朱俊民	男	四一	桐鄉	罪惡彌大	
金啓云	男	四四	桐鄉	獻媚敵人殘害抗戰同志	
鄒志鰲	男	三四	桐鄉	石灣聯保主任欺詐民財威脅抗戰同志	
周順昌	男	二四	桐鄉	石灣鎮事務員凌迫民財	
徐敬堯	男	二六	桐鄉	敵憲兵隊翻譯借敵人勢力横行不法	
徐同文	男	五七	桐鄉	魚肉鄉民以財物獻敵	

桐乡县石湾镇公所调查忠勇人员、敌伪分子报告表（时间不详）

桐鄉縣石灣鎮公所調查忠勇人員、敵偽份子報告表

鄉鎮別	保	甲	戶	姓名	性別	年齡	籍貫	列舉忠奸事蹟	現任職業及服務機關名稱	住址或通訊處	備次
石灣鎮	二	九	三	王連慶	男	三九	桐鄉	忠貞不屈，意志堅強，鼓舞正氣，保持地方元氣，尽忠職守	現任桐鄉縣臨時參議院參議員	石灣鎮東市	忠勇人員
				祁秋藜	男	四四	桐鄉	石灣敌軍首次侵境由該逆出面組織維持会，后逆充任偽会长，為虎作倀，欺凌民衆，甘心認賊作父	現任本縣梧桐鎮同業公會書記		敵偽份子 現居梧桐鎮
				周志才	〃	四五	嘉興	充任偽翻譯，欺凌民衆，勒索民財，殺害抗戰同志			敵偽份子 逃避上海
				鄭夢樵	〃	二九	海寧	充任偽挺進隊長，搜刮民財			敵偽份子 逃避上海
				姚愷	〃	二八	崇德	充任偽桐鄉石灣鎮長，欺凌敵人，詐取民財			敵偽份子 逃避蘇州
				鄒志鰲	〃	三四	桐鄉	充任偽石灣鎮公所事務員、聯保主任，敲詐民財，仗敌勢凌人，威脅抗戰人員			現拘押在玉溪區署
				周順昌	〃	二四	桐鄉	充任偽石灣鎮公所事務員，凌逼民衆財物			逃避地點未明
				呂阿松	〃	三一	崇德	充任偽密探，無惡不作，危害抗戰同志			仝
				王炎	〃	五一	崇德	幫同敌偽拆毀民房，強征民伕，詐取財物			敵偽份子 現住崇德石灣鎮

附註

桐鄉縣石灣鎮鎮長李慕蓮（印）

三、伤亡损失调查

崇德县政府关于办理战争损失登记致各区署的训令（一九四五年九月十日）

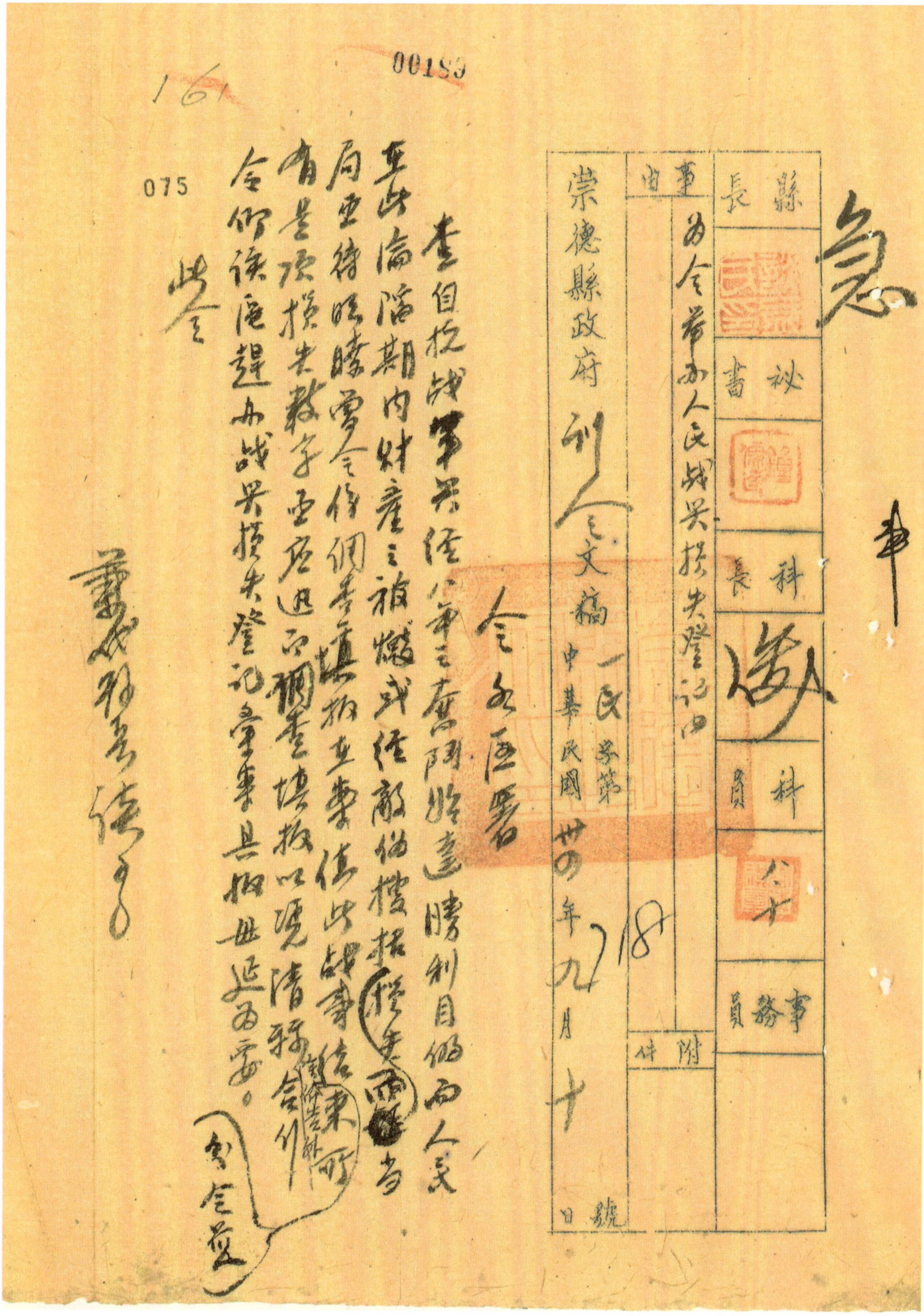
急

縣長	秘書	科長	科員	事務員

事由：為令辦人民戰爭損失登記由

崇德縣政府訓令 民文稿 民字第 號

中華民國卅四年九月十日

令各區署

查自抗戰軍興經八年之奮鬥，終達勝利目的，而人民在此淪陷期內財產之被焚燬或經敵偽擄掠〔[illegible]〕者，當所在多有。局亟待明瞭，爰令飭各屬填報，並專〔[illegible]〕，俟此戰事結束，所有是項損失數字亟應迅予調查填報，以憑清算。合行令仰該區署迅辦戰爭損失登記等事具報，毋延為要。

此令

兼縣長 徐

（先令發）

崇德县政府关于办理战灾损失登记的布告（一九四五年九月十日）

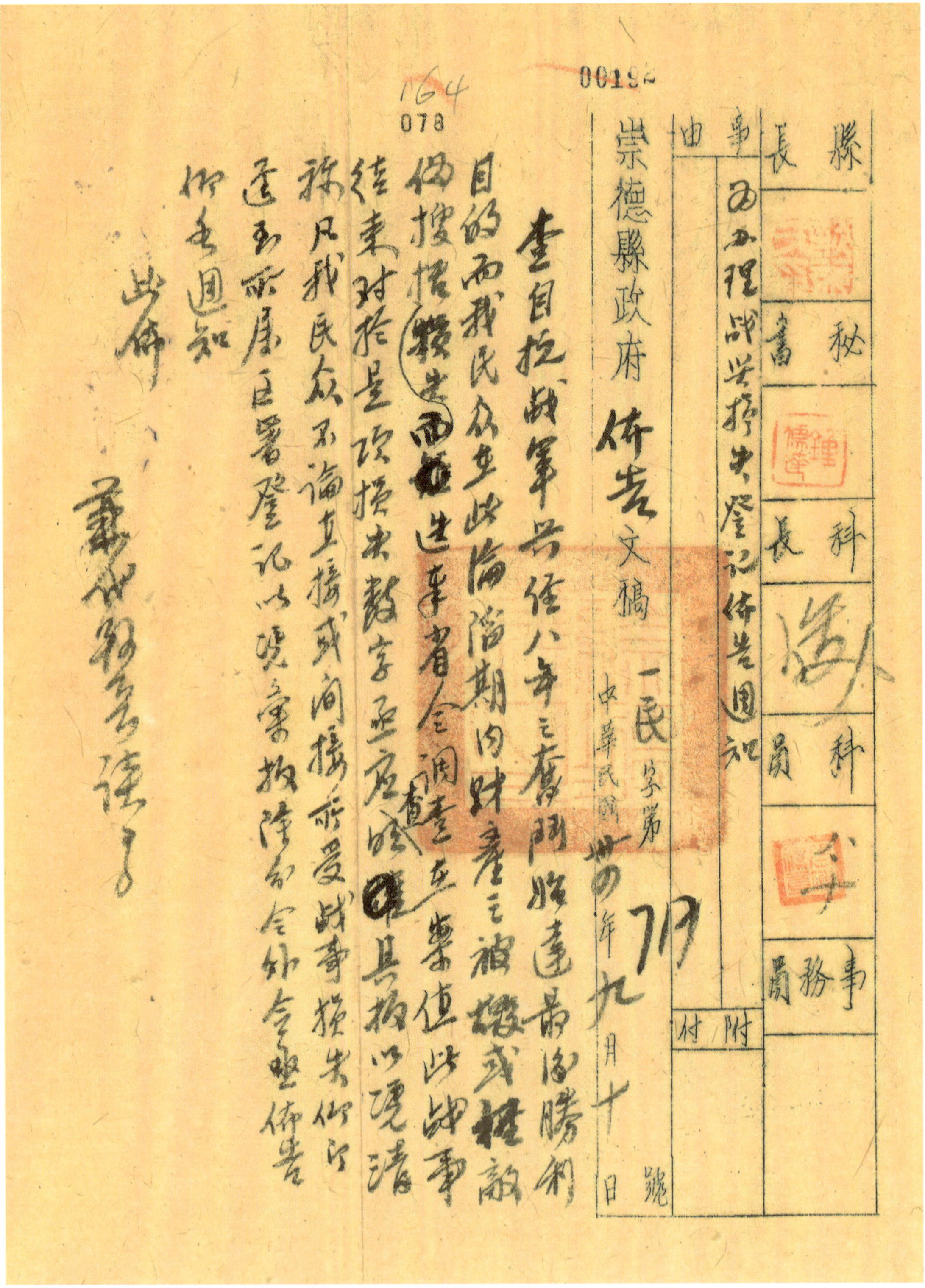

縣長
秘書
科長
科員
事務員
事由 為辦理戰災損失登記佈告周知
附件
崇德縣政府佈告文稿 民 字第 號
中華民國卅四年九月十日
查自抗戰軍興，經八年之奮鬥，始達最後勝利，
目的雖達，而我民眾在此淪陷期內，財產之被燬或被敵
偽搜括[illegible]迄未查明
結束，對於是項損失數字亟應[illegible]以憑[illegible]

凡我民眾不論直接或間接所受戰事損失，仰即
速至所屬區署登記，以憑彙報，除分令外，合亟佈告
仰各周知
此佈
縣長[illegible]

崇德县政府关于加紧调查敌人罪行致各区署的训令（一九四五年九月十日）

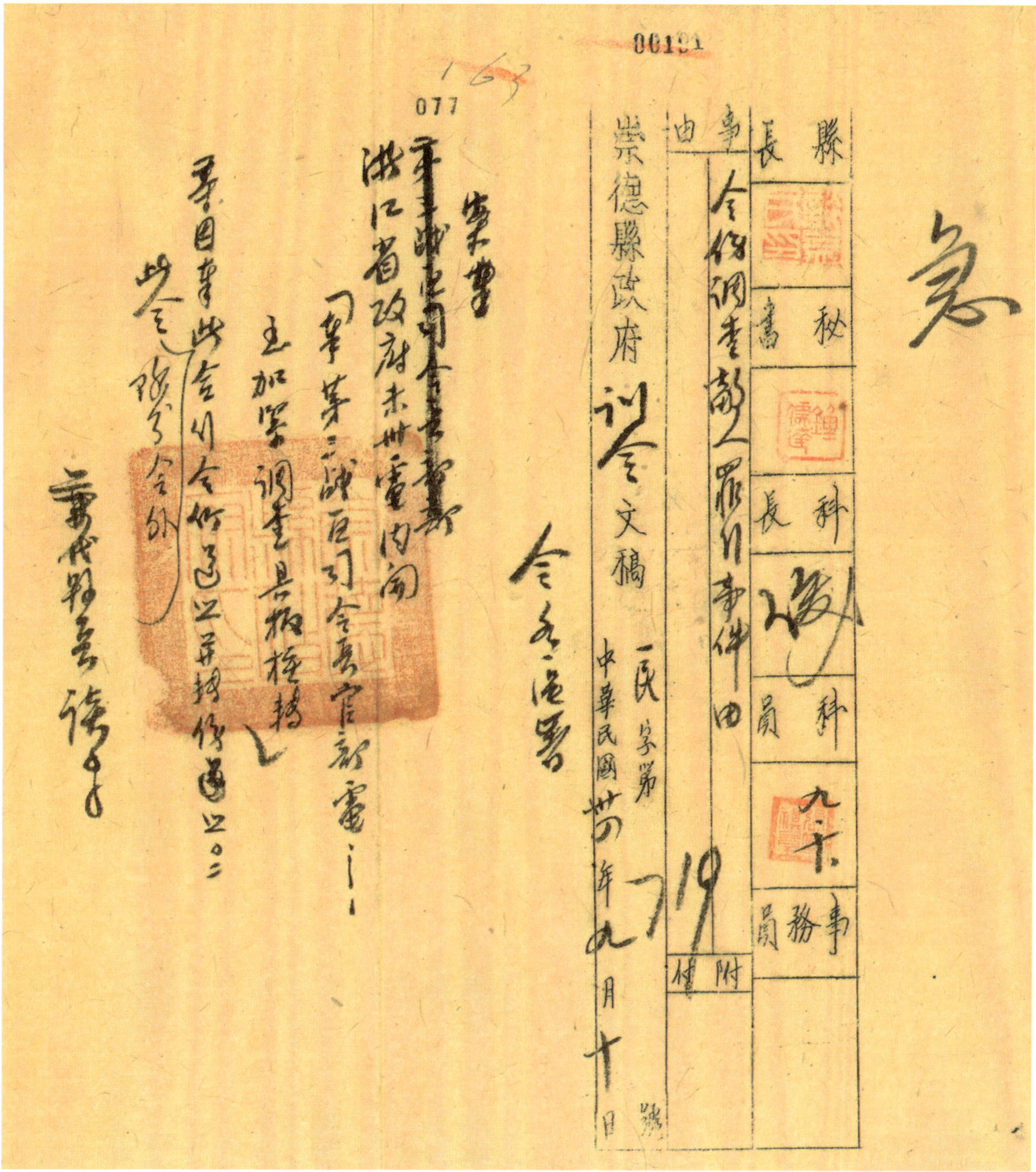

急

縣長

秘書

科長

科員

事務員

事由　令飭調查敵人罪行事件由

崇德縣政府訓令文稿　一民字第　號

中華民國卅四年九月十日

令各區署

崇德县高桥乡人民战灾损失登记调查报告表（一九四五年九月二十一日）

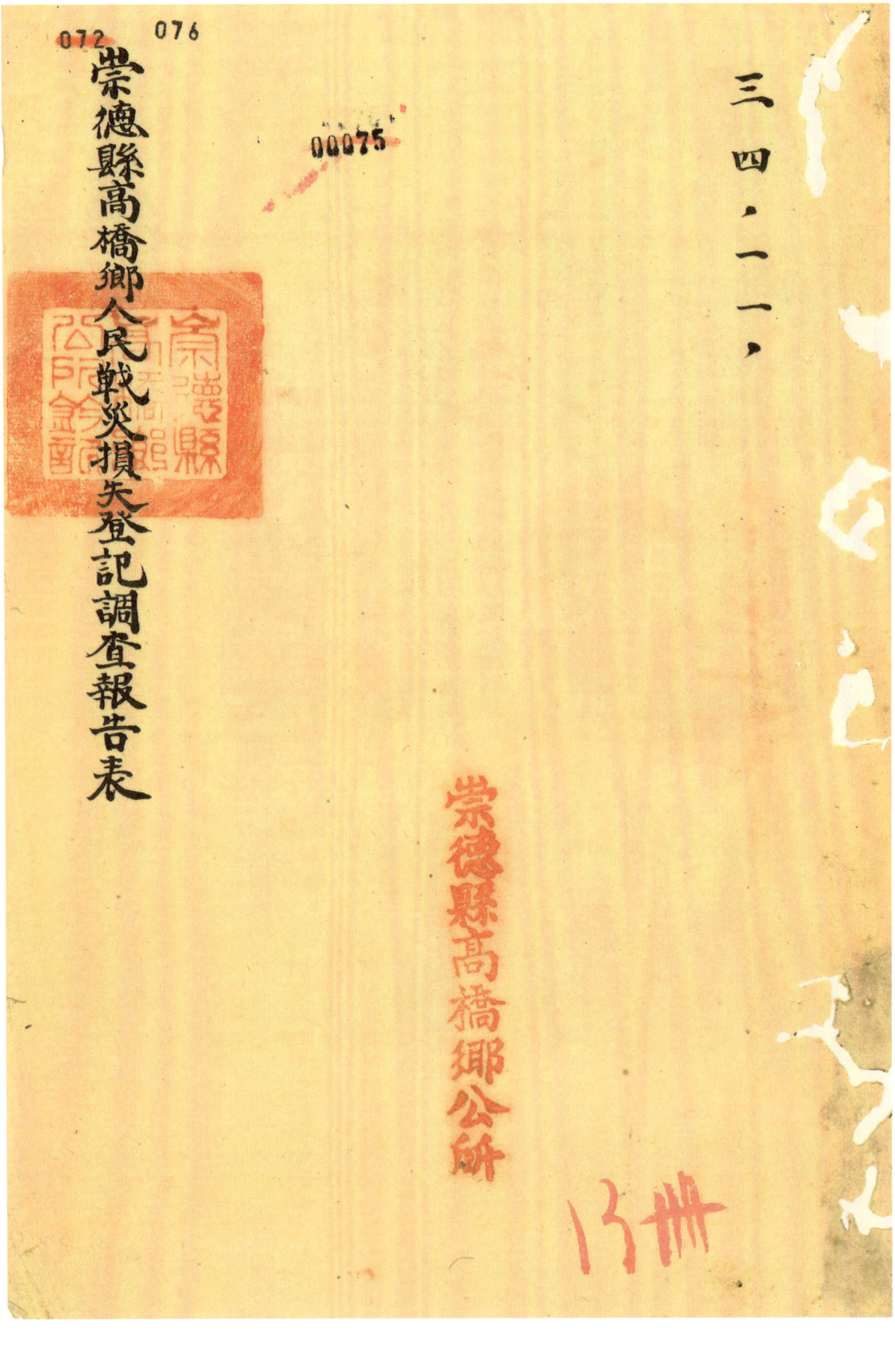
三四·一一

崇德縣高橋鄉人民戰災損失登記調查報告表

崇德縣高橋鄉公所

077

00076

鄉

崇德縣高橋鄉人民戰災損失登記調查報告表

中華民國三十四年九月廿一日填

保別	甲別	戶長姓名	年齡	職業	住址	焚燬房屋間數	焚燬日期	有否建造	家族人口	備註
5		呂國祺	一五	求學	高橋	大三間	卅三年十一月廿日	無	男四口 女二口	甲
8	2	沈彩娥	二五	農	樓下角	大三間	二十七年五月十四日	〃	男二 女一	丙
〃	3	沈壽春	六一	〃	〃	小二間	〃	〃	男六 女一	丙
〃	〃	沈炳元	四九	〃	〃	小一間	〃	〃	男二 女一	丙
〃	4	張季香	九	〃	大竹園	小六	〃	〃	男一 女五	丙
〃	5	徐水慶	五二	〃	簑竹溪	小二	〃	〃	男一 女四	乙
〃	6	徐慶堂	二六	〃	〃	小一	〃	〃	男一 女三	丙
〃	〃	徐阿堂	四八	〃	〃	小一	〃	〃	男二	甲

〃	5	徐玉堂	四一	農	嵇竹浜	小一間	廿七年五月十四日	無	男二 女一	〃	乙
12	6	周龍仙	六九	〃	南鎮	小四	卅一年六月初一日	〃	男四 女四	敵机炸燬燃燒	丙
〃	〃	周子福	三三	〃	〃	小二	〃	〃	男二 女二	〃	乙
13	2	陳元章	三一	〃	范家橋	小八	卅年八月初一日	〃	男二 女二	大批敵軍分別至鄉縱火房屋及傢具一概焚炬	乙
〃	〃	王家賓	三三	〃	東竹橋	小六	〃	〃	男二 女二	〃	甲
〃	〃	黄寶桂	六〇	〃	〃	小六	〃	〃	男三 女三	〃	甲
〃	〃	黄有斌	四六	〃	〃	小四	〃	小屋一間 草屋一間	男二 女二	〃	甲
〃	〃	黄昌田	四一	〃	〃	小三	〃	〃	男二 女一	〃	甲
〃	〃	蔣有甫	三九	工	〃	小三	〃	草屋	男一 女一	〃	甲
〃	3	陳萬方	三九	農	〃	小七	〃	小屋二間 草屋一間	男四 女三	〃	乙

范長源

078

00077

2 部

13	3	陳萬菜	四三	農	〃	小三間	〃	小屋二間	男言 女二口	〃	甲
〃	〃	陳萬銓	四八	〃	〃	小四〃	〃	小屋一間 卄屋一間	男二 女一	〃	甲
〃	〃	朱顕菜	三二	〃	〃	小四〃	〃	〃	男一 女一	〃	甲
〃	〃	朱金菜	二七	〃	〃	小五〃	〃	小屋一間	男八 女二	〃	甲
〃	〃	見心菴 朱沈氏	六七	佛	蔣家橋	小一四〃	〃	大屋三 小土間	女二	〃	甲
〃	〃	純陽坛 朱訪梅	四八	道	〃	小八〃	〃	大屋三〃 小五	男二	〃	甲
〃	〃	朱有生	五五	農	〃	小五〃	〃	小屋二〃	男二 女二	〃	甲
〃	〃	朱才菜	三九	〃	〃	小三〃	〃	小屋一〃	男二 女三	〃	甲
〃	〃	朱彐菜	三六	〃	〃	小三〃	〃	〃	男三 女一	〃	甲
〃	〃	朱囡菜	三二	〃	〃	〃	〃	〃	男一 女二	〃	甲

13	〃										
〃	〃	朱麦荣	四四	農	范家桥	小四間	〃	草小屋一二間	男一口 女一口	〃	乙
〃	〃	朱富荣	四八	〃	〃	〃	〃	〃	男四 女四	〃	甲
〃	〃	朱文荣	五〇	〃	〃	〃	〃	〃	男三 女二	〃	乙
〃	4	朱國良	二四	〃	〃	小五〃	〃	小屋一〃	男一 女二	〃	甲
〃	〃	朱國堂	三三	〃	〃	小六〃	〃	小屋三〃	男四 女二	〃	乙
〃	〃	金桂生	五一	〃	道士橋	小四	〃	草屋	男三 女一	〃	甲
〃	〃	朱沈氏	七一	家	〃	小三	〃	無	女一	〃	甲
〃	〃	朱加麟	二八	農	〃	小四	〃	草小屋一二〃	男三 女三	〃	乙
〃	〃	朱國忠	四一	〃	〃	〃	〃	小屋二〃	男三 女三	〃	甲
〃	〃	朱品金	二七	〃	〃	小古	〃	小屋四〃	男六 女六	〃	丙

范長源

079 00078

3

〃	〃	〃	〃	〃	〃	〃	〃	〃	〃
〃	〃	〃	〃	5	〃	〃	〃	〃	〃
朱祥芳	陳凤財	陳長才	朱閏生	朱云通	朱利生	朱壽奎	普济坛 朱通連	朱周氏	朱梅生
四三	四〇	六六	三七	五一	四一	五五	四八	七一	四六
農	〃	〃	〃	〃	〃	〃	道	家	工
〃	〃	〃	〃	朱家林	〃	〃	〃	〃	〃
小六間	〃	〃	小三〃	小五〃	〃	小五間半	大二間	小四〃	小五〃
〃	〃	〃	〃	〃	〃	〃	〃	〃	〃
無	草屋二間	無	草屋三間	草屋	〃	〃	無	〃	草屋
男口	男一 女四		男二 女一	男二 女一	男二 女二	男二 女一	男一	女一	男三
〃	〃	遷住蒐山鄉	大批日敌分到五鄉縱火燒屋傢具什物一概焚燬	〃	〃	〃	〃	〃	〃
甲	甲	甲	丙	甲	甲	甲	甲	甲	甲

13	5	朱乐民	二七	農	〃	大七间	〃	屋三间	男二 女一	〃	甲
〃	〃	漢民	三二	政	〃	〃	〃	〃	男二 女一	〃	丙
〃	〃	同章	三一	農	〃	小四〃	〃	草屋	男一 女三	〃	甲
〃	〃	同章	吴	〃	〃	〃	〃	〃	男一 女二	〃	甲
〃	〃	周法倫	五一	商	〃	小六〃	〃	屋二间	男二 女一	〃	丙
〃	〃	学江	三二	政	〃	大二 小四〃	〃	〃	男二 女一	〃	丙
〃	〃	初级小学 朱争文	四八	学	〃	小六〃	〃	无		〃	甲
〃	〃	朱武坤	四一	工	〃	小一〃	〃	〃	男二 女一	〃	甲
〃	〃	朱高昌	六一	農	〃	小三〃	〃	草屋	男二 女一	〃	甲
〃	6	周法和	四一	〃	〃	小十三〃	〃	〃	男〇 女二	〃	丙

080 00079 4

午鄉 〃

〃	〃	朱壽林	五一	農	〃	小四間	〃	草屋	男二口 女一口	〃男	甲
〃	〃	〃慶壽	五一	工	〃	小三〃	〃	〃	男一 女一	〃	甲
〃	〃	〃慶福	二一	農	〃	小四〃	〃	〃	男二 女一	〃	甲
〃	〃	〃惠仁	六七	〃	〃	小七〃	〃	〃	男二 女一	〃	甲
〃	〃	〃大有	六八	〃	〃	損壞壹間	〃		男二 女一		乙
〃	〃	〃大江	四〇	〃	〃	大壹間半	〃		男三 女二		甲
〃	〃	〃建章	三一	〃	〃	小五間半	〃	小屋四間	男二 女五	〃	甲
〃	〃	〃道生	四九	〃	〃	〃	〃	〃	男一 女二	〃	乙
〃	〃	〃新梅	六五	〃	〃	小一〃	〃	小屋三〃	男二 女二	〃	乙
〃	午	周炳坤	三一	〃	〃	小五〃	〃	草屋一 小屋一〃	男一 女二	〃	甲

13	9	周炳荣	三六	政	〃	小五間	〃		男三口 女三口	〃	甲
〃	〃	朱德興	三六	〃	〃	小三 〃	〃	無	男一 女二	〃	甲
〃	〃	王山	四〇	卜易	〃	〃	〃	〃	男二 女一	〃	甲
〃	〃	朱和尚	五七	農	〃	小五 〃	〃	〃	男二 女二	〃	甲
〃	〃	祖興	四六	〃	〃	〃	〃	草屋	男三 女三	〃	甲
〃	〃	宗興	四一	〃	〃	小三 〃	〃	〃	男二 女三	〃	甲
〃	〃	有章	三八	〃	〃	小五 〃	〃	〃	男一 女二	〃	乙
〃	〃	容貫	三三	〃	〃	〃	〃	〃	男二 女二	〃	甲
〃	〃	慶虎	九	求學	〃	小兩間半	〃	〃	男一 女一	〃	甲
〃	〃	朱銀章	三四	工	〃	〃	〃	〃	男三	〃	甲

081 00080

5鄉

〃	〃	朱妙有 三九	〃	〃	小三間	〃	草屋	男二口	〃	甲
〃	〃	玉順 五三	商	〃	小三間半	〃		男二 女一	〃	乙
〃	〃	玉林 六〇	農	〃	小三間	〃		男四 女三	〃	乙
〃	8	五常 一九	〃	〃	小六〃	〃	小屋二間 卅二	男二 女二	〃	甲
〃	〃	秉楚 五一	〃	〃	大三〃 小三	〃	小屋四〃 草二	男二 女二	〃	乙
〃	〃	周志華 二三	正文	〃	大四〃 小六	〃	小屋三〃 卅二	男五 女三	〃	丙
〃	〃	如松 四〇	農	〃	大四〃 小六	〃	小屋三〃 卅三	男二 女三	〃	丙
〃	〃	琴生 三〃	〃	〃	小三	〃	小屋二〃	男三 女二	〃	甲
〃	〃	榮清 五五	〃	〃	小五〃	〃	〃	男二 女一	〃	甲
〃	〃	玉慶 四一	〃	〃	〃	〃	小屋二〃 卅一	男一 女三	〃	丙

13	8	周老方	一八	農	〃	大三 小二間	〃	無	男三口 女二口	〃	丙
〃	〃	老有	三六	〃	〃	小七 〃	〃	草屋三間 小屋三	男三 女一	〃	乙
〃	〃	老強	七		〃	小一〇 〃	〃	小屋四 卅二 〃	男一 女二	〃	甲
〃	〃	老祥	一〇	求学	〃	小三	〃	無	男一 女一	〃	甲
〃	〃	妙英	四〇	農	〃	大五 小六 〃	〃	小屋一 〃 卅一 〃	男四 女四	〃	丙
8	3	沈雪元	三五	農	樓下角	小十四間	廿七年五月十四日		男三口 女一口		丙
〃	5	朱少興	三〇	農	寨竹浜	小十四間	仝		男三口 女三口		乙
13	6	朱德華	七〇	〃	朱家浜	小五間半	卅年八月一日	小二間	男一 女三		甲
5	5	郭鴻全	六〇	商	高橋	平八間 樓三			男一 女三	破壞	乙
〃	〃	陳桂生	六〇	〃	〃	大六間 小五			男四 女三	〃	丙

范長源

082 00081

6

5	5	姚百權	二	〃		小二間			男二	被敵拆毀	乙
1	1	李叙生	四	農	賣魚蔬	小一間			男二 女一	〃	甲

崇德县钱林乡公所关于报送该乡抗战期间战灾请赈表致石湾区署的呈（一九四五年九月二十七日）

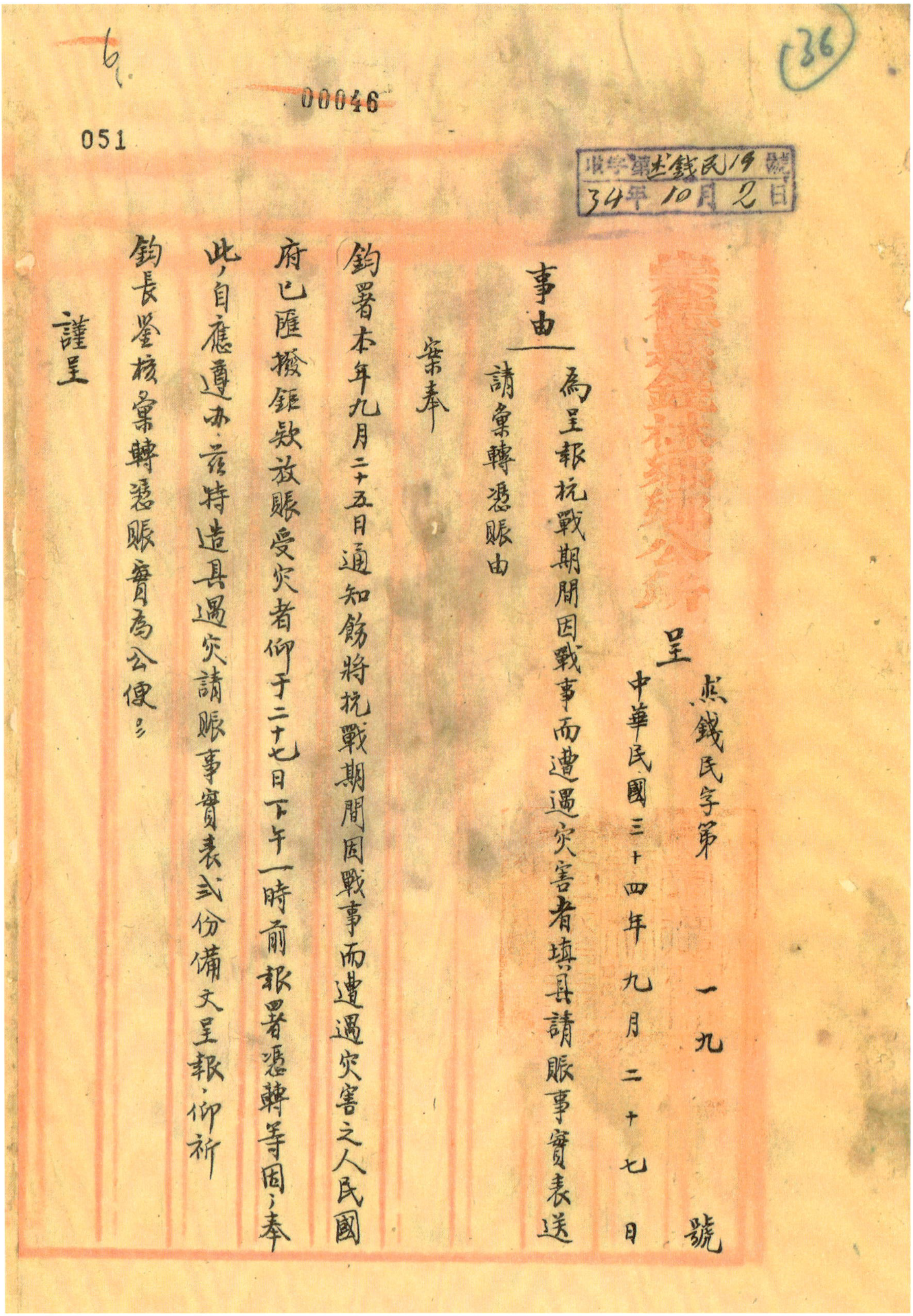
6

00046

051

(36)

收字第 出錢民19號
34年10月2日

崇德縣錢林鄉鄉公所

呈

崇錢民字第一九號

中華民國三十四年九月二十七日

事由　為呈報抗戰期間因戰事而遭遇災害者填具請賑事實表送請彙轉憑賑由

案奉

鈞署本年九月二十五日通知飭將抗戰期間因戰事而遭遇災害之人民國府已匯撥鉅款放賑受災者仰于二十七日下午一時前報署憑轉等因；奉此，自應遵辦，茲特造具遭遇災請賑事實表弍份備文呈報，仰祈

鈞長鑒核彙轉憑賑實為公便。

謹呈

51

區長沈

計呈請賑事實表弍份

崇德縣錢林鄉鄉長楊　傑

呈報悉 [illegible]

附：崇德县钱林乡抗战期间因战事遭受灾害请赈事实表（一九四五年九月二十七日）

053

E00047

崇德縣錢林鄉抗戰期間因戰事遭受災害請賑事實表

中華民國三十四年九月二十七日查報

災害日期	災害人姓名	職業	住址	災害事實及經過情形	損失估值	備註
二十八年十月廿日	李爾香	學	三保五甲高家灣河南	敵人約百名由桐鄉出發大舉掃蕩至高家灣休息，時該李爾香與乃子李西山於其住宅設有小學一所，規模頗稱完善，有敵酋入該校檢查，認為抗戰情緒頗濃，乃飭敵將該校全部焚燬，計被焚去房屋弍間、課桌椅叁拾副、教具及办公用具全部損失甚鉅		
仝	高子山	農	三保七甲高家灣河北	被認為我方情報慘遭殺害		
仝	李松林	農	三保九甲李家石橋	仝上		

53

三十年六月	李連卿	商	三保五甲高家灣河南	桐鄉敵偽出發勒索不遂縱火焚燒計被焚平屋三十間
三十二年五月	范文采	學	一保一甲太平橋	敵我相遇發生戰鬥致被燬前埭平屋五間

崇德县羔羊乡灾户调查表（一九四五年九月二十八日）

072

00071

崇德縣羔羊鄉灾户調查表

户冊

073 1119000
100072

崇德縣羔羊鄉灾户調查表

三十四年九月二十八日

保別	甲別	户次	户長姓名	全户人數	家庭狀況	被灾年月	被灾情形	備攷
一	一	一	鍾雪仁	三人	赤貧	三〇三	因協助阻塞河道而遭敵焚燒房屋	甲
〃	〃	二	鍾子方	三人	〃	〃	〃	〃
〃	〃	三	鍾有才	二人	〃	〃	〃	〃
〃	〃	四	鍾聖法	七人	貧	〃	〃	乙
〃	五	六	陳連奎	三人	赤貧	〃	〃	甲
〃	〃	七	陳雪連	二人	〃	〃	〃	〃
〃	三	一	陳萬和	六人	平常	二九五	其本人被敵人慘殺	丙
〃	五	一	陳連福	四人	赤貧	二九六	〃	甲

二	五	三	朱秀昌	五人	平常	二九五	其弟秀春被敵慘殺	丙
四	五	三	胡錦林	三人	赤貧	二七四	被敵焚燒房屋	甲
〃	〃	六	胡四毛	一人	貧孤	〃	〃	〃
〃	六	七	沈寶琴	六人	赤貧	〃	〃	〃
〃	〃	八	沈根林	七人	〃	〃	〃	〃
〃	七	一	徐友生	二人	〃	〃	〃	〃
〃	七	二	徐連生	二人	〃	〃	〃	乙
〃	〃	七	蘇徐氏	二人	〃	〃	〃	甲
〃	〃	八	蘇武林	四人	〃	〃	〃	〃
〃	七	九	沈蘭春	二人	〃	〃	〃	乙

074

00073

四	九	十	徐桂生	二人	貧	二七四	被敵槍殺	甲
九	二	十三	姚河二	五人	赤貧	二九三	〃	〃
十一	五	九	沈叙生	六人	貧	二七十	房屋被焚	乙
〃	一	一	金河大	四人	〃	〃	被敵槍殺	〃
五	七	九	沈布堯	二人	〃	二八四	〃	〃

崇德县晚村乡敌灾灾户清册（一九四五年十月三日）

009

00008

070

7

崇德縣晚村鄉敵灾灾户清冊 民國三十四年十月三日

保	甲	户	灾户姓名	受灾原因	受灾日期	親族倫次	
一	四	三	錢春林	遭敵慘殺	三十一年八月	子祥榮	次貧
	七	四	沈惠生	仝	三十一年二月	子蘭卿	〃
	七	六	袁阿五	担任支隊部民伕攻洲泉時渡河溺死	三十二年九月	兄祥年	〃
	八	五	沈震奎	充当本鄉遊步哨哨長被俘囚斃	三十二年九月	兄震年	〃
二	三	二	顧寿坤	被俘抛河溺死	二十八年十二月	子阿文	〃
三	一	五	胡丫頭	遭敵慘殺	三十年八月	弟貴才	〃
	九	一	施阿榮	仝	仝	父蘭生	〃
五	二	八	張發桂	仝	三十年九月	子東榮	尚可

	五	十三	胡掌頭	仝	二十八年九月	子天福	沈賀
六	十一	三	陳金生	充本縣自衛第二總隊列兵陣亡	三十二年五月	兄阿二	〃
七	三	六	李阿二	遭敵慘殺	三十年九月	侄阿方	〃
八	一	三	錢阿宪	充當本所鄉丁被偽軍格斃	二十八年五月	弟才林	〃
	六	五	吴阿三	遭遇偽軍慘殺	三十三年三月	父滿林	〃
	十	四	吴金宪	充當本縣自衛第一中隊列兵陣亡	三十二年十二月	兄金龍	〃
十	一	三	李阿文	遭敵慘殺	二十九年八月	弟文榮	〃
	一	六	李阿祥	被敵焚燬廂屋二間過路二間	三十三年十二月		黃賀
	一	五	李阿甫	被敵焚燬廂屋一間过路一間	仝		〃
	一	七	李宝生	仝	仝		〃

鄭恒裕製

010

00009

8

	一	八	李德昌	仝	仝		〃
	一	九	李阿華	仝	仝		〃
十一	二	六	錢樹生	被敌捉至洲泉惨殺			資
十	四	六	歸生泉	被敌机炸燬過路二間	二十八年十二月		〃
	七	六	歸宝生	炸燬过路一間	二十八年十二月		〃
一	三	二	錢富生	被敵焚燬房屋一直落	三十年三月		資
		三	虞月方	仝	仝		〃
		四	錢阿土	仝	仝		〃
		五	錢友生	仝	仝		〃
		六	錢錫生	仝	仝		〃

七 钱阿松

仝

仝

〃

鄭恒裕制

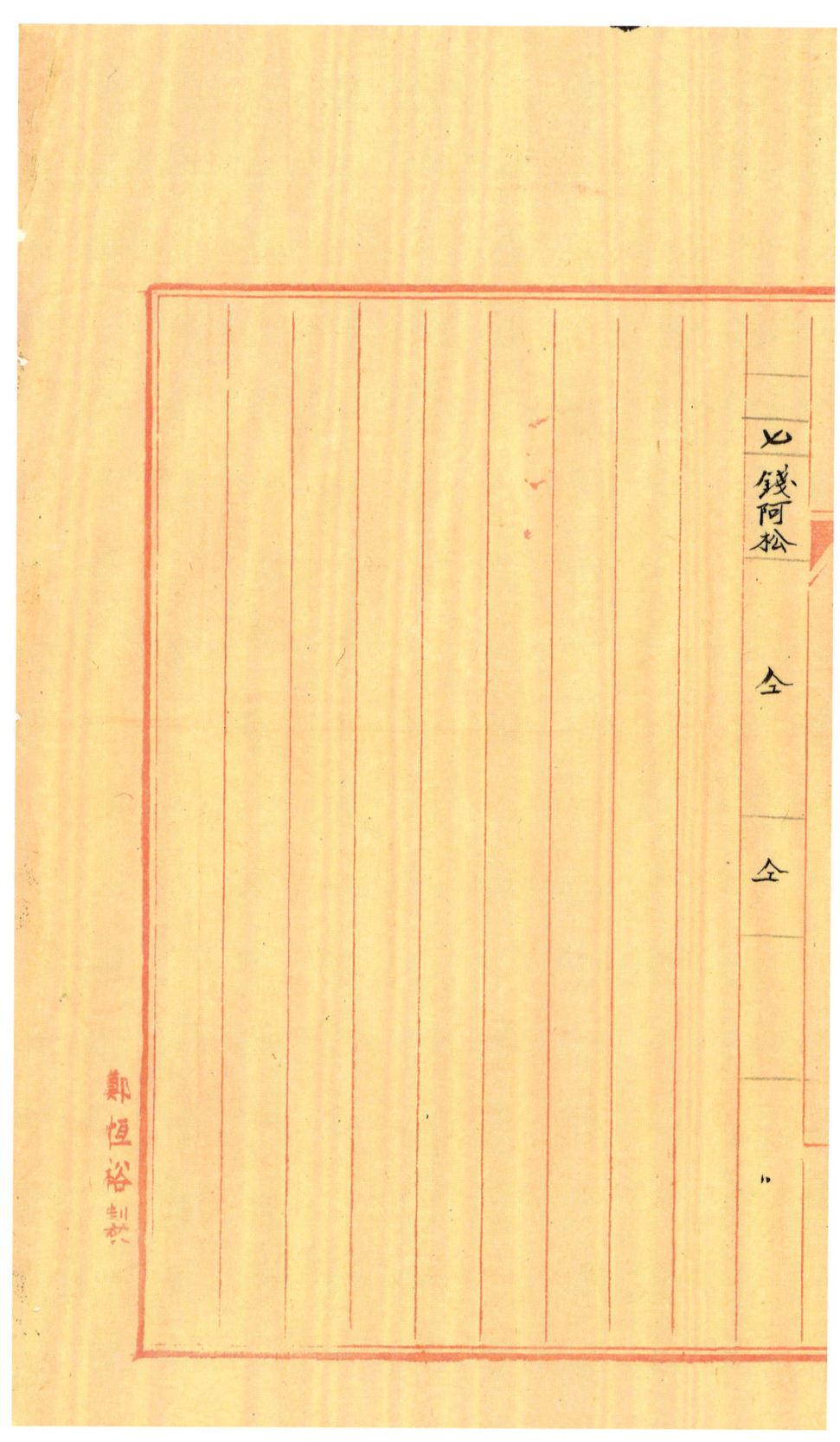

崇德县中塔乡各保人民房屋战灾损失登记册（一九四五年十月四日）

114

00119

中塔鄉各保人民房屋戰災損失登記冊

保別	姓名	區域	人民（槍殺/焚斃）	牲畜	房屋間數	損失年月日	損失價值	備註
五	蔡叙珍	蔡家門	無	無	三	民國二十七年三月卅日		甲
六	沈賡云	東長浜	仝	九	八	仝上		甲
仝	沈汝舟	仝	仝	三	四	仝上		乙
仝	沈汝康	仝	仝	二	五	仝上		乙
仝	沈汝豪	仝	仝	無	四	仝上		甲
仝	沈汝坤	仝	仝	四	十	仝上		甲
仝	沈龍源	仝	父沈叙發槍殺	無	無	仝上		乙
仝	邵慶山	仝	無	九	十五	仝上		乙

中華民國三十四年十月四日

仝	方三子頭	東長堡	無	三	九	仝上	甲
仝	方文加	仝	仝	三	六	仝上	甲
仝	方文奎	仝	仝	三	六	仝上	甲
仝	吳南章	西長堡	仝	二	二	仝上	乙
仝	吳桂章	仝	仝	一	二	仝上	乙
仝	吳全章	仝	仝	二	二	仝上	丙
仝	中學	仝	仝	一	三	仝上	丙
仝	家春	仝	仝	一	一	仝上	丙
仝	寶龍	仝	仝	無	一	仝上	乙
仝	德洪	仝	仝	三	三	仝上	乙

鄭恒裕製

115 00120

保别	姓名	區域	人民搶殺焚斃	牲畜	房屋間数	損失年月日	損失價值	備註
六	吳云龍	西長埭	無	三	二	民國二十七年三月三十日		甲
仝	菊龍	仝	仝	三	二	仝上		甲
仝	丙章	仝	仝	四	三	仝上		甲
仝	榮章	仝	仝	一	三	仝上		乙
五	蔡永堂	東長埭	仝	二	四	仝上		乙
仝	張寶棠	仝	仝	無	四	仝上		甲
仝	聖龍	仝	仝	二	二	仝上		乙
仝	蔡叙珍	仝	仝	六	一	仝上		甲
仝	張寶珍	仝	仝	二	二	仝上		甲

五	張芝倫	仝	無	一	一	仝上	甲
仝	蔡應春	仝	仝	五	二	仝上	甲
仝	芝春	仝	仝	一	一	仝上	甲
仝	芝龍	仝	仝	一	一	仝上	甲
仝	張礼年	仝	仝	三	二	仝上	乙
仝	相年	仝	仝	二	二	仝上	乙
仝	方應山	仝	仝	五	四	仝上	甲
仝	惠生	仝	仝	六	四	仝上	甲
仝	介年	仝	仝	四	二	仝上	甲
仝	寶壽	仝	仝	五	二	仝上	甲

鄭恒裕製

五	方金榮	西長浜	無	四	四	民國二十七年三月卅日	甲
	蔡順宝	東長浜	〃	四	二	〃	甲
	壽田	〃	〃	二	一	〃	乙
	長生	〃	〃	三	二	〃	甲
	宝生	〃	〃	一	二	〃	乙
	有生	〃	〃	一	三	〃	乙
	守順	〃	〃	一	二	〃	乙
	貴田	〃	〃	無	一	〃	甲
	沈福林	〃	〃	〃	四	〃	甲
五	福坤	〃	〃	〃	四	〃	甲

五	蔡貴春	東長垓	無	無	二	民國二十七年正月卅日			甲
	方文翰	〃	〃	三	四	〃			乙
	沈忠賢	〃	〃	三	四	〃			甲
	振芳	〃	〃	三	四	〃			甲
	加福	〃	〃	三	六	〃			甲
	仰峰	〃	〃	七	六	〃			甲
	禮元	〃	〃	三	二	〃			甲
	方長源	〃	〃	七	八	〃			乙
	寶順	〃	〃	七	六	〃			乙
五	祥源	〃	〃	四	六	〃			丙

鄭恒裕製

117 00122

五	方閔峰	東長浜	無	二	二	民國二十七年三月廿日			甲
	姜錫龍	龙灯桥	〃	四	五	〃			甲
	柏林	〃	〃	二	二	〃			甲
	淩叙慶	〃	〃	六	五	〃			甲
	姜發林	〃	〃	六	三	〃			甲
	正林	〃	〃	六	三	〃			乙
	陳子慶	〃	〃	四	四	〃			甲
	蔡坤豪	〃	〃	四	二	〃			甲
	姜彩林	〃	〃	五	五	〃			甲
五	淩文榮	〃	〃	二	二	〃			乙

五 姜子荣 花灯桥 無 六 五 〃 一 一 甲

鄭恆裕製

崇德县景云乡人民战灾损失登记调查报告表（节选）（一九四五年十月五日）

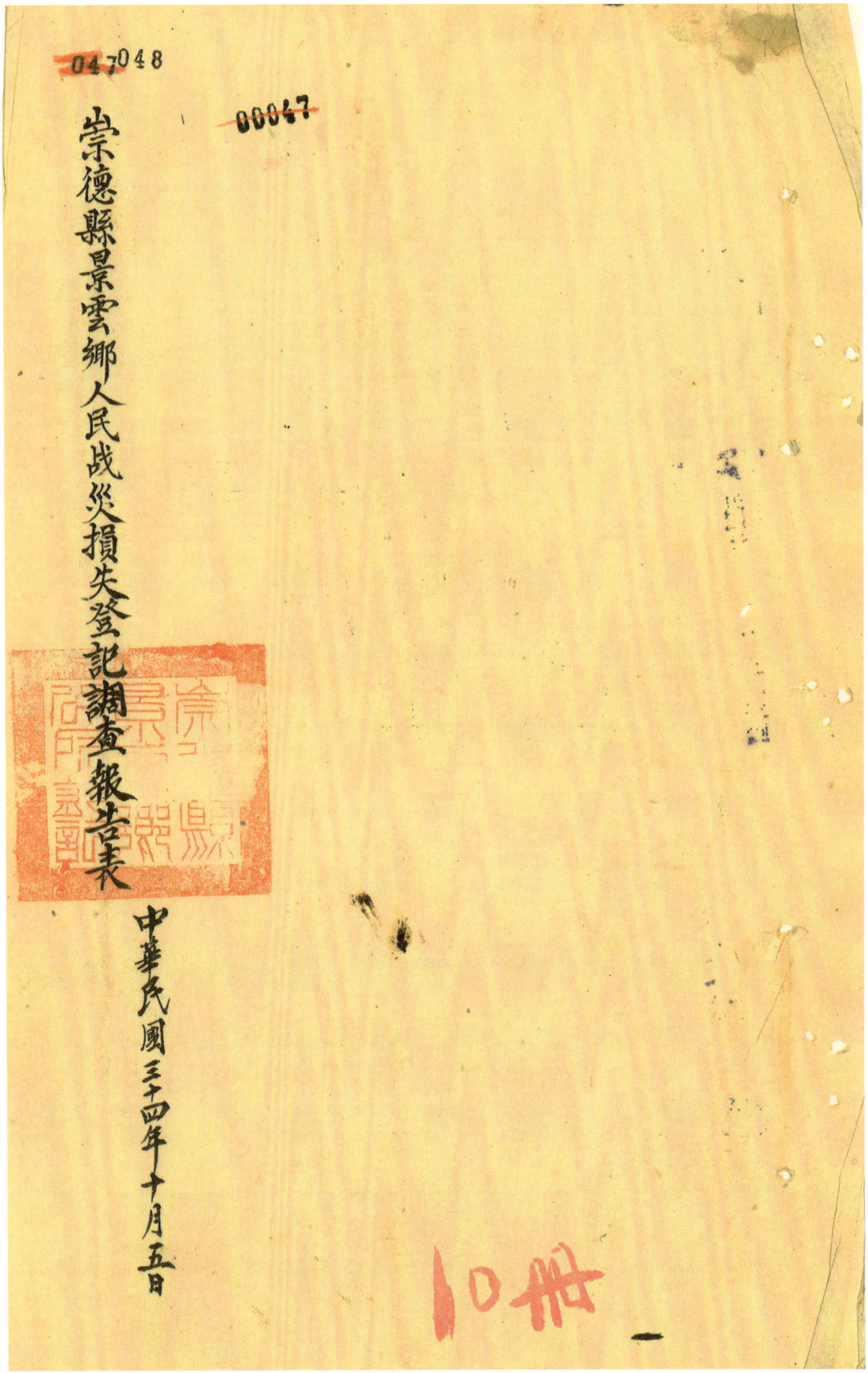
048

崇德縣景雲鄉人民战災損失登記調查報告表

中華民國三十四年十月五日

10冊

049

00048

崇德縣景雲鄉人民戰災損失登記調查報告表

中華民國三十四年拾月五日
景雲鄉長蔡生朗

保別	甲別	戶長姓名	年齡	職業	住址	焚燬房屋間數	焚燬日期	已否建造	家族人口	備註
四	三	方仲生	四一	農	方家坟	二間	二十七年二月三日	未	男三口 女二口	次貧
〃	〃	方仲元	三二	〃	〃	五間	〃	〃	男二口 女三口	〃
〃	〃	方仲甫	二一	〃	〃	二間	〃	〃	男三口 女一口	〃
〃	〃	方禮法	三八	〃	〃	三間	〃	〃	男二口	赤貧
〃	〃	方金榮	四一	裁縫	〃	三間	〃	〃	男二口 女二口	〃
〃	〃	方芝岳	四〇	農	〃	三間	〃	〃	男一口 女一口	〃
〃	〃	方芝松	三五	〃	〃	三間	〃	〃	男二口 女一口	次貧
〃	〃	方芝祥	四五	〃	〃	三間	〃	〃	男一口 女一口	〃

四	三	方子林	五九	農	方家坟	三間	二七年二月三十日	〃	男三口 女一口	赤貧
〃	〃	方貴芳	十	〃	〃	三間	〃	〃	男一口 女二口	〃
〃	〃	方子法	四七	〃	〃	三間	〃	〃	男二口 女三口	次貧
〃	〃	方志榮	四七	〃	〃	三間	〃	〃	男二口 女四口	〃
〃	〃	方柏生	二六	〃	〃	三間	〃	〃	男一口 女一口	〃
〃	四	方寶其	六三	〃	〃	三間	〃	〃	男二口 女二口	赤貧
〃	〃	方壽林	五八	〃	〃	六間	〃	〃	男二口 女四口	次貧
〃	〃	方壽法	四七	〃	〃	六間	〃	〃	男二口 女二口	赤貧
〃	〃	方芝高	四七	〃	〃	三間	〃	〃	男三口 女二口	次貧
〃	〃	方有松	二〇	〃	〃	三間	〃	〃	男一口 女二口	〃

鄭恒裕製

050

00049

〃	四	方相金	八	農	方啟扶	四間	二十七年二月廿	未	男二口 女三口	赤貧
〃	〃	方錫堂	三七	〃	〃	四間	〃	〃	男四口 女二口	次貧
〃	〃	方樂金	三五	〃	〃	四間	〃	〃	男一口 女一口	〃
〃	五	方龍生	三七	〃	〃	四間	〃	〃	男二口 女三口	赤貧
〃	〃	方龍虎	二一	〃	〃	四間	〃	〃	男三口 女	〃
〃	〃	方炳生	五三	〃	〃	六間	〃	〃	男四口 女三口	次貧
〃	〃	方貴榮	五七	〃	〃	三間	〃	〃	男三口 女二口	赤貧
〃	〃	方貴法	五六	〃	〃	三間	〃	〃	男三口 女三口	次貧
〃	〃	方萬松	二一	〃	〃	六間	〃	〃	男一口 女一口	赤貧
〃	七	方芝英	四五	〃	〃	三間	〃	〃	男二口 女一口	次貧

四	八	方炳松	九	〃	〃	六間	二七年二月二十日	〃	男一口	次貧
〃	〃	朱王氏	五四	〃	沈家浜	六間	〃	〃	女一口	赤貧
〃	〃	朱德魁	三五	〃	〃	三間	〃	〃	男二口 女一口	〃 現遷移第五保居住
〃	〃	范慶元	六〇	〃	范家浜	四間	〃	〃	男三口 女三口	次貧
〃	〃	范錦榮	四七	〃	〃	二間	〃	〃	男五口 女六口	〃
〃	〃	范慶山	四六	〃	〃	四間	〃	〃	男二口 女二口	赤貧
〃	〃	沈伯民	三五	〃	沈家浜	三間	〃	〃	男二口 女一口	〃
五	四	屠月坤	四八	農	沈家浜	六間	〃	〃	男二口 女一口	~~赤貧~~ 尚可
〃	〃	屠煥清	三六	〃	〃	五間	〃	〃	男三口 女一口	〃 尚可
〃	〃	屠阿金	一八	〃	〃	三間	〃	〃	男二口 女三口	赤貧

鄭恒裕製

051

00050

〃	〃	屠明清	二二	〃	〃	三間	〃	〃	男二口女二口	赤貧
〃	〃	屠連治	二五	〃	〃	四間	〃	〃	男二口女一口	〃
〃	〃	屠連仁	五三	〃	〃	五間	〃	〃	男二口女三口	次貧
〃	五	屠治清	二五	〃	〃	五間	〃	〃	男二口女四口	尚可
〃	〃	屠生岳	二一	〃	〃	五間	〃	〃	男四口女一口	尚可
〃	〃	沈禹生	三五	〃	〃	三間	〃	〃	男一口女一口	赤貧
〃	〃	沈禹清	二九	〃	〃	六間	〃	〃	男四口女二口	赤貧
〃	〃	沈彩山	六六	〃	〃	六間	〃	〃	男三口	次貧
〃	〃	沈發祥	五六	〃	〃	六間	〃	〃	男二口女三口	〃
〃	〃	沈金生	五五	〃	〃	三間	〃	〃	男四口女一口	赤貧

五	五	屠子雲	三九	〃	〃	三間	二七年二月二十二日	〃	男一口	赤貧
〃	七	汪福生	六四	〃	汪家角	四間	〃	〃	男四口 女三口	〃
〃	〃	汪壽福	五二	〃	〃	二間	〃	〃	男二口 女三口	次貧
〃	〃	汪鳳高	五二	〃	〃	三間	〃	〃	男二口 女三口	〃
〃	〃	陳南榮	二八	〃	〃	四間	〃	〃	男一口 女二口	〃
〃	〃	張錦榮	三五	〃	〃	三間	〃	〃	男一口 女二口	〃
〃	〃	張朱氏	五二	〃	〃	三間	〃	〃	女一口	赤貧
〃	〃	陳伯榮	二三	〃	〃	四間	〃	〃	男一口	〃
〃	〃	汪錦章	三二	〃	〃	三間	〃	〃	男一口	〃
〃	〃	管永家	五八	〃	〃	三間	〃	〃	男二口 女四口	次貧

鄭恒裕製

十	十一	姜才毛	畚農	姜家角	九间	二七年六月三十日	来	男三 女三 口	次貧
〃	十一	姜貴堂 三五	〃	〃	六	〃	〃	男一 女二 口	〃
〃	仝	姜富生 六七	〃	〃	三	〃	〃	男一 女一 口	赤貧
〃	〃	姜寧生 六四	〃	〃	三	〃	〃	男二 口	〃
〃	〃	姜雪龍 一九	〃	〃	三	〃	〃	男一 女三 口	次貧
〃	一	蔡慶全 二七	〃	蔡家墺	四	〃	〃	男三 女一 口	〃
〃	〃	蔡福加 四一	〃	〃	六	〃	〃	男二 女二 口	〃
〃	二	蔡氏 六〇	〃	〃	三	〃	〃	女二 口	〃
〃	廿	蔡寶壽 四五	〃	〃	三	〃	〃	男二 女二 口	〃
〃	二	蔡叙德 四三	〃	〃	三	〃	〃	男二 口	〃

十	六	蔡琚如	五七	〃	〃	三	二七年二月三十日	〃	男三女四口	次貧
〃	一	蔡琚豪	五三	〃	〃	三	〃	〃	男三女二口	次貧
〃	二	蔡巧娥	三五	〃	〃	三	〃	〃	男二女一口	〃
〃	一	蔡琚奎	五五	〃	〃	三	〃	〃	男四女三口	〃
〃	二	蔡錢氏	六〇	〃	〃	三	〃	〃	女一口	〃
〃	三	蔡祝三	四五	政	〃	六	〃	〃	男六女三口	尚可
〃	四	景衛南	五〇	僧	〃	九	〃	〃	男六口	住持西雲師和尚 次貧
〃	〃	蔡美娥	一九	家务	〃	六	〃	〃	女一口	〃
〃	一	蔡生朗	二四	政	〃	三	〃	〃	男四女三口	尚可
八	七	方巧娥	三三		方家圩	三	〃	〃	男一女三口	赤貧

鄭恒裕製

053

00052

八	七	方雲蘭	七九	〃	〃	九	〃	〃	男五 女二 口	次貧
〃	七	方廷康	一七	〃	靈母橋	九	〃	〃	男二 女三 口	赤貧
〃	〃	費有明	五五	〃	費家门	三	〃	〃	男三 女三 口	〃
〃	七	費有才	三九	〃	〃	三	〃	〃	男三 女一 口	次貧
〃	〃	費巧娥	二五	〃	〃	三	〃	〃	男二 女三 口	次貧
〃	〃	費叙生	三二	〃	〃	三	〃	〃	男三 女一 口	赤貧
〃	〃	費甫田	五〇	〃	〃	三	〃	〃	男一 女一 口	〃
一	六	姚春榮	三〇	農	李家浜	六	三十年十一月四日	〃	男一 女 口	次貧
〃	〃	姚月茂	四五	〃	〃	三	〃	〃	男三 女一 口	〃
七	一	姚美堂	三四	〃	〃	三	〃	〃	男三 口	〃

一	七	姚德明	四五	農	李家浜	二	〃	未	男二口	赤貧
〃	〃	錢兆加	三六	〃	〃	二	〃	〃	男二 女一口	次貧
〃	〃	錢壽嘉	三四	〃	〃	二	〃	〃	男二 女一口	〃
〃	〃	錢小六	二六	〃	〃	二	〃	〃	男一 女一口	〃
〃	〃	錢金生	四五	〃	〃	四	〃	〃	男二 女一口	〃
〃	〃	錢桂堂	五〇	〃	〃	二	〃	〃	男一口	〃
十一	七	沈連方	四九	〃	火勝場	三	三一年三月七日	〃	男二 女四口	次貧
〃	〃	沈子堂	三四	〃	〃	三	〃	〃	男二 女二口	赤貧
〃	〃	沈子興	四四	〃	〃	六	〃	〃	男三 女四口	次貧
十四	二	顧耀魁	五六	〃	顧家汀	四	三十年十月十九日	〃	男四 女二口	次貧

鄭恒裕製

106

00111

崇德縣河山鄉戰災損失調查表

中華民國三十四年十月九日查報

保別	甲戶別	姓名	受災情由	損失總計	受災戶家境狀況	備考
第一保	一甲四户	姚其林	於三十二年五月我挺進縱隊與敵偽作戰時中彈身亡	死亡	貧	
〃	二甲一户	陸贊年	仝上	死亡	貧	
〃	一甲一户	陸永順	職業捕船於三十二年五月至石灣時遇敵機投彈被毀	農船一艘	貧	
〃	五甲十二户	沈學高	於三十二年五月敵偽與我挺進縱隊作戰時被焚燬	民房一間三進	貧	
〃	六甲二户	沈見坤	仝上	民房一間四進	貧	
〃	九甲一户	張鼎元	仝上	仝上	貧	
〃	八甲一户	張新周	仝上	民房二間六進	貧	
第三保	六甲五户	施阿四	於二十七年九月被敵掃蕩時殺死	死亡	尚可	
〃	六甲六户	施有林	仝上	死亡	尚可	
〃	十二甲三户	金阿八	於三十三年六月被偽軍所拆毀	民房二間九進	尚可	

107

00112

崇德縣河山鄉戰災損失調查表

中華民國三十四年十月九日查報

保別	甲戶別	姓名	受災情由	損失總計	受災戶家境狀況	備考
第五保	四甲二戶	朱桂新	於三十二年六月被含山駐敵所焚燬	民房一間一進	尚可	
〃	五甲三戶	朱玉連	仝上	仝上		
〃	五甲一戶	朱玉周	仝上	仝上		
第七保	九甲十戶	胡西棠	於三十二年九月敵掃蕩時被殺	死亡		
〃	三甲二戶	倪應發	仝上	死亡		

108

00113

崇德縣河山鄉戰災損失調查表

中華民國三十四年十月九日查報

保別	甲户別	姓名	受災情由	損失總計	受災户家境狀況	備考
第十三保	四甲一户	楊老虎	民國三十年八月我一九二師與敵偽作戰被毀	房屋兩間三進 家用物件等	貧	
〃	二户	楊仁福	仝上	仝上		
〃	三户	吴杏林	仝上			
〃	四户	楊阿正				
	五户	楊安生				
	六户	倪松林				
	七户	鍾云慶				
	八户	沈仁甫				
	三甲一户	馮如金				
	二户	馮祥生				

109

00114

崇德縣河山鄉戰災損失調查表

中華民國三十四年十月九日查報

保別	甲戶別	姓名	受災情由	損失總計	受災後家境狀況	備考
第十二保	四甲三戶	馮阿大	仝上	仝上	清寒	
〃	四戶	馮早生		房屋二間 家用物件		
〃	五戶	王瑞福		仝上		
〃	六戶	王荣三		房屋一間 家用物件		
〃	七戶	周金發		仝上		
	八戶	周阿二		仝上		
	九甲一戶	倪應東				
	二戶	倪阿二		房屋一間 家用物件		
	三戶	倪錫棠		仝上		
	四戶	倪阿来		仝上		

4

110

00115

崇德縣河山鄉戰災損失調查表

中華民國三十四年十月九日查報

保別	甲戶別	姓名	受災情由	損失總計	受災戶家境狀況	備考
第十二保	九甲五戶	蔣安新	仝上	房屋一間 家用物件	貧苦	
〃	六戶	倪宝元		仝上		
〃	七戶	倪義元				
〃	八戶	倪阿娜				
〃	九戶	蔣阿四				
〃	十戶	倪阿三				
〃	十一戶	倪六仁				
〃	十甲二戶	曹阿年				
〃	三戶	曹永慶		房屋二間 家用物件		
〃	四戶	曹宝才		房屋一間 家用物件		

崇德縣河山鄉戰災損失調查表

中華民國三十四年十月九日查報

保別	甲户別	姓名	受災情由	損失總計	受災户家境狀况	備考
第十二保	十甲五户	曹金才	仝上	房屋一間 家用物件	貧	
〃	九甲九户	蔣阿二		仝上		
〃	八甲三户	倪阿品				
〃	九户	倪長生				
〃	十户	倪金生				
〃	乂甲乂户	倪来仁				
〃	八户	倪桂仁				
〃	九户	倪鳳宝				
〃	十户	倪永桂		房屋二間 家用物件		
〃	十一户	倪長仁		房屋一間 家用物件		

崇德縣河山鄉戰災損失調查表

中華民國三十四年十一月九日查報

保別	甲户別	姓名	受災情由	損失總計	受災户家境狀況	備考
第十二保	七甲十二户	倪錦高 和尚	仝上	房屋三間 家用物件	貧苦	
	十四户	倪正祥		房屋一間 家用物件		
	十五户	倪瑞祥		仝上		
	十六户	倪祥桂				
	八甲一户	倪生奎				
第十一保	一甲一户	陸阿又		房屋二間 家用物件		
	二户	陸之三		房屋一間 家用物件		
	三户	陸勝元		房屋二間 家用物件		
	五户	陸阿五		仝上		
	六户	陸子榮				

113

00118

崇德縣河山鄉戰災損失調查表

中華民國三十四年十月九日查報

保別	甲戶別	姓名	受災情由	損失總計	受災戶家境狀況	備考
第十一保	一甲七戶	陸鳳春	仝上	房屋一間 家用物件	貧	
	八戶	陸子坤		〃		
	九戶	陸小狗		〃		

崇德县虎啸乡人民战灾损失调查报告表（节选）（一九四五年十月十一日）

崇德縣虎嘯鄉人民戰災損失調查報告表

061

00060

8册

062

00061

崇德縣虎嘯鄉人民戰災損失調查報表

三十四年十一月十一日

保別	甲別	戶別	戶長姓名	年齡	職別	焚燬房屋間數	焚燬日期	已否建造	家族人口	備考
一保	一甲	一戶	會永加	六八	農	二间	廿七年二月卅日	無	六口	丙
一保	〃	八戶	朱雪法	一八	〃	二间	〃	〃	二口	甲
〃	〃	三戶	朱叙林		〃	四间一路	〃	〃	二口	〃
〃	〃	四戶	朱汪氏	六五	家事	一间	〃	〃	一口	〃
〃	二甲	九戶	朱寶山	四五	農	一间	〃	〃	六口	丙
〃	〃	五戶	朱用山	四三	〃	〃	〃	〃	七口	乙
〃	〃	六戶	朱林山	四〇	〃	〃	〃	〃	六口	〃
〃	〃	八戶	朱仁山	四八	〃	二间	〃	〃	十口	〃

保甲户	姓名	年齡	職業	房屋	日期		口數	等
〃〃〃一户	朱寶寿	二一	農	二間	廿七年二月卅日	無	三口	乙
一保二甲十二户	朱琴山	三八	〃	〃	〃	〃	三口	甲
〃〃三甲一户	朱叙高	五五	〃	四	〃	〃	六口	乙
〃〃三甲二户	朱琴元	五〇	〃	〃	〃	〃	六口	丙
〃〃〃三户	朱金松	二九	〃	一	〃	〃	三口	乙
〃〃〃五户	費金榮	二七	〃	一间一過路	〃	〃	三口	丙
〃〃〃六户	費金洪	二〇	〃	〃	〃	〃	一口	甲
〃〃〃七户	費錦龍	五七	〃	〃	〃	〃	四口	丙
〃〃〃八户	費建堂	二三	〃	一間	〃	〃	三口	乙
〃〃〃九户	費金法	三〇	〃	〃	〃	〃	三口	丙

063

00062

一保	三甲	十户	費聖林	四五	農	一间一過路	二七年二月卅日	無	六口	丙
〃	〃	十一户	費允龍	三七	〃	三间	〃	〃	六口	甲
〃	〃	十二户	費訪林	四五	〃	二间一披	〃	〃	五口	〃
〃	七甲	一户	陳炳洲	三五	〃	二间	〃	〃	四口	乙
〃	〃	二户	陳金洲	三〇	〃	〃	〃	〃	五口	〃
〃	〃	三户	陳連坤	四六	〃	一间	〃	〃	三口	〃
〃	〃	四户	陳王氏	五三	家事	二间一過路	〃	〃	一口	甲
〃	〃	五户	陳子仙	二九	農	〃	〃	〃	三口	乙
〃	〃	六户	陳子文	五二	〃	〃	〃	〃	五口	〃
〃	〃	七户	陳子洪	五〇	〃	〃	〃	〃	六口	〃

一保	七甲	十戸	陳手方	三五	農	二间	過路	廿七年弍月廿日	無	五口	乙
〃	〃	八甲一戸	田茂榮	六〇	〃	〃	〃	〃	〃	八口	〃
〃	〃	〃	二戸 田慶寿	六五	〃	三间		〃	〃	六口	丙
〃	〃	〃	三戸 田松法	二二	〃	二间		〃	〃	一口	甲
〃	〃	〃	四戸 田建洪	三五	〃	〃	〃	〃	〃	六口	〃
〃	〃	〃	五戸 田祺芳	三三	〃	〃	〃	〃	〃	四口	丙
〃	〃	〃	[illegible]戸 田瑞榮	一〇	〃	〃	〃	〃	〃	二口	甲
〃	〃	〃	六戸 田子康	三六	〃	〃	〃	〃	〃	四口	乙
〃	〃	〃	七戸 田渭青	五〇	〃	〃	〃	〃	〃	四口	〃
〃	〃	〃	八戸 田萬青	四八	〃	〃	〃	〃	〃	六口	〃

064

00063

一保	八甲	九户	田柏青	四一	農	二间	二七年二月廿日	無	四口	乙
〃	〃	十户	田福生	四八	〃	〃	〃	〃	三口	甲
〃	〃	十一户	田禮文	五一	〃	〃	〃	〃	六口	乙
〃	〃	十二户	田慶生	五二	〃	〃	〃	〃	六口	〃
〃	〃	十三户	田慶文	五五	〃	〃	〃	〃	二口	〃
〃	九甲	一户	黄甫生	三五	〃	〃	〃	〃	四口	〃
〃	〃	二户	黄文生	四九	〃	〃	〃	〃	四口	甲
〃	〃	三户	黄雪生	三三	〃	〃	〃	〃	六口	〃
〃	〃	四户	朱金生	三三	〃	〃	〃	〃	四口	乙
〃	〃	六户	朱子方	一三	〃	四间	〃	〃	三口	〃

一保九甲五户	朱金桂	二七	農	二间	廿七年二月卅日	無	二口	甲
〃〃〃七户	朱連生	五四	〃	六间	〃	〃	九口	丙
〃〃〃八户	朱有生	四三	〃	三间	〃	〃	六口	甲
〃〃〃九户	黄洪生	六〇	〃	八间	〃	〃	八口	丙
〃〃〃十户	朱雪龍	二〇	〃	三间	〃	〃	四口	甲
〃〃〃十一户	朱美珍	三八	家事	四间	〃	〃	三口	〃
〃〃〃十二户	朱長生	四八	農	二间	〃	〃	二口	〃
〃〃十甲一户	陳王氏	三八	家事	二间	〃	〃	四口	〃
〃〃〃二户	陳ヨ坤	三四	農	一间	〃	〃	四口	乙
〃〃〃三户	陳榮坤	二〇	〃	一间	〃	〃	二口	〃

070

06039

三保	九甲	五户	卯孔明	二三	農	一间	二七年二月卅日	無	三口	乙
〃	〃	〃六户	李貴堂	四九	〃	二间	〃	〃	五口	〃
〃	〃	〃七户	平福順	二九	〃	〃	〃	〃	〃	甲
〃	〃	〃八户	曹秀昌	四八	〃	〃	〃	〃	〃	乙
〃	〃	〃九户	潘財堂	七七	〃	一间	〃	〃	〃	〃
〃	〃	〃十户	王鳳祥	四七	〃	二间	〃	〃	〃	甲
〃	〃十甲	一户	章杏元	三八	〃	〃	〃	〃	四口	乙
〃	〃	〃二户	章杏泉	三二	〃	一间	〃	〃	五口	甲
〃	〃	〃三户	章杏林	二六	〃	〃	〃	〃	四口	〃
〃	〃	〃七户	章杏松	三六	〃	〃	〃	〃	三口	〃

三保	十甲	八户	蘇錦春	五五	農	二	間	二七年二月卅日	無	四口	甲
〃	〃	九户	張長生	五三	〃	〃	〃	〃	〃	三口	乙
〃	〃	十户	章子芳	二〇	〃	一	間	〃	〃	〃	甲
九保	十甲	四户	鍾發堂	四〇	〃	〃	〃	〃	〃	六口	乙
〃	〃	六户	吳聖田	五八	〃	二	間	〃	〃	四口	〃
〃	〃	七户	吳桂生	四四	〃	一	間	〃	〃	二口	甲
〃	〃	八户	徐子香	四〇	〃	〃	〃	〃	〃	三口	〃
〃	〃	十一户	吳長生	三四	〃	一	間	〃	〃	二口	〃
三保	十二	一户	馬才高		〃	一	間	〃	〃	五口	乙
〃	〃	二户	馬全全		〃	一	間	〃	〃	三口	乙

合計 (甲)赤貧六八户 (乙)次貧七五户 (丙)尚可六五户

總計 二〇八户

崇德县留良乡人民战灾损失登记名册（一九四五年十月十二日）

024

00023

崇德縣留良鄉人民戰災損失登記名冊　民國三十四年十月十二日

保別	甲別	戶別	姓名	年齡	家庭狀況	生活狀況	受災年月	損失情形	備考
第十保	六甲	十一戶	李光發	四一	男二口 女二口	赤貧	三十二年三月春	平屋二間暨全部衣物尽被燒燬	甲等
〃	〃	十二戶	李才奎	五三	男三口 女一口	赤貧	〃	燒燬房屋四間及全部衣物等	甲等
〃	〃	十三戶	李叙坤	六八	男四口 女三口	次貧	〃	燒燬樓屋二間全部衣帛器具	乙等
〃	七甲	四戶	李金榮	三十	男四口 女五口	次貧	〃	燒燬房屋四間連全部衣物等	乙等

崇德县张渚乡公所关于报送该乡灾户调查清册致石湾区署的呈（一九四五年十月十三日）

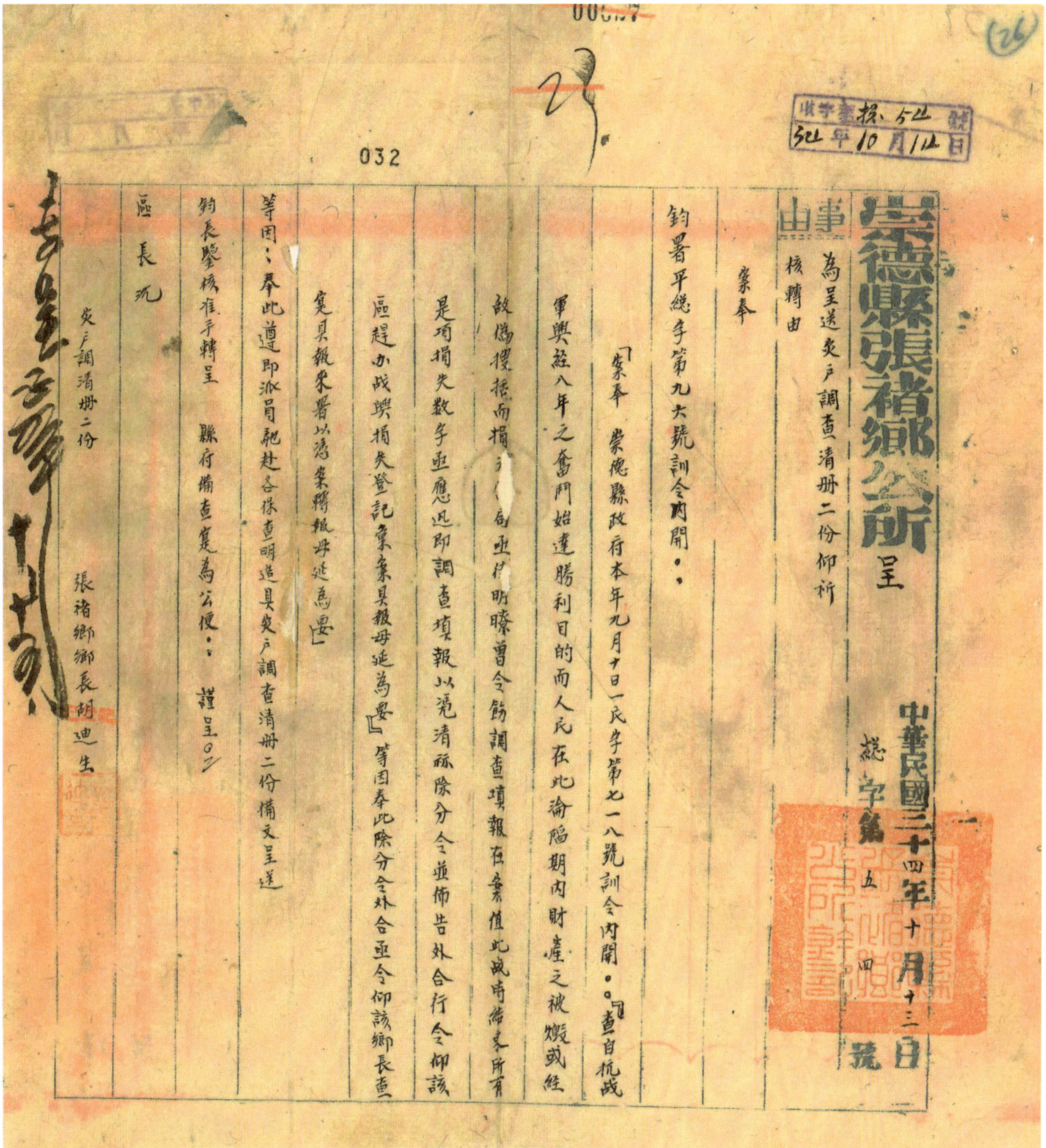
崇德縣張渚鄉公所 呈

中華民國三十四年十月十三日

總字第五四號

事由：為呈送災戶調查清冊二份仰祈核轉由

案奉

鈞署平總字第九六號訓令內開：「案奉崇德縣政府本年九月十日民字第七一八號訓令內開：『查自抗戰軍興，經八年之奮鬥，始達勝利目的，而人民在此淪陷期內財產之被燬或經敵偽搜括而損[illegible]亟待明瞭，曾令飭調查填報在案。值此戰事結束，所有是項損失數字亟應迅即調查填報，以憑清厘。除分令並佈告外，合行令仰該區趕辦戰與損失登記，彙案具報，毋延為要。』等因奉此。除分令外，合亟令仰該鄉長查寔具報來署，以憑彙轉，毋延為要。」等因；奉此，遵即派員馳赴各保查明，造具災戶調查清冊二份，備文呈送

鈞長鑒核，准予轉呈

縣府備查，寔為公便。

謹呈

區長沈

災戶調清冊二份

張渚鄉鄉長胡迪生

附：崇德县张渚乡公所灾户清册（一九四五年十月十二日）

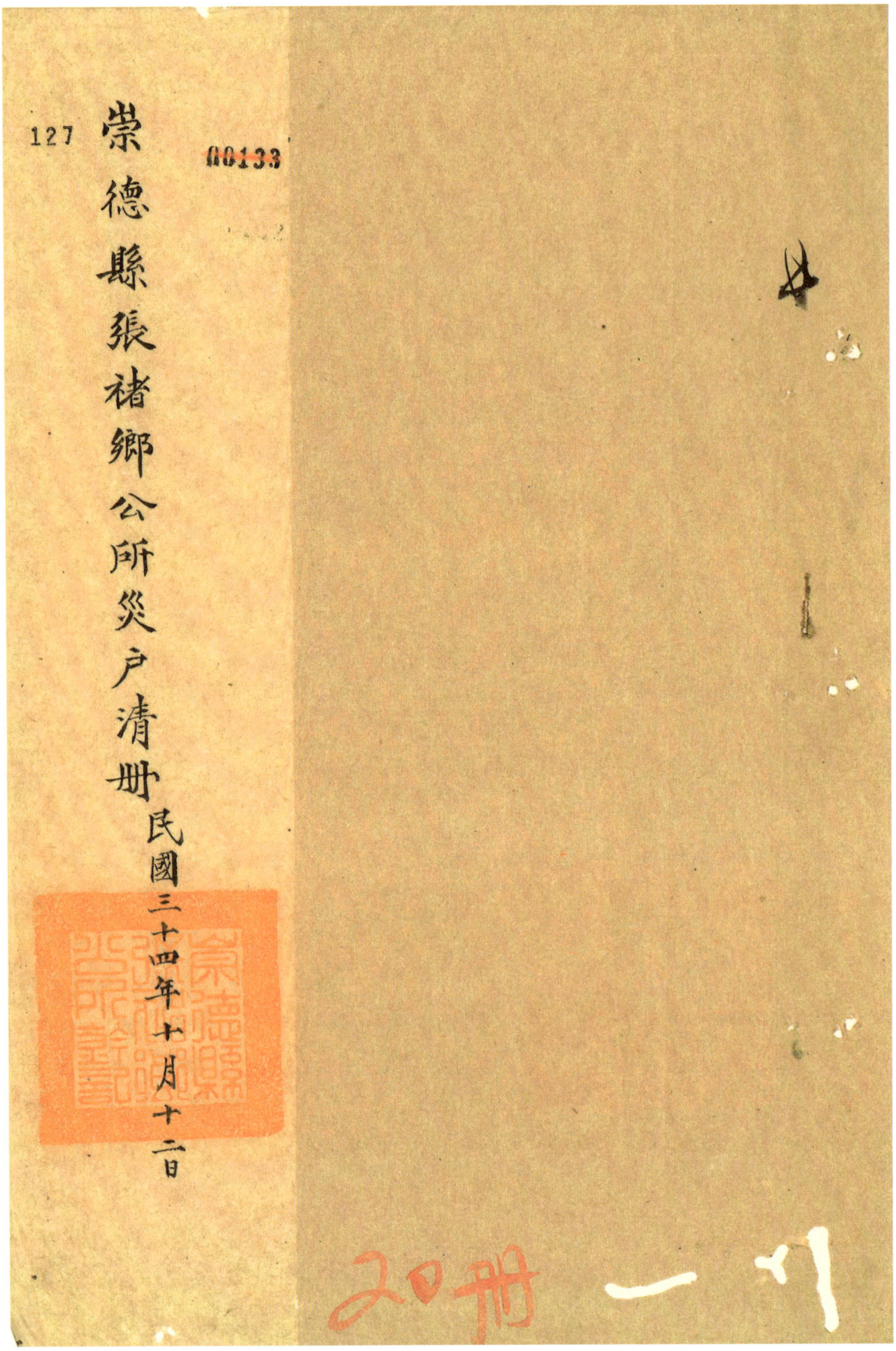
127

00133

崇德縣張渚鄉公所災户清册

民國三十四年十月十二日

20册

128

00134

崇德縣張褚鄉公所災戶清冊

民國三十四年十一月十二日

保別	甲別	戶別	災戶姓名	受災原因	受災所在地	受災日期	災戶住址	備攷
第八保	第一甲	一戶	顧天順	被偽保安隊拆毀民房二間	俛家橋	三十四年六月十八日	俛家橋	赤貧
〃	第二甲	五戶	王進源	王子亳被敵人用刀刺死	王家埭	三十年五月十三日	王家坟	次貧
第十四保	第一甲	七戶	沈阿五	被敵人燒毀民房五間	良村	二十八年九月二十八日	良村	次貧
〃	〃	八戶	徐阿林	徐阿明被敵人槍斃	〃	〃	〃	可能維持
〃	第二甲	二戶	徐楚堂	徐阿六被敵人槍斃	〃	〃	〃	〃
〃	〃	四戶	徐阿金	徐阿七被敵人槍斃	〃	〃	〃	〃
〃	第四甲	一三戶	沈錦秀	沈宏順被敵人刺死	〃	〃	〃	赤貧
〃	第五甲	九戶	沈德茂	被敵人燒毀民房二間	〃	〃	〃	可能維持

第十四保第五甲	一二户	徐寛生	徐阿四被敵人槍斃	良 村	二十八年九月二十八日	良 村	赤貧
〃 〃	〃	〃	徐阿六被敵人槍斃	〃	〃	〃	〃
〃 第六甲	一户	沈錦年	沈錦茂被敵人用刀殺死	〃	〃	〃	〃
〃 〃	六户	沈聖章	被敵人燒毀民房二间	〃	〃	〃	次貧
〃 〃	九户	陳阿二	陳文奎被敵人槍死	〃	〃	〃	〃
〃 第七甲	六户	沈增才	沈柳卿被敵人刺死	〃	〃	〃	〃
第四保第三甲	三户	褚長順	褚阿五被敵人刺死	張褚後浜	二十八年六月十八日	張 褚	可能維持
〃 〃	〃	〃	被敵人燒毀民房六间	〃	〃	〃	〃
〃 第四甲	四户	褚榮堂	褚林山被敵人用刀刺死	〃	〃	〃	〃

崇德县石湾镇人民战灾损失调查表（节选）（一九四五年十月十四日）

00006
029
17
00097
崇德縣石灣鎮人民戰災損失調查表
崇德縣石門鎮公所

崇德縣石灣鎮抗战期内人民各種遭灾受損調查表

民國三十四年十月十四日　鎮長何寅葯

受灾人姓名	住址	職業	受灾種類	損失數額	被灾原因	被灾年月	出事地点	備考
嚴阿乾	本鎮二保三甲一户	农	草房	三間	被敵人焚燬	廿六年十一月	本鎮二保三甲	
張德記	三甲二户	仝上	平屋	四間	仝上	仝上	仝上	受灾人之母親亦于廿六年十一月被敵[illegible]殺
陳雙友	三甲三户	仝上	草屋 平房	四間 三間	仝上	仝上	仝上	
王德文	三甲四户	仝上	草屋 平屋	六間 三間	仝上	仝上	仝上	
張阿榮	三甲六户	仝上	平房	四間	仝上	仝上	仝上	
祁玉松	三甲七户	仝上	仝上	三間	仝上	仝上	仝上	
屠鳳昌	三甲八户	仝上	平房	五間	仝上	仝上	仝上	
錢友和	四甲一户	仝上	仝上	五間	仝上	仝上	仝上	

祁連生	二保四甲一戶	農	平房	九間	被敵人焚燬	廿六年十一月	本鎮二保四甲
祁殿元	四甲四戶	仝上	樓房 平房	三間 三間	仝上	仝上	仝上
顏慶和	四甲七戶	仝上	平房	六間	仝上	仝上	仝上
劉金有	四甲八戶	仝上	平房	九間	仝上	仝上	仝上
陸順福	七甲一戶	仝上	平房	三間	仝上	仝上	仝上
陸錦浩	七甲二戶	仝上	平房	三間	仝上	仝上	仝上
陳德生	七甲三戶	仝上	樓房 草房	四間 五間	仝上	仝上	仝上
王洪年	七甲五戶	仝上	草房	四間	仝上	仝上	仝上
劉格德	七甲七戶	仝上	草房	五間	仝上	仝上	仝上
吳玉鳳	二甲	仝上	房屋 茅舍	五間 三間	仝上	仝上	仝上

00098

031

00099

吴玉鳳	二保二甲	農	米 六十五石 水車 三部 車盤 一軸	被敵人焚燬	廿六年十一月	本鎮二保二甲
吴長興	仝	仝	房屋 四間 茅舍 弍間	仝上	仝上	仝上
仝上	一甲	仝	水車 三部 水車盤 一軸	仝上	仝上	仝上

填報人第二保保長朱友和

032

崇德縣石灣鎮抗战期内人民各種遭灾受損調查表

受灾人姓名	住址	職業	受灾種類	損失數額	被灾年月	被灾原因	出事地點	備考
譚彩彬	本鎮三保三甲	農	死亡	男口	廿六年十一月	被敵機炸死	槐樹頭	
李子龍	三保十甲	仝上	仝上	男口	仝上	被敵人拾殺	文湾里	
譚洪泉	三保三甲	仝上	房屋	三間	廿八年	敵機轟炸	槐樹頭	
俞林昌	三保十甲	仝上	平屋	弍間	廿六年十一月	被敵人焚燬	文湾里	
陳杏林	三保二甲	仝上	平屋	六間	仝上	仝上	䆗家埭	稻穀拾担像具全部亦被敵人焚燬
陳萬隆	仝上	仝上	平屋	四間	仝上	仝上	仝上	
仝上	仝上	仝上	稻穀	八担	仝上	仝上	仝上	
陳少全	仝上	仝上	平屋	四間	仝上	仝上	仝上	稻穀黃豆十餘石亦被敵人焚燬

陳福才	三甲一甲	農	平屋	四間	廿六年十一月	被敵人焚燬	窑家埭	稻穀八石亦被敵人焚燬
窑錫章	全上	全上	平屋	四間	全上	全上	全上	稻穀黃豆十餘石亦被敵人焚燬
窑定林	全上	全上	平屋	四間	全上	全上	全上	稻穀八担亦被敵人焚燬
窑文奎	全上	全上	平屋	四間	全上	全上	全上	稻穀六石亦被敵人焚燬
朱加生	白象頭	全上	平屋	六間	全上	全上	白象頭	稻穀十石亦被敵人焚燬
朱金山	全上	全上	平屋	一間	全上	全上	全上	稻穀八石亦被敵人焚燬
朱月山	全上	全上	平屋	六間	全上	全上	全上	稻穀十石亦被敵人焚燬
朱德山	全上	全上	平屋	四間	全上	全上	全上	稻穀黃豆十石亦被敵人焚燬
朱春龍	全上	全上	平屋	三間	全上	全上	全上	稻穀黃豆十石亦被敵人焚燬
朱金龍	全上	全上	平屋	三間	全上	全上	全上	稻穀八石亦被敵人焚燬
朱叙坤	全上	全上	平屋	三間	全上	全上	全上	稻穀八石亦被敵人焚燬
朱乾坤	全上	全上	平屋	三間	全上	全上	全上	稻穀黃豆十石亦被焚燬

填報人第三保保長郭炳[illegible]

董阿順	下西街	茶店水菓	生財貨物	無從估計	廿六年十一月	被敵人焚毀	下西街東首	第二次遭災
仝上	仝上	仝上	平屋	壹間	仝上	仝上	仝上	
仝上	仝上	仝上	生財貨物	無法估計	廿六年十一月	仝上	仝上	仝上
楊芝寅	大井頭		店面樓房	三間	廿六年十一月	仝上	仝上	
豐嘉林	馬家橋	染業	店面樓房連內宅	叁間	仝上	仝上	仝上	
許恒隆		煤鐵	店面樓房	壹間	仝上	仝上	木場橋北首	
仝上		仝上	平屋	貳間	仝上	仝上	仝上	
仝上		仝上	生財貨物	無從估計	仝上	仝上	仝上	
王復生		豆腐	店面樓屋	壹間	仝上	仝上	仝上	
益元堂藥號	下西街	藥材	店面樓房	貳間	仝上	仝上	木場橋南堍	

益元堂	下西街	藥材	生財貨物	無法統計	廿七年十一月	被敵人焚毀	木場橋南堍
董洪茂		烟業	店面房屋	弍間	仝上	仝上	木場橋
仝上		仝上	作場平屋	弍間	仝上	仝上	棋沙弄
豐子愷	現住重慶	著作家	樓房	三間	仝上	仝上	仝上
仝上	仝上	仝上	傢俱書籍	無從估計	仝上	仝上	仝上
孫坤堂		雜貨	店屋	壹間	仝上	仝上	木場橋
仝上		仝上	生財	全副	仝上	仝上	仝上
仝上		仝上	內宅樓房	壹間	仝上	仝上	大井頭
仝上		仝上	平房	三間	仝上	仝上	仝上
仝上		仝上	傢具	全部	仝上	仝上	仝上

00050

00122

055

毛鶴林	九保一甲十二戶	農	房屋	壹間	廿六年十月廿七	被敵人焚燬	會里壕
仰學山	一甲十三戶	農	仝	貳間	仝上	仝上	仝上
沈金奎	四甲一	農	仝	壹間	仝上	仝上	仝上
沈金福	四甲	農	仝	壹間	仝上	仝上	仝上
沈金康	仝	仝	仝	壹间	仝上	仝上	仝上
沈寶奎	仝	仝	仝	壹间	仝上	仝上	仝上
錢學慶	仝	仝	仝	半间	仝上	仝上	仝上
錢龍生	仝	仝	仝	半间	仝上	仝上	仝上

填報人第九保保長沈錫奎

崇德县芝村乡敌灾损失暨死亡人数简明统计表（一九四五年十月二十日）

031

00030

崇德縣芝村鄉敵災損失暨死亡人數簡明統計表

災户户長姓名	年齡	性别	籍貫	住址	損失名稱及死亡姓名	數量	死亡人數	被害年月日	被害原因	放
姚源芳	三五	男	崇德	二保十三甲十户	耕農船	一		二七年十一月四日	敵人經過時損失	次貧
陳廷榮	五二	〃	〃	十三保八甲户	陳宝年		一	二六年七月廿四日	本縣警察局與敵人鬧火被敵人槍殺	赤貧
朱友生	六二	〃	〃	十保九甲八户	朱松山		一	三四年六月六日	往大麻遭日軍出發槍殺	尚可維持
沈芝法	三五	〃	〃	十三保四甲九户	沈芝文		一	二八年二月五日	敵人經过芝村造殺	次貧
沈芝揚	四〇	〃	〃	十三保五甲六户	沈國榮		一	二八年二月十五日	仝	〃
寺廟户龍壽庵									被敵人焚燬	
陳阿二	二〇	〃	〃	五保十甲三户	民房 椅子	一 十		二七年四月十三日	遭敵机炸燬	赤貧
〃	〃			〃	箱子 衣櫥	五 一		〃	〃	〃
陳天生	四二	〃	〃	五保十甲四户	民房 什件	一 一		〃	〃	〃
〃	〃			〃	箱子 衣物	9 一		〃	〃	〃
〃	〃			〃	農船	一		〃	〃	〃

民國三十四年十月二十日
鄉長龔價中填

028　00027

崇德縣政府平西鄉災户名册

保别	甲别	户主姓名	職業	受災損失 被害人口	受災損失 被燬房屋	日期	被災情形	備攷
二	二	陳壽生	農	一	一直落	民二十九年十月	被敌机轟炸	次貧
〃	〃	朱寶泉	仝		一間	仝上	被敌机轟炸	次貧
三	二	陳春林	仝	一		民二十八年九月	其父被長安方向敌人落地開花暴發炸彈炸死	赤貧
〃	一	周張氏	家務	一		民二十七年二月	其子被侵崇之敌無故殺死而屍身影跡全無	赤貧
四	五	顧有浩	農	一		民三十一年九月	其本人有浩被敌衛来在大善橋地方轟擊死	赤貧
五	九	張子坤	仝	一		民二十九年十月	其本人子坤被乱机炸死	赤貧
九	八	陸寶甫	仝		一間	民三十一年六月	敌来目的搜擄本鄉公所人員致被焚燬	尚可維持
〃	六	陸在坤	仝		一間	仝上	仝上	仝上

中華民國三十四年十月二十二日

鄉長鄭芝蘭

九	七	王叙元	仝	一	一間	民三十二年六月	敌来搜擄本鄉公所工作人員致被焚燬	赤貧
〃	〃	王子元	仝		一間	仝上	仝上	尚可維持
〃	六	陸林照	仝		一間	仝上	仝上	次貧
合	計	十一户	仝	五人	七間			

崇德县洲泉区义马乡灾户名册（一九四五年十月二十九日）

136

00140

浙江省崇德縣洲泉區義馬鄉災户名册

民國卅年拾月二十九日造送

義馬鄉鄉長朱汝銘

137　00141

浙江省崇德縣洲泉區蒙馬鄉災户名册

民國卅四年拾月二十九日造送
蒙馬鄉鄉長朱汝銘

保甲户別			姓名	年齡	人口	家境概况	備註
保	甲	户					
一	九	七	朱長生	58	二大	極貧	因受戰時影響無以為生
	十一	九	王桂生	48	一大	極貧	因戰失業
二	七	五	朱沈氏	64	一大一小	極貧	因受戰時影響無以為生
	五	十	朱正榮	56	一大	次貧	仝右
三	三	十	楊五毛	64	一大一小	次貧	仝右
	十	十	沈子荣	42	三大一小	次貧	仝右
四	四	九	錢宝林	78	二大	極貧	仝右
	七	十一	李有堂	24	三大	次貧	仝右

五四五	周　氏	50	一大	次貧	因受战時影響無以為生
五七	朱張氏	52	一大	次貧	仝右
六一六	朱金良	23	二大	尚可維持	其父阿二被敵偽誤擊槍亡
四十一	朱々氏	38	二大	極貧	因受战時影響無以為生
七二九	鍾周氏	65	一大	次貧	仝右
七十二	沈々氏	60	一大	次貧	仝右
八六一	張梁氏	28	一大二小	極貧	仝右
四十一	張福慶	57	二大一小	次貧	仝右
十四七	金錫寿	50	一大	次貧	仝右
六一	呂沈氏	56	一大	次貧	仝右

138　00142

十一	二	四	梁阿掌	52	一大	次貧	仝右
	六	七	姚阿坤	48	一大	次貧	仝右
十二	九	六	吕振生	38	二大	極貧	仝右
十三	三	五	鍾趙氏	65	一大	極貧	仝右
	十二	九	蔡馬氏	60	一大	極貧	仝右
十四	十一	七	朱文榮	47	二大	尚可維持	前被敌僞惠傷要害
	七	五	倪祥高	15	一大一小	極貧	其父無故被敌僞慘殺
十五	四	七	唐阿慶	13	一大	極貧	其父振法被敌僞慘殺
	七	十三	全丫頭	40	二大一小	次貧	被敌僞誤傷一腿
	八	九	陸富冠	52	二大一小	極貧	曾被敌僞慘傷要害

崇德县骑塘乡人民战灾损失登记册（一九四五年十月三十日）

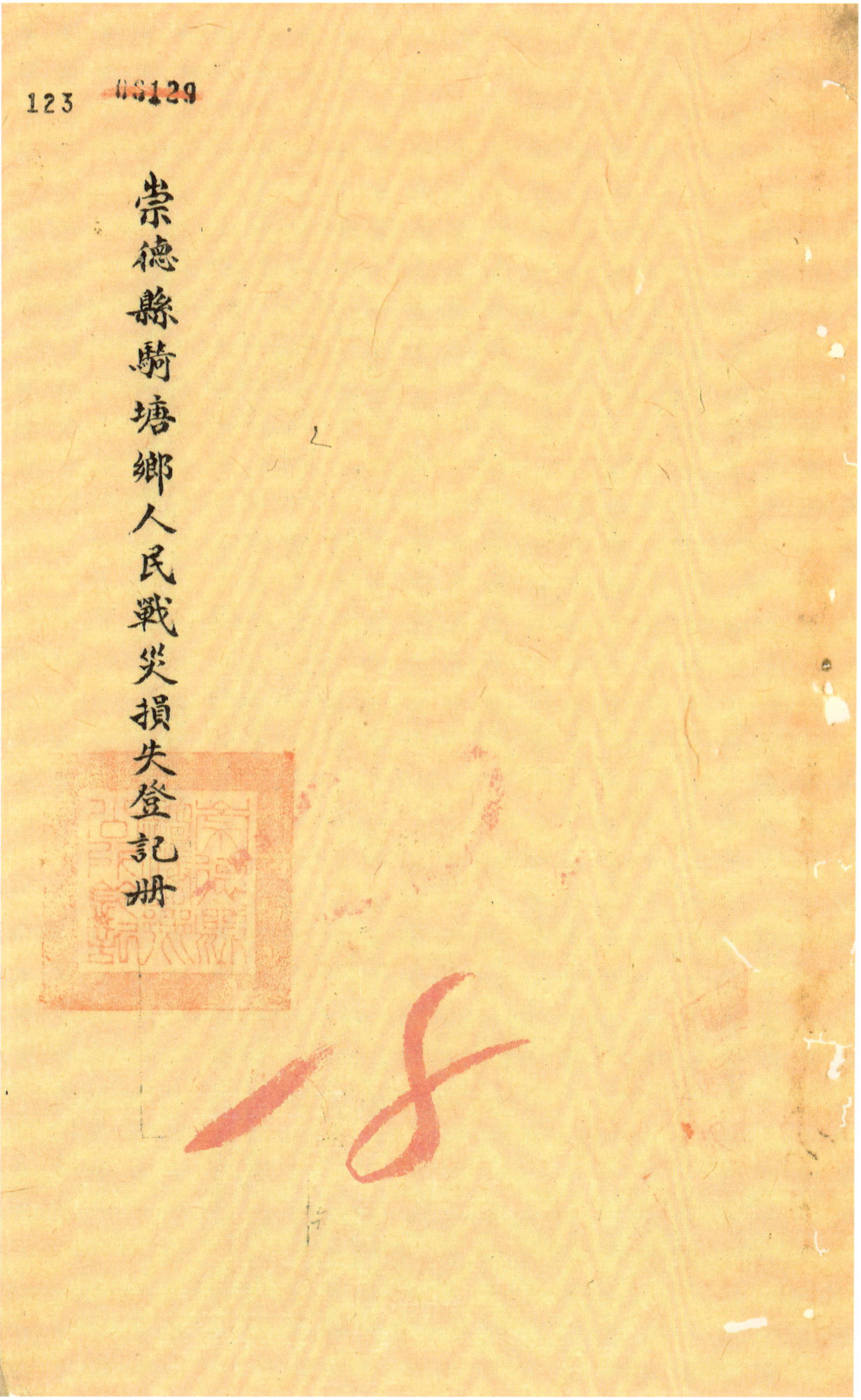

123 66129

崇德縣騎塘鄉人民戰災損失登記册

18

124 00130

崇德县骑塘乡人民战灾损失登记册

保别	被害年月	被害人姓名	性别	年龄	籍贯	战灾损失情形	住址甲户	致害敌伪番号	保甲长盖章	家庭状况
八	卅四年五月	陈阿四	男	一五	崇德	被敌强派铁道管夜遭火车轧死	潘加谷四甲八户	一三五分遣队		赤贫
〃	卅年八月	陈伯金	男	三〇	〃	任本乡情报员遭伪军拘捕枪杀	木牙桥六甲六户	斜桥自卫队		赤贫
〃	卅年八月	陈福宝	男	二七	〃	任本乡情报员遭伪军拘捕枪杀	木牙桥五甲四户	斜桥自卫队		赤贫
〃	卅年七月	陈叙堂	男	三五	〃	国军破坏铁道敌伪拘捕枪杀	庄里木桥七甲八户	长安警备队		赤贫
十二	廿八年十二月	徐明夫	男	四二	〃	任本乡乡长被人告发敌伪至店中搜捕器皿燬尽	徐加门十二甲四户	斜桥警备队		赤贫
八	卅年七月	陈加生	男	四二	〃	国军破坏铁道敌寇四出搜捕被掳枪杀	骑塘桥五甲四户	斜桥警备队		赤贫
二	卅三年七月	沈阿四三	男	二八	〃	被敌打落水中而毙	遭泾港七甲八户	斜桥警备队		赤贫
一	廿六年十二月	张顺田	男	六九	〃	吾军攻敌后敌放火被燬住房七间	封家塲四甲一户	敌军森口队		赤贫

一	廿六年十二月	封芝堂	男	五一	〃	住房六间一披亦遭敵燬	封家塲四甲四户	森呂隊	赤貧
〃	廿六年十一月	孫瑞文	男	三九	〃	吾軍攻敵後敵放火被燬住房三间一過路	大水路五甲一户	森林隊	赤貧
〃	廿六年十二月	孫榮春	男	四九	〃	仝时被燬住房三间一披	大水路五甲五户	森林隊	赤貧
〃	廿六年十一月	孫叙文	男	三三	〃	仝时被燬住房三间一過路	現遷呂家木桥六甲五户	森林隊	赤貧
〃	廿六年十一月	張芝山	男	二三	〃	路过斜桥西鉄桥被敵軍开槍擊死	吁家棣二甲四户	森隊	赤貧
〃	廿九年八月	張順田	男	六九	〃	燬後所建住房三间又被敵偽迫拆卸	封家塲四甲一户	敵軍桥爪隊	赤貧
〃	廿九年八月	張玉堂	男	四八	〃	住房三间半被敵迫拆卸	封家塲四甲二户	桥爪隊	赤貧
〃	廿九年八月	張福昌	男	四二	〃	住房三间半被敵迫拆卸	封家塲四甲三户	桥爪隊	赤貧
〃	廿九年八月	封芝堂	男	五一	〃	燬後剩下住房五间亦遭敵迫拆卸	封家塲四甲四户	桥爪隊	次貧
〃	卅三年四月	陳祥源	男	三	〃	敵偽軍下鄉拉夫到上山作苦工以致亡故	大水路五甲一户	海軍偽第三中隊	赤貧

三	廿七年八月	余貴生	男	四五	斜橋日軍下鄉擄掠刺死	朱加橋斜橋五里三户數警備隊	赤貧
〃	廿七年八月	余子榮	男	三〇	斜橋日軍下鄉擄掠刺死	朱加橋斜橋亭户數警備隊	赤貧

70

附註：本鄉南毗滬杭鐵道與盤踞周王廟斜橋之敵偽僅咫尺之遥又為我軍攻擊要道故其被害於敵偽之人民戰災損失甚重撫賬為最大任務。

崇德縣騎塘鄉鄉長馬炳章

中華民國三十四年十月三十日

崇德县五泾乡人民战灾损失登记表（一九四五年十月）

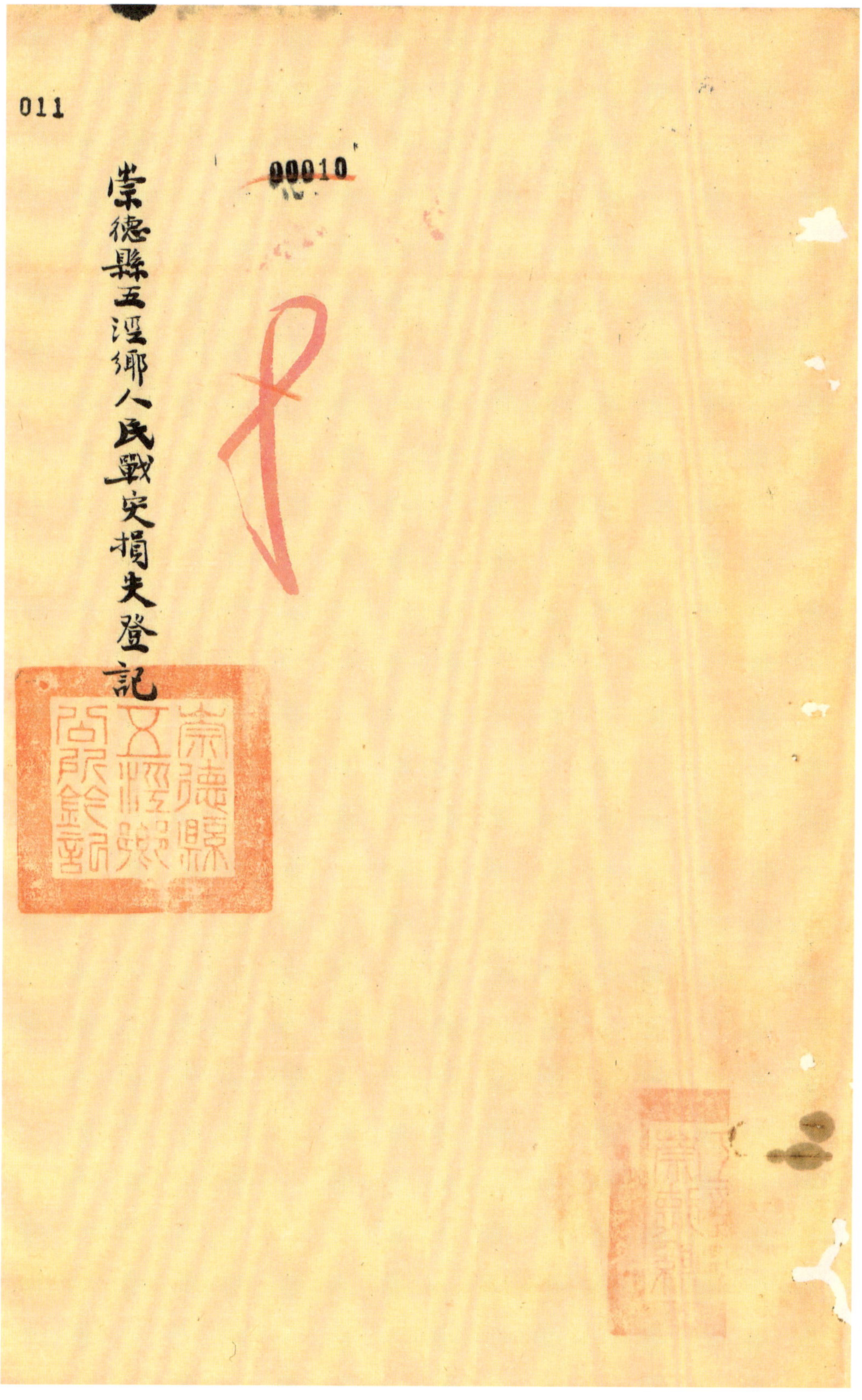
011

00010

崇德縣五涇鄉人民戰灾損失登記

崇德縣五涇鄉人民戰灾損失登記

民國三十四年十月　日造

受灾人姓名	住址	受灾標的物	受灾年月	受灾原因	損失數額	現在家庭狀况	備考
徐桂芳	一保九甲一户	房屋四间	二十八年十一月十日	敵人出發騷擾被焚	叁萬元	生活困難	
徐小亭	一保九甲二户	〃三间	〃	〃	叁萬元	〃	
徐云亭	一保九甲三户	〃三間	〃	〃	叁萬元		
徐進林	一保九甲四户	〃九間	〃	〃	玖萬元	生活困難	
徐肇坤	一保九甲五户	〃九間	〃	〃	玖萬元		
徐友喬	一保九甲六户	〃九間	〃	〃	玖萬元		
徐肇均	一保九甲七户	〃九间	〃	〃	玖萬元		
徐肇昌	一保九甲八户	〃九間	〃	〃	玖萬元	生活困難	

徐松	一保九甲九戶	房屋九間	二十八年十一月十日	敵人出發騷擾被焚	玖萬元	
徐乃昌	一保九甲十戶	〃十一間	〃	〃	拾貳萬元	
徐松濤	一保九甲十一戶	〃七間	〃	〃	柒萬元	生活困難
徐夢香	一保九甲十二戶	〃七間	〃	〃	柒萬元	
徐氏坟	一保九甲	坟樹	三十三年九月十四日	被敵人砍去	約五百餘担	
沈高氏	一保三甲四戶		二十八年六月十一日	在石灣被敵機炸死		
沈定榮	一保三甲十一戶		〃	〃		生活困難 遺孤兒祖母
徐氏	一保三甲十九戶		〃	〃		生活困難
徐了頭	一保三甲十六戶		〃	〃		〃
周浩坤	二保三甲七戶		二十八年十一月十日	被敵人慘殺		〃

范長源

013

00012

孫阿二	二保三甲十三户		二十八年十一月十日	被敵人慘殺		生活困難
周叙林	二保四甲十二户	房屋六間	〃	敵人出發騷擾被焚	叁萬元	〃
周長發	二保四甲十三户	〃 三間	〃	〃	弍萬元	〃
沈進山	二保四甲十七户	〃 十二間	〃	〃	陸萬元	〃
周生諾	二保四甲十四户	〃 十間	〃	〃	五萬元	
周正諾	二保四甲十五户	〃 十二間	〃	〃	陸萬元	
周文源	二保二甲五户	〃 十二間	〃	〃	陸萬元	生活困難
周寶如	二保二甲六户	〃 九間	〃	〃	五萬元	
周其根	二保二甲十一户	〃 九間	〃	〃	五萬元	
周發高	二保二甲十二户	〃 九間	〃	〃	五萬元	

周文奎	二保二甲十三户	房屋九间	〃	〃	五萬元	
周發生	二保二甲十七户	〃 九間	〃	〃	五萬元	
周金泉	二保二甲十户	〃 八間	〃	〃	四萬元	
周叙龍	二保二甲三户	〃 十間	〃	〃	五萬元	生活困難
周氏	二保三甲一户	〃 五間	〃	〃	叁萬元	孤身
周阿二	二保三甲十四户		三十三年六月	被日人惨殺		
王寶不	四保四甲四户		三十三年二月初十日	〃		
王阿二	四保七甲		二十八年六月十一日	被日机炸死		
孫祥生	四保七甲四户	房屋四间	三十二年	被日人拆卸	四萬元	
惠通和尚	四保十甲一户	庙屋廿間	二十八年十一月十日	被日人焚燬	弍拾萬元	係梁王廟

014

00013

陸永風	五保二甲十一户	店屋二間	三十三年五月二十三日	國軍攻害該鎮時焚燒	弍萬元
沈善珍	五保二甲十二户	〃 一間	り	〃	壹萬元
李德華	五保二甲十三户		二十八年六月十二日	被日机炸死	
李長根	五保一甲三户	店屋七間	三十三年五月廿三日	國軍攻害該鎮時焚燒	柒萬元
凌鳳興	五保一甲四户	〃 一間	〃	〃	壹萬元
凌阿慶	五保一甲五户	〃 一間	〃	〃	壹萬元
徐桂寶	五保一甲六户	〃 二間	〃	〃	弍萬元
沈寶康	五保一甲七户	〃 二間	〃	〃	弍萬元
陸沛芹	五保一甲八户	〃 七間	〃	〃	柒萬元
張善成	五保一甲九户	〃 四間	〃	〃	四萬元

朱平西	五保一甲十户	店屋	一間	三十三年五月廿三日	〃	壹萬元
沈永生	五保一甲十一户	〃	二間	〃	〃	贰萬元
敦厚堂	五保二甲一户	〃	二間	〃	〃	贰萬元
倪慶和	五保二甲二户	〃	三間	〃	〃	叁萬元
馬载兴	五保二甲三户	〃	八間	〃	〃	捌萬元
朱浩生	五保二甲四户	〃	四間	〃	〃	四萬元
唐仁葉	五保二甲五户	〃	贰間	〃	〃	贰萬元
蔡泉生	五保二甲六户	〃	贰间	〃	〃	贰萬元
陸成乾	五保二甲七户	〃	贰間	〃	〃	贰萬元
朱長根	五保二甲八户	〃	贰間	〃	〃	贰萬元

015

00014

陸永和	五保二甲九户	屋二間	三十三年五月廿三日	國軍攻㨂該鎮時被焚	弍萬元		
沈中堂	五保二甲十户	〃弍間	〃	〃	弍萬元		
陸祥林	七保	〃四間		日軍出發騷擾被焚	四萬元		
沈錫林	七保	〃十間		〃	弍拾萬元		
朱鴻山	八保		二十九年八月廿五日	被日人慘殺			二十歲
朱維生	八保		〃	〃			二十三歲
龔沛然	九保七甲十一户		二十八年三月	在第三區洲泉大沭寺桥与敵遭遇戰慘殺			卅六歲 遺妻兒各一人
沈金鳳	九保一甲四户		二十八年十一月十日	被敵慘殺			十五歲
蔣阿四	十保三甲		二十九年八月廿五日	〃			卅歲
沈十狗	十保三甲		〃	〃			廿三歲

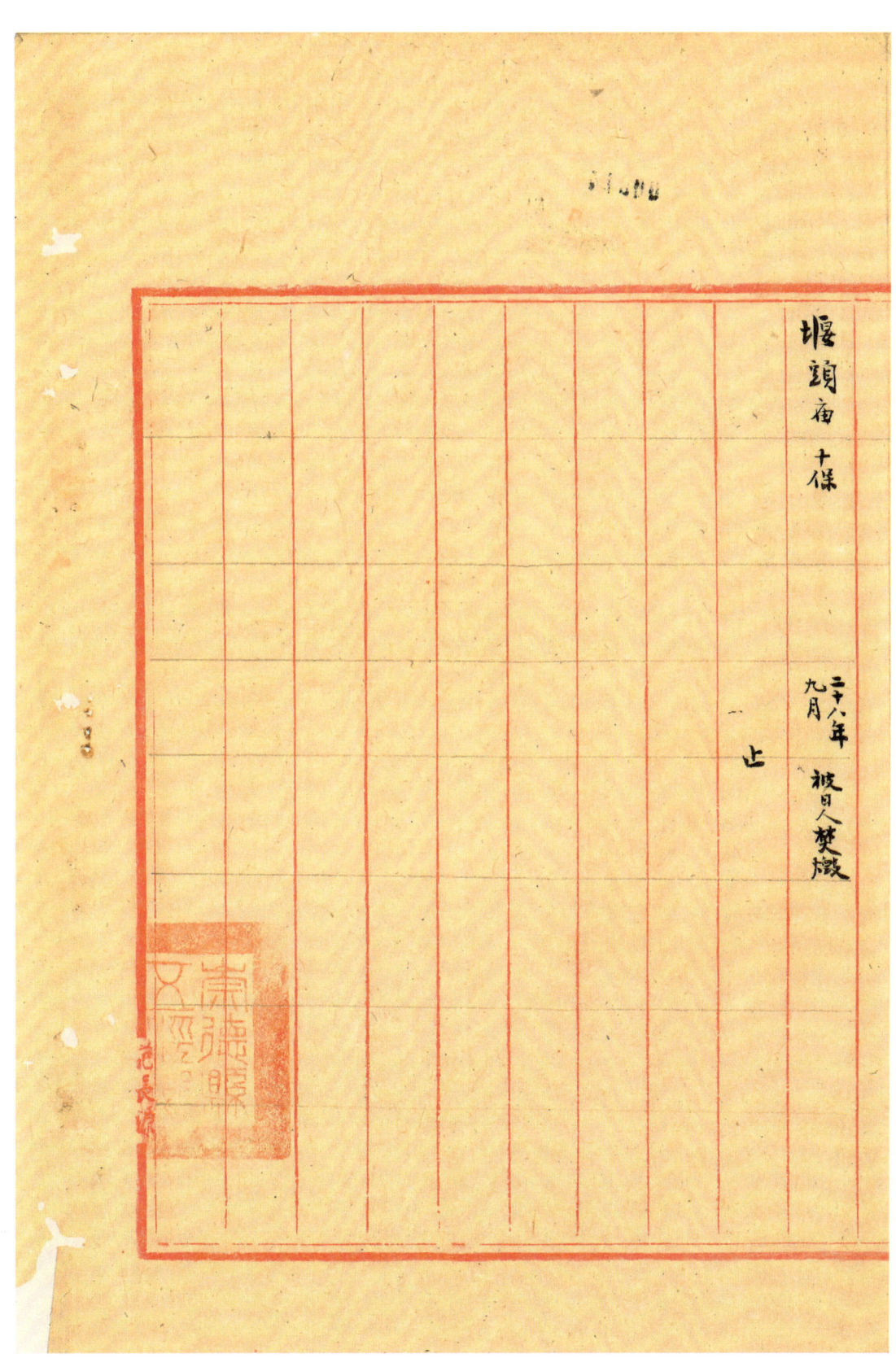

堰頭廟　十保　二十八年九月　被日人焚燬

止

崇德县洲泉区洲泉镇民间战时损失灾册（一九四五年十月）

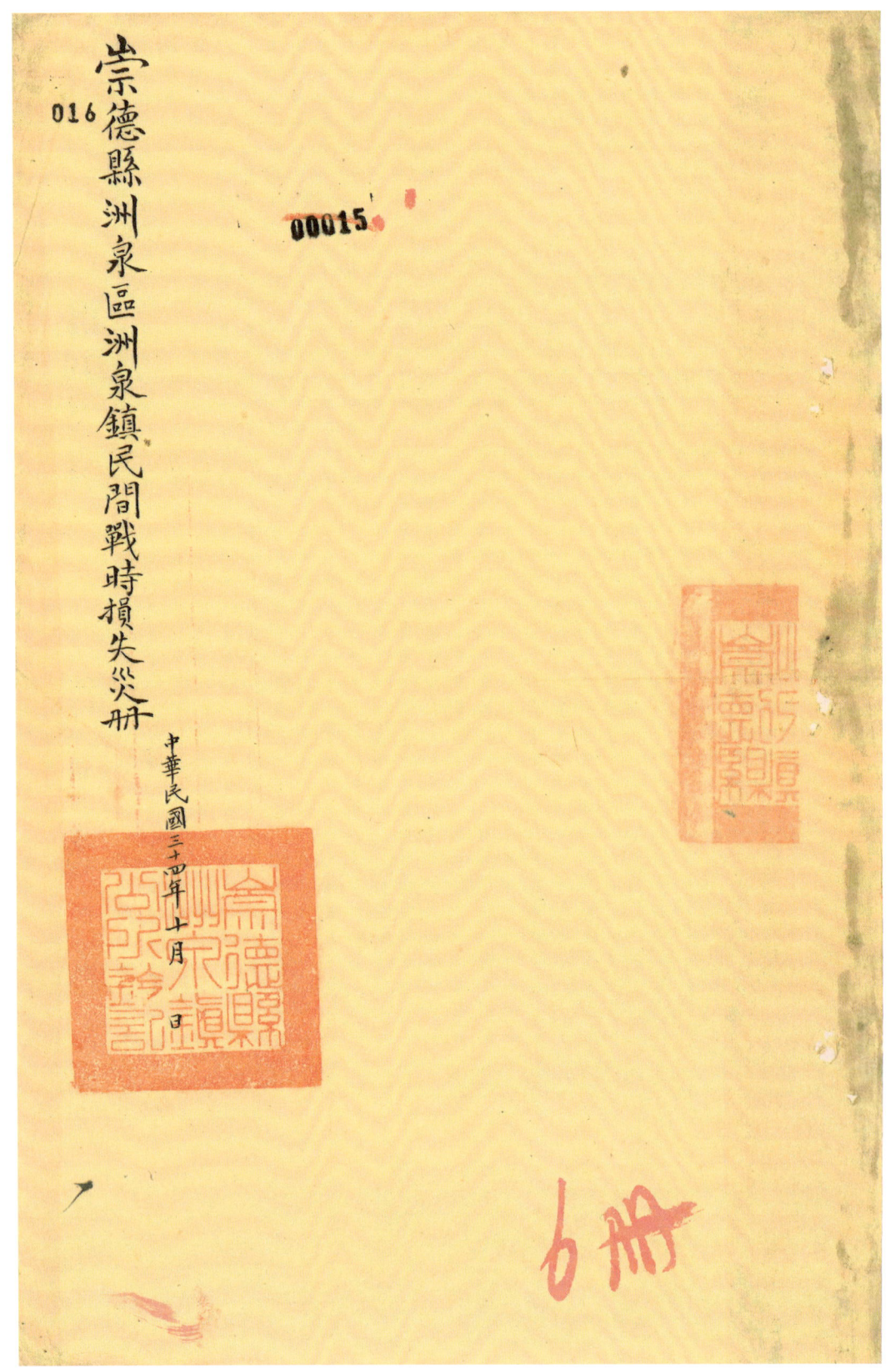

016

00015

崇德縣洲泉區洲泉鎮民間戰時損失災册

中華民國三十四年十月　日

6册

017

00016

崇德縣洲泉區洲泉鎮民間戰時損失災册

保甲戶別	損失者姓名	年齡	籍貫	損失種類	數量	當時價值	現時價值	被害日期	被害原因	證明人	填報日期	調查人	備攷
二保六甲二戶	王春林	五六歲	崇德	平屋	三間	壹千五百元	六萬元	三二年四月	被敵人燒毀	保長沈福昌 甲長胡坤秀	三四年十月十九日		畧可維持
二保六甲四戶	胡永年	五二歲	崇德	親子胡金生二八歲	壹人			二八年三月廿七日	被敵刹死	保長沈福昌 甲長胡坤秀	仝上		畧可維持
二保九甲二戶	郁文秀	三四歲	崇德	欄豆屋	壹間	三千元	八萬元	三二年四月	被敵人燒毀	保長沈福昌 甲長郁閔祥	仝上		甲貧
二保九甲三戶	郁杏春	五拾歲	崇德	欄豆屋	壹間	壹百元	五千元	三三年五月	被敵人拆作防禦工事	保長沈福昌 甲長郁閔祥	仝上		畧可維持
二保九甲四戶	郁子林	四四歲	崇德	欄豆屋	壹間	壹百元	五千元	三三年五月	被敵人拆作防禦工事	保長沈福昌 甲長郁閔祥	仝上		畧可維持
二保八甲	俛午生		崇德	廂屋 灶間	壹間 壹間	五百元	貳萬元	三二年四月	被敵人燒毀	保長沈福昌 甲長俛炳訓	仝上		畧可維持
二保八甲七戶	王人極	三三歲	崇德	廂屋 灶間	壹間 壹間	五百元	貳萬元	三二年四月	被敵人燒毀	保長沈福昌 甲長俛炳訓	仝上		畧可維持
二保九甲三十戶	金覺民	三三歲	崇德	樓屋	壹間	五千元	拾萬元	三二年四月	被敵人全部拆毀	保長沈福昌 甲長郁閔祥	仝上		畧可維持

二保	九甲	十四户	任瑞通	四一歲	崇德	平屋	贰間	壹百元	贰千元	三二年五月	被敌人全部拆作防禦工事	保長沈福昌 甲長郁閔祥	三四年十月十九日	畧可维持
二保	九甲	十五户	任發荣	四八歲	仝	平房 水閣	贰間 壹間	三百元	三萬元	三二年四月十四日	被敌人全部拆作防禦工事	保長沈福昌 甲長郁閔祥	仝	畧可维持
二保	十二甲	四户	丁秋生	五六歲	仝	平屋	贰間	壹百元	贰千元	三三年六月	被敌人全部拆作防禦工事	保長仝上 甲長仝上	仝	仝上
叁保			吴佐臣	四六歲	仝	樓廳 平屋 樓屋	六間 八间 三间	三萬元	七百萬元	三三年四月至三四年	敌伪佔以络续拆卸及毁坏	保長李見莪 甲長	仝	仝上
仝			〃	〃	〃	墙门间 灶间 过路	三间 三间 四间	壹萬元	三百萬元	八月止	仝上	保長李見莪 甲長	仝	仝上
四保	四甲	十一户	金覺民	三三歲	仝	放租樓屋 柴房間 家具及什物	七间 壹间 全部	七千元 一千五百元 三千元	七十二万元 四万元 九万元	三二年四月至三四年八月止	房屋被敌伪全部毁坏，家用器具被敌伪人員訛詐盗賣	保長朱復恢 甲長袁啟明	三四年十月十七日	仝上
						廳屋内門窗及装修 又桑樹	全部 贰千枝	五千五百元 一千五百元	十六万元 四万元	仝	廳内装修络续被敌人燒毁，桑樹被敌人作燃料	保長仝上 甲長仝上	仝	仝上
四保			金南圃	五拾歲	仝	门窗遮玻璃 楼板地板	四五扇 三十塊	二百元 七十元	四万元 四千元	三二年四月	敌人侵佔洲泉即将民之住屋四间全部作为	保長朱復恢 甲長	十月二十日	仝上
						壁板 楼梯 動用器物	八六塊 二具	四拾元 拾元 一百元	八千元 二千元 二万元		軍部			仝上
三保	四甲		李佐霖	三八歲	仝	廳屋二間	贰間	二万五千元	五十万元	三三年四月	被敌拆燬作防禦工事	保長李見莪 甲長金智周	十月二三日	仝上

018

00017

三保 甲 户	楊瑞通	五三歲	崇德	珠閣屋 風墻	壹間 弍垛	一千六百元	壹万元	三一年七月九日	日機炸燬	保長李見芨 甲長楊瑞通	三四年十月二三日	暑可維持
三保四甲 户	金智周	四七	仝	廳屋 屋內家具	四間 半部	三万五千元 三万五千元	五十万元 七十万元	三三年	被日人拆毁作防禦工物 屋內物被刼去	保長李見芨 甲長金智周	仝	仝上
三保 甲 户	鑫泰協		仝	白粉 赤粉 燭 鹹肉火腿	十五担 五担 拾担	四万五千元 弍万元 一万五千元	六十五万元 十二万元 三十万元	三二年四月十日	敵人進駐	保長李見芨 甲長	十月二三日	南貨店 開設洲泉鎮
保 甲 户				糯米 枝 红里棗	弍担 卅担	弍万元 六万元	七十万元 四十五万元					
五保二甲 户	南公和			民房 內部什物	八間 半部	一千五百元	二千七万元	三二年四月至三四年	被敵人佔後絡續拆賣搬運	保長施子慶 甲長章子榮	十月二三日	油坊 開設洲泉鎮
五保六甲九户	太和			皮油 桕燭 綿被	三件 四百斤 弍條	一百廿元 二百四十元 一百六十元	五萬元 九万六千元 九千元	二九年二月	被敵軍和偽軍刼去	保長施子慶 甲長施文豪	仝	蠟燭店 開設洲泉鎮
八保四甲四户	許寿文	四五	仝	許寿文自己				二九年十二月初七日	被敵人槍斃在田間	保長胡坤山 甲長許松林	仝	
八保五甲八户	祇堂菴			条橙 長枱	四十五只 五只	四十五元 五十元	一千一百廿元 七百五十元	五月	敵偽進駐洲泉取去	保長胡坤山 甲長胡叙春	仝	尼姑菴
九保六甲一户	吳九順	二一	仝	住屋 家用器具	壹間 四件	五百元 八十元	三万元 三千五百元	三二年九月十一日	被敵人全部燒燬	保長俞金榮 甲長胡河四	十月十四日	暑可維持
九保六甲二户	吳阿六	五四	仝	住屋 家用器具	壹間 六件	五百元 弍百元	三万元 八千元	仝	仝上	保長俞金榮 甲長胡河四	仝	仝上

九保六甲三户	吳宝福	五拾歲	崇德	住屋壹间 家用器具六件	五百元 贰百元	三万元 八千元	三二年九月十一日	被敵人全部燒燬	保長俞金荣 甲長吳阿四	三四年十月十一日		君可維持
九保六甲四户	吳龍慶	四二	仝	住屋壹间 家用器具六件	五百元 贰百元	三万元 八千元	仝上	仝上	保長俞金荣 甲長吳阿四	仝		仝上
九保六甲五户	吳宝順	五六	仝	住屋壹间 家用器具六件	五百元 贰百元	三万元 八千元	仝上	仝上	保長俞金荣 甲長吳阿四	仝		仝上
九保六甲六户	吳祥茂	五二	仝	住屋壹间 家用器具六件	五百元 贰百元	三万元 八千元	仝上	仝上	保長俞金荣 甲長吳阿四	仝		仝上
九保六甲七户	吳東林		仝	住屋壹间 家用器具六件	五百元 贰百元	三万元 八千元	仝上	仝上	保長俞金荣 甲長吳阿四	仝		仝上
九保六甲八户	吳阿四	五一	仝	住屋壹间 家用器具六件	五百元 贰百元	三万元 八千元	仝上	仝上	保長俞金荣 甲長吳阿四	仝		仝上
九保六甲九户	吳永源	三四	仝	住屋壹间 家用器具六件	五百元 贰百元	三万元 八千元	仝上	仝上	保長俞金荣 甲長吳阿の	仝		仝上
九保六甲十户	吳姚生		仝	住屋壹间 家用器具六件	五百元 贰百元	三万元 八千元	仝上	仝上	保長俞金荣 甲長吳阿四	仝		仝上
十保三甲八户	華沈氏	六三	仝	親子華正寿 一人			三一年十二月七日	被敵人溜弹身亡	保長呂松良 甲長呂松永	仝		甲 貧
三保一甲	杏林僧	四九	仝	九路樓廳三间 三間	三千元		三三年四月	被敵人拆毁	保長李見茂 甲長金智用	仝		乙 貧 和尚

崇德县灵安乡人民战灾损失登记册（节选）（一九四五年十月）

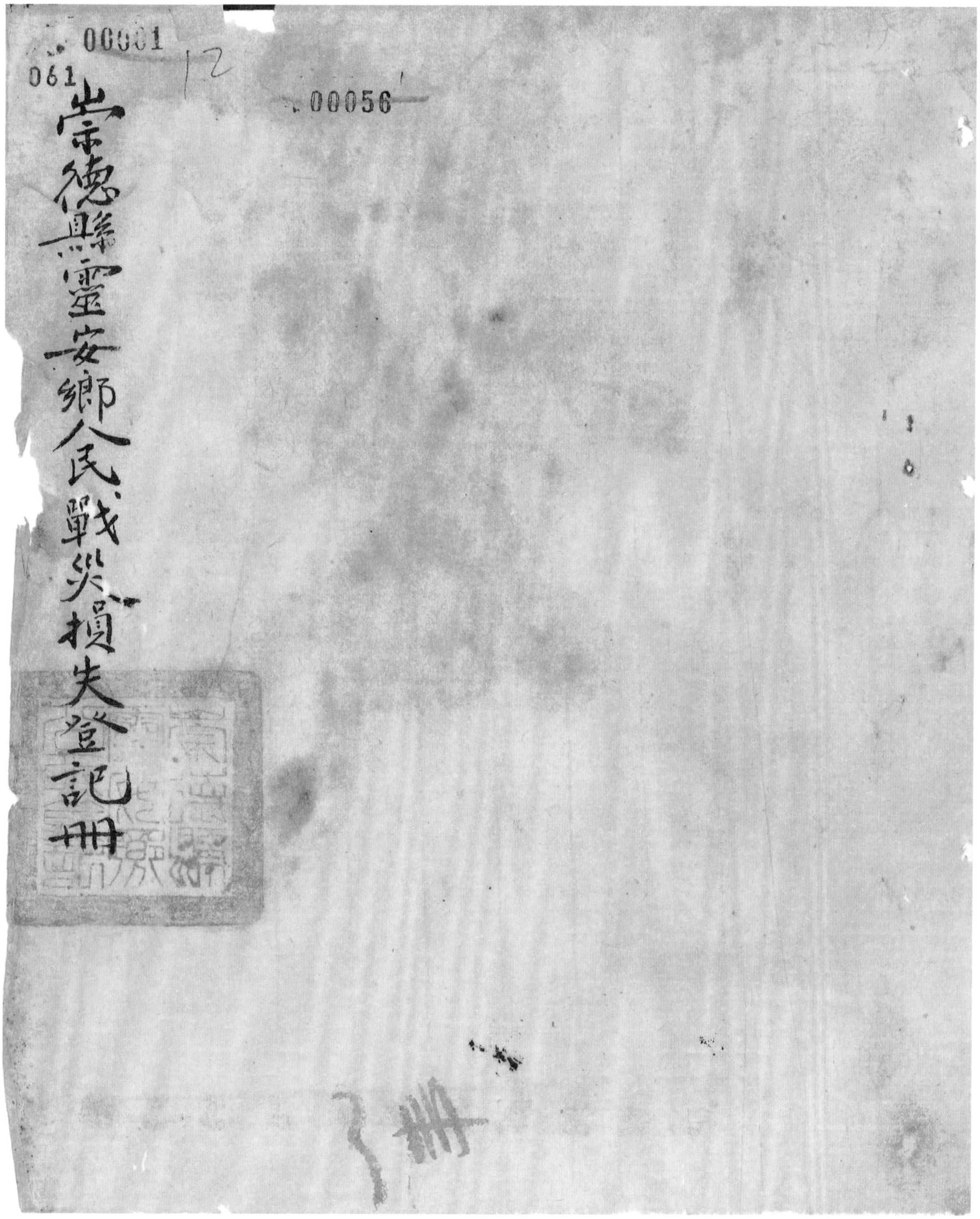
00001
061
12
00056
崇德縣靈安鄉人民戰災損失登記冊

崇德县灵安乡人民战灾损失登记表

三十四年十月　日

保	甲	户	灾户姓名	受灾原因	损失数量	死伤人数	现有人口（男）	现有人口（女）	备考
二	八	二	张ヨ新	敌伪窜扰	房屋三间	○	四		甲
〃	〃	四	张永新	〃	〃三间	○	二	一	乙
〃	〃	五	张觉生	〃	〃五间	○	三	三	丙
〃	〃	六	张国生	〃	〃五间	○	三	三	丙
三	六	八	陈纪通	〃	〃五间	○	二	三	丙
〃	〃	五	锺子仁	〃	〃六间	○	二	三	甲
〃	〃	四	锺子恒	〃	〃六间	○		三	甲
〃	〃	三	锺子清	〃	〃六间	○	三	一	甲
〃	〃	六	锺子新	〃	〃七间	○	一		甲
〃	〃	七	汪玉山	〃	〃十间	○	二	二	甲
〃	〃	九	汪有生	〃	〃四间	○	二		甲
〃	〃	十	汪启文	〃	〃七间	○	二	二	甲 以上受灾年份在卅年十月四日

五

保	甲	戶	災戶姓名	受災原因	損失數量	死傷人數	現有人口	備考
二	五	一	沈友清	敵偽竄擾	房屋六間	〇	男二 女二	甲
〃	〃	三	顧菊龍	〃	〃六間	〇	男二 女二	甲
〃	〃	四	顧菊仁	〃	〃四間	〇	男一 女一	甲
〃	〃	五	陳寶生	〃	〃八間	〇	男三 女四	丙
〃	〃	七	陳豐民	〃	〃八間	〇	男 女二	乙
一	九	三	張天福	〃	〃四間	〇	男三 女二	乙
〃	六	八	沈新興	〃	〇	一	男二 女二	死者為弟 甲
六	二	一	張蓮芳	〃	市房六 住房八間	〇	男一 女一	丙
〃	〃	三	張孟和	〃	市房七 住房八間	一	男 女一	死者為父 丙
〃	〃	五	張寶仙	〃	房屋三間	〇	男一 女一	乙
〃	〃	七	張錦留	〃	〃十間	〇	男三 女三	乙
〃	〃	九	張寶明	〃	〃七間	〇	男二 女一	乙

崇德縣靈安鄉人民戰災損失登記表

三十四年十月份查

保	甲	戶	災戶姓名	受災原因	損失數量	死傷人數	現有人口	備考
六	二	二	張寶田	敵偽竄擾	房屋二間	〇	男一 女三	乙
〃	〃	六	沈鏡山	〃	〃一間	〇	男二 女一	甲
〃	〃	四	張子林	〃	〃一間	〇	男一 女一	丙
〃	〃	八	邱錦生	〃	市住房八六間	〇	男五 女二	丙
〃	三	一	朱炳松	〃	房屋五間	〇	男二 女二	丙
〃	〃	二	周廣浩	〃	市房三間	〇	男六 女四	丙
〃	〃	五	朱炳奎	〃	房屋五間	〇	男二 女一	丙
〃	〃	三	朱之漢	〃	〃十九間	〇	男二 女二	丙
〃	〃	四	吳正南	〃	市房四間	〇	男二 女四	丙
〃	〃	七	沈寶賢	〃	屋八間	〇	男三 女二	丙
〃	〃	九	沈寶成	〃	〃八間	〇	男三 女一	丙
〃	〃	十	沈福田	〃	〃四間	〇	男三 女一	丙

六

保	甲	戶	災戶姓名	受災原因	損失數量	死傷人數	現有人口	備考
六	三	八	沈惠芳	敵偽軍擾	房屋四間	〇	男一 女	丙
〃	〃	十二	沈寶榮	〃	〃十二間	〇	男三 女三	丙
〃	〃	十四	陳增輝	〃	〃十九間	〇	男一 女二	丙
〃	〃	十五	張應堂	〃	〃九間	〇	男四 女二	丙
〃	〃	十三	陳善根	〃	住房廿間	〇	男一 女二	丙
〃	〃	十一	沈友田	〃	〃十六間	〇	男四 女三	丙
〃	四	一	徐錦瑞	〃	〃廿二間	〇	男三 女六	丙
〃	〃	三	張桂林	〃	房五間	〇	男二 女一	丙
〃	〃	五	張玉坤	〃	〃三間	〇	男三 女一	甲
〃	〃	七	張明祥	〃	〃四間	〇	男一 女一	丙
〃	〃	九	吳梅春	〃	〃七間	〇	男二 女三	丙
〃	〃	十一	吳壽春	〃	〃七間	〇	男二 女二	丙

崇德縣靈安鄉人民戰災損失登記表

三十四年十月份查

保甲戶	災戶姓名	受災原因	損失數量	死傷人數	現有人口	備考
六 四 二	吳春榮	敵偽軍損	房屋八間	〇	男四 女二	丙
〃 〃 四	吳萬春	〃	〃十間	〇	男四 女一	丙
〃 〃 六	吳福春	〃	〃十一間	〇	男一 女三	丙
〃 一 一	邱漲榮	〃	住宅房廿間	〇	男三 女三	丙
〃 九 四	陸榮堂	〃	〃四十間	壹	男八 女十二	丙 死者為父
〃 〃 三	陸頌堂	〃	〃卅二間	〇	男五 女五	丙
〃 六 一	吳榮照	〃	房屋四間	〇	男一 女一	丙
〃 〃 三	吳榮芳	〃	〃七間	〇	男三 女三	丙
〃 〃 五	吳友清	〃	〇	一	男一 女一	甲 死者為父
〃 〃 七	吳榮夫	〃	〃四間	〇	男四 女一	甲
〃 〃 九	吳炳福	〃	〃二間	〇	男一 女二	甲
〃 〃 二	吳炳金	〃	〃四間	〇	男二 女三	乙

保	甲	户	災户姓名	受災原因	損失數量	死傷人數	現有人口	備考
六	六	四	吴炳绍	敌伪窜扰	房屋一間	〇	男一 女二	丙
〃	〃	八	沈阿大	〃	〃十間	〇	男二 女一	乙
〃	〃	六	吴荣顺	〃	〃三間	〇	男三 女一	丙
〃	〃	十一	吴荣男	〃	〃一間	〇	男四 女二	甲
〃	〃	十	吴子庆	〃	〃二間	〇	男一 女一	丙
〃	〃	十三	吴永明	〃	〃二間	〇	男二 女一	甲
〃	〃	十四	吴之華	〃	〃一間	〇	男一 女二	以上受災年份三十三年二月卅日 丙
〃	五	八	吴永家	〃	〃五間	〇	男二 女一	丙
〃	〃	七	吴永生	〃	〃三間	〇	男三 女一	丙
〃	六	十五	吴吴氏	〃	〃三間	〇	男三 女一	甲
〃	八	二	陆永林	〃	〃五間	〇	男三 女一	甲
〃	八	三	陆金标	〃	〃一間	〇	男二 女二	丙

崇德縣

保	甲	戶	戶主姓名	受何損害	損失數量	死傷人數	現有人數	備考
五	十	一	陸濺林	敌偽軍擾	房屋七間	○	男三 女四	乙
〃	〃	二	陸濺奎	〃	〃四間	○	男二 女二	乙
〃	〃	四	陸逸松	〃	〃三間	○	男一 女二	丙
〃	〃	三	陸德宏	〃	〃三間	○	男一 女三	丙
〃	〃	五	陸保奎	〃	〃三間	○	男一 女一	乙
〃	〃	七	陸益清	〃	〃四間	○	男三 女二	乙
〃	〃	九	張惠金	〃	〃三間	○	男三 女二	乙
〃	〃	十	張子家	〃	〃三間	○	男三 女三	乙
〃	〃	八	張寶德	〃	〃三間	○	男三 女一	乙
〃	九	三	沈文榮	〃	〃五間	○	男三 女一	乙
〃	〃	一	沈其元	〃	〃四間	○	男三 女一	乙
〃	〃	二	沈文虎	〃	〃四間	○	男三 女一	乙

保	甲	户	災户姓名	受災原因	損失數量	死傷人數	現有人口	備考
五	九	五	沈文福	敵偽竄擾	房屋四間	〇	男一 女一	乙
〃	〃	四	沈長龍	〃	〃 八間	〇	男一 女二	乙
〃	〃	六	沈文操	〃	〃 三間	〇	男三 女一	乙
〃	〃	七	沈阿四	〃	〃 五間	〇	男一 女一	乙
〃	〃	九	沈金榮	〃	〃 五間	〇	男三 女一	乙
〃	〃	八	沈文江	〃	〃 九間	〇	男三 女一	乙
〃	〃	十	沈阿七	〃	〃 五間	〇	男二 女一	乙
〃	〃	十二	蔡發林	〃	〃 十三間	〇	男三 女二	乙
〃	〃	十五	沈金元	〃	〃 七間	〇	男三 女三	乙
〃	〃	十三	蔡生祥	〃	〃 七間	〇	男一 女二	乙
〃	〃	十一	蔡生年	〃	〃 九間	〇	男二 女二	乙
〃	〃	十四	蔡生家	〃	〃 五間	〇	男三 女	以上受災年份卅年十月 乙

00011　00065　070

崇德縣靈安鄉人民戰災損失登記表

三十四年十月份查

保	甲	戶	災戶姓名	受災原因	損失數量	死傷人數	現有人口	備考
五	八	一	沈文學	敵偽竄擾	房屋七間	〇	男二 女五	乙
〃	〃	五	蔡子仙	〃	〃五間	〇	男四 女二	乙
〃	〃	二	沈金榮	〃	〃八間	〇	男二 女一	乙
〃	〃	三	沈子田	〃	〃六間	〇	男三 女一	乙
〃	〃	四	沈文金	〃	〃四間	〇	男一 女一	乙
〃	〃	六	沈文林	〃	〃十三間	〇	男三 女四	丙
〃	〃	八	沈金奎	〃	〃三間	〇	男一 女	乙
〃	七	二	呂漲其	〃	〃一間	〇	男一 女二	甲
〃	〃	一	呂益生	〃	〃一間	〇	男二 女一	甲
〃	〃	三	呂雪生	〃	〃一間	〇	男二 女二	乙
〃	〃	五	呂經其	〃	〃一間	〇	男三 女二	乙
〃	〃	四	姚百生	〃	〃三間	〇	男一 女三	乙

保	甲	戶	災戶姓名	受災原因	損失數量	死傷人數	現有人口 男	現有人口 女	備考	
五	七	六	姚阿七	敵偽軍擾	房屋二間	〇	一	一		乙
〃	〃	七	李月高	〃	〃一間	〇	一	一		乙
〃	〃	八	姚福坤	〃	〃二間	〇		一		乙
六	十一	五	張妙年	〃	〃五間	〇	二	三		丙
〃	〃	六	高志方	〃	〃六間	〇	二	二		乙
〃	〃	八	張惟清	〃	〃三間	〇	五	二		乙
〃	〃	七	張長明	〃	〃十間	〇	四	二		乙
〃	七	三	顧寶珍	〃	〃〇	一	一	一	死者為夫	丙
〃	七	五	高阿大	〃	〇	一	一	一	死者為母	乙
〃	十二	一	高明德	〃	房屋十二間	〇	四	三		丙
〃	〃	三	高月娥	〃	〃十一間	〇	二	三		乙
〃	〃	二	高明元	〃	〃八間	〇	四	四		乙

崇德县长濠乡遭受敌伪损害调查册（一九四五年十月）

崇德縣長濠鄉遭受敵偽損害調查冊

崇德縣長豪鄉遭受敵偽損害調查册

三四年十月 日

保別	甲別	户次	户長姓名	死亡者姓名	死亡年月日	死亡原因	家庭狀況	備考
一	三	六	邱榮生	榮珍	三〇、一、七、	在白水唱戲被敵人槍死	五人 赤貧	
	六	三	張錦康	德順	二九、六、一〇、	在石滸被敵機炸死	二人 貧	
	五	五	邱奎廷	貴林	二七、九、七、	為送劉參部隊往敵村時路遇敵人槍死	三人 尚可	
	六	一一	陳菊生	叙發	三〇、八、一五	被石滸偽軍逮捕結果槍死	四人 貧	
二	二	一二	沈錫榮	金考	二七、九、一七	為送劉參部隊往敵村時路遇敵人槍死	二人 貧	
	三	五	房錫龍	有加	二七、九、一七、	〃	三人 貧	
	四	五	鍾金昌	伯和	二八、九、六	在劉參部隊充當士兵陣亡	二人 赤貧	
	四	一三	房鍾氏	叙年	二八、九、六	〃	一人 貧	

	九	五	陸應堂	阿四	二七、九、二〇、	為送劉參部隊往秋村時路遇敵人槍死	三人 赤貧
三	八	五	凌文慶	文浩	〃	〃	五人 貧
四	一	一三	周順高	伏初	三〇、八、二五、	被俘身亡	三人 貧
	二	一	姚煥章	發堂	二七、九、二〇、	為送劉參部隊往秋村時路遇敵人槍死	六人 尚可
	四	四	朱金生	炳生	三三、一〇、二〇	本縣國民兵團抽調壯丁陣亡	四人 貧
	九	三	蔡阿二	錦蘭	三〇、四、一三、	被敵人轟斃	三人 赤貧
五	一	一四	顧春發	菊生	二八、六、二	敵机投彈炸斃	四人 赤貧
	三	四	蔡陞英	龍生	〃	〃	五人 貧
	五	一四	陳山林	有金	〃	〃	三人 貧
	三	一二	蔡高耕	福奎	〃	〃	三人 赤貧

003　00002

五	一一	一二	朱正芳	應年	二七、六、一九	敵人投彈炸斃	三人 尚可
	〃	九	沈坤芳	張氏	〃	〃	四人 貧
六	四	一一	仰伯松	祿祺	二七、六、二一、	〃	四人 尚可
	〃	一一	仰伯松	阿大	〃	〃	四人 尚可
	七	一	姚保生	士娜	〃	〃	五人 寬裕
七	二	六	蔣寶峰	金豪	二六、二、三、	被敵人擊斃	三人 尚可
	四	一〇	姚炳榮	士清	二八、一〇、一〇、	〃	六人 貧
	一一	三	顧俊榮	連芳	二六、一〇、一六、	〃	五人 尚可
	一〇	三	孔子芳	卷芳	〃	〃	四人 貧
	一三	七	鍾惠乾	應乾	〃	〃	四人 貧

	一二	一〇	鍾金源	寶龍	二六、一〇、二四	被敵擊斃	二人赤貧
	一四	一七	芮金年	子慶	三一、七、二六	〃	三人尚可
八	一	五	陳聖福	阿五	三三、六、二四	〃	二人貧
	三	二	陸子興	子林	三一、五、六	〃	四人赤貧
	五	九	茹來高	貴春	二七、六、七	〃	三人尚可
	六	一〇	屠坤榮	阿大	二七、六、一一	〃	一人貧
一〇	四	八	趙金林	永祥	二九、七、九	〃	一人赤貧
	五	五	董金榮	寶壽	二八、四、三	〃	三人貧
	七	九	王桂祥	寶奎	〃	〃	四人家境寬裕

004 1-00003

常德縣長濠鄉遭受敵偽損害調查冊

三四年十月

保別	甲別	户次	姓名	焚燬年月日	損燬數量	損燬原因	備註
四	三	一	沈福龍	二八、一二、一三	二間	我軍（六二師）駐防該處適值敵人由常至灣衝至該地我軍接火多時退後被敵人焚燬	
〃	〃	二	子豐	〃	〃		
〃	〃	三	蘭桂	〃	〃		
〃	〃	四	壽珍	〃	〃	〃	
〃	〃	五	坤元	〃	〃	〃	
〃	〃	六	寶順	〃	〃	〃	
〃	〃	七	寶祺	〃	〃	〃	
〃	〃	八	寶發	〃	〃	〃	

四	六	二	葉德榮	二八、六、一一	二間	敵人投弹炸燬
〃	〃	三	姚佩生	〃	四間	〃
〃	〃	四	子九	〃	〃	〃
六	三	八	榮奎	二六、一一、一六	二間	敵人焚燬

005　00004

崇德縣長濠鄉灾户調查册

中華民國三十四年十月　日續造

崇德縣長濠鄉災户調查册

中華民國三十四年十月　日

保別	甲別	户次	户長姓名	死亡者姓名	死亡年月日	死亡原因	家庭狀況	備考
六	九	三	陸松源	福林	二六、六、二十	石灣鎮上買賣忽被敵机炸斃	四人 尚可	
〃	〃	六	陸祥林	壽珍	〃	〃	三人 貧	
〃	十	五	陸叙松	錦良	〃	〃	五人 尚可	
〃	〃	八	沈財根	世兆	〃	〃	三人 貧極	
〃	十一	二	錢福海	珍慶	〃	〃	〃	
〃	〃	三	錢炳和	炳生	〃	〃	三人 家境寬裕	

026

00025

崇德縣政府南莊鄉公所災册

中華民國三十四年十月　日

保别	甲别	户主姓名	職業	受災損失 被害人口	受災損失 被燬房屋	日期	被災情形備攷
二	一	夏巧仁	農	一人		二十七年正月十九日	因買羊食桑葉在喬司地方被日軍用刀刺死
十	八	顧掌生	〃	一人		三十年二月二十二日	在本鄉被日軍刺死
八	七	屈錢氏	〃	三人		二十八年四月二十八日	在屈家浜地方被日機
六	三	夏寶發	〃		一間半	三十年五月十六日	被日軍放火燒燬
〃	〃	夏子林	〃		一間		第三户被日軍放火燒燬
〃	〃	夏木生	〃		二間		第四户同日被日軍放火燒燬
一	二	夏壽家	〃	一人		二十七年正月十九日	因買羊葉在喬司地方被日軍慘殺
一	二	夏連福	〃	一人		二十七年正月十九日	仝上

九	三	勞友濤	〃	一人	三十一年第一戶在義馬鄉鴻羅橋 五月十六日地方被敵軍無辜殺害	赤貧
〃	四	陸永昌	〃	一人	仝日、敵軍出巷被刺死在本宅 後門口	赤貧
〃	五	陸壽田	〃			赤貧
	七	朱五囡	〃			赤貧
七	七	唐汝南	〃			仝上
〃	大	楊宝娜	〃			仝上
〃	五	楊壽榮	〃			仝上
〃	二	屈才佬	〃			仝上
〃	〃	屈汝青	〃			仝上
八	二	沈福壽母	〃			仝上

桐乡县抗战房屋财产物资损失调查统计表（一九四五年十月）

[illegible]房屋[illegible]物资损失[illegible]统计表　34年10月 日

类别 \ 损失数量 \ 数目		全县损失数量	单位	损失估计总价值	说明	附注
房屋被毁间数		2235[illegible]	间	[illegible]1725[illegible]	一）[illegible]	
农作方面	蚕丝：春[illegible]	225[illegible]	[illegible]	[illegible]	[illegible]	
	蚕丝：[illegible]	2[illegible]		[illegible]8338[illegible]	[illegible]	
	农作：烟叶	3[illegible]		[illegible]15[illegible]	[illegible]	
	农作：桕子	510[illegible]		3375[illegible]	[illegible]	
	菊花	18[illegible]		[illegible]	1.房屋每间五万元	
	棉花	25[illegible]		[illegible]	[illegible]	
	丝茧	[illegible]		13578[illegible]	[illegible]	
	菜子菜[illegible]	[illegible]		3[illegible]40.00	[illegible]	
	大宗农产：大布丝绸	[illegible]		[illegible]500.00	[illegible]	
	竹木	1133[illegible]		11785[illegible]	[illegible]	
	农具：其他			150[illegible]	[illegible]	
	家畜：耕牛	[illegible]		[illegible]	[illegible]	
	猪羊	[illegible]		121327500.0[illegible]	[illegible]	
	家禽：鸡鸭	1248[illegible]		2497[illegible]	[illegible]	
	合计			300243301.00		

类别 \ 数目	损失种类	工厂数	财产损失估计价值	说明	附注
工业	电灯厂	四所	12000000.00	1.本县工厂甚少只青镇[illegible]城区浒溪四家电厂[illegible]损失每家估计约为三百万元	
	丝厂	八所	5000000.00	2.青镇[illegible]一所全部被敌[illegible]损失约计[illegible]	
	榨油厂	三所	24000000.00	3.榨油厂损失一部分约计[illegible]	
	合计	七所	41000000.00		

类别 \ 数目	商业种类	物资财产全部损失金额	说明
商业	绸布百货业	197501810元	本县除城区外另有青镇、濮院、屠甸、石湾等四大市镇共计商店九百六十六家上项损失数字系根据各乡镇[illegible]统计所得，资料时间自廿七年至本年十一月[illegible]
	粮食杂货作坊业	81450000	
	南北海货酱园业	64850000	
	中西医药及金业	43250000	
	铜铁木器油漆业	14867100	
	其他	122481700	
	合计	524540220	

全县农工商及党政军各方面全部物资财产损失统计金额	305088[illegible]1220元

崇德县梵山乡人民战灾损失登记名册（节选）（一九四五年十一月九日）

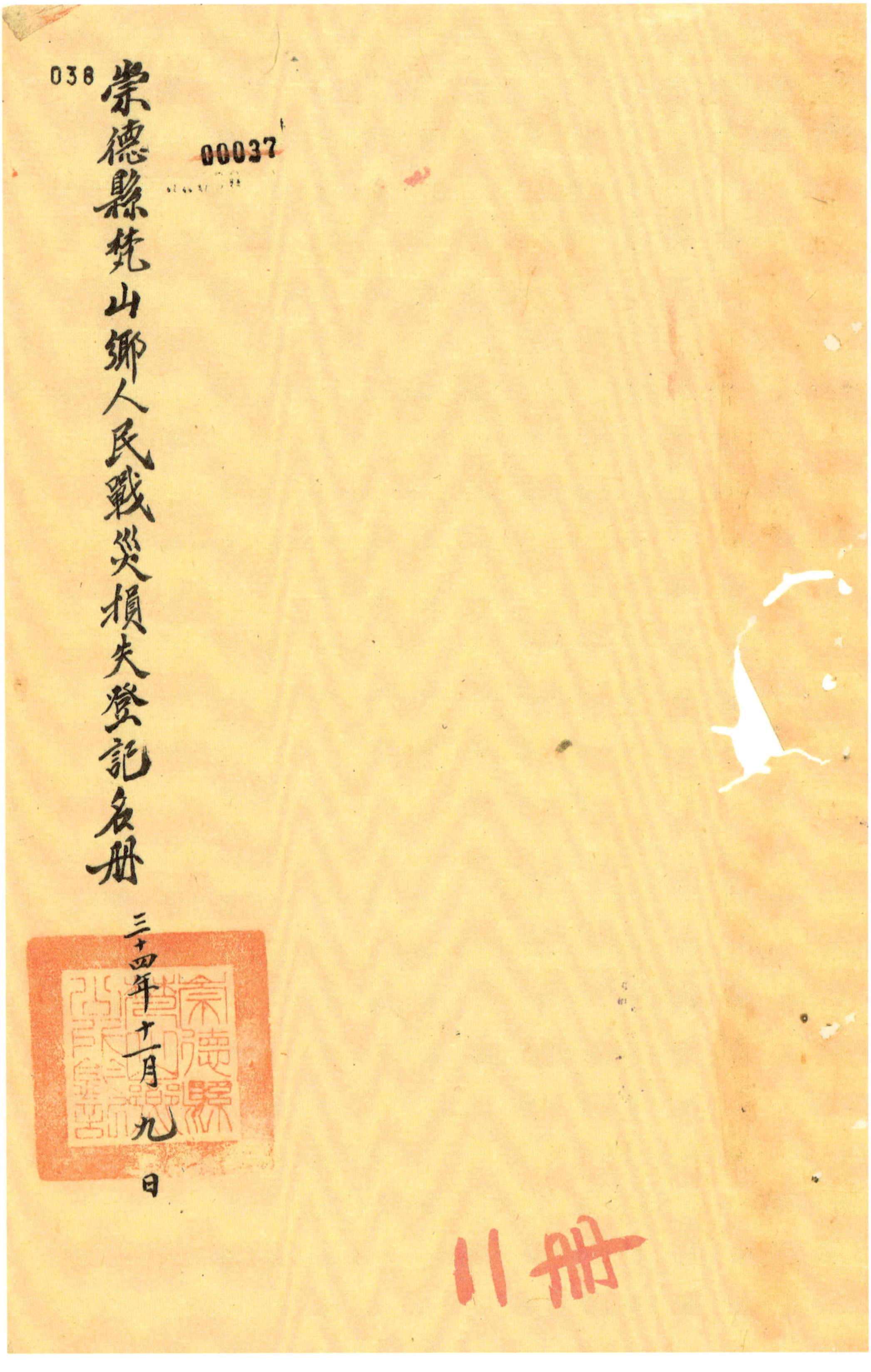
038

00037

崇德縣梵山鄉人民戰災損失登記名册

三十四年十一月九日

崇德縣梵山鄉人民战災損失登記調查報告表

保別	甲別	户長姓名	年齡	職業	住址	焚燬房屋間數	焚燬日期	已否建造	家族人口	備攷
九	八	陳憲庭	四六	商	扶駕橋	拾間	卅年八月	否	十三口	丙
〃	〃	陳吉舟	四三	〃	〃	拾壹間	〃	〃	九口	丙
〃	〃	陳堃雄	三五	〃	〃	〃	〃	〃	四口	丙
	〃	陳炳元	四四	學	〃	三間	卅三年二月	〃	六口	乙
〃	九	陳亦番	一二	〃	〃	拾間	卅四年七月	〃	一口	乙 被敵僞拆燬
〃	九	陳三寶	五八	家務	〃	十二間	〃	〃		乙 〃
拾	九	陳祝林	五二	商	〃	四間	卅三年一月	〃	八口	丙
〃	〃	陳祝祺	四七	〃	〃	二間	〃	〃	四口	〃丙

十一	五	黄継生	三四	農	蕭家庙	七間	卅年八月	未	四口	甲
〃	〃	黄思生	三八	〃	〃	七間	〃	〃	三口	甲
〃	〃	黄德良	三〇	〃	〃	四間	〃	草屋	三口	乙
〃	〃	黄才榮	六	〃	〃	四間	〃	未	三口	甲
〃	〃	黄長金	五六	〃	〃	八間	〃	〃	四口	〃
〃	〃	黄長年	四九	〃	〃	八間	〃	〃	一口	〃
〃	〃	黄雪品	四六	〃	〃	二間	〃	〃	五口	乙
〃	〃	黄品生	三六	〃	〃	四間	〃	〃	五口	〃
〃	〃	黄聖祥	三三	〃	〃	六間	〃	草屋	四口	〃
〃	〃	黄聖奎	一六	〃	〃	六間	〃	〃	二口	〃

乙

040　~~00039~~

十一	五	黄品元	三四	農	蕭家庙	六間	卅年八月	未	五口	乙
〃	〃	黄子祥	三〇	〃	〃	六間	〃	草屋	三口	甲
〃	〃	黄年興	六丨	〃	〃	五間	〃	〃	三口	乙
〃	〃	黄寶田	四〇	〃	〃	八間	〃	〃	六口	甲
〃	〃	黄祖廷	四〇	〃	〃	七間	〃	〃	四口	〃
〃		陸叙榮	四七	〃	〃	三間	〃	〃	三口	乙
〃	六	黄錫昌	三四	〃	〃	三間	〃	未	二口	甲
〃	〃	黄福昌	二二	〃	〃	三間	〃	〃	四口	〃
〃	〃	黄永祥	三九	〃	〃	五間	〃	草屋	四口	乙
〃	〃	黄寶姜	四三	〃	〃	六間	〃	〃	六口	〃

十六	六	吴叙源	四四	農	蕭加亩	三間	八月	未	一口	甲
〃	〃	吴掌寶	四六	〃	〃	六間	〃	草屋	三口	乙
〃	〃	黄繼章	二四	〃	〃	四間	〃	〃	五口	甲
〃	〃	黄忠豪	一四	〃	〃	九間	〃	〃	三口	乙
〃	〃	黄庭松	三三	〃	〃	九間	〃	未	三口	甲
〃	〃	黄云祥	四九	〃	〃	五間	〃	〃	四口	〃
〃	〃	黄文喜	二八	〃	〃	六間	〃	草屋	三口	乙
〃	〃	黄金喜	一六	〃	〃	三間	〃	未	三口	甲
〃	〃	黄佐浩	二六	〃	〃	五間	〃	〃	二口	〃
〃	〃	吴繼堂	三〇	〃	〃	三間	〃	〃	二口	〃

3

041　00040

十	六	吳維芳	四〇	農	蕭家廟	四間	卅年八月	木	四口	甲
〃	〃	吳德芳	三六	〃	〃	七	〃	草屋	四	乙
〃	〃	黃柏生	三六	〃	〃	二	〃	〃	三	乙
〃	〃	黃叙堂	三七	〃	〃	二	〃	〃	三	乙
〃	〃	黃世在	四二	〃	〃	三	〃	木	一	育子甲
〃	〃	黃錫壽	三五	〃	〃	三	〃	草屋	四	乙
〃	〃	黃秀記	四〇	〃	〃	六	〃	木	四	甲
〃	七	黃寶坤	四三	〃	〃	四	〃	〃	二	甲
〃	〃	黃年壽	三九	〃	〃	四	〃	草屋	六	乙
〃	〃	黃小林	一四	〃	〃	五	〃	木	二	甲

十六	七	黄洪壽	五三	學	蕭家廟	二	卅年八月	未	五	乙
〃	〃	黄幼生	三三	襪	〃	四	〃	〃	一	甲
〃	〃	黄長林	三二	醫	〃	一五	〃	〃	三	丙
〃	〃	黄幼昌	三二	農	〃	一三	〃	草屋	四	乙
〃	〃	朱継生	三三	〃	〃	一四	〃	〃	五	乙
〃	〃	陸守基	五〇	〃	〃	五	〃	未	一	甲
〃	〃	陸正欽	五二	〃	〃	三	〃	〃	四	乙
〃	〃	陸阿三	二五	〃	〃	六	〃	〃	二	乙
〃	〃	陸發明	三八	〃	〃	六	〃	〃	二	乙
〃	〃	黄應祥	五三	〃	〃	四	〃	〃	五	乙

十一	七	黄幼福	五〇	農	蕭家廟	三	八月草	未	五	乙
〃	〃	黄其元	三	〃	〃	十四	〃	〃	三	丙
〃	〃	黄祝生	三八	〃	〃	五	〃	〃	一	乙
〃	〃	黄雪榮	四〇	〃	〃	三	〃	〃	一	乙
〃	〃	黄金萊	二九	〃	〃	二	〃	〃	二	乙
〃	〃	黄壽香	三九	〃	〃	七	〃	〃	七	乙
〃	〃	黄王氏	六〇	家務	〃	一二	〃	〃	一	甲 以上蕭家廟
〃	九	王友堂	三六	農	錢家台	五	十月草	草屋	七	乙
〃	〃	周關乾	三二	〃	〃	三	〃	〃	一	乙
〃	〃	周兆奎	四八	〃	〃	六	〃	〃	三	乙

十一	九	周妙榮	二七	農	錢家谷	八	廿八年十月	草屋	二	甲
〃	〃	周萬榮	五七	〃	〃	六	〃	〃	二	〃
〃	〃	周祖生	四五	〃	〃	四	〃	〃	四	甲 曾被敵人搶殺一名
〃	〃	錢金生	三〇	農	〃	六	〃	〃	四	乙
〃	〃	周明昌	四七	商	〃	二	〃	〃	四	乙
〃	〃	錢思寶	二四	政	〃	四	〃	〃	二	丙
〃	〃	錢士生	五五	農	〃	一三	〃	〃	三	乙
〃	〃	錢子庭	三五	〃	〃	六	〃	〃	七	乙
〃	〃	錢寶坤	三〇	〃	〃	三	〃	〃	三	甲
十二	十	周萬生	二五	〃	〃	三	〃	〃	三	甲

00046
047

梵山鄉鄉長 陳同

中華民國三十四年十一月九日

桐乡县梧桐镇中心国民学校关于报送教育损失调查情况致桐乡县政府的呈（一九四五年十一月三十日）

事由：為填報有關教育損失調查表仰祈鑒核彙轉由

附件：如文

總字第　號

中華民國三十四年十一月卅日

桐鄉縣梧桐鎮中心國民學校　呈

案奉

鈞府教總字第七七三號訓令內開：「案奉浙江省教育廳本年二月日桃字第二〇三號代電內開：查奉令辦理抗战期間有關教育損失調查一案，前於三十三年六月二十日桃字第九五〇號訓令轉發調查表件，飭遵辦迄未具報，合亟電仰遵照前令迅速填報為要等因，奉此，合行重頒有關教育損失調查表一份，令仰遵照填報以憑彙轉為要，此令」等因，計奉發表式一份，奉此，遵即着手調查，理合依式填報，仰祈

鑒核彙轉。

謹呈

桐鄉縣縣長周

計附呈教育人員傷亡調查表及教育人員財產損失報告單各一份

桐鄉縣梧桐鎮中心國民學校校長陳文煥

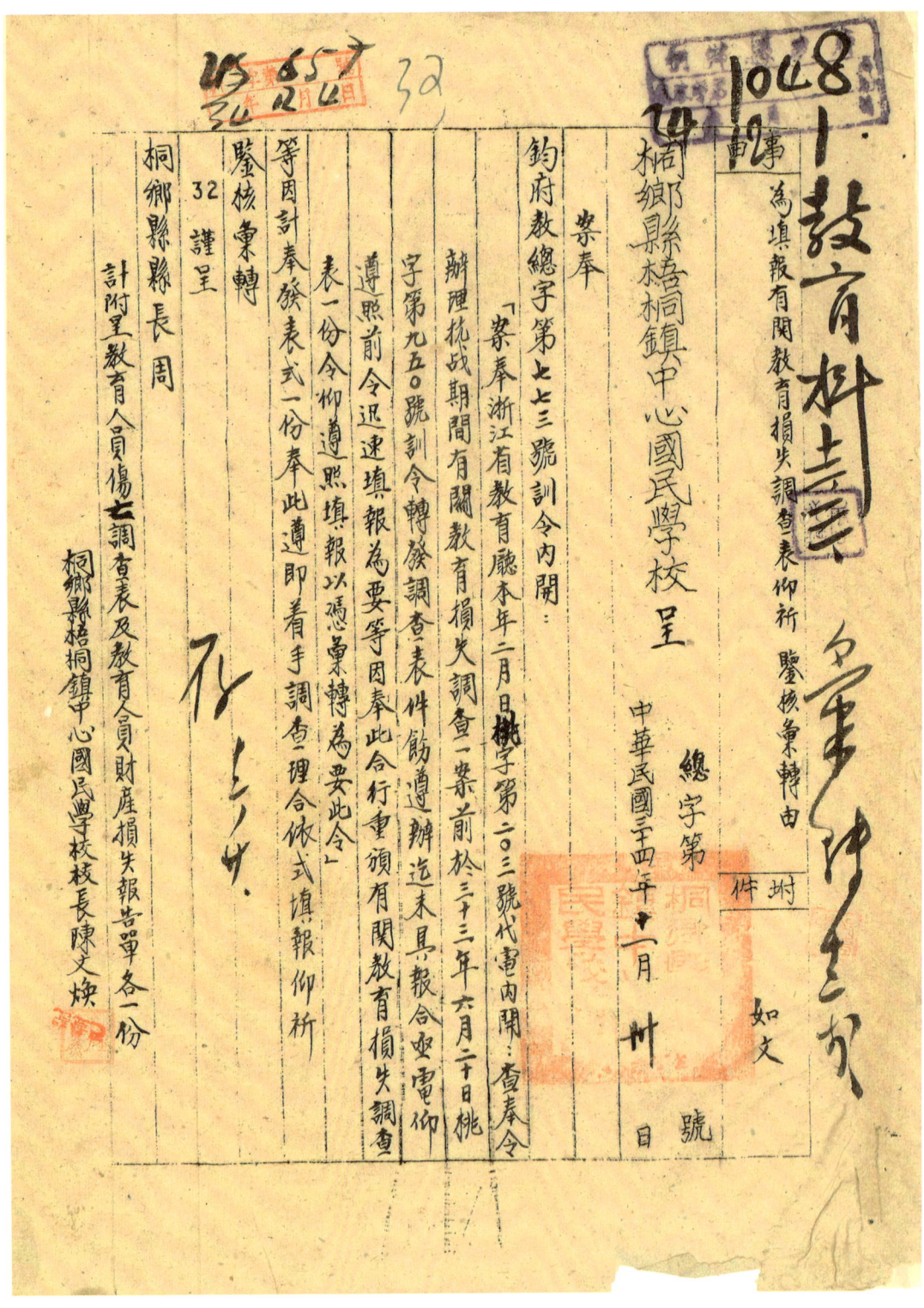

附：教育人员财产损失报告表（一九四五年十一月十八日）

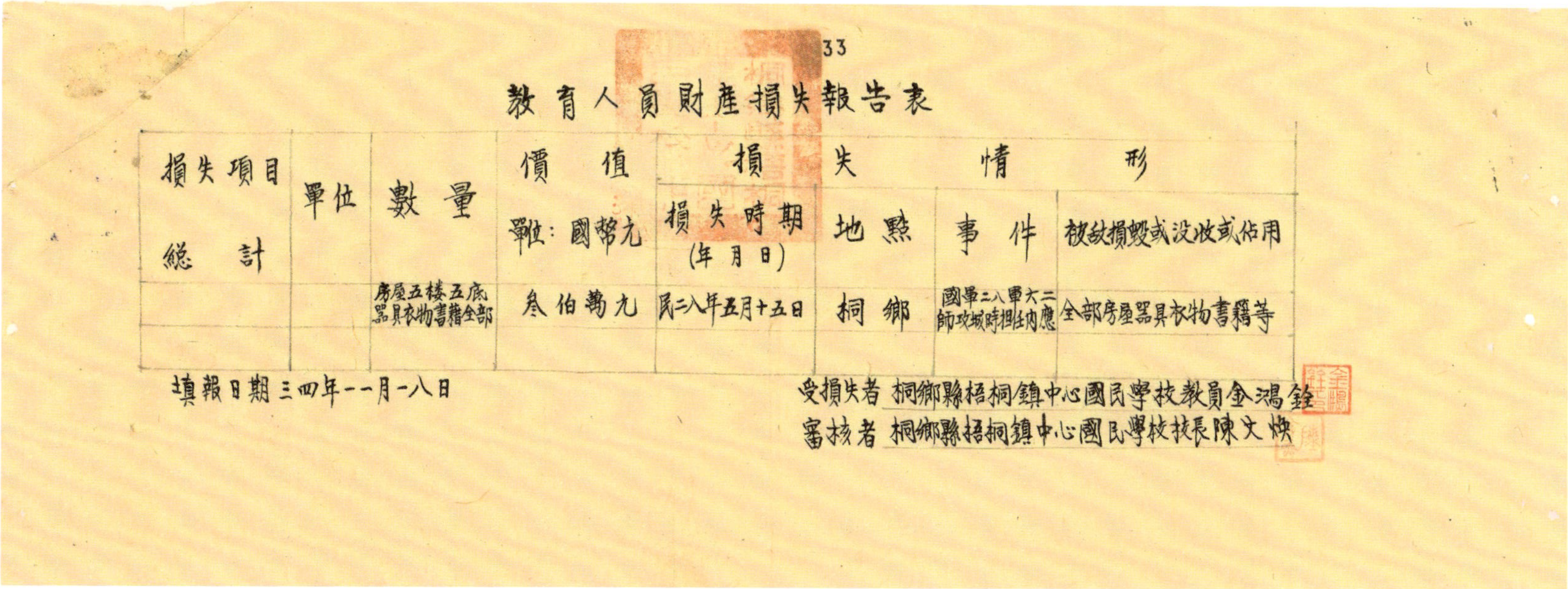

33

教育人員財產損失報告表

損失項目	單位	數量	價值（單位：國幣元）	損失時期（年月日）	地點	事件	被敵損毀或沒收或佔用
總計		房屋五楼五底器具衣物書籍全部	叁伯萬元	民二八年五月十五日	桐鄉	國軍二八軍六二師攻城時担任內應	全部房屋器具衣物書籍等

填報日期 三四年一一月一八日

受損失者 桐鄉縣梧桐鎮中心國民學校教員金鴻銓

審核者 桐鄉縣梧桐鎮中心國民學校校長陳文煥

桐乡县光复地区自卫大队抗敌忠烈事迹调查表（一九四五年十一月）

106
133

浙江省桐鄉縣光復地區自衛大隊抗敵忠烈事蹟調查表

三十四年十一月 日

姓名	年齡	籍貫	出身	抗敵忠烈事蹟	曾否撫卹	遺族近況
袁玉林	三二	湖南醴陵	中央軍校第三分校第拾六期畢業	勇敢殺敵陣亡	未撫卹	不明
吳世桂	二八	湖南醴陵	陸軍六十二師軍士隊第五期畢業	勇敢殺敵陣亡	未撫卹	不明
巫啟佑	三三	湖南醴陵	陸軍六十二師軍士隊第二期畢業	勇敢殺敵陣亡	未撫卹	不明
涂治安	三〇	湖南桃源	陸軍六十三師軍士隊第三期畢業	勇敢殺敵陣亡	未撫卹	不明
栄新光	二六	湖南醴陵	行伍	勇敢殺敵陣亡	未撫卹	不明
周禮明	二一	江蘇江陰	行伍	勇敢殺敵陣亡	未撫卹	不明

拟发审查　十一.廿七

浙江省桐鄉縣自衛大隊抗戰人員傷亡調查表

卅四年十一月　日

姓名	年齡	籍貫	性別	出身	死亡或傷殘	死亡及傷殘原因	死亡及傷殘地點	死亡及傷殘日期	遺族近況
袁玉林	三二	湖南醴陵	男	中央軍校第二分校第十六期	陣亡	勇敢殺敵陣亡	吳興菱湖	三二年三月八日	未明
吳世桂	二八	湖南醴陵	〃	陸軍六二師第十隊第五期	陣亡	仝右	吳興許家圩	三四年四月九日	未明
巫啟佑	三三	湖南醴陵	〃	陸軍六二師第十一隊第五期	陣亡	仝右	吳興善璉	三三年七月一日	未明
凃治安	三〇	湖南桃源	〃	陸軍六二師軍十一隊第三期畢業	陣亡	仝右	桐鄉塘西五河涇	三三年四月四日	未明
荣新光	二六	湖南醴陵	〃	行伍	陣亡	仝右	吳興許家圩	三四年四月九日	未明
周禮明	二一	江蘇江陰	〃	行伍	陣亡	仝右	仝右	三四年四月九日	未明
鍾振華	二七	湖南醴陵	〃	第三戰區幹訓團第三期	傷殘	勇敢殺敵傷殘	五河涇	三〇年十二月十日	平善 父母均在
曾達	三〇	湖南邵陽	〃	六二師軍官隊畢業	傷殘	仝右	吳興三里塓	三二年十月十日	平善 父母均在 該員已返籍

崇德县钱林乡人民战灾损失登记册（一九四五年十二月一日）

008　00007

崇德縣錢林鄉人民戰災損失登記冊

民國三十四年十二月一日　鄉長李洪山填報

受災人姓名	年齡	住址 保	住址 甲	住址 户	職業	家屬人數 大口	家屬人數 小口	家屬人數 共計	受災日期	受災經過事實	備考
李爾香	五一	三	五	九	學	三	七	十	二十八年十月二十五日	敵人約百名由桐鄉出發大舉掃蕩至高家灣休息時該李爾香與乃子李幼珊於其住宅設有小學一所規模頗稱完善有敵酋入該校檢查認為抗戰情緒頗濃乃飭敵將該校全部焚燒計被焚去房屋弍間課桌叁拾副教具及辦公用具全部損失甚鉅，房屋被燬家境貧寒	次貧
高子山	三八	三	七	七	農	二	二	四	仝	被認我方情報慘遭殺害	赤貧
李松林	四八	三	九	五	農	一	二	三	仝	仝上	仝
李連卿	五一	三	五	一	商	二	五	七	三十年六月	桐鄉敵偽出發勒索不遂縱火焚燒計被焚平屋三十間	尚可維持
范文采	六〇	一	一	三	學	三	三	六	三十二年五月	敵我相遇發生戰鬥致被燬前埭平屋五間	仝

高錫其	四三	三	五	一	農	無	無		二十八年十月二十一日	被認我方情報務遭殺害	赤貧
俞汝海	四二	三	五	一	理髮	無	無		仝	仝上	仝
陳錦松	四三	九	八	四	農	一	二	三	二十九年十一月五日	仝上	仝
曹月林	三七	八	四	三	樂司	一	二	三	仝	仝上	仝
范榮生	四二	一	一	五	農		一	一	仝	仝上	仝
范寶榮	三七	一	一	六	農		一	一	仝	仝上	仝
楊阿六	四二	四	五	三	農	無	無		仝	仝上	仝

桐乡县殳山乡战时各项物资损失详细统计表（一九四五年十二月十五日）

00022

桐鄉縣殳山鄉戰時各項物資損失詳細統計表

桐鄉縣𠇔山鄉戰時各項物資損失詳細統計表

第壹頁

中華民國三十四年十二月十五日造報

保別	房屋 樓屋（間）	房屋 平屋（間）	房屋 茅屋（間）	物資 食糧（担）	物資 雜糧（担）	物資 烟葉（担）	物資 柏子（担）	物資 棉花（担）	物資 蘭花（担）	物資 布疋（丈）	物資 絲繭（兩）	物資 樹木（枝）	物資 竹（根）	牲畜 牛（只）	牲畜 猪羊（只）	牲畜 雞鴨（只）	農工傢具件數	備攷
第一二保		六十六間	念間															竹木雞鴨保內每戶均有損害
第三保		十六間		穀七担														三戶衣服全部被燒內有廟屋十間佛像八尊被燬
第五保	四間	三百三十六間	四間	米四担			六十八担五斗			念丈		壹萬另陸百十五株			五只	貳百四十三只	蠶桂六个 蠶箔四只 廚一个	二十七年八月初三日被迫拆移
第七保		七間		米十九担一斗	荳二担二斗 麵粉二十觔						壹百四十兩				拾八只	念只		農具衣服被燒繁多不及細載
第八保		十五間		米六担	荳五担五斗	念斤				念五丈	壹百捌拾兩	壹百株			壹只	拾只		
第九保		三百八十一間		米貳百三十三担斗	穀十六担					捌百念丈	叁千壹百五十兩	壹千壹百另三株			壹百六十只	貳百另五只		四十八戶農具衣服全部被燒 桑地一百八十三畝桑樹被截
第十保		六十九間半		米四十五担						六十五丈	五百五十兩 四百五十三斤				念六只	五十五只	蠶箔一百个十 水車八部 軸四根	衣服五十套于廿八年四月十四日被日軍燒燬
第十二保		壹百六十間半		米十担						九十五丈	六百十兩		柴貳千另九十六担		拾壹只	三百另八只	三戶農具全部被燒	被六条衣一百四十六件車軸三付等被燒 桑地二百六十七畝五分被截
第十三保		貳百七十六間	拾間	米二百廿八担七斗	穀二担三斗	叁拾斤		四拾斤		貳百五十六丈	貳百分兩 貳千七百三十斤	七百四十一株	柴二百十三担		壹百四十七只	壹百八十四只	蠶箔四百另五只 水車十二部 車軸十付	衣服被褥均有損害不及細載 桑地貳百四十九畝桑樹被截
第十四保		四拾間	三間	米三担五斗	豆五斗					卅丈七尺	壹百四十兩	壹千五百株			壹只	四百九十只	𠇔山扇森具全部	綢衣五套損害
合計	四間	壹千三百六十七間	三十七間	米五百五十担一斗 谷七担	谷十八担三斗 豆八担三斗 粉二十斤	伍拾斤	六十八担五斗	四拾斤		壹千三百另五丈七尺	五千另三十兩 四千三百八十三斤	壹萬四千另五十八株	柴貳千三百另九担		三百六十九只	壹千五百十五只	蠶箔六百九十五只 車軸十付四根 水車廿部 四戶全部 廚一个	五十戶衣服全部又一百四十六件又五十五套 被六条車軸三付均被燒 桑地六百九十九畝五分被截

鄉長

統計員

第貳頁

桐鄉縣及山鄉戰時各項物資損失詳細統計表

中華民國三十四年十二月十五日造報

保別	房屋 樓屋（間）	房屋 平屋（間）	房屋 茅屋（間）	物資 食糧（担）	物資 雜糧（担）	物資 烟葉（担）	物資 桕子（担）	物資 棉花（担）	物資 菊花（担）	物資 布疋（丈）	物資 絲繭（兩）	物資 樹木（枝）	物資 竹（根）	牲畜 牛（只）	牲畜 豬羊（只）	牲畜 鷄鴨（只）	農工傢具件數	備攷
第十五保		九九間	一間	米三十六担七斗						三百十五丈	繭八百八十斤	五百三十株			三十六只	四十七只	十五戶全部被燒	時于廿八年四月初六日被日軍燒
第十六保	十八間	念弍間			穀十担							五百三十三株					八戶衣服等全部	于廿八年四月十八日被燒
第十七保				米一担一斗						十五丈八尺		壹百另五株	四百四十一根			十四只		
第十八保		七間		米五担五斗		五十斤		念斤		四十丈		念株			四只		拾件	于廿八年正月十六日被燒
第十九保										五丈五尺			竹柴三百念九担			十五只		衣衫褲三件被劫
第二十保								弍斤		十四丈五尺		壹百四十八担	三百五十七担			三十二只		衣衫九件被一条 一戶衣服全部 均被搶
合計	拾捌間	壹百念捌間	一間	四十三担三斗	合拾担	伍拾斤		念弍斤		叁百九十丈八尺		壹千一百八十八株 一百四十八担	四百四十一根 六百八十六担		四拾只	壹百另八只	念三戶全部 拾件	衣衫褲十二件被一条 一戶衣服全部 均被搶

鄉長

統計員

桐乡县敌灾损失及战后需要物资调查表（一九四五年十二月十五日）

1

桐鄉縣敵災損失及戰後需要物資統計表

（一）敵災損失類

民國三十四年十二月十五日查報

類別	損失數量統計	損失價值總計（千億 百億 十億 億 千萬 百萬 十萬 萬 千 百 十 元）	說明
農事方面	55公噸	17634333700	詳表(1)
工業方面		1270000000	詳表(2)
商業方面		1490700000	詳表(3)
房屋方面	10090間	6580000000	詳表(5)
公共方面		14678000	詳表(6)
合計		18588751700	

（二）應受救濟人數及傷亡人數統計

應受救濟人數	38901(人)	備考	詳表(7)
傷亡人數	1505(人)		詳表(4)

（三）戰後需要物資估計

類別	損失數量統計	損失價值總計（千億 百億 十億 億 千萬 百萬 十萬 萬 千 百 十 元）	說明
農業所需物資	30公噸	674350000	詳表(8)
工業所需物資	機器30部	255000000	詳表(9)
營造建築所需物資	500公噸	398124500	詳表(10)
糧食棉種需量	3萬餘石	466523000	詳表(11)
衣料需量	衣服74307件 棉被18430条	386822700	詳表(12)
衛生醫藥需量	四公噸	46220000	詳表(13)
合計		2227040200	

縣長　　科長　　主辦員　　製表統計員

附註

一、資料來源：根據各區鄉鎮查報數字統計而成

二、資料時間：自民國二十七年十一月至三十四年十月

三、資料調查範圍：以本縣行政區為限

桐鄉縣敵災損失調查表

（1）農事方面　　34年12月15日查報

類别	物名	損失數量	單位	單位價格（元）	損失總價值（億千百十萬千百十元）
食糧	米麥	284000	石	5400	1533600000
	雜粮	112000	担	2500	280000000
農產	烟葉	31224	〃	15000	468360000
	柏子	5407	石	2000	10814000
	菊花	1812	担	50000	90600000
	棉花	2572	〃	30000	77160000
	絲繭	57891	〃	250000	14472750000
	~~菜子~~	[illegible]			
特產	土布絲綢	52834	尺	7500	396255000
	柏樹	250000	根	500	125000000
	桑樹	200000	根	100	200000000
	竹	50000	枝	200	10000000
	~~[illegible]~~				~~[illegible]~~
畜牧	耕牛	12450	只	80000	996000000
	猪羊	48965	〃	25000	1224125000
	鷄鴨	124871	〃	700	87409700
其他					80000000
合計					17639[illegible]700

説明：
1. 雜糧係指蕎麦、玉蜀黍、番薯、大豆、黄豆等，其價格係平均計算
2. 米麥價格係依平均計算
3. 各項價格均係照市價
4. 其他欄包括未列舉之一切農產土產物品
5. 柏子每石七十斤

局長　　科長　　填表員（印）　　製表員（印）

本局所属各厂家损失调查表

（2）敌工业方面　　　　　　34年12月15日查定

损失类别 / 厂别	厂数	物资财产损失价值金额（亿 千万 百万 十万 万 千 百 十 元）	说明
電燈廠	4	50000000	
造船廠	1	5000000	
榨油廠	3	24000000	
碾米廠	4	48000000	
合計		127000000	
附注	本敌工业不甚发达，仅有上各工厂及小型米厂等，均在抗战时被敌伪拆移或强征，损失殆尽		

局长　　科长　　填表员　　制表员

桐乡县敌灾损失调查表

（3）商业方面　　　　34年12月十六日填

商业种类	物资财产损失估值金额（亿千百十万千百十元）	说明
绸布估衣业	34200000	全县布店十五家衣庄10家共计损失布匹五百三十疋衣服二百七十件并加财产合计为上数
五金银楼	17500000	全县计十五家统计损失为上数
日用百货	8600000	全县计四十三家物资财产损失合计为上数
药铺鲜货	14500000	全县计五十二家损失统计为上数
南北海货	4500000	全县计三十家统计损失为上数
中西医药	1210000	
铜铁木器	281000	
酒酱油作	35000000	全县三十家统计损失为上数
粮食麦粉	11886000	全县七十四家粮食业损失米2220石计如上数
其他	9842000	烟纸、茶叶、茶食、及其他饮食等
合计	134070000	
备考	一、其他栏包括未列举之一切商店	二、药铺鲜货包括酒馆面店肉店鱼店饮食店

县长　　科长　　填表员　　制表员

桐柏县战灾损失调查表

(4) 区 人员伤亡　　34年12月15日查报

类别		死亡 男(人)	死亡 女(人)	死亡 小计	伤残 男(人)	伤残 女(人)	伤残 小计	合计
人民	儿童	26	9	35	11	4	15	50
	老年	45	32	77	21	4	25	102
	成人	221	25	246	216	70	286	532
	小计	292	66	358	248	78	326	684
公务人员		65		65	20	3	23	98
教育人员		23	2	25	9	5	14	39
党务人员		22	3	25	11	7	18	43
特务人员		17		17	27	1	28	45
警察人员		55		55	41		41	96
军人		185		185	231		231	416
其他		43		43	11		11	54
小计		410	5	415	390	16	436	851
合计		702	71	773	638	94	762	1535

说明

一、人民包括农工商学各阶层人士

二、伤残包括被捉被奸淫者

三、其他包括技术人员其他自由职业及僧道等

县长　[illegible]　　填表员　　　审核员

00035

桐乡县各区灾害损失调查表

(5)区、房屋方面　　34年12月份查定

数别	公共房屋	民房	合计	估计价值（亿千百十万千百十元）	说明
全燬房屋间数	281	5〤09	61〤0	61〤0000000	全燬每间估计10万元
半燬房屋间数	〤5	3805	3900	3〤0000000	半燬每间6万元
合计	376	9〤14	100〤0	61〤8000000	
附註					

区长　　科长　　填表员　　审核员

机关公有财产实损失调查表

(6)县 公共方面　　34年12月[illegible]日查报

机关种类	物资损失估计金额 亿千百十万千百十元	财产器具损失估计金额 亿千百十万千百十元	说明
地方行政机关	1250000	2100000	物资数包括步枪机枪三挺 每挺价值[illegible] 步枪4[illegible]枝 每枝[illegible]之子弹及粮[illegible]
部队及军事机关	2500000	150000	
教育机关		875000	
党务机关	58000	~~[illegible]~~ 25000	
警察机关	~~[illegible]~~	570000	
公共团体		1550000	
其他		5600000	
合计	3808000	10872000	
备考	一、行政机关包括县政府区署及乡镇公所 二、教育机关系指各级学校 三、公共团体包括地方性之一切团体 四、物资损失数包括枪械及粮食		

128
210
338

县长　　[illegible]　　填表员（印）　　制表员（印）

桐鄉縣待受救濟人數調查表

(7) 救濟人數統計　　34年12月[illegible]日查報

數　別	男(人)	女(人)	合計(人)	說明
老年	12965	6483	19448	本表與(丁種)救濟狀況統計表配合
兒童	4486	4453	8939	
殘廢	5415	1012	6427	
成人	3126	961	4087	
合計	25992	12908	38901	

縣長　　科長　　填表員　　製表員

柳河县战後需要物资数量调查表

(8) 甲. 農業所需物資　34年12月15日查填

需要類別 / 名稱 數量	全縣估需數量	單位	估計價值金額（億千百十萬千百十元）	説明
蠶種	15,000	張	150000	每張估計10元
桑苗	5,000,000	株	50000000	每株估計10元
柏樹種	1,000,000	株	20000000	每株估計20元
棉種籽	2500	担	50000000	每担估計2萬元
農業用具	15	公噸	30000000	
耕牛	6500	只	52[illegible]200000	每只8萬元
合計			674350000	
備　考				

县长　　科长　　填表员　　農股

桐乡县战后需要物资数量调查表

(9)丑. 工业所需物资　　　　34年12月5日查填

名称	需要数量	估计价值金额（亿千百十万千百十元）	记载
(20匹马力)碾米机	10部	20000000	
榨油机	5部	125000000	
发电机	2部	60000000	
纺织机	50部	50000000	
合计	70部	255000000	

县长　　科长　　填表员（印）　　统计员（印）

桐梓县战后需要物资数量调查表

(10)类 营造建筑所需物资　　34年12月　日查报

需要量 / 建筑工程 / 物名	公路	水利	電訊	房屋	需要物資合計	單位	單位價格	估計全部金額
水泥	12	40		80	132	袋	4000	05000000
鋼骨				3	3	公噸	3000000	9000000
石灰	2	15		3000	3017	担	3500	10559500
杉杆	500				500	塊	50000	25000000
木料		2		200	202	公噸	300000	60600000
鐵釘鐵件	200			500000	500200	公斤	500	250100000
電話机			40		40	隻	80000	3200000
電綫			8000		8000	市斤	1000	8000000
電桿			50000		50000	枝	500	25000000
磚瓦		5		50	55	公噸	35000	1925000
碎石	10	2		50	62	〃	20000	1240000
橋木	300				300	根	10000	3000000
合計								308124500

附註：1.公路橋樑六座　2.公路路面亟須修理者計全長四十公里　3.房屋战后亟须建築者約有壹萬三千餘間

县长　　秘书　　填表员　　制表员

桐乡县战后需要物资调查表

(11) 粮食稻种需量　　34年12月17日查表

名称		估计需要数量	估计价值金额（亿千百十万千百十元）	说明
食粮	米	58052石	383188000	一、本县因田多地少，每年缺食米三个月半
	麦	13000石	83200000	二、本县战时荒田约万余亩（除交通线上不能耕种之），系佃耕农缺乏之一部分，尚缺二个月，所以上数
	豆类			改良稻种约九十担
改良稻种		30担	135000	
合计			466523000	

县长　　科长　　填表员　　制表员

柳城县战后所需物资数量调查表

（12）表　衣料所需数量　　34年12月15日填表

類別	成人			兒童			合計（套）	估計價值金額（億 千萬 百萬 十萬 萬 千 百 十 元）
	男（套）	女（套）	小計（套）	男（套）	女（套）	小計（套）		
夏季衣服	14780	14796	29576	3982	3936	7918	37496套	
冬季衣服	14968	14994	29962	4486	4453	8939	38901套	
棉被	14431	14679	29110人	3894	3864	7758人	36868人	
合計 衣服	29748	29790	59536	8468	8389	16854	76397	186822700
合計 棉被	18434條						18434	
說明								

局長　　科長　　填表员　　製表员

桐乡县战时需要物资数量调查表

（13）卫生医药所需物资　　34年12月15日查送

科别	类别	估计需要数量：种数	估计需要数量：数量	单位	估计总价值	说明
内	解热剂	20	120	磅	850000	上列各项药价因无根据仅依大约价估计
	兴奋剂	14	50	〃	200000	
	泻下剂	19	48	〃	350000	
	强心剂	21	38	〃	450000	
	催吐剂	5	3	〃	150000	
	发汗剂	6	3	〃	240000	
	祛痰镇咳剂	32	49	〃	350000	
	镇痛剂	19	23	〃	480000	
	镇静剂	18	22	〃	150000	
	催眠剂	8	12	〃	500000	
	健胃消化剂	55	87	〃	350000	
	收敛止泻剂	14	53	〃	200000	
	强壮剂	33	43	〃	300000	
	驱虫剂	8	3	〃	500000	
	清凉剂	9	22	〃	150000	
	止血剂	14	32	〃	250000	
	缓和剂	15	60	〃	200000	
	驱梅剂	14	30	〃	200000	
	排泄消毒剂	9	22	〃	500000	
科	腐蚀剂	14	5	〃	20000	
外	手术器械类	38	38	件	12500000	
	医疗器械类	26	68	〃	9300000	
	消毒药品	25	1100	磅	1600000	
	卫生材料	11	4800	〃	1250000	
	测验器械	25	60	件	350000	
	消毒器具	21	68	〃	200000	
科	调剂用具	69	97	〃	2500000	
	装置大小瓶具		2750	只	200000	
耳鼻咽喉眼科	器械用具	15	25	件	280000	
产科	〃　〃	21	40	〃	300000	
合计		1种	6623 396 2750	磅 件 只	48220000	

46

县长　　卫生院长　　科长　　填表员　　制表员

崇德县大众乡抗战期内遭遇灾害人民调查表（一九四五年十二月）

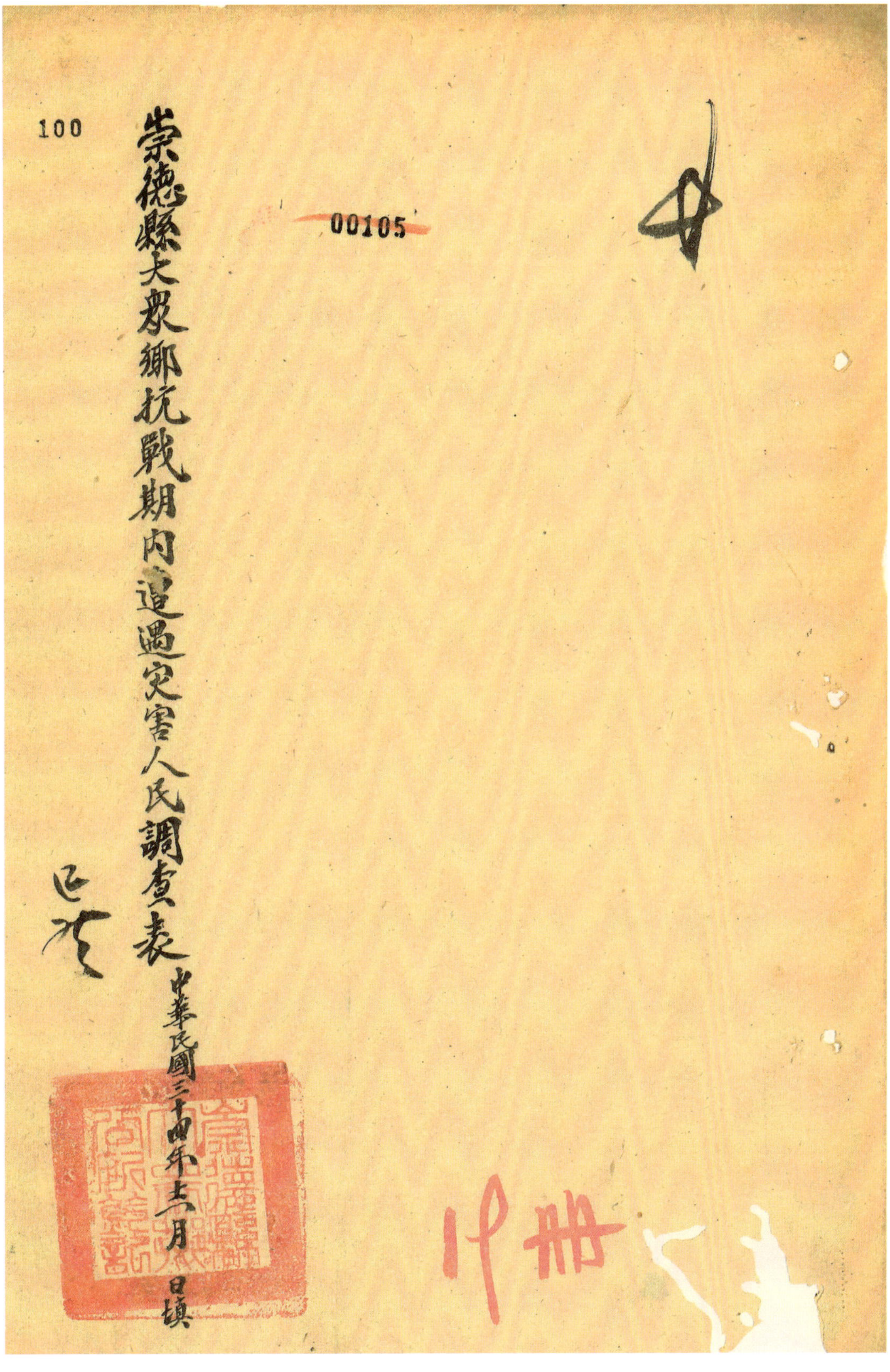
100

00105

崇德縣大衆鄉抗戰期內遭遇災害人民調查表

中華民國三十四年十二月　日填

101

00106

崇德縣大麻鄉抗戰期內遭遇災害人民調查表

中華民國三十四年十二月　日　鄉長姚治安

保別	甲別	戶別	姓名	性別	年齡	籍貫	災害時間	災害地點	傷或亡	燒炸	間數	備考
一	四	九	王桂珍	女	四十	崇德	民三十年三月廿日	王家木橋	亡			赤貧
〃	五	四	吳桂祥	男	二五	〃	〃	東門外	亡			仝
四	七	五	魏長元	〃	三三	〃	〃四月廿八日	大田埭	殺			次貧
五	八	二	徐阿四	〃	三七	〃	〃	東門外	亡			仝
六	八	三	談坤山	〃	二四	〃	民二十八年十月二五日	談家里		燒	三	赤貧
〃	八	四	談坤業	〃	四九	〃	〃	〃		〃	二	仝
〃	八	五	談坤堂	〃	四十	〃	〃	〃		〃	三	仝
〃	八	二	談建松	〃	三十	〃	〃	〃		〃	四	次貧

〃	八八	朱其元	男	四四	崇德	民三六年十月五日	朱家九	亡			尚可
〃	九一	朱福順	〃	六〇	〃	〃	談家里		燒	四	赤貧
〃	九三	朱新海	〃	三三	〃	〃	朱家九	亡			仝
〃	九五	朱秀榮	〃	三八	〃	〃	〃		燒	三	尚可
〃	九七	朱有祥	〃	三八	〃	〃	〃		〃	一	赤貧
〃	九八	朱順金	〃	二八	〃	〃	〃		〃	三	仝
〃	九三	朱長林	〃	五七	〃	〃	〃		〃	二	仝
七	六一	馬雪珍	〃	三三	〃	民三二年九月七日	馬家林		折毀	二	仝
〃	六六	鍾品朝	〃	四六	〃	〃十月九日	鍾家林		〃	一	次貧
〃	六七	鍾品金	〃	三二	〃	〃	〃		〃	一	赤貧

乙

〃	六八	鍾德鬼	〃	四四	〃	〃	〃		〃	一	次貧
〃	七七	馬明山	〃	三六	〃	〃	馬家坟		〃	一	赤貧
〃	七八	馬明華	〃	四八	〃	〃	〃		〃	一	仝
〃	七九	馬春林	〃	三十	〃	〃	〃		〃	一	仝
〃	七十	馬有生	〃	三七	〃	〃	〃		〃	二	仝
〃	七二	馬明生	〃	四五	〃	〃	〃		〃	一	仝
〃	八五	羅福金	〃	四一	〃	〃	三官堂		〃	二	仝
八	一一	錢金榮	〃	四三	〃	民二六年十月二六日	錢家台		燒	三	次貧
〃	一二	錢雪榮	〃	二九	〃	〃	〃		〃	四	赤貧
〃	一四	錢金山	〃	四五	〃	〃	〃	亡			次貧

八	一八	錢洪高	男	五一	崇德	民二六年十一月廿六日	錢家台		燒	二	尚可
〃	三一	俞金康	〃	二一	〃	〃	俞家墳		〃	三	赤貧
〃	三二	俞雪章	〃	三六	〃	〃	〃		〃	三	次貧
〃	三三	俞子明	〃	卌	〃	〃	〃		〃	四	仝
〃	三七	蔣子明	〃	三二	〃	〃	大竹橋		〃	一	尚可
〃	三八	蔣明松	〃	五二	〃	〃	〃		〃	三	次貧
〃	三九	蔣松元	〃	四九	〃	〃	〃		〃	一	仝
〃	三十	蔣松波	〃	四二	〃	〃	〃		〃	一	仝
〃	三六	蔣彩庭	〃	五八	〃	〃	〃	亡			仝
〃	四一	蔣金祥	〃	六二	〃	〃	〃		燒	四	尚可

103 00108 4 3

〃	〃	蔣氏	女	七七	〃	〃	〃	亡			仝
〃	四二	蔣福來	男	四六	〃	〃	〃		燒	二	赤貧
〃	〃	蔣氏	女	七三	〃	〃	〃	亡			仝
〃	四四	蔣金坤	男	二八	〃	〃	〃		燒	二	次貧
〃	四八	蔣松清	〃	五三	〃	〃	〃		〃	一	尚可
〃	四九	蔣萬和	〃	三十	〃	〃	〃		〃	二	仝
〃	〃	蔣清山	〃	兒	〃	〃	〃	亡			仝
〃	四十	蔣子松	〃	二八	〃	〃	〃		燒	二	次貧
〃	四一一	魏炳浩	〃	五八	〃	〃	〃		〃	三	尚可
〃	四一二	魏順乾	〃	六三	〃	〃	〃		〃	一	赤貧

八	四十三	魏叙乾	男	六二	崇德	民二六年十月二六日	大竹橋		燒	一	赤貧
〃	四七	魏禎萬	〃	三八	〃	〃	〃	亡			次貧
〃	〃	魏有萬	〃	四〇	〃	〃	〃	亡			仝
〃	五一	魏祥根	〃	四五	〃	〃	〃		燒	一	赤貧
〃	〃	魏廷進	〃	六二	〃	〃	〃	亡			〃
〃	五二	魏子儀	〃	五〇	〃	〃	〃		燒	二	次貧
〃	五三	魏長松	〃	三八	〃	〃	〃		〃	一	赤貧
〃	五四	魏長生	〃	三〇	〃	〃	〃		〃	二	尚可
〃	〃	魏通明	〃	二四	〃	〃	〃	亡			赤貧
〃	〃	魏洸沚	女	四四	〃	〃	〃	亡			〃

104　　00103　　4

〃	五月五日	魏寶松	〃	三六	〃	〃	〃		燒	一	尚可
〃	五月六日	魏寶隆	〃	三一	〃	〃	〃		〃	一	仝
〃	〃	魏潘氏	女	五	〃	〃	〃	亡			次貧
〃	五月八日	魏永年	男	三〇	〃	〃	〃		燒	二	仝
〃	五月九日	魏壽林	〃	五六	〃	〃	〃		〃	一	仝
〃	五月十日	魏金根	〃	六一	〃	〃	〃		〃	一	仝
〃	五月一二日	魏貴才	〃	四八	〃	〃	〃		〃	一	赤貧
〃	五月一三日	魏貴松	〃	四五	〃	〃	〃		〃	二	仝
〃	〃	魏文傲	〃	六九	〃	〃	〃	亡			仝
〃	五月一四日	魏壽其	〃	三六	〃	民三十年五月十五日	〃		燒	一	仝

九九九	蒋伯生	男	三三	崇德	民廿年十二月十二日 徐家庙	亡	赤贫
〃〇五	蒋金坤	〃	三三	〃	民三一年七月一九日 北蒋村	亡	次贫
合計						二	七

崇德县善后救济调查报告（一九四五年）

051　　00622

24

崇德县善后救济调查情形暨工作概括

甲　引言

乙　调查目的

一、灾情总清查

（一）检举敌人罪行

（二）总务需要

二、广播宣传

（一）调查史实来源

三、申请救济准备 详尽

（一）战灾损失及人民生活的状况

⑶ 检讨妇女救济的好处

两个筹备期间情形

一、总结检讨表件

二、调查办法

⑴ 县府筹备会议

⑵ 组织调查队

⑶ 分区分组

⑷ 确定任务及时间

⑸ 发动乡镇人员

三、争取实习性调查

052

00629

（二）军事讲习

（三）决定进行方式

（三）示范调查

（四）交换工作意见

丁、实施经过

一、进行调查情形

（1）出发之日

（2）（中途）工作报告

（3）结束归来

戊、办理结束

一、整理表册
(1) 装订
(2) 统计
二、审查错误
(1) 文档检查
(2) 开工作检讨会
三、检讨结果
(1) 收获量
(2) 需要改进的地方
四、结语

053

00621

庚 附表

一、當縣救濟事業成績調查表

二、當縣救濟機關[illegible]調查表

三、當縣對于救濟組織情形調查表

四、當縣戰災損失調查表

五、當縣目前人民生活情形調查表

六、當縣經濟概況調查表

七、當縣[illegible]救濟人數及物資調查表

~~八、當縣地方[illegible]調查表~~

甲、引言

本縣戰後瘡痍滿目，實係適地，辦理善後救濟，本在亟需，而責縣當府之措置，同儕以安。本府前因處於戰爭環境，集全力與敵偽周旋及抗（着重）刻實未注意及此，對於戰災調查工作，殊難顧及，延擱至今始。自應及時辦理，爰經引用近代社會調查方法，並依照實際需要，擬參照我設計，製定調查表式多種，組織分區實地調查，計時一月，謹就此次調查所得，暨檢同各項表件，彙編成冊，以為辦理善後救濟工作之參考資料。特識

乙 調查目的

(一)血債償還

檢舉敵人罪行

本縣在敵騎蹂躪下有八年之久，敵人不惜以殘酷的手段加害於人民，燒殺、姦淫、擄掠，和一貫奴役政策無所不用其極，所以這八年來本縣人民的被殺害或房屋財產的遭擄毀和被掠奪，其損失的數字，實在慘重而且大，並且經受這八年來的長期，本來要由勝利重見天日，然而這敵人所給予我們這很久而不可磨滅的仇恨，我們應該提出具體的事實和數字，以憑檢舉，本來要將它送到中國去要求敵人賠償損失。

懲辦漢奸

漢奸是敵人的幫兇，也就是人民中最無廉恥的敗類，

055　00626

敌人有汉奸为爪牙，汉奸组织敌人为收用，猖獗作恶，肆无忌惮的施展起欺诈、剥削的手段来。地方群众受的损失和惨祸也因此更大。所以说汉奸是祸国殃民的，我们要鼓动民族的气节，就要使得人人痛恨汉奸，并且要人民大众都来检举。

(二) 褒扬忠烈

调查忠烈事迹

人民在敌伪高度的压迫下，有的因不甘附逆被屠杀，有的因激於正義或抗敌情绪致被杀成仁者；有的因從事救亡工作甚至毁家紓难者，这种忠節義的事蹟，我们要褒揚他们的忠烈并予以优待救济

说明了这次调查表是有极大重要性的

（三）申请救济之准备

我们在敌伪的侵佔期内，我们常常遭遇着究竟（战灾损失及敌人生活）被屠杀多少人民，被烧毁多少房屋，被抢去多少东西，被搜刮多少财物，现在大家的生活情形怎样，有饭吃没有，衣服穿吗，有房子住吗？

（需要救济的物资）我们在战后要申请救济之前，先得弄清我们所需要救济的数字，究竟是多少，有多少是非救济不能维持的，有多少为可以维持的，需要救济的是些什么东西

[redacted]

036

00627

筹备期内

(一)拟订表件

根据以上所述各县灾情及申请救济实际困难迫切需要，参以救济总署所发调查表件并按照本县实际环境制定以下各项表式：

1. 抗战忠烈事迹调查表
2. 敌伪罪行调查表
3. 参加敌伪组织情形调查表
4. 战灾损失调查表
5. 目前人民生活情形调查表
6. 经济概况调查表

丑、地方事件调查表

寅、市民难民人数及物损失调查表

（二）调查步骤

召开筹备会议

为缜密设计及修正调查项目计，我们在制研究表格后，分召开筹备会议，邀请县党部、县参议会派员参加，商讨调查细目、调查人员应具有的调查技能及调查对象等之研究，并迅速进行调查步骤。

组织调查队

在筹备会议中决定每乡组一分队，县设救济调查总队，总队队长由本府社会科长兼任，其队员确定为九人，由本府、县党部、县参议会各派三人参加，分赴各区乡镇协助调查工作。

分区分组

全队九员除由本部原派到之沈西城分成三组：①璧山组 ②洲家组 ③石唐组。每组三人，每组组员负责人统交设计委员由本府与派的代表负责的。

确定经费及时限

调查经费规定每人由本府发给交通川资一千元，共计[illegible]由各原派机关自理，其他纸张印刷等杂费每役由本府筹拨的，并且规定调查时限，各组都决于一个月内全部调查完讫。

发动乡镇人员

各乡镇调查人员除由本府先分别令饬遵照办理外，每组调查人员每到一乡镇必先二日通知各乡镇长及其他有关各乡镇工作人员及中学教员地方热心士

使知识青年开会讲解此次调查的意义和调查的重心并且要大家协助办理~~使革新运动事~~

（三）举行实习性调查

举办实习

出发调查之前，特约先召集各调查人员作一次调查实习，把调查中应知各项调查表式向各调查人员详细讲解并且提出许多实际问题来讨论及征求各调查人员对于各项表式所定的各栏有无使得修改的地方和困难的事，在以便采用

决定选择方式

调查的方式固然要统一，但为求于与调一致起见特别用适当的社会调查方法及实际情形，决定了以下的

适社

几种方式——（一）召開保甲長会议或保民大会向大家询问（二）挨户调查（三）分别向各生產單位借據機關调查（四）向当地士绅调查

示範调查

我们認为这次调查有關縣政機關，并以寄託在主管人员身上希望很大，故在各调查人员未正式出发以前先在城区某一處實驗调查，并決定这次调查为示範性调查，其用意在于大家經过这次實習后，以經驗再来相互检讨对于调查表件及各項调查表式增删、認識的地方和應改動的地方或有计划当予采用參加地方以便逐一增删改進

交換

本日達这次示範调查后就召集召開检讨会议

工作意見

各位本調查人員以這次調查所得的經驗和心得，并與我們的收穫用理論和整個情況的學習，應發提出會議檢討結果，使我們得到了不少的寶貴經驗和知識，發現其困這次的實習，可能以改進了許多我們在平時所不能接觸到的實際問題。

丁 實積經手

(一)進行調查情形

出發之日

十一月十六日西縣一區[illegible]雲寨鄉即將做完的清掃老爺，本隊部在上午八時奉召集中縣府聆聽張縣長指示工作重心并對進行調查時的各種技巧和方式問題詳解以對其情形詳實細查特別提出要求務希各隊員於這次調查

039　00630

归来都带着回来许多宝贵而又难得的资料

各队是出发工作后与政府队部与各组的联系及工作

（二）工作报导　情形的报导向县总部寄一种工作日报表或定

各组每天按日详细填报总部

结束归来　查一个月的调查时限将届满的最后三天内各组的

调查人员都携带着一本一本一册的表册胜利的

归来了。前次这次全面性的扩大调查工作我们相信每

个负责的工作同志都着实的化上不少的精力和时间在的、

戊　如期结束

（一）整理表册

装订　我们把各组送回来的这许多表册，须一项一项的分开来，将同一项的表格整理出来合订成一本册子，这样将来即便于审查或统计或参阅，就都很便利的了。

统计　本调查的时候各种表格都是以一乡镇为一表印成的，这是便于进行调查的方法。现在我们要统计出全县的总数来，再填成全县的一张总表，以便呈报上峰，故将各项表格内的每一种数字都逐一统计成总数。

（二）审查错误

交换检查　为着填查审核及更正错误或遗漏等情形，见经将各项表册掉换，发给各组互相交替检查

060

00031

並藉以相互交換和改進，而且要求各檢查負責人將檢討書總結及疑問分類列表提交檢討。

開工作檢討會

在檢查完竣後即開工作檢討會議，各調查人員均參加檢討，首先由各調查負責人分調查經過、進行方式、心得和困難等項作詳細報告，隨後檢討批評未了並參看組長指示對於本次調查所見的地方和以後應行改進之點。

（三）檢討結果

收穫點

這次普及教育據調查統計收的精密檢討的結果認為調查普遍成功的原因歸納起來約有

㊄调查 战实损失

调查、㊁敌伪资产调查，朱桥敌伪组织情形调查㊂地方

朱津调查、㊃人民生活情形调查㊄还有上面敌伪人数及物资

调查 以上五项调查大体的说，我们是相当的成绩的，

虽然不能说这已经是千真万确，但都说是完全成功的，

但我们希望在这五项调查中给了我们一个可以供为去了敌

的轮廓的资料，因为我们

这些都是普通性质，而是

抗战后在陈所说，就八年知道的首战而目前被实的

不同诸不男在这来的，并以我们在这个调查的时候说

感很顺利，见觉得是一椿一椿血的铁的事实样的那

教训我

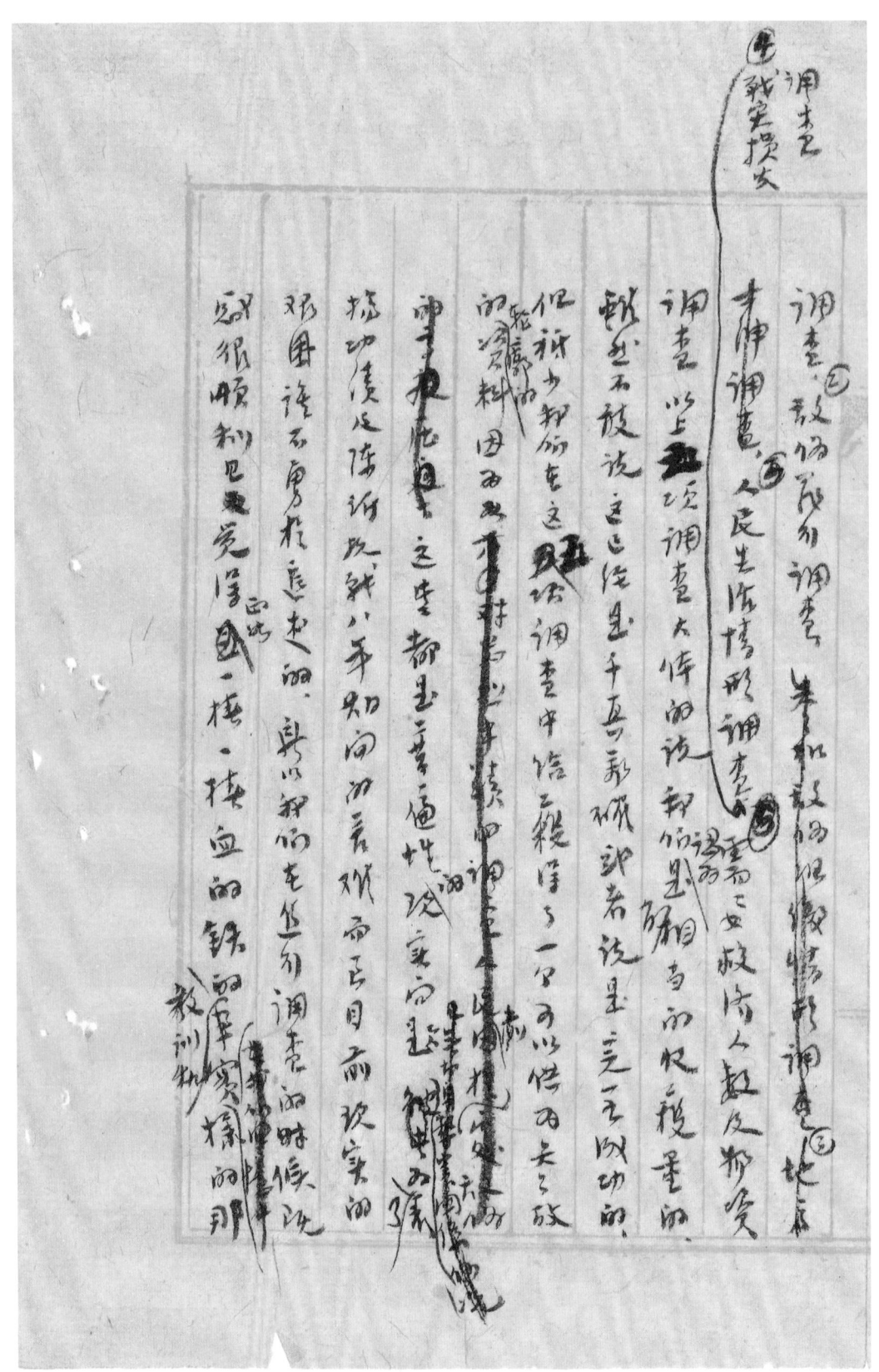

061

00632

庄里真正（和其他）参加敌伪组织情形调查及经济概况

调查两项我们感到有失望的地方，前项调查困难

乡有大别的组织条件，除他有背景有势他们撑腰的

属于乡长在时知道的人今天人民因为受其欺骗和遗（了解得不够）

在因其恶势力未根除前，集会不敢向政府申诉，其又长居故不出面指控它

不可復 同时还有一层，就是在的一般撑腰着伪组织的乡

保甲人员大都做伪抵战时向伪倚敌人势力贪宠者

的伪乡保甲长，因为他们惯会投机，眼看敌人趺脚失足上

掉调头来投诚，居然伪装先进分子，来查政府挺进之部由方队

员而政府安居秩序方定，百废待举之时，无有暇而暂予

延用，以致人民慑服于其权势范围之内，有言每不敢诉，而乡
保甲长则本身即是豪奸文盲，谁会跑去自供罪状，反对
所以用这次调查是很少有成效了。现在我们所得的不是
已经事发而被法律制裁者，即是畏罪逃亡者，其他真
而为作伪的，战时某些言是不可讳言的确实，计数未来的地方
此次调查因经济概况者内的各项，如以本乡土富户产业及纪
实者战前，敌伪期内，现在，这三个时期的统计数字和损毁
数目比较，其他多未能翻复，但因这项调查是秘密性的，不在
依据户调查而人民知识水准太差，很少作向本县宁讯报，故调
查时都由保甲长询向地方士绅及出产地访查访问

062　　00630

概念

表像及依据的方式与求得的数字，所以我们不敢深信这里（许多数字）宜先要及有分有所存疑的（参考地位）

需要改进的地方

经过这次调查以后，我实在得到不少宝贵的经验和启示，现在仅就我所得的经验谈谈需要改进的几点：㈠应由调查工作者具备的人、要具有数字观念与眼、嘴、腿、要并用 ㈡对于此项工作须有严加以锻炼化 ㈢每次调查须先作概括地调查 ㈢每日于调查完毕归来后即整理并分组会议交换工作意见 ㈣调查方式要选用要实际重技术 ㈤多用谈话方式询问

己 结语

查此番调查的结果，以一般而言，我们不能说没有收获，但只有一点点以增加我们对于社会调查的研究兴趣的。但本次的检查，我们觉得[illegible]在事前计划[illegible]实习及准备工作做得[illegible]故而在进行调查时仍不能参入人意，并从这次所得的经验相信更加信仰，使我们坚决于中维社会调查对于今后统计学识统治的信心，故我们将继续改良其于调查中的工作，以达成这重大的任务，实有必要也。

（三）庚 谢嘉庆说明

（四）学生新报纸各组事迹调查表

崇德縣石門鄉鎮抗敵忠烈事蹟調查表

姓名	年齡	籍貫	出身	抗敵忠烈事蹟	曾否撫䘏	遺族近況
郭俊	三八	崇德	崇德縣黨部常委	因公在紹興積勞成疾殉國	已	一子三女家窮貧苦困苦萬狀
魏達三	四〇	崇德	崇德直屬區分部執委	出席黨員大会激勵民衆抗戰被炸身亡	未	妻一子三人家寒困苦維持為難
王應堂	四三	崇德	未	担任我方情報遇敵刺死	未	不明
錢嘉生	二三	崇德	農	值哨遇敵溺死 [illegible]衛隊殺身亡	未	母兄各一家寒困苦
僧空性	未詳	未詳	本鎮南观音堂主僧	藏匿我方受傷兵士被敵察覺[illegible]害 [illegible]	未	無
吳坤三	五三	崇德	農	值哨遇敵傷害	未	未明

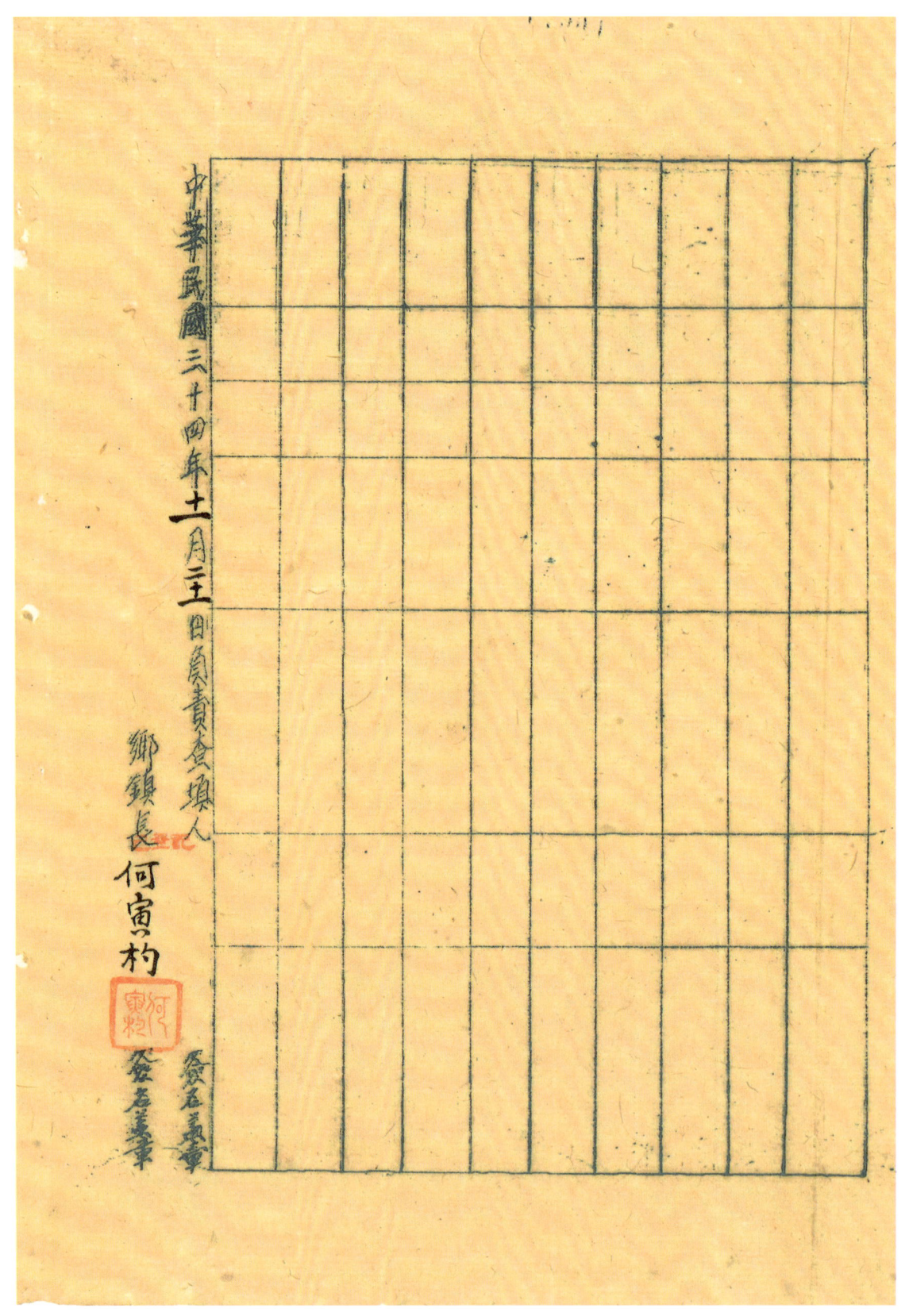

中華民國三十四年十一月二十日負責查填人

簽名蓋章

鄉鎮長何寅杓

（印：何寅杓）

簽名蓋章

010

00680

崇德縣錢林鄉鎮抗敵忠烈事蹟調查表

姓名	年齡	籍貫	出身	抗敵忠烈事蹟	曾否撫卹	遺族近況
陳錦松	四三	崇德錢林鄉	務農	該員時充任本鄉公所情報遞步哨丁，於二十九年冬十二月桐鄉敵偽竄本鄉時携送情報至石灣區署（其時石灣區署駐在塘西長濠鄉）途經同福鄉庵王廟附近，適值石灣敵偽出擾，當被捕去，搜出情報証件，押赴石灣敵部以亂刀戳死。	否	遺妻一子二，家境赤貧
曹境林	三七	崇德錢林鄉	樂司	該民於二十九年十二月桐鄉敵偽竄擾時由保長派送情報至紀目鄉李王廟（時本縣自衛大隊吳良玉部開駐該處）於中途遭敵捕獲，搜	否	遺妻一子二，家境赤貧

出証件與陳錦松今時被擄送石灣敵部隊遭殺戮。

中華民國三十四年十二月二十四日負責查填人　簽名蓋章

錢林鄉鄉長李洪山　簽名蓋章

00733

崇德縣東園鄉鎮敵偽奸匪罪行調查表

敵偽奸匪組織或番號	首長姓名	罪行地方	罪行時間	罪行事實
日寇（番號不明）	不明	下舍	廿七年九月十六日	朱世龍送十七區部隊出新市返下舍半途遇敵被殺
〃	〃	崇德	廿九年六月二十日	沈伯年係沈壽慶之子
〃	〃	〃	民國卅年一月一日	崇城日寇出援焚燒施祥茂房屋多間約值十萬元
〃	〃	〃	廿九年十一月廿日	國軍六二師駐紮該屋敵人出巷時被燒
敵陸軍航空派	〃	崇德洲泉	卅一年五月廿六日	帝瑞生航船壹只在洲泉被炸
日寇伊藤部隊	〃	崇德	卅一年六月二十日	抗衛第五支隊與敵發生遭遇戰被害（沈百玉）
〃	〃	〃	〃	〃（王有福）
〃	〃	〃	廿九年十一月十八日	九保居民吳金山不願與敵人帶路被害。

063

〃	〃	〃	卅年九月十二日	十八保居民姚隆慶不肯替敵人帶路被殺。
敵偽軍航空隊	〃	〃	卅年五月廿六日	十二保居民嚴初氏被炸死在洲泉鎮
偽崇德保安隊	周寶元	洲泉	卅三年八月二十日	十四保居民嚴寶春在洲泉被槍殺。
日寇駐崇德部隊	不明	〃	廿八年三月廿九日	三保居民朱九如在崇城被敵人擄掠被害。被殺
偽崇德保安隊	〃	張諸倪家橋	卅三年七月十日	一一保居民沈舜臣所有桑樹悉被砍去建築工事。

中華民國三十四年十二月十八日 負責人 填表人 陳繼棠（簽名蓋章）

鄉鎮長 施浩森（簽名蓋章）

崇德縣洲泉鄉鎮敵偽奸匪罪行調查表

敵偽奸匪組織或番號	首長姓名	罪行地方	罪行時間	罪行事實
敵陸軍航空隊		北市小宮里	二十七年十月	敵机轟炸投彈三枚死王姓小孩一個
崇德敵屠	森田	本鎮	二八年三月廿六日（農曆）	與國軍六二師遭遇被殺華俘六人槍殺吳泰春夫人
〃	〃	〃	二八年三月廿七日	殺害剝切河全是夜淫姦民女多人
敵航空隊		本鎮南堰里	二八年二月卅日	敵机轟炸投彈四枚毀民房二間
敵偽軍		本鎮醫附近	二九年五月日	舉行掃蕩擄平民數人加以酷刑逼供机關首長住址
崇德敵軍	川島	本鎮南市	二九年三月日	屠殺全鎮居民集中廣場殺害傷陸二人
〃	〃	〃	〃	屠殺全鎮居民集中廣場令供出游擊隊住址
崇德敵軍	富田	本鎮	二九年三月二八日	燒南市房柵殺戮婦女一名並對居民施大刑毒刑

06

各地敌伪军	本镇暨附近地区、	二十九年七月一日		扫荡一遍，人民逃避一空，物质损失甚重。
崇德伪军			三十三年一月十一日	抢劫王士家米店，损失白米叁佰余石及其他商品。
新市敌军	关田 蒲野	本镇十间头	三十二年四月十日	与游击队徐部遭遇，击毙敌酋蒲野，敌烧去民房四间
敌航空队		本镇石道浜郁家埭	二八年一月	敌机数架投弹轰炸，死裁衣司一人，伤多人
〃		本镇花园头南岸里	〃	敌机协助敌军扫荡，更番轰炸
〃		本镇袁家浜		敌机三架投弹十余枚，并以机枪扫射，死伤多人
新市敌军		本镇	卅一年九月初三日	俘去乡民二十余人，并烧去吴姓之房屋三间
洲泉敌军	伊藤	〃	卅二年二月	惨杀我战俘十人，并令敌兵以刺刀戳刺
〃	〃	本镇北大水桥	卅三年除夕	惨杀我游击队公敌五人，多人行刑前均高呼中华民国万岁
敌洲泉警备队伪勇一方面军伪崇德保安队	吉冈伊藤 野井	盘据本镇二年三月余	卅二年四月五日至卅四年五月十一日	在此期间，敌我民众，经勒索、敲诈、掳掠，损失甚重。

中华民国三十四年 月 日 负责查填人 陈铭棨（盖章）

乡镇长 吴阔渠（盖章）

70

00740

奸 奸 奸 奸 奸 奸 奸 奸

崇德縣晚村鄉鎮敵偽奸匪罪行調查表

敵偽奸匪組織或番號	首長姓名	罪行地方	罪行時間	罪行事實
日寇浦野部隊	浦野少佐	崇德晚村鄉	三十年三月	一保二甲居民錢富生遇新市東部公殺害。
〃	〃	晚村東條塘	〃	一保居民袁月方遭由新市出擾之敵人殺害。
〃	〃	〃	〃	一保居民錢阿土遭由新市出擾之敵人殺害。
日寇伊藤部隊	（不明）	叶橋	三十一年八月	一保錢春林之子祥寶遇敵被害身中十二刀。
〃	〃	洲泉	三十一年二月	一保沈惠生之子關慶在洲泉被殺。
〃	〃	洲泉附近	三十二年九月	一保人民袁河玉在游擊部隊攻佔洲泉時渡河溺斃。
（不明）	〃	崇德	卅二年九月	一保居民顧壽宗之侄避步哨之衣被信因溺死。
（不明）	〃	安橋	卅二年九月	二保居民沈果金之河文被敵捕獲拋入河中斃命。

仝	〃	〃	薛家濱橋	卅二年八月	三保居民胡阿嵩之子蘭生遇敵被殺連中五彈
仝	偽崇德保安隊	〃	千村	二十八年五月	八保住民錢才林之任鄉公所丁因遭敵烙燒慘死。
仝	〃	〃	大麻	卅三年三月	〃保住民吳大滿來往洲泉時被捕掠殺。
仝	日寇（番號不明）	〃	屠家濱	卅二年十二月	十保居民李文榮遇敵被殺。
仝	〃	〃	千村	卅三年十二月	十保居民李阿虎之屋被焚燬廂房等七間。
仝	〃	〃	楊家濱橋	卅年九月	七保住民李阿二之攔河房

中華民國三十四年十一月十七日負責查填人陳繼棠（簽名蓋章）

鄉鎮長范金蓀（簽名蓋章）

附三：崇德县目前人民生活情形调查表（一九四五年）

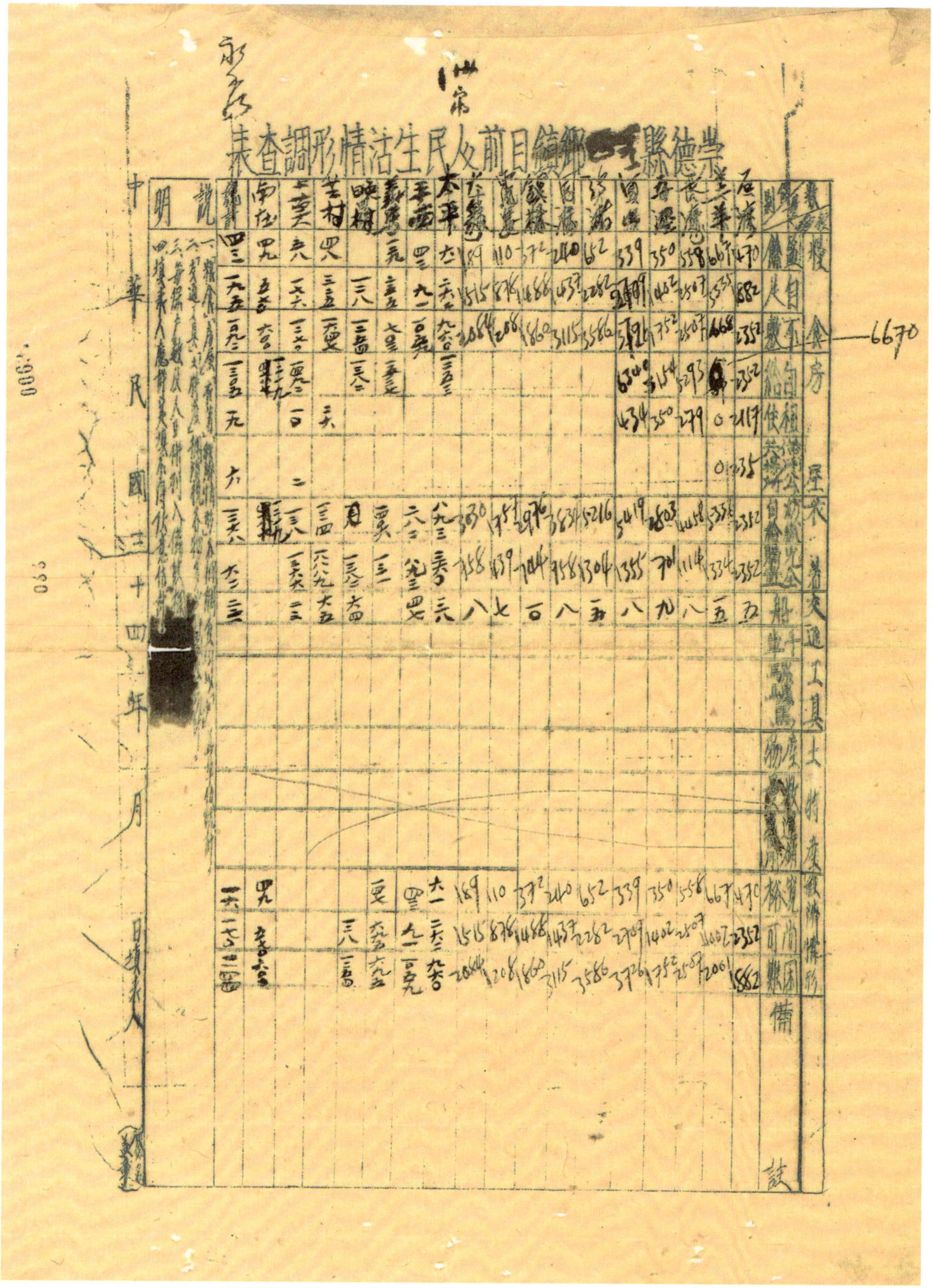
崇德縣　　鄉鎮目前民生活情形調查表

中華民國三十四年　月　日

附四：崇德县经济概况调查表（一九四五年）

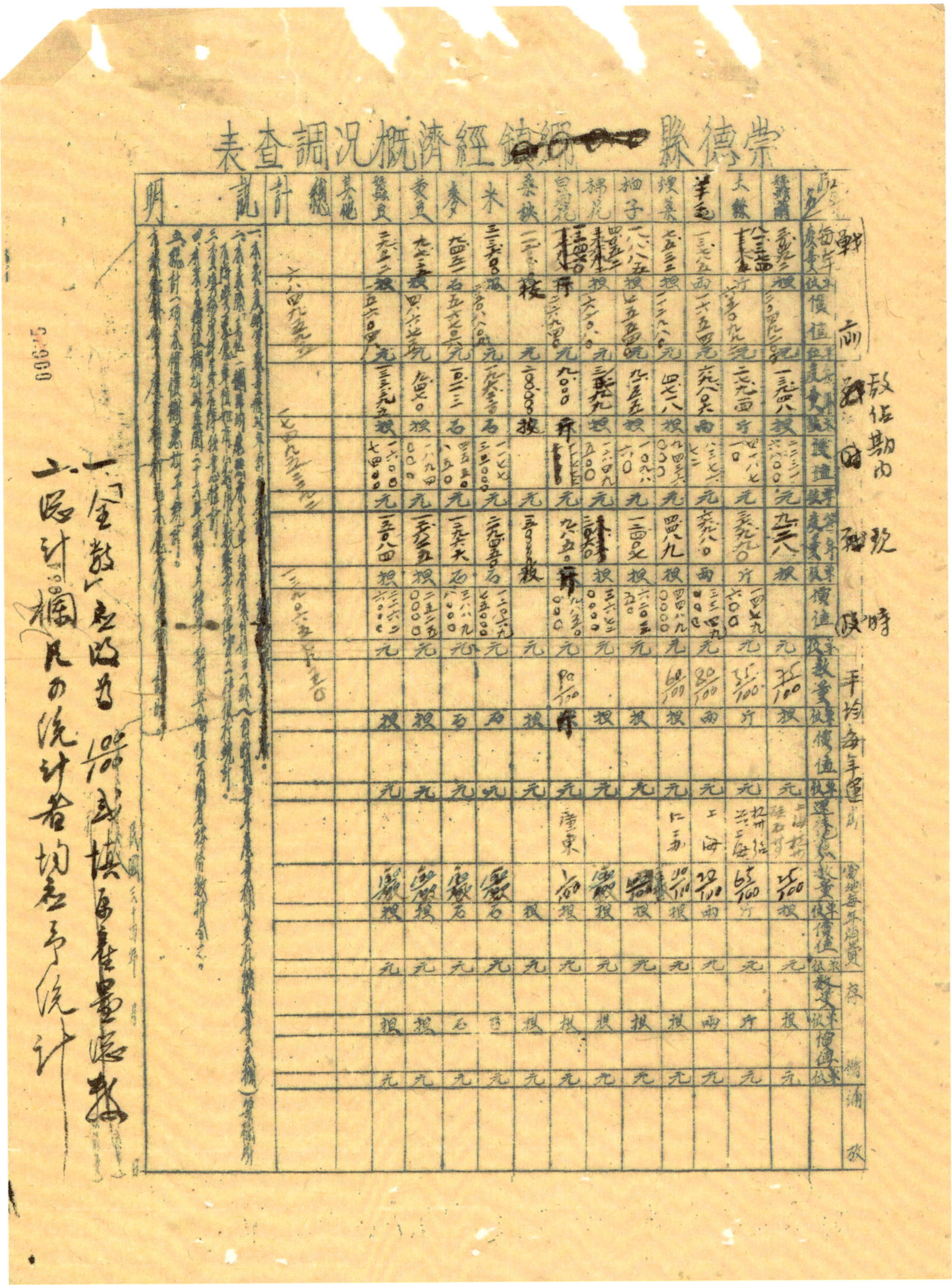

附五：崇德县需要救济人数及物资调查表（一九四五年）

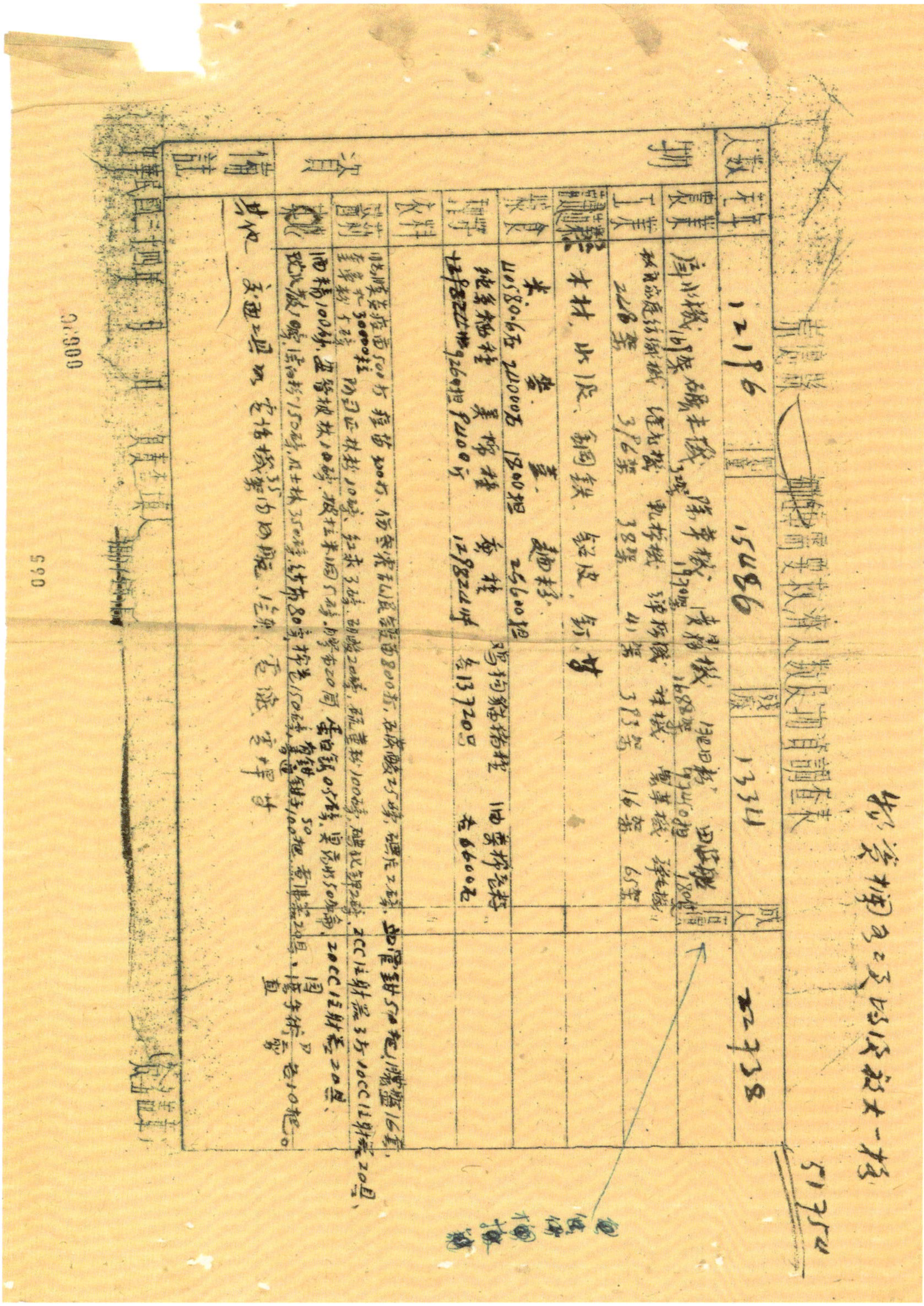

崇德县政府关于报送抗战期间牺牲军民名册致浙江省民政厅的代电（一九四六年一月三十一日）

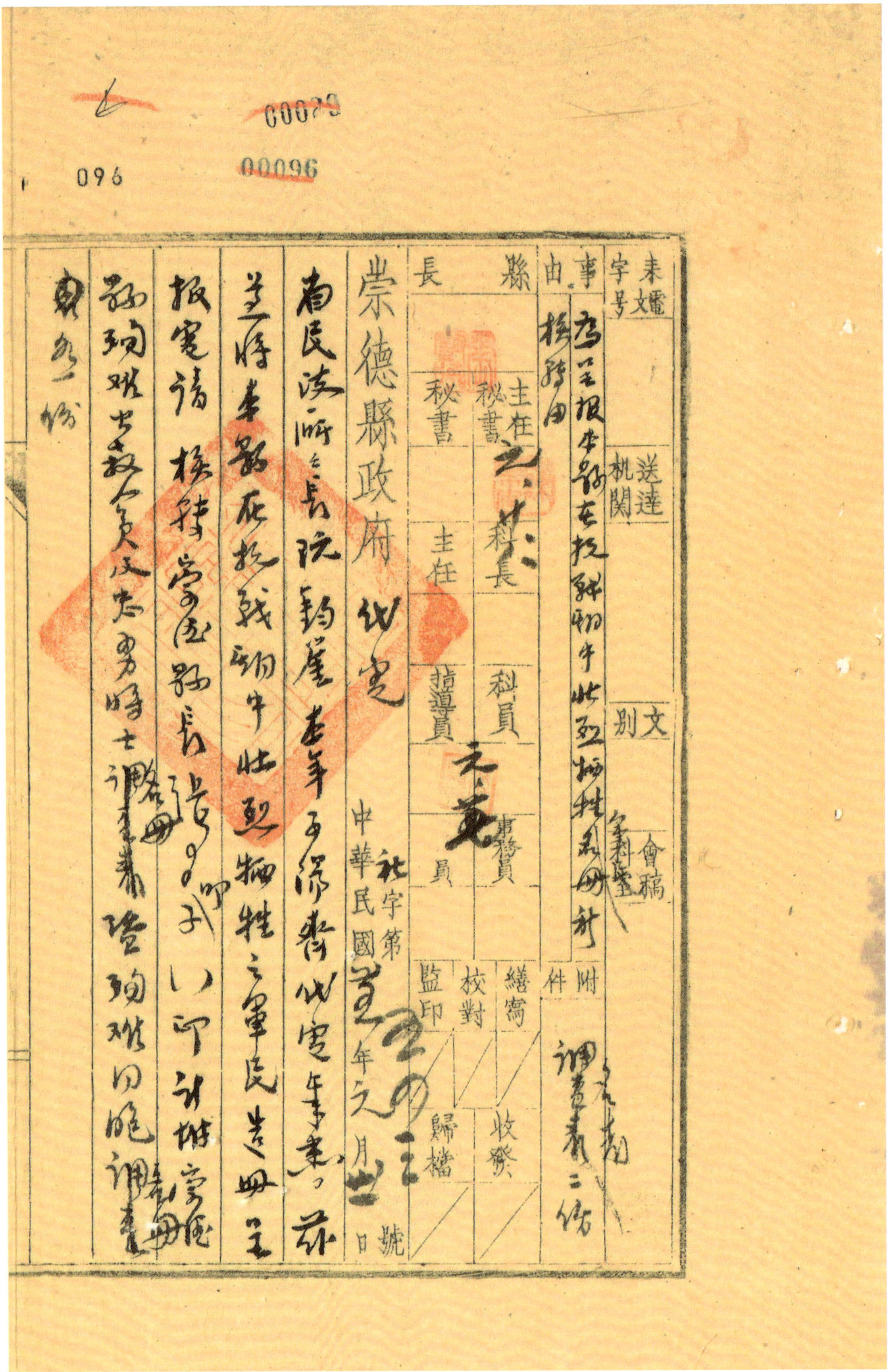
096
00096
來電字号
送達機關
文別
會稿
事由：為呈报本縣在抗戰期中壯丁犧牲軍民名冊祈核轉由
附件：調查表二份
縣長
主任秘書
秘書
科長
主任
科員
指導員
事務員
員
繕寫
校對
監印
收發
歸檔
中華民國卅五年元月卅一日
社字第　　號
崇德縣政府代電
省民政廳廳長阮鈞鑒：本年子綿齊代電奉悉，茲將本縣在抗戰期中壯丁犧牲之軍民造冊呈報，電請核轉。崇德縣長[illegible]叩[illegible]印。計附[illegible]調查表[illegible]

097　00097　00036

崇德縣殉難公教人員及忠勇將士調查表

鄉鎮別	姓名	遺族	鄉鎮別	姓名	遺族	鄉鎮別	姓名	遺族
騎塘	彭永全	子二	紅月	錢伯懷		永壽	龔順昌	妻、子、孫、媳
	王水全	父母		高阿四			劉文富	母
	王傳楚	妻、子女	梵山	高柏榮	父	上莫	許德龍	兄、嫂
	鍾國榮	妻、子		陳阿金	妻、子二、孫二		李壽卿	母、兄
	陳瑞堂	母		沈壽林	父母、妻、子		沈[illegible]	母
虎嘯	周柏梅			沈伯年	妻、子三		蔡[illegible]華	
	湯金山			吴廷秀	父母、妻、子	芝村	陳文慶	
肇昌	盛彦	母、兄、嫂		范子松	妻、女	晚村	李阿堂	
景雲	朱士華			范壽民	母		韋炳奎	

錢[illegible]

錢振濤 史園 范方慶 父、母、兄、原、 胡阿大

高橋 范作容 兄、妻、 姚金山 弟、母、 胡金寶

俞夕葉 沈日俊 兄二、妻、子、女、 張惹山

曹四奎 祖母、妻、蚕 卅家 王錦奎 父、母、兄、 馬阿金

周祥堂 父、 金周瑲 父、母、兄 李阿和

陳彭陽 上墅 張金芳 母、 文馬 姚壽生 兄、

吳文祥 母、妻、子三、 湯子義 子湯子山 沈輔正 父、母、妻、子、

許阿大 父、母、子、 呂文濤 兄文浩 羊西 勞宝順

紀目 錢彩青 永義 夏掌生 勞喜人 母、

王阿三 錢掌仁 陳星德 妻、子、

098

平西 周桂林
陸順宝
太平 朱坤荣
余寿林
湯雲生
南庄 陳仲寬 妻、子、
夏梓山 父、母、
張褚 嚴肇荣 遺族三人
沈金和 遺一
褚林三 遺七

吴江 吴仲文
五区 沈有發 遺二
夏沛生 妻、子、
同福 王柏松 遺三
鄭永生 遺六
同山 王阿二 遺四
胡西棠 遺四
陸子之 遺六
陸阿四 遺三
陸錦章 遺七
陳貴才 遺五
姚雲山 遺五
陸宝華 遺四
大名 蔡藕和 遺七
長濱 秦琳志 妻、女、
鍾伯和 父、嫂、
蔣子慶 姪、媳、孫

錢林 陳錦松 妻一子二
曹悦林 妻一子二

吴安 王爽 遗三
沈云山 遗八
嚴少成 遗七
莫如法 遗六
張寿根 遗一
張寶濤 遗三 五年
張用武 遗一 石塘
張子芳 遗一
汪财源 遗二
沈炳泉 遗三

邱贵林 遗三 林 四
沈金方 遗二
屠有松 遗三
鍾叙年 遗一
陆阿四 遗三
陆文浩 遗五
姚茂堂 遗六
沈世兆 遗三
趙永祥
陈幸荣 遗十
沈永泉 遗三
郭俊 子一、女三
魏遗三 妻一、子三
王应堂
錢友生 母一、子一
倪容性 年
吴坤三

~~00099 00032~~

099

崇德縣死難同胞名冊

鄉鎮別	保甲戶	姓名	遺族情形
梵山	12 P	趙李林	之子
	12 10	王帶興	之弟
	12 10	王金榮	之父
	15 6	胡榮春	之子
	15 8	沈榮生	之父
	13 6	孟有根	之父、兄
騎塘	8 4 8	陳阿四	
	8 5 6	陳伯笙	
	8 5 4	陳福寶	

鄉鎮別	保甲戶	姓名	遺族情形
紀目	1 3	鍾子龍	
	1 3	王林	
	1 3	沈武樑	
	4 ●	潘阿九	
	9	倪阿四	
	5	曾云連	
	3	曹阿四	
	5	沈子峯	
	5	沈成林	
	5	沈桂林	
	8	錢伯寶	
	3	王阿三	
		陳春松	之母
	2	高福明	
	8	王文泉	之文
	5	錢伯慶	

纪目

878 陳叙堂
854 陳加生
238 沈阿三
1[illegible]24 張芸山
158 陳祥源
352 余贵生
352 余子荣
13 吴廷秀
13 章钧伯之子、女
13 章叙梅
13 鍾文慶及家族人
13 鍾桂生

中培 6 沈叙茂
石湾 232 張佳記之母
33 譚彩彬
310 李子龍
張大宝
44 羅慶山
43 羅阿大
吴金其
李阿二
皂荡坑 鄒高氏
徐阿宝
沈兆禧
魏達三
8 3 11 葛吉财
91 沈广茂
91 沈文松
沈沈氏
徐姚氏
9 11 沈陈氏
97 周阿大

100 00100 00033

石湾 9 7 王金生
三茅 1 5 1 陳萬和
1 5 1 陳建福
2 5 3 朱秀春
4 9 10 徐桂生
9 2 12 姚阿二
11 1 1 金阿大
5 7 9 沈希堯
長濠 1 3 6 邱榮珍
1 6 3 張德順
1 5 5 邱貴林
1 6 11 陳菊里
叙茂
2 2 12 沈金芳
2 3 5 房有加
2 4 5 錢伯和
2 4 13 房叙年
2 9 5 陸阿四
3 8 5 凌文浩

長濠 8 3 11 陸子林
8 5 9 茹美喜
8 6 10 顧阿大
10 4 8 趙永祥
10 5 5 董宝寿
10 7 9 王宝奎
6 9 3 陸福林
6 9 6 陸壽珍
6 9 5 陸錦良
6 9 8 沈燕兆
6 11 2 錢珍慶
6 11 3 錢炳生
五圣 1 3 4 沈高氏
1 3 11 沈家宗
1 3 19 徐氏
1 3 16 徐卩欽
2 3 7 周佬坤
2 3 13 孫阿二
2 3 14 周阿二
4 4 4 王宝才

14 6 9 陸阿文奎
14 7 6 沈柳卿
4 5 3 諸阿五
4 4 4 諸林山
大泉 1 4 9 王桂珍
1 5 14 吳桂祥
4 7 5 魏長元
5 8 2 徐阿四
6 8 8 朱其元
6 9 3 朱秋海
8 1 4 錢金山
8 3 6 薛彩庭
8 4 1 蔡氏
3 4 2 薛氏
8 4 9 薛濤山
8 4 7 魏禎彩
8 4 7 魏有彩
8 5 1 魏廷進
8 5 4 魏通明

4	1	13	周仪初
4	2	1	姚茂堂
4	4	4	朱炳生
4	9	3	蔡锦兰
5	1	14	戴菊生
5	3	4	蔡松生
5	5	14	陈育金
5	3	12	蔡福奎 阿山
5	11	12	朱应年
5	11	9	沈张氏
6	4	11	俞振祺
6	4	11	俞阿大
6	7	1	姚士卿
7	2	6	薛金泉 张潜
7	4	10	姚士清
7	11	3	钱莲芳
7	10	3	孔蓉才
7	13	7	钟应乾
7	12	10	钟宝根
7	14	17	蒋才庆
8	1	5	陈阿五

4	7		王阿二
5	2	13	李宝峰
8			朱鸿山
8			朱纪生
9	7	11	夏伟荃
9	1	4	沈金凤
10	3		薛阿四
10	3		沈九狗 吴安
1	1	4	姚其林
1	2	1	张宝年
3	6	5	施阿四
3	6	6	施有林
7	9	10	胡西棠
7	3	2	倪五荣
8	2	5	王子亮
14	1	8	徐胜明
14	2	2	徐阿六
14	2	4	徐阿文
14	4	13	沈宝顺
14	5	12	徐阿四
14	5	12	徐阿六
14	6	1	沈锦茂

8	5	4	钱沈氏
8	5	6	魏潘氏
8	5	12	魏文徽
9	9	9	薛伯生
9	10	5	薛金坤
3	3	9	沈张鸣之弟
3	3	11	朱柏林
3	6	5	朱雪堂
1	6	8	沈新吾
6	2	3	张益知
6	9	4	张家堂之父
6	6	5	吴立清之父
6	7	3	顾宝珍之夫
6	7	5	高阿大之母
6	12	12	邱彩珍之子
7	1	3	赵正奎之父
7	1	4	赵姚氏之女
7	1	6	赵李仁之婶
7	2	9	陈知生之父
7	12	11	王爽之夫

101 ~~00101~~

張安

- 5 7 8 皇名朝之父
- 5 7 9 莫鳴樵之父
- 5 6 3 吳錦庭之父、母
- 1 4 7 時宝堂
- 4 5 7 沈榮墳之父
- 2 7 3 嚴阿六之兄
- 1 3 5 沈鏜林之侄
- 1 4 4 張惠民之兄

錢林

- 3 7 7 唐子山
- 3 9 5 李桔林
- 3 5 1 高錫其
- 3 5 1 俞地海
- 9 8 4 陳錦楷
- 8 4 3 曹月林
- 1 1 5 范榮生
- 1 1 6 范宝榮

晚村

- 1 4 3 錢春林
- 1 7 4 沈惠生
- 1 7 6 袁阿五
- 1 8 5 沈震奎
- 2 3 2 顧壽坤
- 3 1 5 胡了欽
- 3 9 1 施阿榮
- 5 2 8 張茂桂
- 5 5 12 胡寧欽
- 6 11 3 陳金生
- 7 3 6 李阿二
- 8 1 3 鄒阿虎
- 8 6 5 吳阿三
- 8 10 4 吳金虎
- 10 1 3 李阿文
- 11 2 6 鄒樹生

東園

- 9 9 5 莊氏
- 3 4 4 施氏
- 6 6 9 王宝榮
- 6 10 9 沈吉玉
- 7 1 3 嚴阿六

芳村

- 13 8 8 陳宝華
- 10 9 8 朱桔山
- 13 4 9 沈云文
- 13 5 6 沈國榮

上墅

- 1 10 1 陳雪林
- 3 6 14 浦了欽
- 5 8 3 鄭先加
- 7 2 9 沈月娥之夫
- 7 7 2 張金才（作戰陣亡）
- 12 8 5 呂有坤
- 15 3 10 呂文海

平西

- 2 2 陳壽生
- 3 2 陳春林之父
- 3 1 周阿三
- 4 5 顧有法
- 5 9 張子坤

291

	4	5	3	杨阿六
同福	4	6	2	李文宗
洲泉	2	6	4	胡金生
	10	3	8	李正寿
南庄	2	1		夏以仁
	10	8		钦掌生
	8	7		屠锦氏
				一家三人
	1	2		夏寿宗
	1	2		夏达福
	9	3		劳友寿
	9	4		张永昌
羔马	6	1	6	朱阿二
	14	11	3	朱文宗
	14	7	5	沈祥高
				之父
	15	4	7	屠阿庆
				之文
	15	8	9	陆富键

	1	1	4	沈寿庆
	4	3	10	薛大庆
	4	8	1	赵永高
	1	1	4	沈伯年
	1	1	11	朱宝南
	4	4	6	薛金康
	4	8	1	赵友生
	6	10	1	沈阿二
	6	6	9	王有福
	7	1	3	朱荣春
	9	5	5	吴阿二
	11	6	10	严永福
	11	9	4	姚成庆
太平	4	3	3	卢德胜
	5	4	4	张子卿
	5	8	4	金保林
	6	1	4	徐阿二
	6	3	12	沈进茂
	8	3	2	冯云生
	8	8	3	俞坤波
	9	6	5	沈夏毛

桐乡县政府关于报送该县战时文物损失情况致浙江省通志馆的公函（一九四六年三月二十六日）

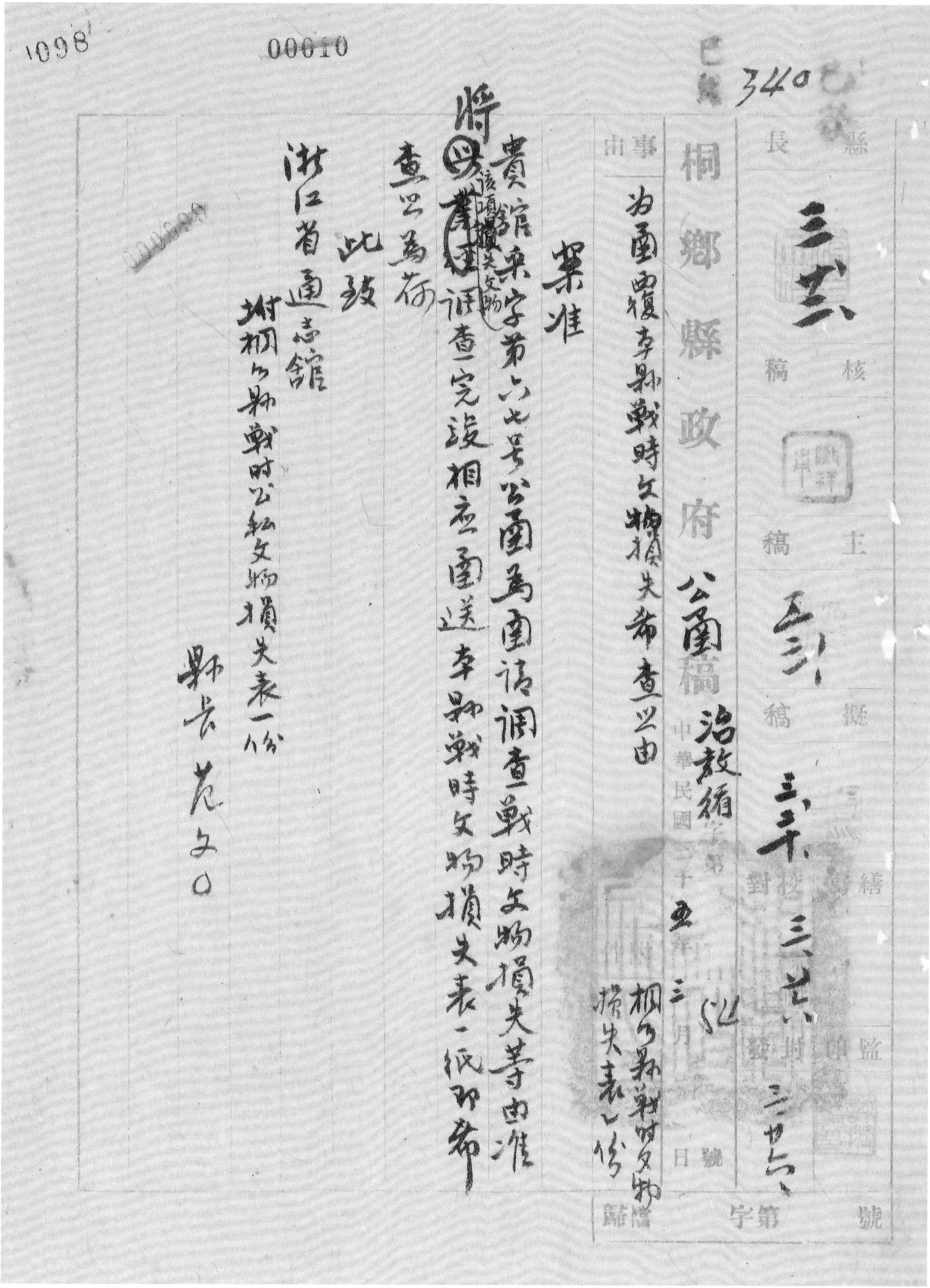

1098 00010 340

縣長 三、廿六

核稿

主稿

擬稿 五、廿一

繕 校對 三、廿六

監 發時 三、廿六

桐鄉縣政府公函稿 治教繕字第 號

中華民國三十五年三月 日

事由：为函覆本縣戰時文物損失希查照由

附件：桐乡县戰时文物損失表一份

案准

貴館亥字第六七號公函爲函請調查戰時文物損失等由准此，該項戰時損失文物業經調查完竣，相應函送本縣戰時文物損失表一紙，即希

查照爲荷。

此致

浙江省通志館

附桐乡县戰时公私文物損失表一份

縣長 范文○

附：浙江省通志馆调查桐乡县战时公私文物损失表（一九四六年三月）

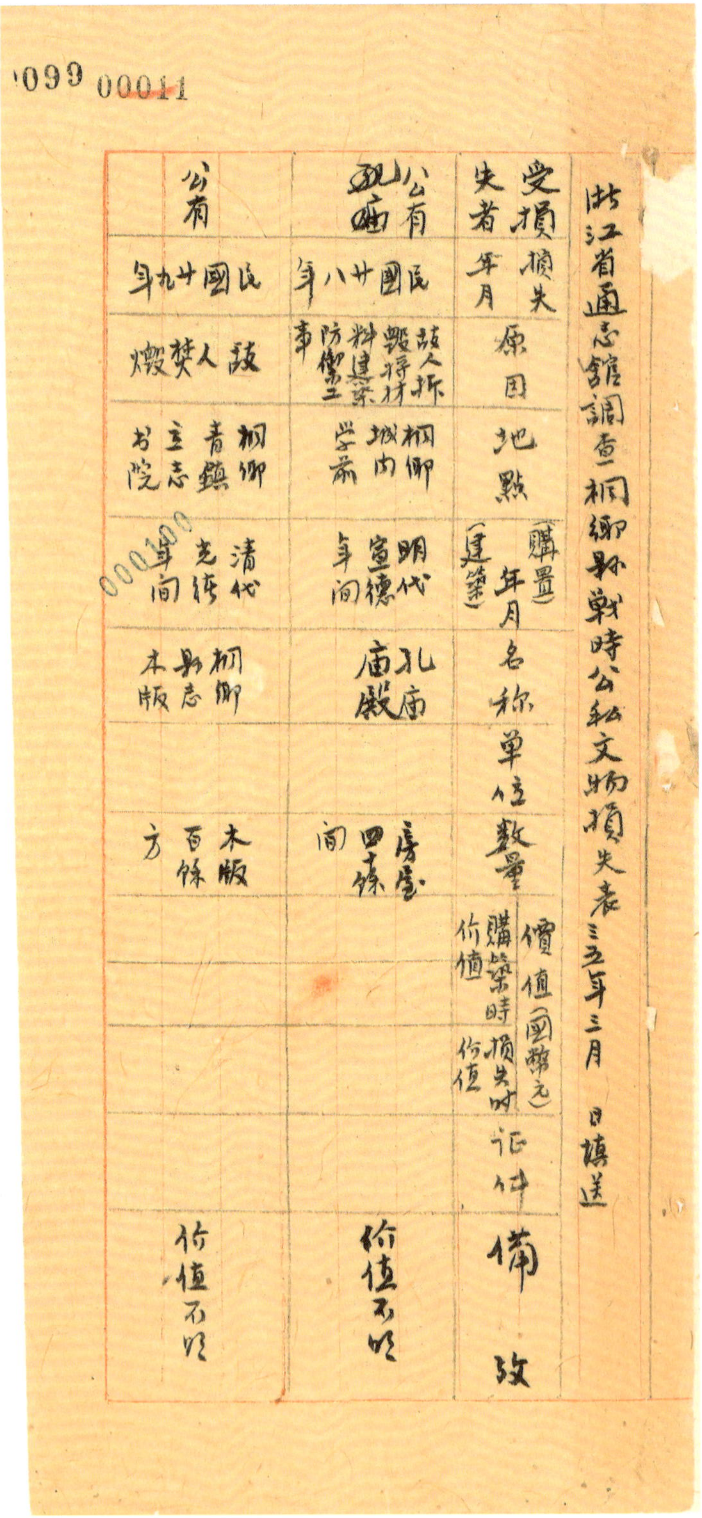

0099 00011

浙江省通志館調查桐鄉縣戰時公私文物損失表 三五年三月 日填送

受損失者	損失年月	原因	地點	（購置）（建築）年月	名稱	單位	數量	價值（國幣元）購築時價值	損失時價值	證件	備攷
公有孔廟	民國廿八年	敌人拆毀將材料建築防衛工事	桐鄉城内學前	明代宣德年間	孔廟大殿		房屋四條間				价值不明
公有	民國廿九年	敌人焚燬	桐鄉青鎮立志書院	清代光緒年間	桐鄉縣志本版		木版百餘方				价值不明

0001100

崇德县大众乡抗战死难同胞调查表（节选）（一九四六年七月十六日）

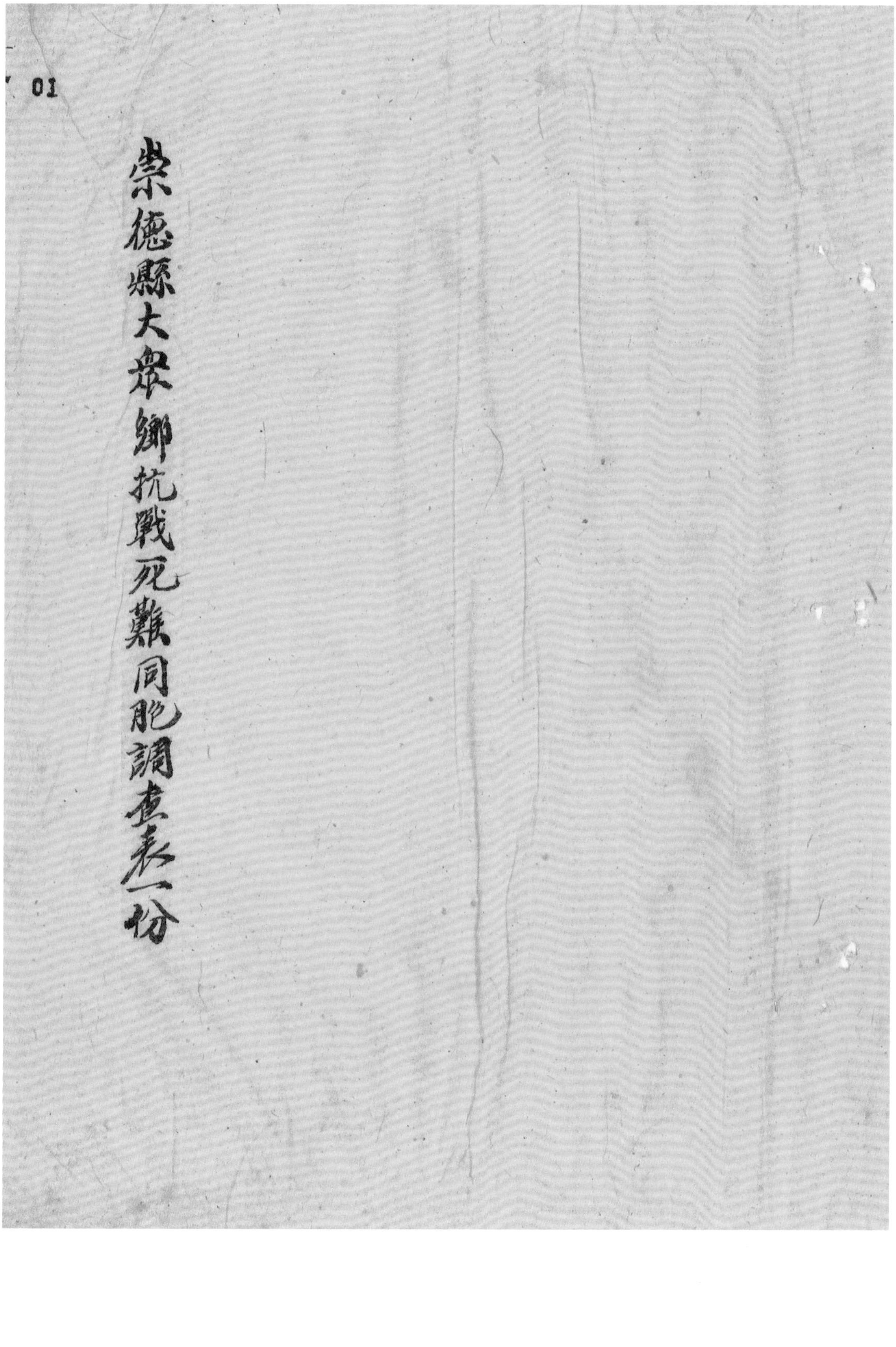
01
崇德縣大衆鄉抗戰死難同胞調查表一份

崇德縣抗戰殉職官員暨士官兵暨死難同胞調查表

服務機構或部隊	
級職	農
姓名	馬桂祥
年齡	三〇
籍貫	浙江省崇德縣大麻鄉第一保十二甲十一戶（小地名 西馬村）
家屬	父　妻
	母　子
	兄 桂才　女
	弟
官佐任職日期	
士兵入伍日期	
殉職或死亡原因	逃避公文子々埠橋遇敵被俘
殉職或死亡年月日	二十九年九月十日
殉職或死亡地點	石灣鎮
埋葬地點	屍体不收聞不明
證明人	馬月山

中華民國三十五年七月十六日　填報人　彭松偉（印）

附記

一、本表乃指從抗戰事起至勝利止之期間為限。

二、本表限于七月十日以前填送本府不得逾期。

03

00142

崇德縣抗戰殉職官員陣亡官兵暨死難同胞調查表

服務機構或部隊	
職務	家務
籍貫	浙江省崇德縣大麻鄉第一保五甲九戶（小地名 王家木橋）
姓名	王桂珍
年齡	三二
家屬調查	父　妻 母　子 王金錦 兄　女 金秈 弟
官佐任職日期	
士兵入伍日期	
殉職或死亡原因	門前洗衣被敵步槍擊斃
殉職或死亡年月日	二十九年九月一四日
殉職或死亡地點	王家門前
埋葬地點	前塲里
證明	馬月山

中華民國三十五年七月一六日　填報人彭志鋒

附記

一、本表乃指從抗戰爭起至勝利止之期間為限。

二、本表限于七月十日以前填送本府不得逾期。

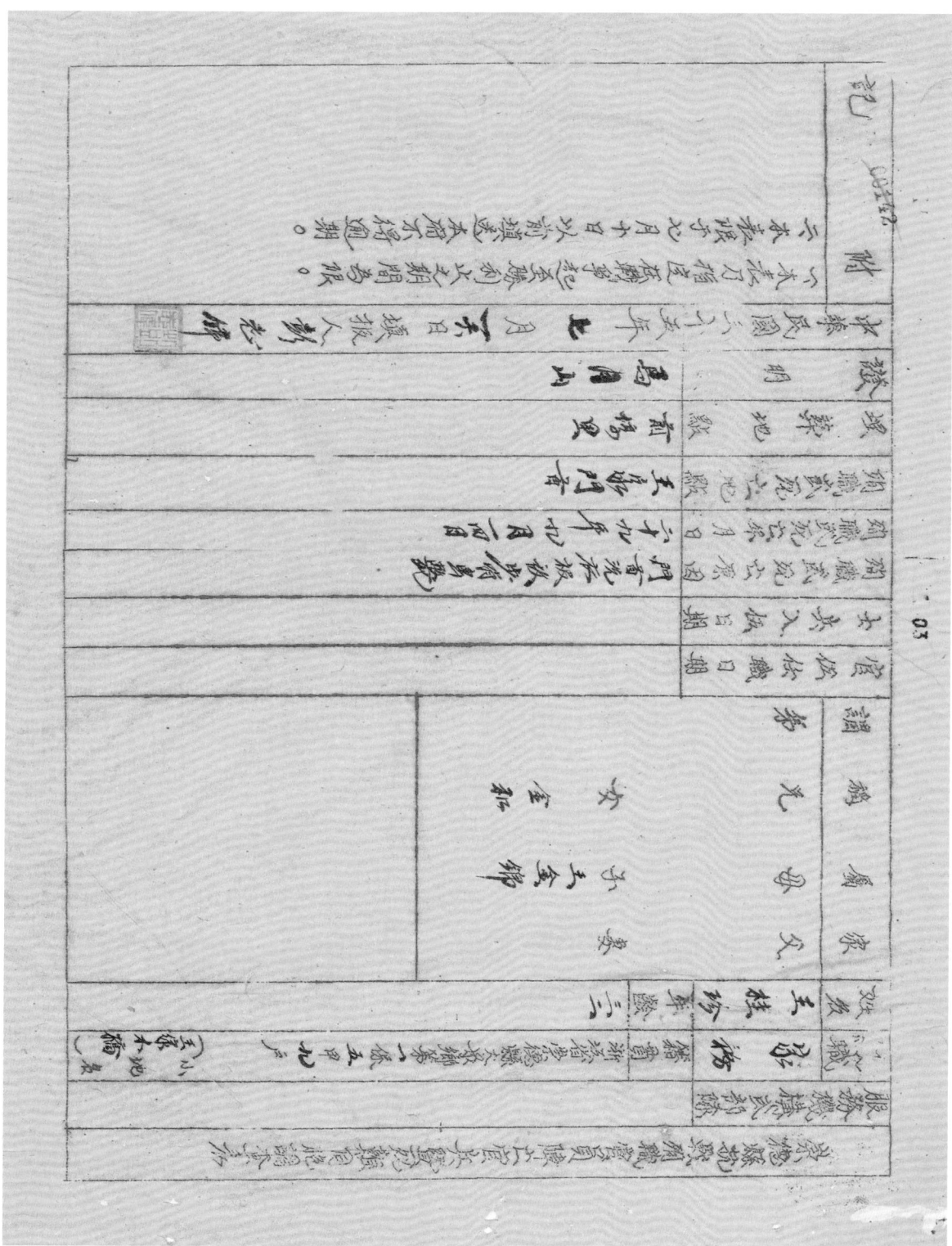

00143　　04

崇德縣抗戰殉職官員陣亡官兵暨死難同胞調查表

服務機構或部隊	
級職	農
姓名	陳耀林
年齡	四三
籍貫	浙江省崇德縣大泉鄉第二保九甲六戶（小地名二涇斗）
家屬稱謂	父 金福　妻　母　子　兄 耀祖　女　弟
官佐任職日期	
士兵入伍日期	
殉職或死亡原因	遞傳公文途中被俘
殉職或死亡年月日	三十一年五月七日
殉職或死亡地點	不明
埋葬地點	不明
證明人	陳耀生

中華民國三十五年七月十五日　填報人　彭志偉（印）

附記
一、本表乃指從抗戰爭起至勝利止之期間為限。
二、本表限于七月十日以前填送本府，不得逾期。

00144

05

崇德縣抗戰殉職官員陣亡官兵暨死難同胞調查表

服務機構或部隊	
級職	農
姓名	陳廷生
年齡	三八
籍貫	浙江省崇德縣大麻鄉第二保六甲二戶（小地名）二家浜
家屬稱謂	父
	母
	兄
	弟
	妻 陳巧文
	子 新興
	女 彩鳳
官佐任職日期	
士兵入伍日期	
殉職或死亡原因	探敵情被俘
殉職或死亡年月日 殉職或死亡地點	斃于嘉興
埋葬地點	屍体未收因不明
證明人	陳耀生

中華民國三十五年七月一六日 填報人 彭志偉（印）

附記：

（一）本表乃指從戰爭起至勝利止之期間為限。

（二）本表限于七月十日以前填送本府不得逾期。

06

崇德縣抗戰殉職官員陣亡官兵暨死難同胞調查表

項目	內容
服務機構或部隊	
級職	農
籍貫	浙江省崇德縣大永鄉第三保一三甲一一户（小地名 坑司兜）
姓名	費長源
年齡	
家屬	父 妻費彩英 母費姚氏 子 兄 女 弟
官佐任職日期	
士兵入伍日期	
殉職或死亡原因	探敵情報被俘捺嘉興斃
殉職或死亡年月日	二九年四月十九日
殉職或死亡地點	嘉興
埋葬地點	河柳橋
證明人	張壽貞

中華民國三十五年九月一六日 填報人彭志偉 [印]

附記：

（一）本表乃指從抗戰事起至勝利止之期間為限。

（二）本表限于九月十日以前填送本府，不得逾期。

崇德县灵安乡抗战殉职官员、阵亡官兵暨死难同胞调查表（节选）（一九四六年七月二十三日）

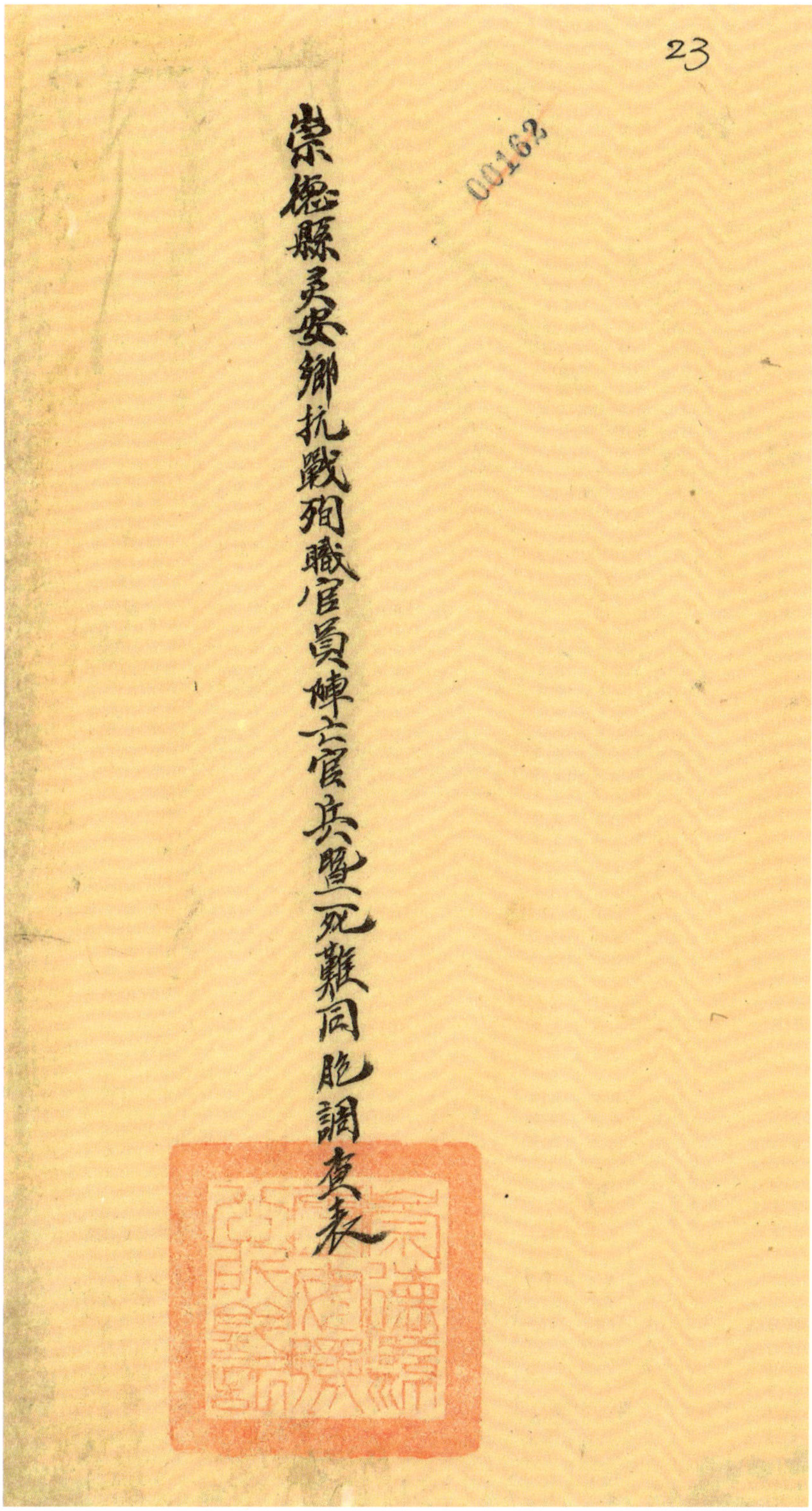

23

00162

崇德縣灵安鄉抗戰殉職官員陣亡官兵暨死難同胞調查表

24

崇德縣抗戰殉職官員陣亡官兵暨死難同胞調查表

服務機構或部隊	
級職	農
籍貫	浙江省崇德縣天安鄉一保三甲二户（小地名沈家門）
姓名	沈耀泉
年齡	三二
家屬稱謂	父　母 吳氏　兄　弟　妻　子　女
官佐任職日期	
士兵入伍日期	
殉職或亡原因	敵軍搜索本村詢探敵情報被得當場刺斃
殉職或死亡年月日	民國三十三年十二月十六日
殉職或死亡地點	沈家祠村後
埋葬地點	沈家門
證明人	高禮松

中華民國三十五年七月十三日　填報人　彭志偉

附記：
一、本表乃指定在戰爭起至勝利止之期間為限。
二、本表限于七月十日以前填送本府，不得逾期。

00164 25

崇德縣抗戰殉職官員陣亡官兵暨死難同胞調查表

服務機構或部隊	
級職	米商
籍貫	浙江省崇德縣灵安鄉一保四甲九户（小地名李家弄）
姓名	張武華
年齡	三六
家屬稱謂	父　妻
	母張鳳　子
	兄　女阿大
	弟惠明
官佐任職日期	
士兵入伍日期	
殉職或死亡原因	因赴烏鎮購運食米返抵途中遇敵軍誘擒帶來後捺灵安斃
殉職或死亡年月日	民三三年四月二十五日
殉職或死亡地點	灵安鎮
埋葬地點	李家弄
證明人	丁和松

中華民國三十五年五月二十日填報人彭𦒿伟（印）

附記
一、本表乃指定在战争起至勝利止之期間為限。
二、本表限于五月十日以前填送本府，不得逾期。

00165

·26

崇德縣抗戰殉職官員陣亡官兵暨死難同胞調查表

服務機構或部隊	
級職	農
籍貫	浙江省崇德縣委安鄉一保五甲一户（小地名：李家弄）
姓名	張荣堂
年齡	三一
家屬稱謂	父
	妻
	母 張沈氏
	子
	兄 宝堂
	女
	弟 慶堂
官佐任職日期	
士兵入伍日期	
殉職或死亡原因	協救方部隊遣送外李逢甲過敌双方文件被敌谭雲龍
殉職或死亡年月日	民三十三年六月一廿日
殉職或死亡地點	韓金橋
埋葬地點	李家弄
證明人	高礼松

中華民國三十五年九月廿日填報人彭志偉

附記

一、本表乃指定在戰爭起至勝利止之期間為限。

二、本表限于九月十日以前填送本府，不得逾期。

崇德縣抗戰殉職官員陣亡官兵暨死難同胞調查表

服務機構或部隊	
級職	農
籍貫	浙江省崇德縣灵安鄉二保六甲七戶（小地名 嚴家埕）
姓名	嚴進坤
年齡	二九
家屬稱謂	父　妻 嚴陸氏　母 嚴范氏　子　兄　女 月寶　弟 發林 阿六 阿八
官佐任職日期	
士兵入伍日期	
殉職或死亡原因	派赴西莊橋救護農民哨被敵軍刺斃
殉職或死亡年月日	民二八年九月二十七日
殉職或死亡地點	西庄橋
埋葬地點	姚莞里
證明人	嚴德榮

中華民國三十五年九月二十日填報人 彭志僖（印）

附記：
一、本表乃指定在戰爭起至勝利止之期間為限。
二、本表限于七月十日以前填送本府不得逾期。

28

崇德縣抗戰殉職官員陣亡官兵暨死難同胞調查表

項目	內容
服務機構或部隊	
級職	農
籍貫	浙江省崇德縣晏安鄉三保三甲八戶（小地名沈家浜）
姓名	朱章樂
年齡	二六
家屬稱謂	父 母 兄 弟甫祥 妻 子 女
官佐任職日期	
士兵入伍日期	
殉職或亡原因	被敵拉夫去後至今勝利年來未見音信生死不明
殉職或死亡年月日	民國二十九年九月二十日
殉職或死亡地點	
埋葬地點	
證明人	雷賢康

中華民國三十五年七月二十三日 填報人彭老傳（印）

附記：
一、本表乃指定在戰爭起至勝利止之期間為限。
二、本表限于七月十日以前填送本府不得逾期。

60

靈安鄉鄉長徐祥麟

中華民國三十五年七月二十三日

桐乡县宜桥乡亭子桥住民关于抗战期内损失情况及拟建设合作新村等事致县长范文治的呈（一九四六年八月十日）

00081

桐鄉縣宜橋鄉亭子橋住民　呈　　中華民國三十五年八月十　日

事由：為呈報抗戰期內損失情形並擬建設合作新村祈察核准賜扶助由

查本鎮住民抗戰期內遭受空前未有之損失，去年曾呈請
鈞府設法轉請救濟建築材料在案，迄今數月未蒙切實救濟。近聞
中央頒佈准由人民在八月十五日以前將在戰時之公私損失報縣，層轉以憑向敵國
算取賠償。民等確實為敵人侵境而蒙受傾家蕩產，故重將損失情形再度呈報
鈞府核轉。茲將本鎮遭殃情形詳述如下：
第一次二十七年二月二十九日（均以陰曆記載）晚間國軍六二師三六八團二營營長
陳士伯率便衣隊來亭，當日破壞杭善公路崇桐段，敵人杭善運輸中斷，次日即自崇德
長安二地敵人傾巢來犯，沿亭附近均遭搜索縱火，下午三時即與陳營接火，本鎮即成

戰場戰況劇烈至九時槍聲漸趨疏落陳營計陣亡連長一人士兵六名擊斃敵人卅餘人遭難商民六人敵軍受此慘敗老羞成怒將亭子橋全鎮房屋縱火燬燒數十代遺留之建築物及屋內一切用具糧食衣物牲畜均因此而同歸於盡其損失實難估計火勢直至第二日晨始告撲滅 民等創痛之餘為求生計不得不募化賒欠土竹稻草等建築材料架搭草舍藉作暫避風雨一切用具亦只得向戚友處商借其生活之艱苦已至極點

第二次二十八年六月初二日下午二時敵人過境在對河王家門王耶五家縱火火燄趁猛烈南風至本鎮草舍上遂成第二次火燒風火俱來無法救滅一年慘淡經營所積所置者又告全部損失民等對寇軍殘酷行為痛恨入骨但亦無可奈何仍忍痛向戚友處商借建築材料又行雇工建築草舍數日內復又成舊觀以作小買賣藉作糊口之計

第三次二十九年五月初八日駐靈安（杭善公路中點小鎮距本鎮五華里）寇軍三十餘人下午二時突來本鎮四周包圍後捕捉 民等一百多人集合橋南並以機槍步槍實彈相向敵一伍長及翻譯大事恐嚇威脅民等說出國軍駐地及人數 民等深知大義均堅不發一言但皆飽受耳光及指揮刀敲打諒今日必死路一條豈料寇軍用盡威脅仍無法獲得情報獸性大作將 民等所建可憐已極之草舍縱火焚燒一年所集又被燒掉寇軍已洩氣憤釋 民等生還敵人即向靈安 民婦等又告失去依靠痛哭流涕痛聲遍野慘狀實難描摹

第四次三十年十月初四日下午二時崇德敵人至店街塘（本鎮北四華里）燒油車一家即宿該村次日晨寇軍南來經平家橋中大村及家北村等處均肆縱火無一幸免至本鎮後不分皂白即行放火火勢遍及全鎮一切又告完結本鎮位在滬杭鐵路之北杭善

公路之南河港汊離碓成國軍游擊隊之优良駐在地民等除受敵人來擾之損失外尚須供應過境部隊之物質人力斯時民等無一人願為敵人所利用故對國家民族已無愧色矣。

三十四年以前敵軍晝來夜去三十四年四月初一日偽浙江省保安團派兵駐守亭子橋該偽軍已與附近雜色部隊「游擊」隊互通聲氣互相宴客猶成一家人各種擾民行為互相呼應民等即成二方之生產傭工奴隸駐本鎮偽軍係偽保安第七連連長李福焜部及第八連連長劉勲部到達本鎮後即搜索一切食物用具等物攜取便似自己所有物民等敢怒而不敢言部署後即強拉民等拆燬鎮上民房遺留之斷垣殘壁搬運公共廟宇木材構築防禦工事——東西兩碉台——沿街建築防禦工事不分晝夜迫令趕築民等素以經商為業不熟土木工作加之歷年受盡人間地獄生活體質均衰弱無力

長安文具紙社製

00083

稍一不慎即遭伪军捆缚吊打防御工作既成驻防军队即四出扰民抢劫打骂货不给
钱稍有争论又是吊打并须负担彼等给养经济情形已枯歇异常实可称「民不聊生」矣
斯时民
家已无粒米积储全赖南瓜为主要食粮麦皮粥已算上乘之家矣所受疾苦无
处可以申诉在此暗无天日之下忍气吞声免强生活
又闻伪军将行撤走之消息民
等莫不互贺庆幸岂料伪刘勋连长派遣大批情报员探
听州近大户临行前全体伪官兵四出行大规模抢劫民财强奸民女哭声四起鸡犬不
宁一日间用载重六吨之航船十只满载民家财物粮食向屠甸方向驶去此次洗劫侮
辱更甚于敌人所受灾害范围大而普遍该伪刘连长实杀不可赦
幸至去岁八月十二日胜利之捷报传来民
等莫不雀跃若狂从此得有安居矣上述不
幸遭遇敌人四次焚毁房屋屋内设备损失傢具衣物文物粮食牲畜将另行备文呈报

外先將房屋全部損失作詳細之複查計得結果如下：

受災户 一九七户 六六四口

瓦樓房 二〇又間 瓦平房 四四一間 草舍 二三一間（另册詳册）

以上述慘不忍睹之災情由旅外同胞多次呼籲已得各方之同情惟本鎮所有五十歲以上之公正人士均因受戰時影響先後西遷所剩者均係四十歲以下之青年既少作事經驗又少學問但均具工作熱心現祖業已受根本摧燬擬共圖恢復市面為當前本鎮青年努力桑梓之課題 民等本着「人人為我」「我為人人」之合作宗旨進行建設新村以互相帮助而得人人享受康樂在目前本鎮經濟狀況經歷次横禍窮窘程度已可想見故大众數度商酌祗有用合作方式始能達到最終目的。

建設新村方式：

長安文具紙社製

00084

一、拆闊街道：請 鈞府派員勘定街道闊度以壯觀瞻

二、恢復建屋標準：不論先後受損災户每户先行建屋三間沿街者靠街一間造樓房後二間造平房不經商者建住宅三間均以瓦房為原則以減火災損失房屋式樣 請 鈞府邀請救濟總署浙閩分署派工程師代為設計經濟合式之一列房屋並經常駐留監督營造

三、建築費來源：見東南日報登載 省府委員會通過啓示「市鎮全数被燬者欲行建築可由縣轉省請浙閩分署補助十分之二建築費」二成請求鈞府轉呈 省政府函請浙閩分署補助二成由建屋者自行籌措另六成在人民因戰時損失未蒙賠償前擬請鈞府轉呈 省政府設法向各銀行或行總准予低利貸款限三年或五年分

期拔還每月由合作社向屋主取回房貸金若干以貸款還清時為止

四．公共設施：(一)建築合作禮堂：內可容一千人之坐位借此可以時常舉辦富有教育意義之集會週會月會保民會推行政令亦易傳達放映電影話劇高級長官訓話及各種技術知識上之名人演講亦有相當場所又可以供作住民婚喪喜慶之禮堂宴客等借用內部設合作社宿食部以供來往公務員安頓之所

(二)建築小學一所：本鎮小學無校舍欲求人材造就非辦优良小學不可故建造四教室小學校舍一所實急不容緩趁此建築亦一良機也

(三)建築合作廁所三所：目前廁所林立非獨有碍觀瞻且碍公共衛生住民健康亦受莫大影響故擬於市東中西三處各設合作廁所一座內部求整潔美觀以資人民倣造改良舊有之簡陋露天毛坑其生產肥全部充作合作社各項設

長安文具紙社製

00085

施之用。（四）設合作小菜場：街上小菜攤星羅棋佈果殼瓜皮紙屑菜葉狼藉不堪衛生交通二受其害故於適中地點設小菜場一處社員生產品可在該處集中買賣非社員產品欲入場販賣者酌收租費以充本鎮合作社公益開支之用。（五）設合作診療所：集合在本鎮中西醫生在一處以便病人往返尋覓之勞由合作社酌備日常藥物社員診病免除診金非社員求醫得照普遍一般收取診金。（六）設小型工廠：購置引擎作磨粉碾米榨油等工作辦理農產加工化純消費事業為生產市場以活潑附近農村之金融是項工作當另專案呈報辦理之。

五、組織新村建設委員會：由本鎮組織新村建設委員會請求

鈞府派有對建築工程及村政建設有經驗之指導人員常川駐鎮實地指導各

部份工作會中一切工作如購料管理會計監工解決糾紛警衛等均可由全鎮青年男女以職務輕重分别負責工作群策群力必獲美滿效果一方面得配合

鈞府行政力量始克完成以上計劃之實現須全仗

鈞長之熱心領導扶助及多方呼籲始能完成理想中之亭子橋合作新村滋事体大事先須得

鈞長贊助始敢開始動作總括所請各點如下：

一、請以行政力量扶助指導監督解除地產糾紛

二、轉請救濟總署浙閩分署先撥二成建築費

三、轉請救濟總署浙閩分署先派工程師規劃圖樣監工營造公共設備從优補濟

長安文具紙社製

00086

四、請轉呈 省政府轉請有關銀行或總署先借大成建築費輕利貸款
分年拔還

劫後亭子橋如獲重新建立 民等 子孫世代實難忘
鈞長之留桐德政也理合備文呈請仰祈
鑒核俯賜准予扶助實為感德。

謹呈

桐鄉縣長 范

計附亭子橋住民抗戰期內損失房屋調查表一份

亭子橋住民 管輔夏 管春熙 沈應春
張志文 張有章 胡佑泉

呂坤墉　呂少江　管雲鰲

管山貫　管佐舜　朱壽亭

管佐棠　錢學裕　徐子勛

長安文具紙社製

附：桐乡县宜桥乡亭子桥住民抗战期内损失房屋清册（节选）（一九四六年八月）

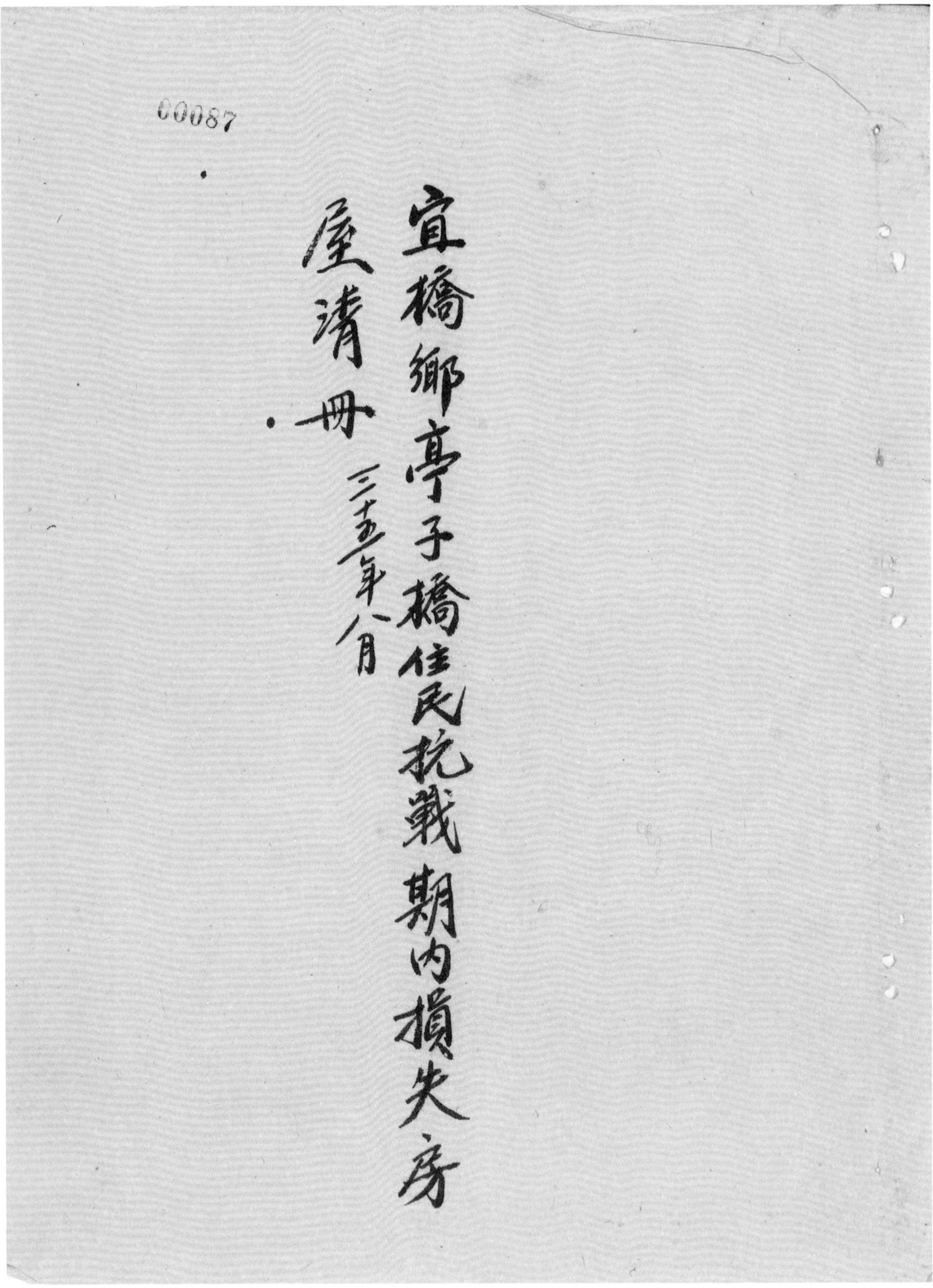

00087

宜橋鄉亭子橋住民抗戰期內損失房屋清冊

三十五年八月

亭子橋住民抗戰期內損失房屋一覽表

姓名	職業	人口	第一次損失 瓦樓房	第一次損失 瓦平房	第一次損失 草舍	第二次損失 瓦樓房	第二次損失 瓦平房	第二次損失 草舍	第三次損失 瓦樓房	第三次損失 瓦平房	第三次損失 草舍	第四次損失 瓦樓房	第四次損失 瓦平房	第四次損失 草舍	合計 瓦樓房	合計 瓦平房	合計 草舍	蓋章	備註
管春照	糧食	五	一間	四間											一間	四間			住宅
管輔夏		五	一間	四間											一間	四間			住宅
趙阿金	茶店	三		一間												一間			
李子洪	肉鋪	三		一間												一間			
陸茂山	酒店	二		一間												一間			
管四房	点心	三		一間												一間			
柯老和	麵店	五		一間												一間			
沈德春	酒坊	五		五間							五間			二間		五間	七間		
管子明	商	一		四間												四間			住宅
沈銀如	茶店	三		三間												三間			

十户共計三十五口　損失瓦樓房二間　瓦平房二十五間　草舍七間

00089

亭子橋住民抗戰期內損失房屋一覽表

姓名	職業	人口	第一次損失 瓦樓房	第一次損失 瓦平房	第一次損失 草舍	第二次損失 瓦樓房	第二次損失 瓦平房	第二次損失 草舍	第三次損失 瓦樓房	第三次損失 瓦平房	第三次損失 草舍	第四次損失 瓦樓房	第四次損失 瓦平房	第四次損失 草舍	合計 瓦樓房	合計 瓦平房	合計 草舍	蓋章	備註
胡佑泉	雜貨	四	一間	間	間	間	間	一間	間	間	一間	間	間	一間	一間	間	三間		
商仰仁	茶店	二	二間	間	間	間	間	二間	間	間	二間	間	間	二間	二間	間	六間		
張有章	磨坊	八	一間	六間	間	間	間	一間	間	間	一間	間	間	一間	一間	六間	三間		
姜相周	藥材	二	三間	間	間	間	間	一間	間	間	一間	間	間	一間	三間	間	三間		
黃佐祥	葉店	一	間	間	間	間	間	間	間	間	間	一間	間	間	一間	間	間		
姚福堂	酒店	二	間	間	間	間	間	間	間	間	間	間	間	一間	間	間	一間		
吳煜如	彈花	三	間	間	間	間	間	間	間	間	間	間	一間	間	間	一間	間		
楊友高	鉄店	四	四間	一間	間	間	間	間	間	間	間	間	間	間	四間	一間	間		
朱保林	葉店	一	二間	間	間	間	間	間	間	間	間	間	間	間	二間	間	間		
管杏莊	商	二	二間	二間	間	間	間	間	間	間	間	間	間	間	二間	二間	間		住宅

十户共計二十九口損失瓦樓房十六間瓦平房十間草舍十六間

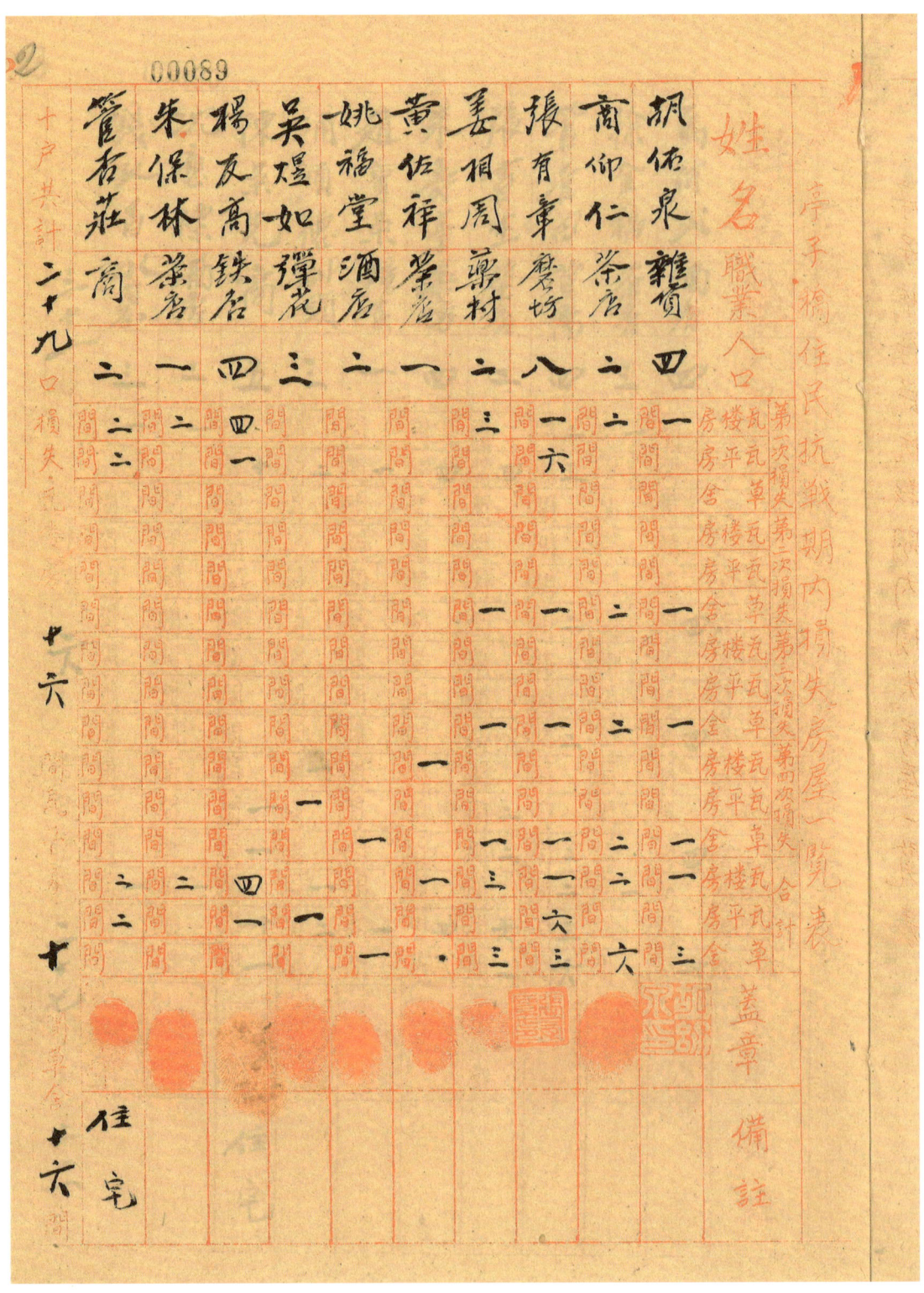

13

00090

亭子橋住民抗戰期內損失房屋一覽表

姓名	職業	人口	第一次損失 瓦樓房	第一次損失 瓦平房	第一次損失 草舍	第二次損失 瓦樓房	第二次損失 瓦平房	第二次損失 草舍	第三次損失 瓦樓房	第三次損失 瓦平房	第三次損失 草舍	第四次損失 瓦樓房	第四次損失 瓦平房	第四次損失 草舍	合計 瓦樓房	合計 瓦平房	合計 草舍	蓋章	備註
馬阿戍	酒店	四						四			四			四			十二		
徐金福	茶館	三	一												一				
管青田	荳腐	四	二	三				二			二			二	二	三	六		
張書生	茶店	二		四									二	二		六	二		
朱壽亭	茶坊	四		四												四			
趙寶榮	糧食	一		一												一			
浦順德	剃頭	三		二					一						一	二			
陳榮光	商	五		十									一	一		十一	一		住宅
沈應標	酒店	二	一												一				
錢欽昌	水果	三	一												一				

十户共計 三十一口 共計瓦樓房 六 間 瓦平房 二十七 間 草舍 二十一 間

4

00091

亭子橋住民抗戰期內損失房屋一覽表

姓名	職業	人口	第一次損失 瓦楼房	第一次損失 瓦平房	第一次損失 草舍	第二次損失 瓦楼房	第二次損失 瓦平房	第二次損失 草舍	第三次損失 瓦楼房	第三次損失 瓦平房	第三次損失 草舍	第四次損失 瓦楼房	第四次損失 瓦平房	第四次損失 草舍	合計 瓦楼房	合計 瓦平房	合計 草舍	蓋章	備註
商寶其	小賣	一	一間	間	間	間	間	間	間	間	間	間	間	間	一間	間	間		
吴聖榮	茶店	一	二間	間	間	間	間	間	間	間	間	間	間	間	二間	間	間		
徐壽其	茶店	一	二間	間	間	間	間	間	間	間	間	間	間	間	二間	間	間		
管林熙	雜貨	三	二間	三間	間	間	二間	間	間	一間	間	間	一間	間	二間	七間	間		
管福春	点心	四	間	二間	間	間	間	間	間	間	間	間	間	間	間	二間	間		
劉金榮	饕	一	間	一間	間	間	間	間	間	間	間	間	間	間	間	一間	間		
管永生	酒店	六	五間	十間	間	間	間	間	間	間	間	間	間	間	五間	十間	間		
賀沈氏	雜貨	三	間	間	間	間	間	間	間	間	間	間	一間	間	間	一間	間		
趙仁夫	酒店	六	間	間	間	間	間	間	間	間	間	間	間	一間	間	間	一間		
沈應龍	小賣	三	間	間	間	間	間	間	間	間	間	間	間	二間	間	間	二間		

十户共計二十九口 損失瓦楼房十二間 瓦平房二十一間 草舍三間

崇德县同福乡公所关于报送该乡战时公私财产损失致崇德县政府的代电（一九四六年十月五日）

164/13

682
35 10 14

崇德縣同福鄉公所代電

民字第八號

中華民國三十五年十月五日

事由：為電送本鄉戰時公私財產損失調查表乙份祈核轉由

附件：如文

崇德縣縣長吳鈞鑒：案奉鈞府本年十月一日社字第五八五號代電為奉電調查淪陷區人民在抗戰期間被敵強佔征用或戰時公私財產損失以商討日本對我國賠償數額電仰文到五日內趕辦具報勿延等因；奉查本鄉在抗戰期间敌寇肆意劫掠損失惨重，奉電前因，特造具本鄉戰時公私財產損失調查表乙份電請鈞長鑒核轉報。同福鄉鄉長陸毅人酉微印

附本鄉戰時公私財產損失調查表乙份

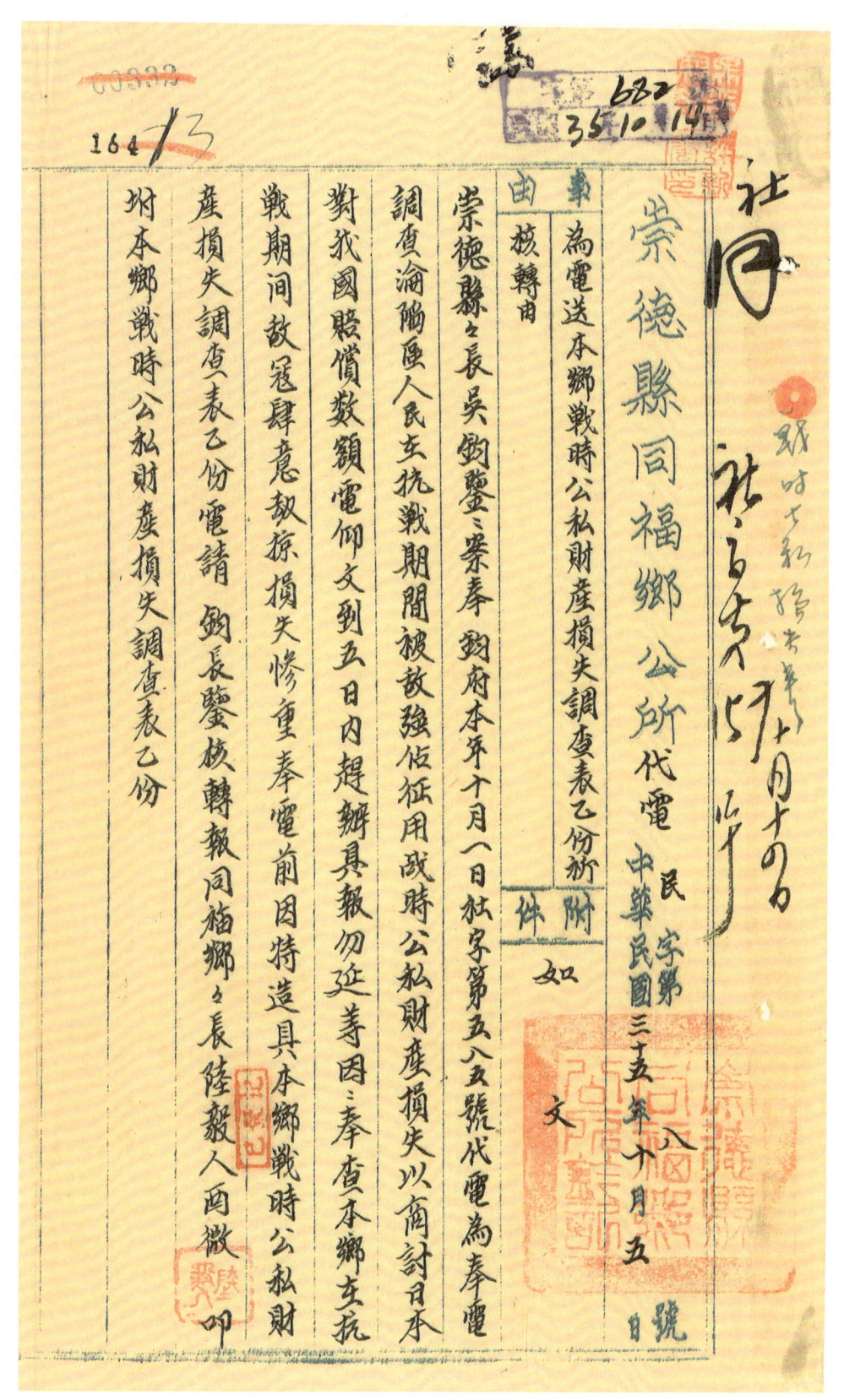

拟转白存

十六

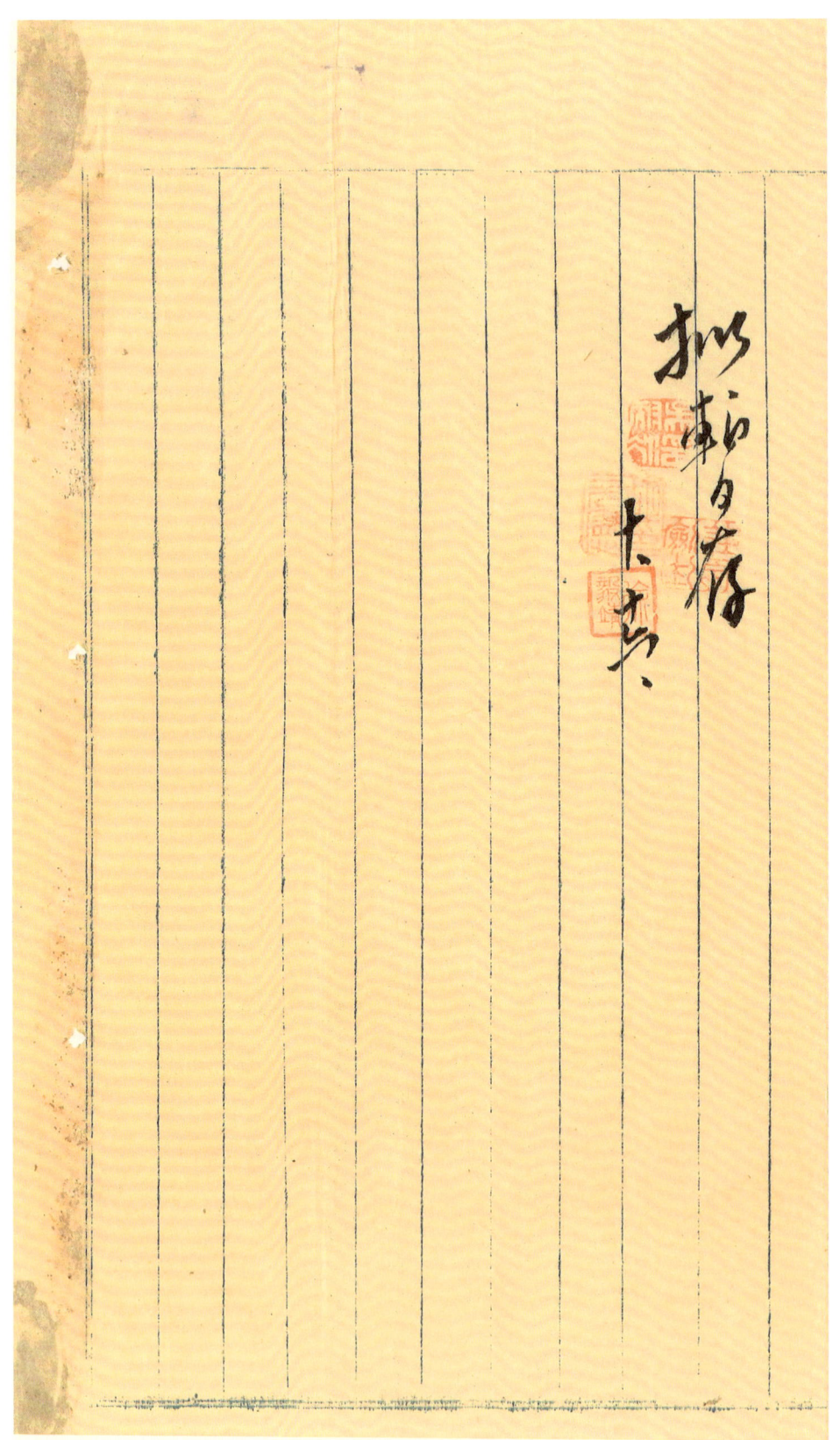

附：崇德县同福乡战时公私财产损失调查表（一九四六年十月）

~~103333~~

165

崇德縣同福鄉戰時公私財產損失調查表

三十五年十月

崇德縣同福鄉戰時公私財產損失調查表

三十五年十月 造

保	甲	户	户長姓名	年齡	家屬人數 大口	家屬人數 小口	家屬人數 合計	職業	損失原因	間數	備攷
三	一	一	張榮春	四〇	五	一	六	教育	遭敵焚毀	一二	
四	五	十	鍾掌林	三三	三	三	六	農	焚毀	三	
〃	〃	八	徐聖年	四六	三	二	五	〃	〃	六	
〃	〃	九	鍾善康	二三	四		四	〃	〃	六	
〃	〃	七	鍾明高	六〇	三	三	六	〃	〃	六	
〃	〃	六	鍾品高	五二	五		五	〃	〃	六	
〃	〃	三	鍾掌高	四三	二	一	三	〃	〃	二	
〃	〃	二	鍾松高	四七	一		一	〃	〃	二	

〃	六	四	錢叙和	四四	一	二	三	〃	〃	四
〃	〃	三	錢壽生	五七	四	四		〃	〃	四
〃	〃	一	錢才生	六〇	四	四		〃	〃	三
〃	〃	二	錢金生	五〇	五	一	六	〃	〃	三
〃	五	十四	錢長生	四七	四	一	五	〃	〃	三
〃	〃	十三	錢貴生	三九	三	二	五	〃	〃	三
〃	〃	十二	錢德生	三七	三	一	四	〃	〃	三
〃	〃	十一	錢慶堂	五一	三	一	四	〃	〃	三
〃	八	十	平貴芳	五六	六	二	八	〃	〃	二
〃	〃	十三	平叙山	五五	四	一	五	〃	〃	三

167

四	八	一	鍾錦松	四八	五	一	六	農	焚毀	三
〃	〃	五	鍾錦豪	四六	二	一	三	〃	〃	四
〃	〃	二	鍾永順	三二	三		三	〃	〃	二
〃	〃	八	鍾圣福	四七	三	一	四	〃	〃	二
〃	〃	七	鍾文榮	二五	二		二	〃	〃	四
〃	〃	六	鍾叙龍	四二	二	一	三	〃	〃	三
〃	〃	四	鍾永清	三三	三	三	六	〃	〃	四
〃	〃	三	鍾錦生	一六	三	一	四	〃	〃	三
七	一	十	姚其昌	四二	三	一	四	〃	〃	七
〃	〃	八	姚順章	二五	二	一	三	〃	〃	七

〃〃七	沈金奎	三七二一三	〃	四	
	（地名）				
	姜家門		焚毁	二八	因前中諸鄉無明細表册依據，以下均為約數。
	蔡家門		〃	一一	
	姚家墩		〃	一八	
	小橋頭		〃	一九	
	孫家村		〃	二五	
	長涘		〃	一二六	
	西長涘		〃	六一	
	竹元村		〃	一〇	

168

~~00336~~

	三斗村	焚毁	二〇	
	南北	〃	一六	
	五家村	〃	一〇五	
同福乡	太公渡	拆毁	三	公渡船屋
仝	小羔羊	〃	三	公渡船屋
仝	福嚴寺	〃	一	公渡船屋
仝	上羊橋	〃	一座	公石橋

桐乡县石湾镇公所关于报送该镇战时损失调查表致桐乡县政府的呈（一九四七年一月三十一日）

00032

桐鄉縣石灣鎮公所呈

維建字第二九號

中華民國六年一月三十一日

事由：為呈送本鎮破壞損失調查表一份仰祈 核備由

附件

案奉

鈞府治建環字第四一八號訓令內開：

「查聯合國經濟社會理事會下之破壞區域重建小組委員會遠東組將于本年十一月中旬來華開會同時並視察我國各地战後破壞狀况藉便搜集資料編製報告提請明年二月第四屆經濟暨社會理事會核議一案前經本部于十一月二日函請查照準備便以搜集外茲再由部製訂調查表式一種隨函送請查照希即惠予詳加填載並希將各破壞狀况攝成照片附同說明于十一月前一併送部以便彙送我國代表提交該會存放為荷除抄同原附調查表式分電本府各附屬机關

及各縣(市)政府及各縣(市)商會依式詳加填載為要

等因計附發破壞損失調查表式一份奉此自應遵照辦理當經派員詳定調查依式填報

理合檢附破壞調查表一份備文呈報仰祈

鈞長鑒核備查

謹呈

縣長范

附本鎮破壞損失調查表一份

代理石灣鎮長魯維賢

存候彙報

六.十八

附：桐乡县石湾镇破坏损失调查表（一九四七年）

00033

石灣鎮破壞損失調查表

名稱		損壞數量	損壞概況	損失金額	備註
住宅		三四六間	被敵偽焚毀及轟炸	25,000,000,000元	十分之七尚未重建
公有建築	機關	二所	被敵偽焚毀	15,000,000元	尚未建築
	學校	一所	仝上	25,000,000元	仝上
公用建築	醫院	無			
	娛樂場所	無			
道路	市縣道路	運河塘道路橋樑一座	被敵偽破壞	50,000,000元	已經修建
	鄉鎮道路	本鎮北市路橋樑二座	仝上	15,000,000元	仝上
自來水		無			
下水道		無			
其他					本鎮原有電桿電線于此時悉遭破壞

中華民國三十六年　月　日製

主管官　　主管單位　桐鄉縣石灣鎮公所　　審核

崇德县商会关于报送该县遭敌破坏损失调查表致崇德县政府的呈（一九四七年二月二十日）

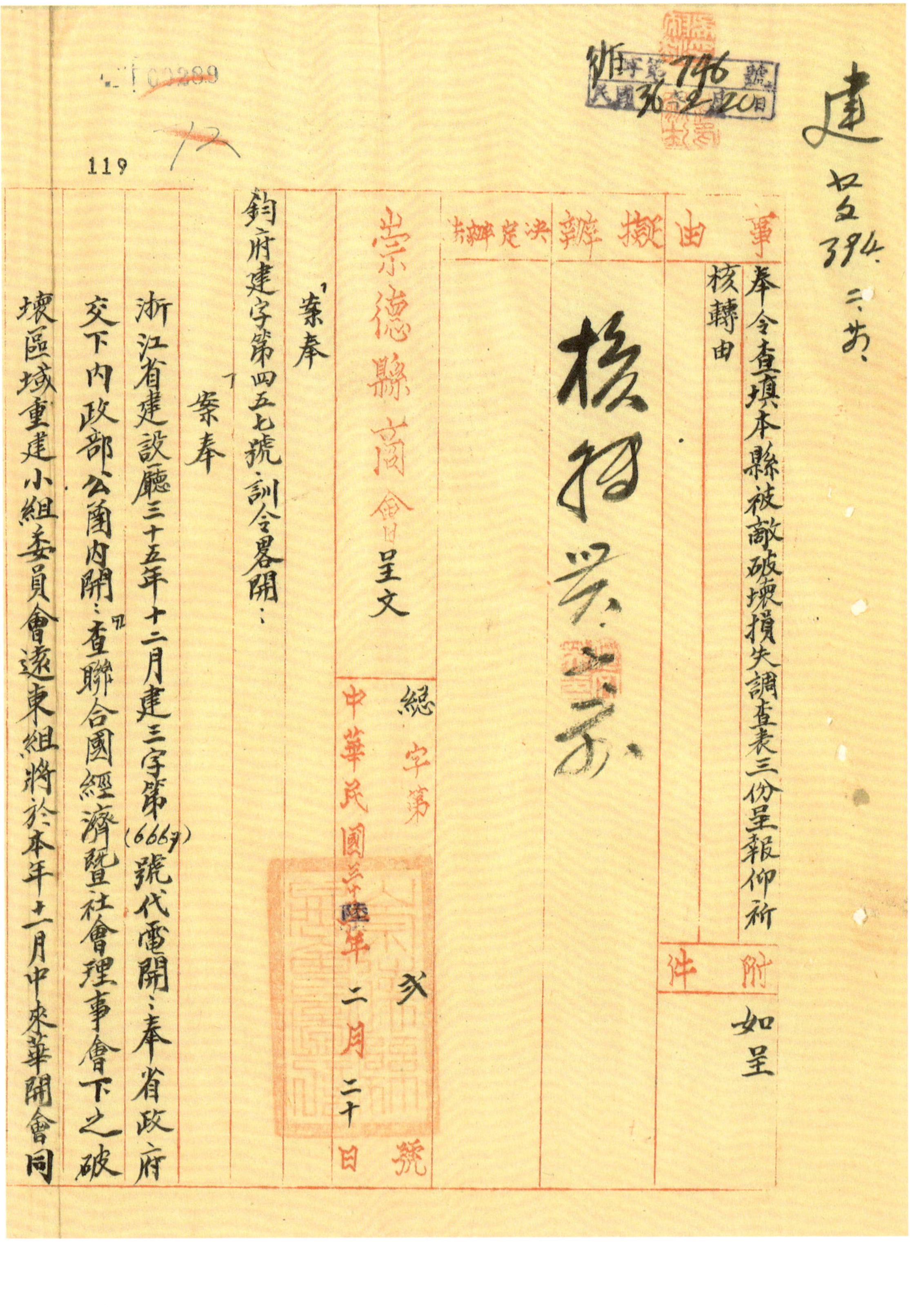
119

事由：奉令查填本縣被敵破壞損失調查表三份呈報仰祈核轉由

擬辦：核轉

附件：如呈

崇德縣商會呈文

總字第 號

中華民國卅六年二月二十日

案奉

鈞府建字第四五七號訓令略開：

「案奉

浙江省建設廳三十五年十二月建三字第(6667)號代電開：奉省政府

交下內政部公函內開：查聯合國經濟暨社會理事會下之破

壞區域重建小組委員會遠東組將於本年十一月中來華開會同

時並視察我國各地戰後破壞狀況藉便收集資料編製報告
提請明年二月第四屆經濟暨社會理事會核議一案前經本
部於十一月二日以營字第一○三四號函請查照準備在卷除前
函所叙資料各點仍希貴政府轉飭各市縣自行準備俾
便搜集外茲再由部製訂調查表式一種隨函送請查照並
將各破壞狀況限日送部。

各等因；計抄附原調查表式一份轉令下會奉此除抄附表式各一份
分函石灣洲泉二鎮商會查填外茲准該兩鎮商會先後將前項調查
表各一份填送過會理合連同本會調查表共計三份備文呈送仰祈
鈞府鑒核轉報實為公便。

謹呈

崇德縣縣長吳

計附呈本會暨石灣洲泉二鎮商會破壞調查表各一份。

理事長孫茂才

附一：崇德县石湾镇破坏损失调查表

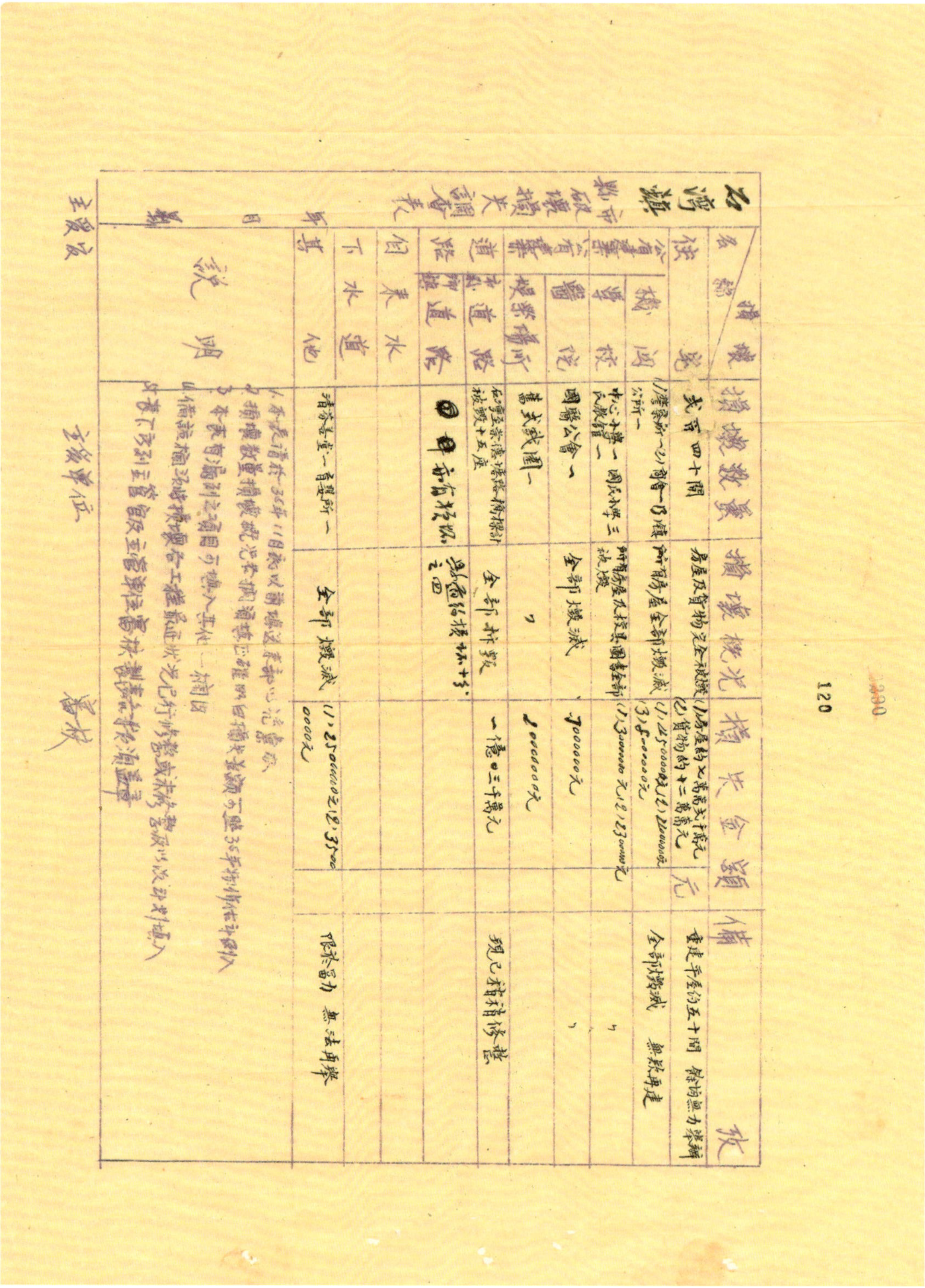
2330

120

石湾镇

縣市破壞損失調查表

名稱 \ 損壞		損壞數量	損壞概況	損失金額	元	備攷
住宅		弍百四十間	房屋及貨物完全被燬	(1)房屋約七萬萬弍千萬元 (2)貨物約十二萬萬元		重建平屋約五十間　餘均無力舉辦
公有建築	機關	(1)警察所一(2)商會一(3)鎮公所一	所有房屋全部燬滅	(1)450000元(2)200000元(3)800000元		全部燬滅　無款再建
	學校	中心小學一　國民小學三　民教館一	所有房屋及校具圖書全部被燬	(1)30000000元(2)23000000元		〃
	醫院	國醫公會一	全部燬滅	7000000元		〃
	娛樂場所	舊式戲園一	〃	20000000元		
道路	市縣道路	石灣至崇德塘路橋樑計被毀十五座	全部拆毀	一億〇三千萬元		現已稍稍修整
	鄉鎮道路	四甲亦有損毁	共計道路損坏十分之四			
自來水						
下水道						
其他		清芬善堂一　育嬰所一	全部燬滅	(1)25000000元(2)35000000元		限於財力　無法再舉

年　月　日製

說明：
1. 本表請於36年11月底以前填送來部以憑彙核
2. 損壞數量損壞概況等欄須填正確數目損失金額可照36年物價估計列入
3. 本表有漏列之項目可填入其他一欄內
4. 備註欄須將損壞各工程最近狀況已行修整或未修整者以次分別填入
5. 表下另列主管官及主管單位審核製表各員須蓋章

主管官　　主管單位　　審核

崇德縣城區破壞損失調查表

名稱 \ 損壞		損壞數量	損壞概況	損失金額		備考
住宅		西門城外商店十二間 南門城內住宅十一間 北門外大街商店六十六間	西門外商店十二間均拆毀 南門外住宅十一間亦係敵軍拆毀 北門外商店六十六間均被敵軍焚毀	估計約3600萬元 估計約3300餘萬元 〃 約19800餘萬元 貨物約三億元		關于西北門商店損壞現已大部份房屋已經修復
公有建築	機關	舊縣政府房屋三進計二十一間 舊警察局房屋前後六間	縣政府警察局舊址均被敵軍拆毀	估計約6300餘萬元 〃 約1800餘萬元		舊縣政府現已擇要修整惟縣警察局舊址現無款興築
	學校					
公有建築	醫院					
	娛樂場所					
道路	市區道路					
	鄉鎮道路					
自來水						
下水道						
其他		育嬰堂暨濟貧院合屋共有房屋十五間	悉被敵軍拆毀殆盡	估計約5250餘萬元		現無的款建築
說明		1. 本表請於35年11月底以前填送本部以憑彙辦 2. 損壞數量損壞概況各欄須填註確數 損失金額可照35年價格估計列入 3. 本表有漏列之項目可填入其他一欄內 4. 備註欄內須將損壞各工程最近狀況已否修整或未修整及以後計劃填入 5. 表下所列主管及主辦單位蓋章須負責				

三十六年 月 日製

主管長官　　主管單位　　審核

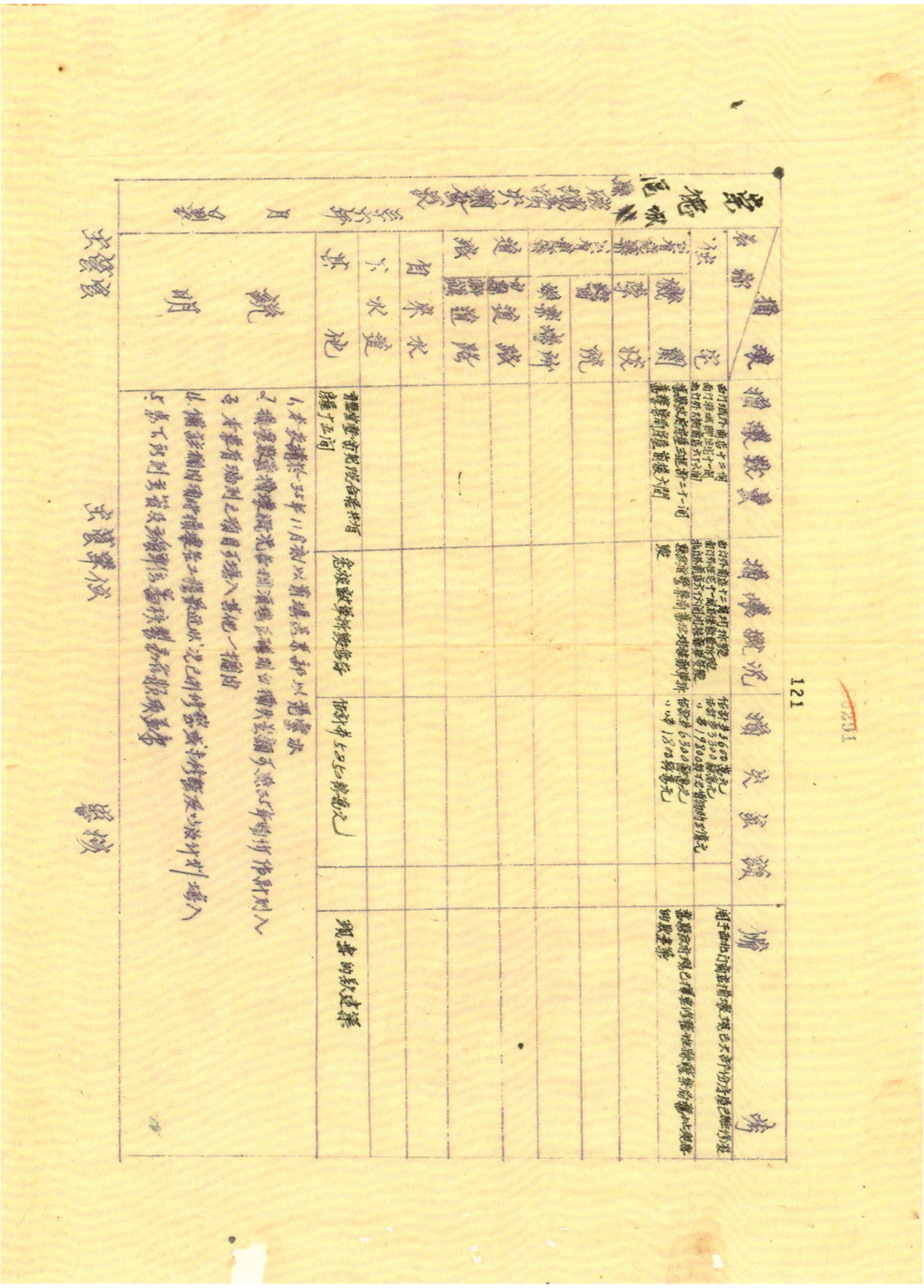

附三：崇德县洲泉镇破坏损失调查表（一九四七年一月）

122

浙江省崇德縣（市）破壞損失調查表

崇德縣洲泉鎮商會查報

三十六年一月　日

名稱 \ 損壞		損壞數量	損壞概況	損失金額		備考
住宅		六十七間	間有全部損壞	¥448,000,000	元	大部份無力修理及改建
公有建築	機關	十一間	損壞尚淺	¥12,000,000	—	現已修理完竣
	學校	六間	全部損壞	¥60,000,000	—	業已改建平屋
	醫院					
公有建築	娛樂場所					
道路	市政道路					
	縣鄉道路					
自來水						
下水道						
其他						
說明	1.本表請於35年11月底以前填送本部以憑彙辦 2.損壞數量損壞概況各欄須填明確，損失金額可照35年物價估計列入 3.本表有漏列之項目可填入其他一欄內 4.備註欄須將損壞各工程最近狀況已行修整或未修整及以後計劃填入 5.表下所列主管官及主管單位審核製表各欄須蓋章					

主管官　　　主管單位　　　審核

桐乡县杨园乡公所关于报送该乡战时损失调查表致桐乡县政府的呈（一九四七年六月八日）

00039

事由：為填呈本鄉破壞損失調查表祈核轉由

呈 基經字第 號

中華民國三六年六月八日

案奉

鈞府本年六月伍日民建孫字第六三七號代電頒發破壞損失調查表乙份飭實查填送府以憑彙轉等因奉此遵經依式查填竣事理合檢同上表乙份備文送請

鑒核彙轉實為公便！

謹呈

桐鄉縣政府

附呈桐鄉縣楊園鄉破壞損失調查表乙份

已登

桐鄉縣楊園鄉鄉長 錢占耕

附：桐乡县杨园乡破坏损失调查表（一九四七年六月五日）

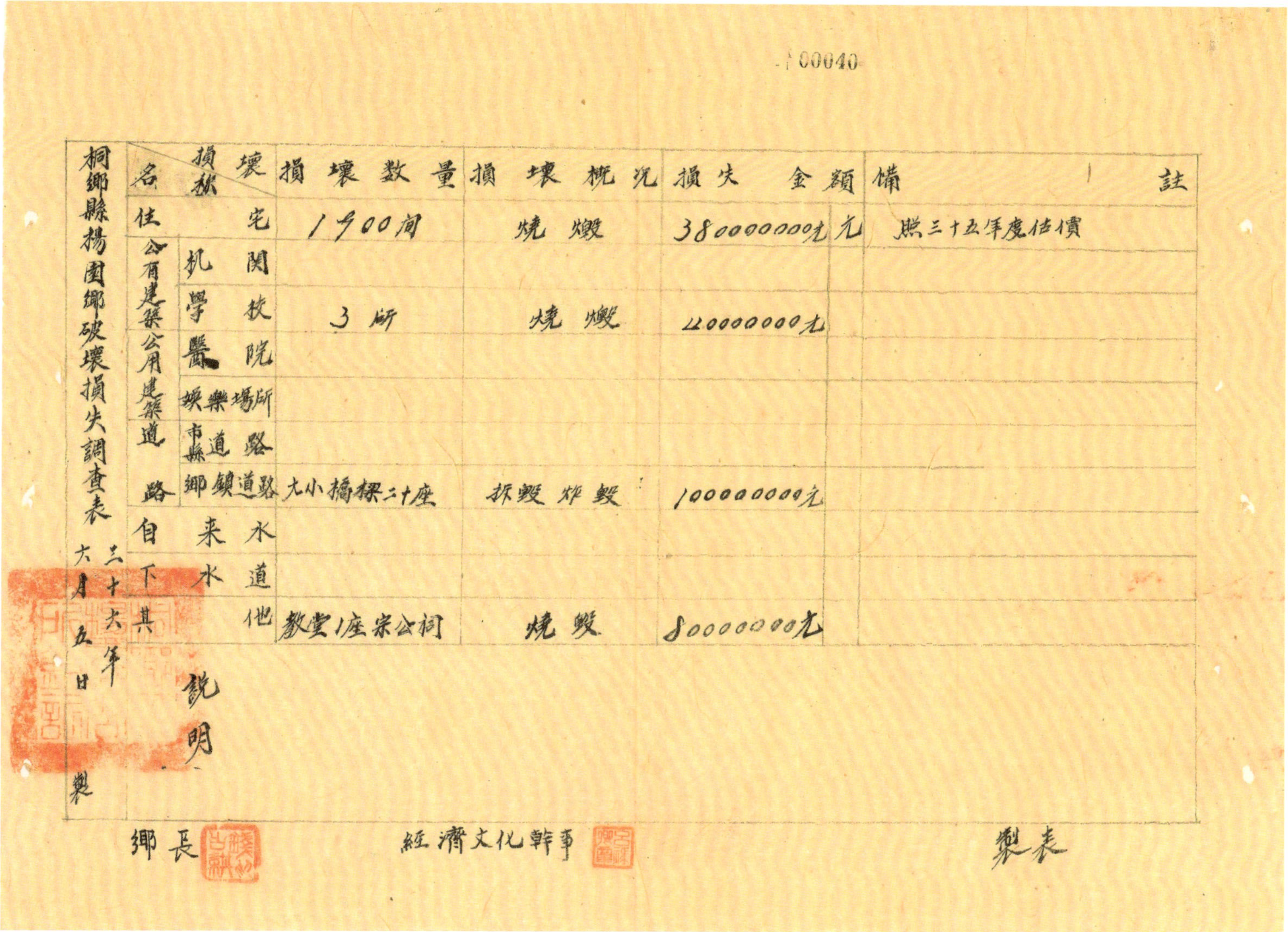

00040

桐鄉縣楊園鄉破壞損失調查表

損壞名稱		損壞數量	損壞概況	損失金額	備註
住宅		1900間	燒燬	380000000元 元	照三十五年度估價
公有建築公用建築	机関				
	學校	3所	燒燬	40000000元	
	醫院				
	娛樂場所				
道路	市縣道路				
	鄉鎮道路	大小橋樑二十座	拆毀 炸毀	100000000元	
自来水					
下水道					
其他		教堂1座 宗公祠	燒毀	80000000元	

說明

三十六年六月五日製

鄉長 經濟文化幹事 製表

桐乡县陈溪乡公所关于报送该乡战时损失调查表致桐乡县政府的呈（一九四七年六月十三日）

00043

桐鄉縣陳溪鄉鄉公所　呈

建建字第九六號

中華民國三十六年六月十三日

事由：為遵令依式填報戰時破壞損失調查表一紙仰祈核轉由。

案奉

鈞府本年六月五日文建環字第六三七號代電內開：「案奉浙江省政府辰梗府建三字第一四二三號及辰陷府建三字第一八七一二號兩電略開：『查城市破壞損失調查為準備聯合國經濟及社會理事會下之破壞區重建小組委員會來華視察之用，曾經頒發調查表飭填報在案。此項調查將來對我國賠償及城市重建關係甚大，該縣迄未查報，殊屬非是，合再電仰遵照前令，剋日填送，以憑彙轉』等因

當轉

存查 六、七

奉查一是案前建設廳轉發是項調查表到縣即經於本年一月以建環字第四一八號訓令飭詳填具報在案茲奉前因除分電各區指導員就近督催守提外合行再發原表式一份令仰該鄉鎮長遵照前令尅即查填交由各該區指導員携帶來府以憑轉報事關本縣戰時破壞之賠償萬勿捎延為要」

等因，附發破壞損失調查表式一紙，奉此，遵即依式查填造表報請

鈞長核轉。附呈破壞損失調查表一紙。

謹呈

縣長 廿范

桐鄉縣陳溪鄉鄉長朱建人

附：桐乡县陈溪乡破坏损失调查表（一九四七年六月十三日）

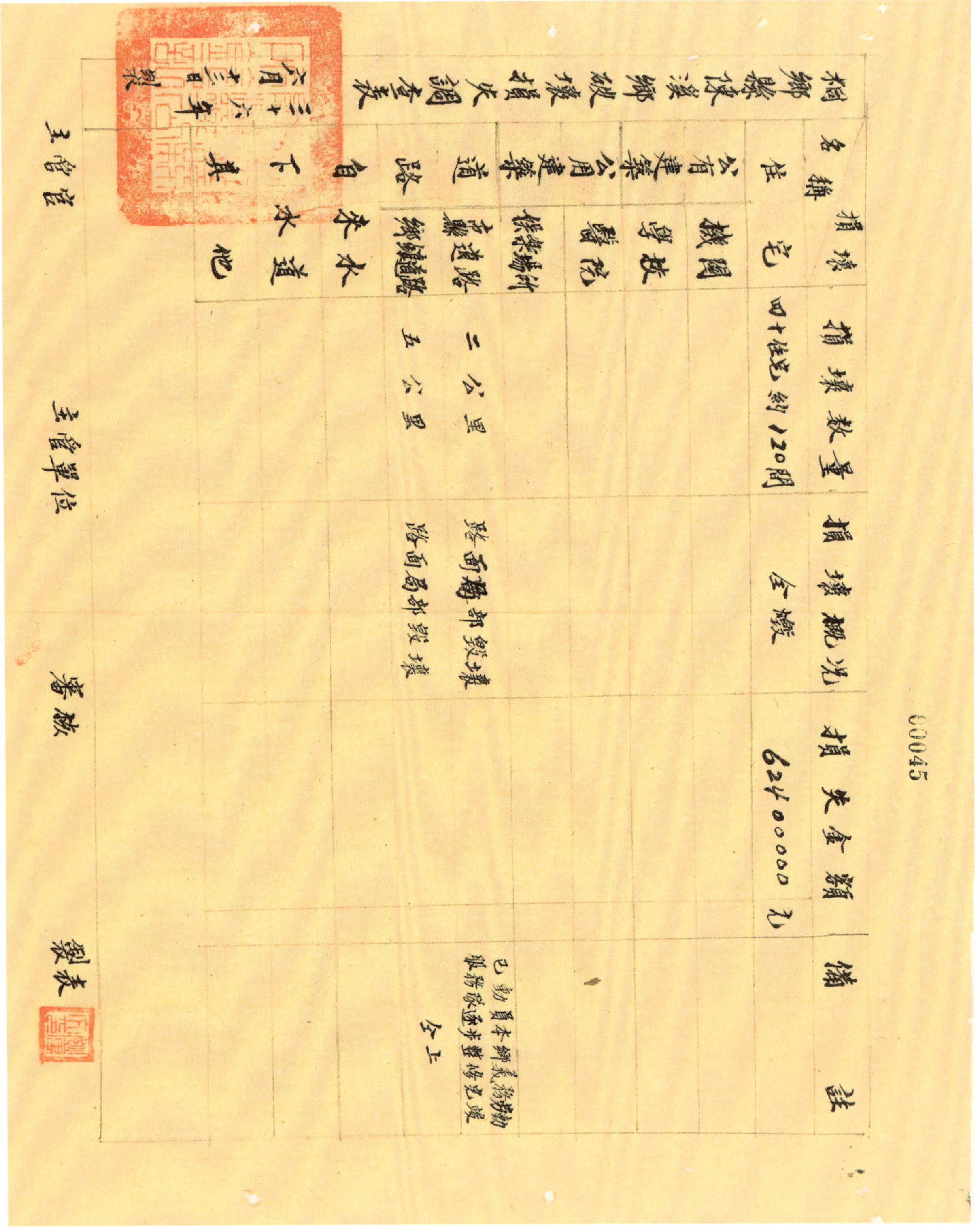

00045

桐鄉縣陳溪鄉破壞損失調查表

損壞名稱		損壞數量	損壞概況	損失金額	備註
住宅		四十住宅約120間	全燬	62400000元	
公有建築	機關				
	學校				
公用建築	醫院				
	娛樂場所				
道路	縣市道路	二公里	路面局部毀壞		已動員本鄉義務勞動服務隊逐步整修完竣
	鄉鎮道路	五公里	路面局部毀壞		仝上
自來水					
下水道					
其他					

三十六年六月十三日製

主管官　　主管單位　　審核　　製表

桐乡县秀川乡公所关于报送该乡战时损失调查表致桐乡县政府的呈（一九四七年六月十四日）

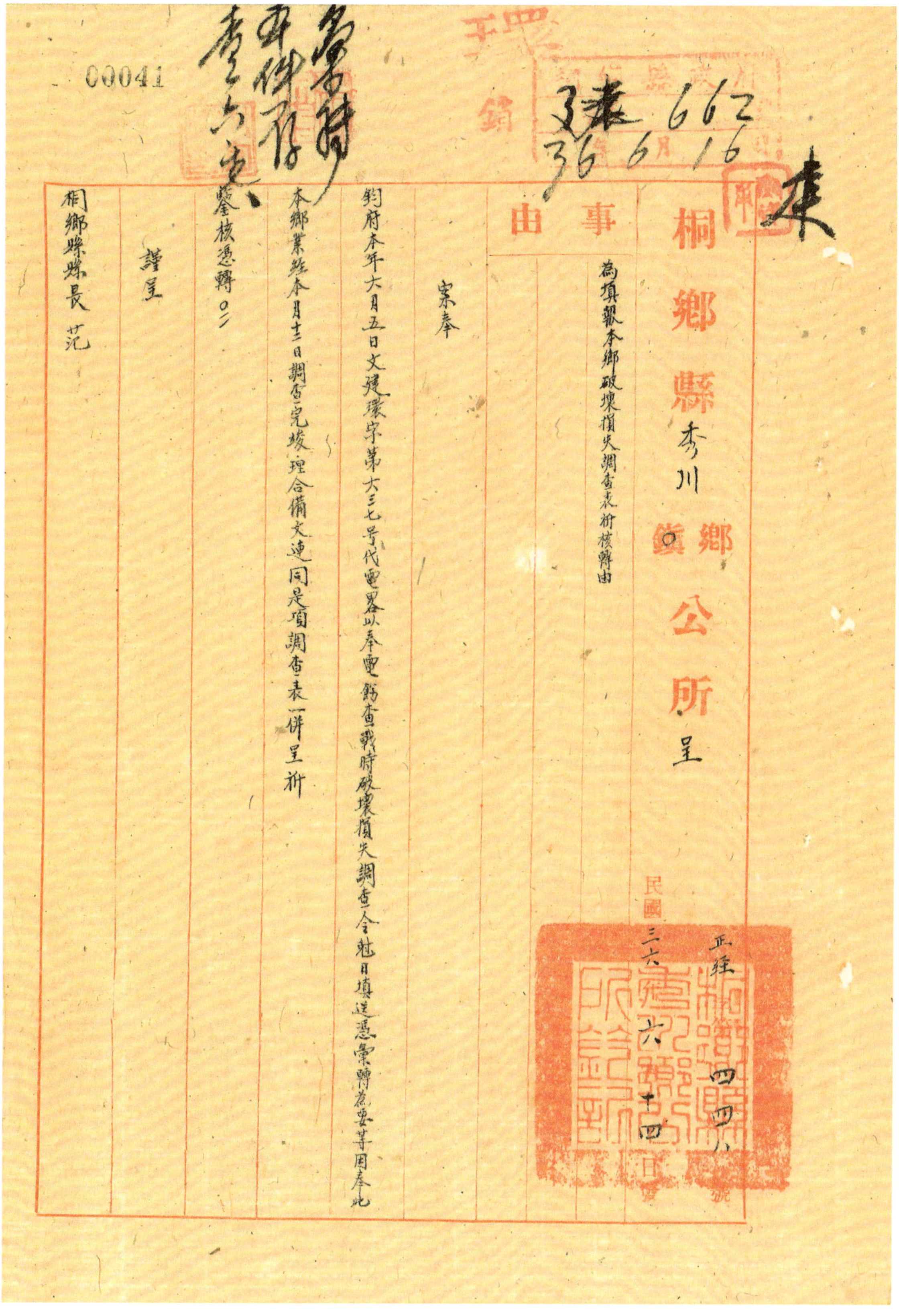
桐鄉縣秀川鄉公所呈

事由：為填報本鄉破壞損失調查表祈核轉由

案奉

鈞府本年六月五日文建環字第六三七号代電略以奉電飭查戰時破壞損失調查令尅日填送憑彙轉為要等因奉此

本鄉業於本月十一日調查完竣，理合備文連同是項調查表一併呈祈

鑒核憑轉。

謹呈

桐鄉縣縣長 范

民國三十六年六月十四日

附呈破壞損失調查表一份

秀川鄉鄉長朱士正

附：桐乡县秀川乡破坏损失调查表（一九四七年六月十二日）

桐鄉縣破壞損失調查表

損壞名稱		損壞數量	損壞概況	損壞金額	備註
住宅		326間	焚毀	24450000元	現已有二百餘間房屋建築住二〇餘戶利用修建房屋有一百間未加修整
公有建築	機關				
	學校				
公有建築	醫院				
	娛樂場所				
道路	市鎮道路				
	鄉鎮道路				
自來水					
下水道					
其他					

說明
1. 本表請於35年11月底以前填送本所以憑彙辦。
2. 損壞數量、損壞概況、損壞金額須填明確，損壞金額可照35年物價估計列入。
3. 本表所遺漏之項目可填入其他一欄內。
4. 備註欄須填損壞各項建築之現狀及已否修理等，或未修理者可以後計劃填入。
5. 本表下所列主管及主管單位審核製表者須蓋章。

三十六年六月十二日

主管官　　主管單位　　審核　　製表 劉□□

桐乡县南日乡公所关于报送该乡战时损失调查表致桐乡县政府的呈（一九四七年六月二十八日）

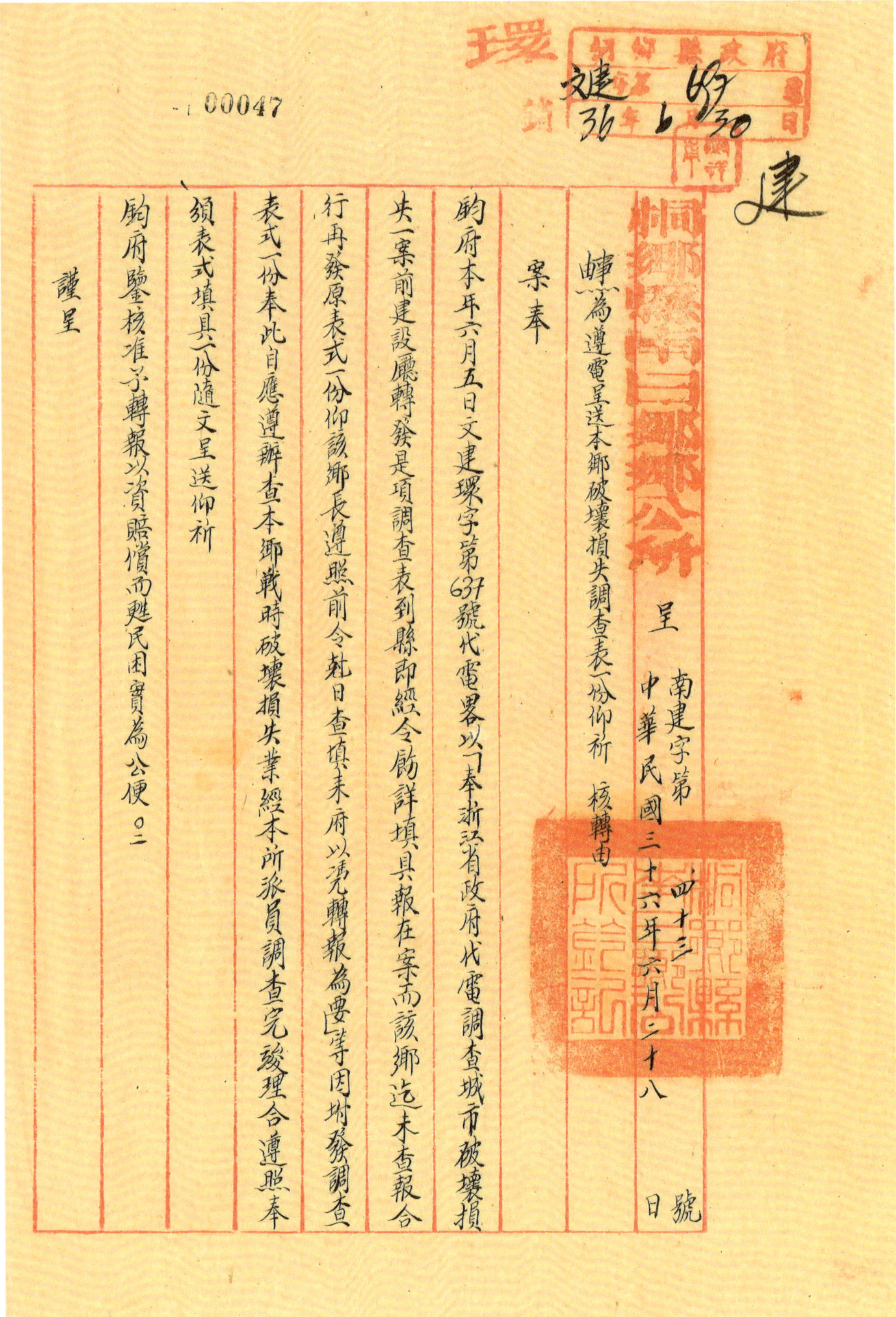

00047

桐鄉縣南日鄉公所呈　南建字第四十三號

中華民國三十六年六月二十八日

事由：為遵電呈送本鄉破壞損失調查表一份仰祈　核轉由

案奉

鈞府本年六月五日文建環字第637號代電略以「奉浙江省政府代電調查城市破壞損失一案前建設廳轉發是項調查表到縣即經令飭詳填具報在案而該鄉迄未查報合行再發原表式一份仰該鄉長遵照前令尅日查填來府以憑轉報為要」等因附發調查表式一份奉此自應遵辦查本鄉戰時破壞損失業經本所派員調查完竣理合遵照奉頒表式填具一份隨文呈送仰祈

鈞府鑒核准予轉報以資賠償而甦民困實為公便

謹呈

桐鄉縣縣長范

（附呈破壞損失調查表一份）

南日鄉鄉長張趾祥

存查
七、六

附：桐乡县南日乡破坏损失调查表（一九四七年五月二十日）

00048

桐鄉縣破壞損失調查

損壞 名稱		損壞數量	損壞概況	損失金額	備註
住宅		1663間(298户)	全部焚燬	997,800,000元	五分之二蓋草舍，五分之一蓋舊屋，餘爲廢墟，擬請救濟資財，以期改造新屋.
公有建築	機關	桐鄉縣民衆教育館一所9間	〃 〃	5,400,000	蓋茅屋作民房，擬請救濟資財，以期恢復.
	學校	日暉區中心國民學校一所5間	〃 〃	3,000,000	均爲廢墟，擬請救濟資財，以期恢復.
公用建築	醫院				
	娛樂場所				
道路	市縣道路				
	鄉鎮道路				
自來水					
下水道					
其他		各户衣被、傢俱、種籽、廚具、農具、器具、日常用具、牲畜等.	〃 〃	503,100,0.00	多數因陋就簡及借用一切，擬請救濟資財，以期恢復.

三十六年五月二十日製

說明：
1. 本表請於卅五年十一月底以前填送本部以憑彙辦
2. 損壞數量、損壞概況各欄須填已確明，自損失金額可照卅五年物價估計列入——本表損失金額係照卅五年六月物價估計
3. 本表有漏列項目可填入其他一欄内
4. 備註欄須將損壞各工程最近狀况已行修整或未修整及以後計劃填入
5. 表下所列主管官及主管單位審核製表各欵須蓋章

主管官　　主管單位　　審核　　製表 周炳榮（印）

桐乡县屠甸镇公所关于报送该镇战时损失调查表致桐乡县政府的代电（一九四七年六月二十八日）

00051

建 675
36.7.1

桐鄉縣屠甸鎮鄉公所代電

覺鎮字第一八號

民國三十六年六月二十八日

事由：為電呈城市破壞損失調查表一份由

桐鄉縣々長范鈞鑒：巳徵文建環（637）代電略開：「為調查城市破壞損失及準備聯合國經濟理事會之破壞區重建小組委員會來華視察，電飭調查因戰事破壞情形，依式列表填報」等因，附發調查表式一份，奉此。茲經調查完竣，理合依式填報，電呈鑒核。屠甸鎮長戚覺民巳感覺總（18）叩。附呈調查表一份

名正侯象韩

七、六

附：桐乡县屠甸镇破坏损失调查表（一九四七年六月一日）

桐鄉縣破壞損失調查表

損壞名称		損壞數量	損壞概况	損失金額	備註
住宅		2050 餘间	全部焚燬二千间以上		市房住宅均係磚瓦建築
公有建築	機関	14 间	全部焚燬		水上警察所房屋三幢計十一…
	学校	20 间	全部焚燬		原縣立崇道高級小学
公用建築	医院				
	娛樂場所				
道路	市縣道路	公路五公里，橋樑十二座	路基徹底破坏，橋樑破坏		桐硤公路属本鎮境内計十一華里，通各附近縣城市鎮之鄉鎮道路
	鄉鎮道路	石板橋木橋等橋樑計燬十二座	全部拆断燬坏		
自来水					
下水道					
其他		寺廟房屋四十间	焚燬		以上損失被日軍縱火焚燬及破坏之

附記
1. 本表請于三十五年十一月底以前填送本部以憑彙辦。
2. 損坏數量、損坏概况各欄須填正確明白，損失金額可照三十五年物價估計列。
3. 本表有漏之項目可填入其他一欄内。
4. 備註欄須將損坏各工程最近狀况已行修整或未修整及以後計劃填入。
5. 表下所列主管官及主管單位審核、製表各欵須蓋章。

三十六年六月一日製

主管官 屠甸鎮長 [印]　主管單位 屠甸鎮公所 審核　製表 屠甸鎮民代表會主席 倪宗文 代 [印]

桐乡县濮院镇公所关于报送该镇战时损失调查表致桐乡县政府的呈（一九四七年六月二十九日）

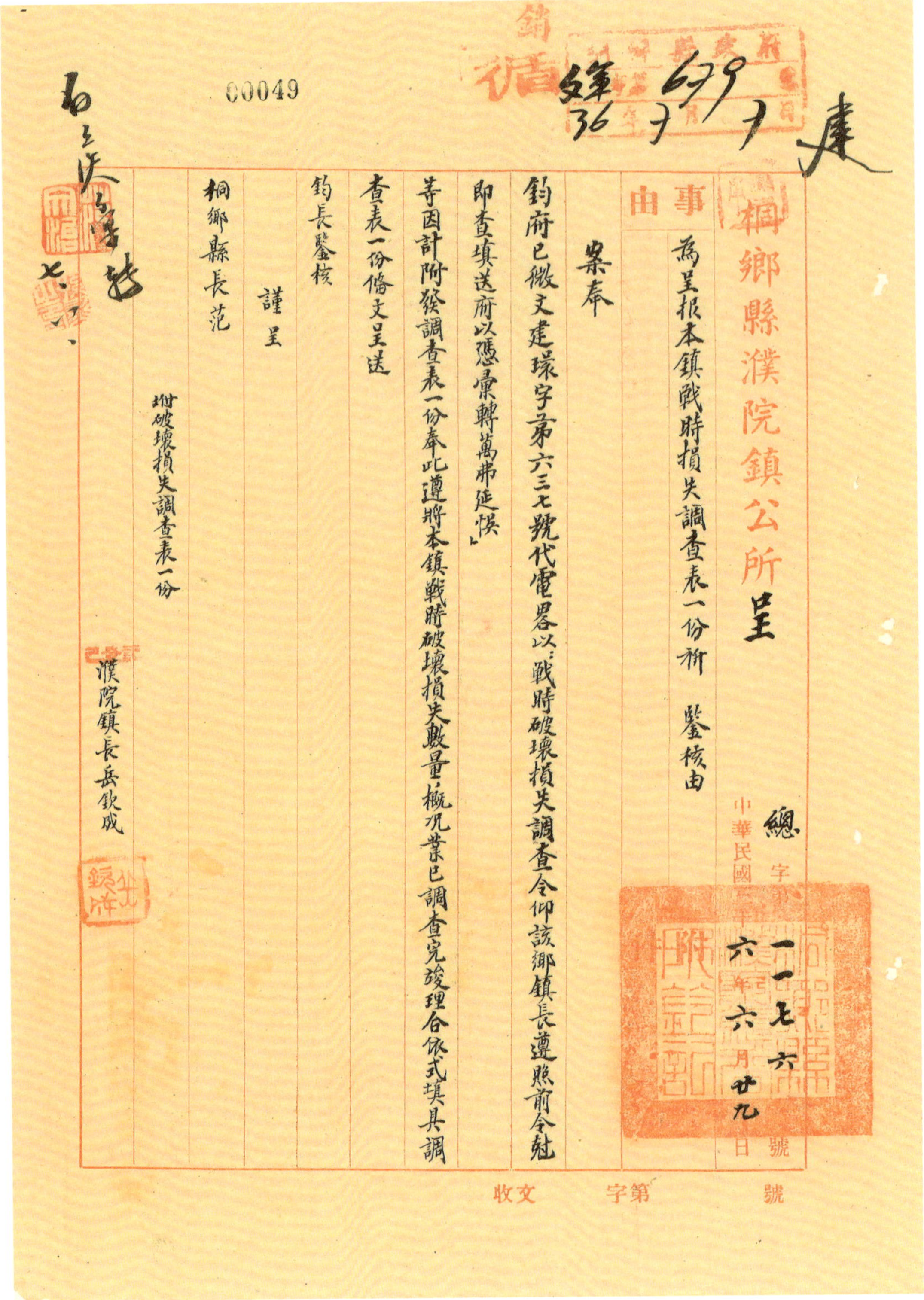

00049

桐鄉縣濮院鎮公所 呈

總字第一一七六號

中華民國三十六年六月廿九日

事由：為呈报本鎮戰時損失調查表一份祈鑒核由

案奉

鈞府巳微文建壕字第六三七號代電略以："戰時破壞損失調查令仰該鄉鎮長遵照前令尅即查填送府以憑彙轉萬弗延悞"等因，計附發調查表一份，奉此，遵將本鎮戰時破壞損失數量、概况業已調查完竣，理合依式填具調查表一份，備文呈送

鈞長鑒核

謹呈

桐鄉縣長范

附破壞損失調查表一份

濮院鎮長岳欽成

收文　字第　號

附：桐乡县濮院镇破坏损失调查表（一九四七年六月二十五日）

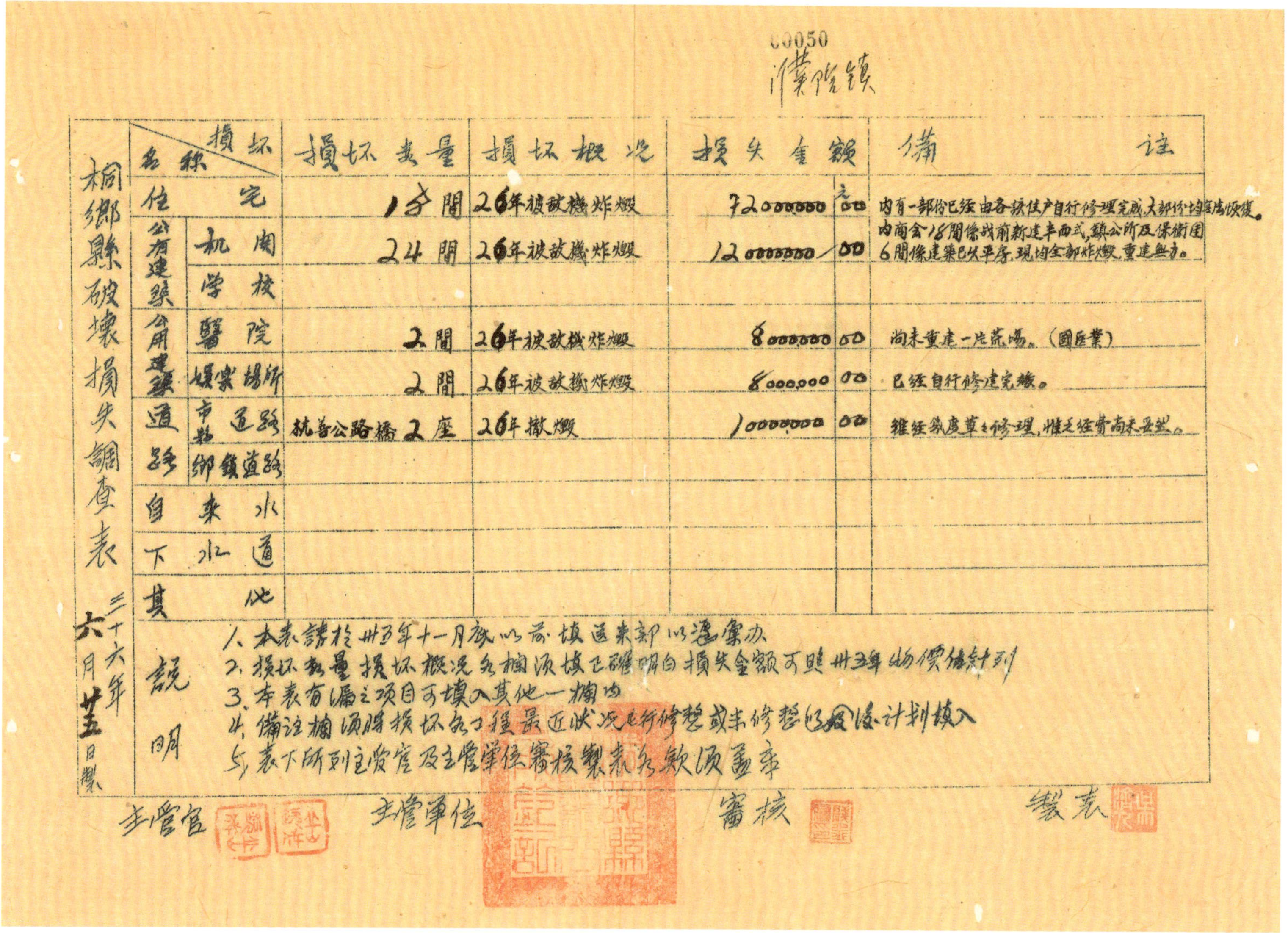

00050

濮院镇

桐鄉縣破壞損失調查表

名称 \ 損坏		損坏数量	損坏概况	損失金額		備註
住宅		15間	26年被敌機炸燬	72000000	00元	内有一部份已經由各該住户自行修理完成，大部份均未恢復。
公有建築	机関	24間	26年被敌機炸燬	12000000	00	内商会18間係战前新建半西式，鎮公所及保衛团6間係建築已久平房，現均全部炸燬，重建無力。
	学校					
公用建築	醫院	2間	26年被敌機炸燬	8000000	00	尚未重建一片荒場。（國医業）
	娛樂場所	2間	26年被敌機炸燬	8000000	00	已經自行修建完竣。
道路	市鎮道路	杭善公路橋2座	26年撤燬	10000000	00	雖經簡單修理，惟之經費尚未要出。
	鄉鎮道路					
自来水						
下水道						
其他						

說明

1. 本表請於卅五年十一月底以前填送來部以憑彙办
2. 損坏數量損坏概况各欄須填已註明白損失金額可照卅五年物價估計列
3. 本表有漏之項目可填入其他一欄內
4. 備註欄須將損坏各工程最近狀況已行修整或未修整以及修計划填入
5. 表下所列主管官及主管單位審核製表各欵須蓋章

三十六年六月廿五日製

主管官　　主管單位　　審核　　製表

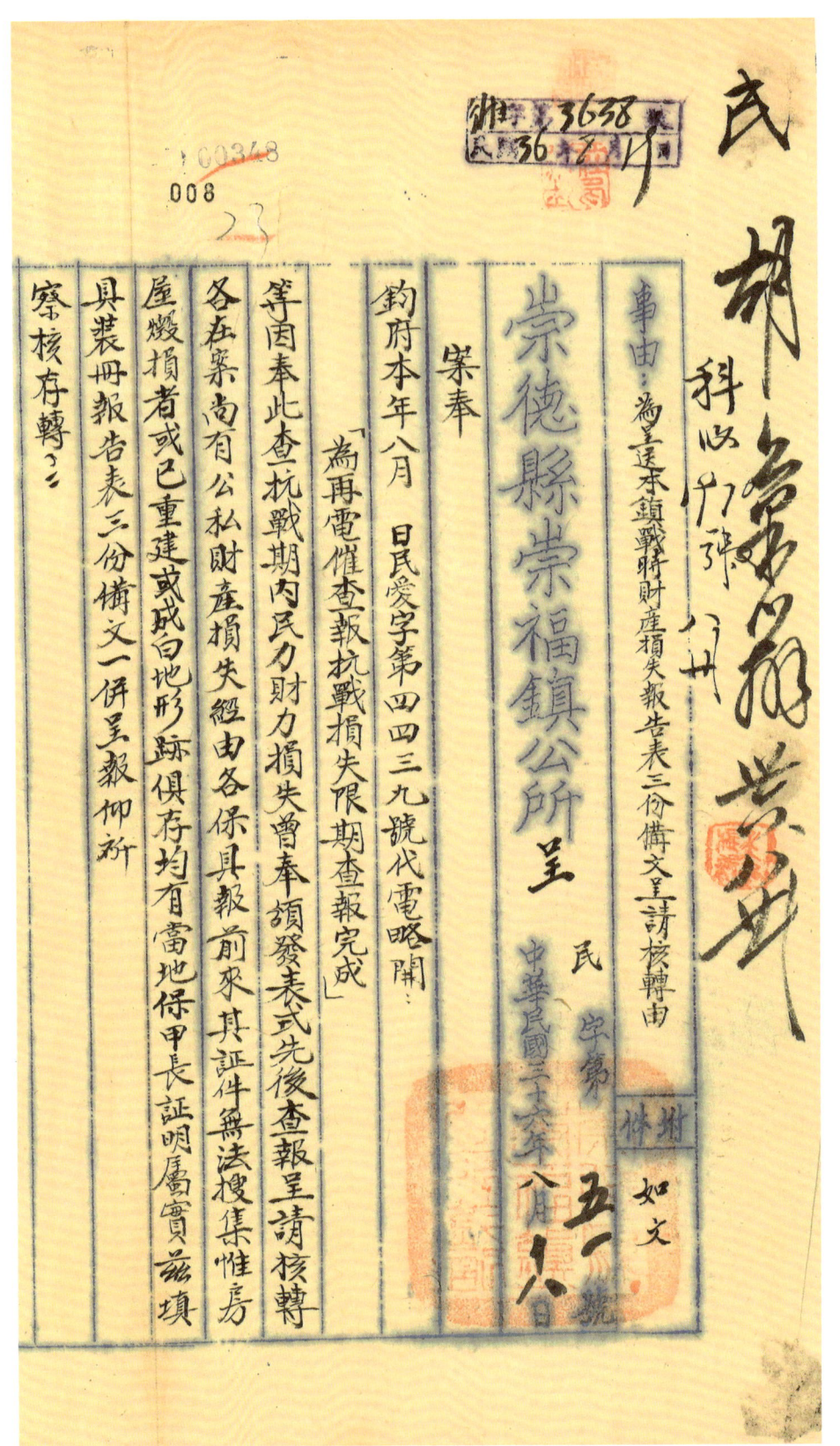

崇德县崇福镇公所关于报送该镇战时财产损失报告表致崇德县政府的呈（一九四七年八月十八日）

民

科

收文 3638 號
36 8 19

00348
008
23

事由：為呈送本鎮戰時財產損失報告表三份備文呈請核轉由

附件 如文

崇德縣崇福鎮公所呈 民 字第 五一 號

中華民國三十六年八月十八日

案奉

鈞府本年八月 日民愛字第四四三九號代電略開：

「為再電催查報抗戰損失限期查報完成」

等因奉此查抗戰期內民力財力損失曾奉頒發表式先後查報呈請核轉各在案尚有公私財產損失經由各保具報前來其証件無法搜集惟房屋燬損者或已重建或成白地形跡俱存均有當地保甲長証明屬實茲填具裝冊報告表三份備文一併呈報仰祈

察核存轉！！

謹呈

縣長吳

附呈崇德縣崇福鎮戰時公私財產損失報告表三份

崇福鎮鎮長程裕昌

附：崇德县崇福镇公私财产损失报告表（节选）（一九四七年八月）

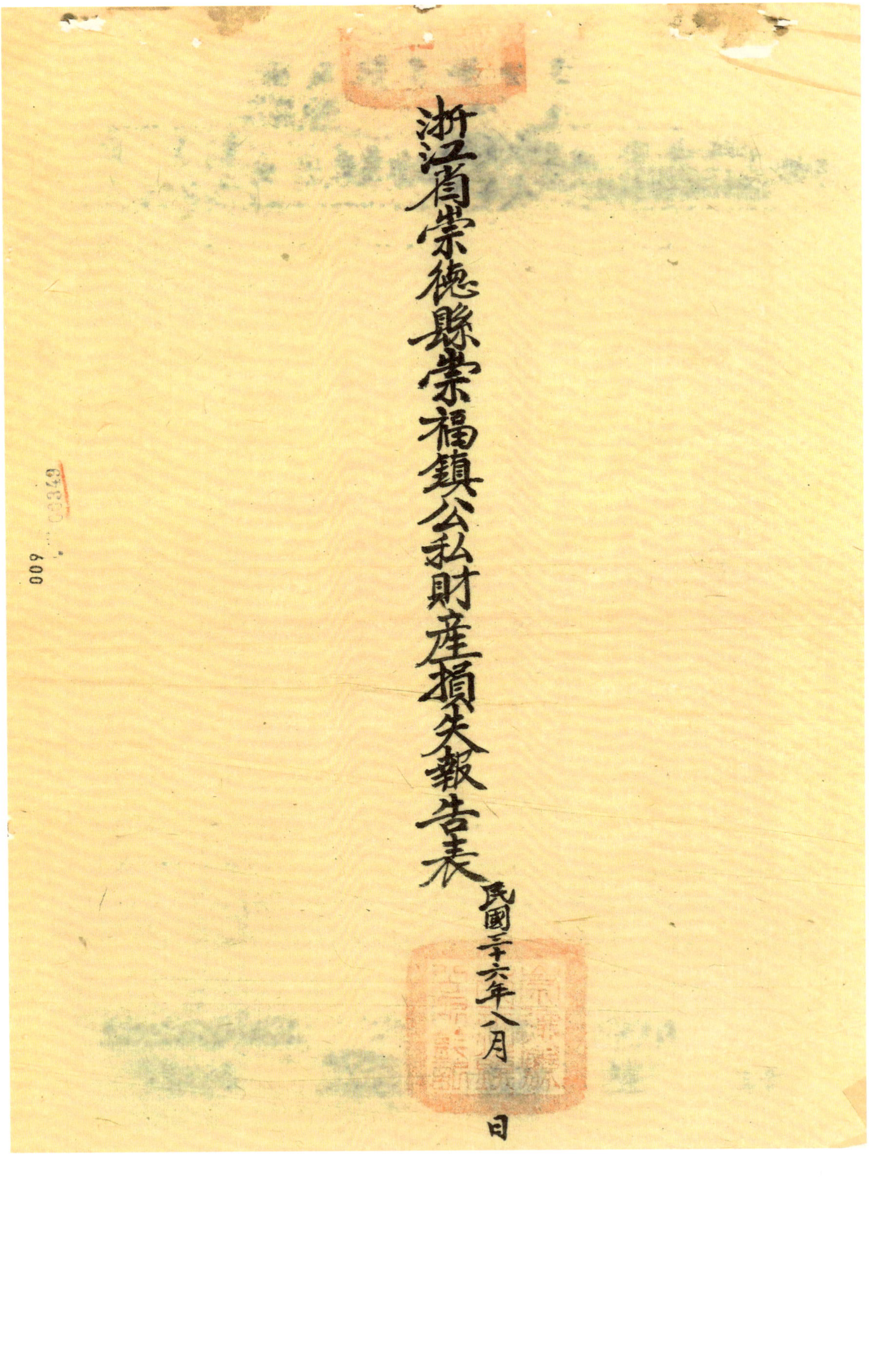
浙江省崇德縣崇福鎮公私財產損失報告表

民國三十六年八月　日

浙江省崇德縣崇福鎮

財產損失報告單

填送日期　　年　　月　　日

損失年	損失月	損失日	事件	地點	損失項目	購置年月	單位	數量	價值（國幣元）購置時價值	價值（國幣元）損失時價值	證件
26	10	12	拆毀	崇德縣南門	龍山寺房屋	百年以上	平房祠堂	5	7.000元	14.000元	
〃			〃	〃	梳善公路房屋	十年以上	平屋小房	6	9.000元	18.000元	
29	8	22	〃	崇德縣崇福鎮花喜路	育嬰堂房屋	卅年以上	頭門平房	6	9.500元	52.300元	
〃			〃	〃	〃	〃	樓屋平披	10	20.000元	110.000元	
〃			〃	〃	養老院房屋	〃	平房中披	6	9.000	50.000	
〃			〃	〃	〃	〃	後房灶房	6	9.000	50.000	
〃			〃	〃	苗圃房屋	〃	平屋後披	9	12.000	66.000	
〃			〃	崇福鎮公園路	關岳廟房屋	六十年以上	頭門平房	6	12.000	66.000	
25	2	2	〃	〃	節孝寺房屋	〃	平房	3	6.000	33.000	
〃			〃	〃	孔廟房屋	載縣誌	平披	14	14.000	67.000	
〃			〃	〃	中山公園房屋	十年以上	頭門平房	6	5.000	28.000	
〃			〃	〃	古銅祭器	三百年以上	全部	全部	20.000	110.000	
〃			〃	〃	周圍石欄杆	百年以上	丈	24	24.000	135.000	
29	11	16	〃	崇福鎮9保北大街	民房	卅年以上	平屋	19	47.500	261.000	
28	10	25	〃	〃	傢具	〃	全部	全部	3.000	16.000	
〃			〃	崇福鎮6保衣風坊	童蒙樓房屋	五十年以上	樓屋	1	2.500	5.500	

直轄機關學校團體或事業　名稱　印信　受損失者

填報者姓名　服務處所與所任職務　與受損失者之關係　通信地址　崇德縣崇福鎮公所　吳東

浙江省崇德縣崇福鎮

財產損失報告單

填送日期 36 年 6 月 日

損失年月日	事件	地點	損失項目	購置年月	單位	數量	價值（國幣元）購置時價值	價值（國幣元）損失時價值
27.2.31	敵人放火	崇福鎮徐家埭	天順浩房屋	[illegible]	間	6	12.000	26.400
〃	〃	〃	王叔生〃	〃	〃	3	6.000	13.200
〃	〃	〃	徐掌發〃	〃	〃	3	6.000	13.200
〃	〃	〃	徐文法〃	〃	〃	2	4.000	8.800
〃	〃	〃	徐春龍	〃	〃	2	4.000	8.800
〃	〃	〃	徐茂龍〃	〃	〃	3	6.000	13.200
〃	〃	〃	徐寶生〃	〃	〃	5	10.000	22.000
〃	〃	〃	王桐雨〃	〃	〃	3	6.000	13.200
〃	〃	〃	王寶吉〃	〃	〃	6	12.000	26.400
〃	〃	〃	王福財〃	〃	〃	6	12.000	26.400
〃	〃	〃	王有田〃	〃	〃	3	6.000	13.200
〃	〃	〃	王有能	〃	〃	2	4.000	8.800
〃	〃	〃	徐連生	〃	〃	6	12.000	26.400
〃	〃	〃	沈壽南	〃	〃	3	6.000	13.200
〃	〃	〃	王永西	〃	〃	4	8.000	17.600
〃	〃	〃	徐壽高	〃	〃	4	8.000	17.600
〃	〃	〃	姚德康〃	〃	〃	6	12.000	26.400
〃	〃	〃	姚寶龍〃	〃	〃	3	6.000	13.200
〃	〃	〃	徐叙堂〃	〃	〃	6	12.000	26.400
〃	〃	〃	徐明法〃	〃	〃	3	6.000	13.200
〃	〃	〃	徐炳生〃	〃	〃	3	6.000	13.200

直轄機關學校團體或事業　名稱　印信　受損失者

填報者姓名　服務處所與所任職務　與受損失者之關係　通信地址　吳東

浙江省崇德縣崇福鎮財產損失報告單

填送日期　36年8月　日

損失年月日	事件	地點	損失項目	購置年月	單位	數量	價值（國幣元）		證件
							購置時價值	損失時價值	
27.2.30	被敵焚燬	崇福鎮徐家林	徐錫乾房屋	20年以上	間	6	30,000	66,000	
〃	〃	〃	徐應龍 〃	〃	〃	3	15,000	33,000	
〃	〃	〃	徐文生 〃	〃	〃	3	15,000	33,000	
〃	〃	〃	徐雲龍 〃	〃	〃	3	15,000	33,000	
〃	〃	〃	徐家春 〃	〃	〃	3	15,000	33,000	
〃	〃	〃	姚永春 〃	〃	〃	3	15,000	33,000	
〃	〃	〃	姚寶林 〃	〃	〃	5	25,000	55,000	
〃	〃	〃	姚順林 〃	〃	〃	5	25,000	55,000	
〃	〃	〃	姚寶岳 〃	〃	〃	3	15,000	33,000	
〃	〃	〃	徐有誠 〃	〃	〃	2	10,000	22,000	
〃	〃	〃	徐有通 〃	〃	〃	2	10,000	22,000	
〃	〃	崇德縣崇福鎮第12保	福財寺桑地	十年以上	畝	26	5,840元	5,540元	
〃	〃	〃	福財寺柚子地	〃	〃	26	3,096	3,096	

直轄機關學校團體或事業　名稱　印信　受損失者

填報者姓名　服務處所與所任職務　與受損失者之關係　通信地址　蓋章

浙江省崇德县崇福镇

財產損失報告單

填送日期 36 年 8 月 日

損失年月日	事件	地點	損失項目	購置年月	單位	數量	價值(國幣元) 購置時價值	損失時價值	證件
26.12.30	敵機	崇福鎮北壇街	陳其富房屋	廿年以前	間	2	5,000	17,600	
〃	〃	〃	羊晋卿 〃	〃	〃	〃	〃	〃	
〃	〃	〃	葉欣榮 〃	〃	〃	〃	〃	〃	
〃	〃	〃	陳子芳 〃	〃	〃	〃	〃	〃	
〃	〃	〃	胡雲成 〃	〃	〃	〃	〃	〃	
〃	〃	〃	何子興 〃	〃	〃	〃	〃	〃	
〃	〃	〃	潘阿龍 〃	〃	〃	〃	〃	〃	
〃	〃	〃	張文達 〃	〃	〃	〃	〃	〃	
〃	〃	〃	朱杏珍 〃	〃	〃	〃	〃	〃	
〃	〃	〃	汪貴順 〃	〃	〃	〃	〃	〃	
〃	〃	〃	高金華 〃	〃	〃	〃	〃	〃	
〃	〃	〃	蘇虎房 〃	〃	〃	〃	〃	〃	
〃	〃	〃	吳錫麟 〃	〃	〃	〃	〃	〃	
〃	〃	〃	延年堂 〃	〃	間	2	〃	〃	
〃	〃	〃	顧梓山 〃	〃	〃	〃	〃	〃	
〃	〃	〃	沈叙興 〃	〃	〃	〃	〃	〃	
〃	〃	〃	義昌 〃	〃	〃	〃	〃	〃	
〃	〃	〃	許仁和 〃	〃	〃	〃	〃	〃	
〃	〃	〃	陳小喬 〃	〃	〃	〃	〃	〃	
〃	〃	〃	吳阿芳 〃	〃	〃	〃	〃	〃	
〃	〃	〃	天德堂 〃	〃	〃	〃	〃	〃	

直轄機關學校團體或事業 名稱 印信 受損失者

填報者姓名 服務處所與所任職務 與受損失者之關係 通信地址 蓋章

財產損失報告單

填送日期 三十六 年 八 月 十七 日

損失年月日	事件	地點	損失項目	購置年月	單位	數量	價值（國幣元）		證件
							購置時價值	損失時價值	
27年3月11日	日僞軍劫奪	浙江崇德縣西門外官庄橋	動產	民23年3月	杉木 松板	54根 40塊	54元 50元	64.8元 60元	
27年3月11日	日僞軍劫奪	浙江崇德縣西門外官庄橋	動產	民21年9月 民26年以前置辦	大厨 首飾 衣服	2個 15件 31件	58元 240元 350元	69.6元 280元 420元	
27年3月11日	日僞軍劫奪	浙江崇德縣西門外官庄橋	動產	民26年5月	豬、羊 米 錫	7只 15石 750兩	95元 127元 375元	114元 152.4元 450元	
30年7月20日	日僞軍損毀	浙江崇德縣西門外官庄橋	動產	民19年3月	農具 器具	21件 53件	115元 200元	90元 400元	
33年5月16日	日僞軍砍伐	浙江崇德縣西門外官庄橋	不動產	民11年12月	桑樹	2100株	3150元	1842700元	
34年4月2日	日僞軍砍伐	浙江崇德縣西門外官庄橋	不動產	民3年3月	杖樹	123枝	84元	149184元	
年月日									

受損失者 陸宏順（印：陸宏順）

填報者 陸宏順（印：陸宏順） 通信地址 浙江崇德縣西門外官庄橋

財產損失報告單

填送日期 三十六 年 八 月 十九 日

損失年月日	事件	地點	損失項目	購置年月	單位	數量	價值（國幣元）		証件
							購置時價值	損失時價值	
26年11月21日	日軍焚燬	浙江崇德縣石灣鎮	寶元堂藥店動產	民前70年2月 民25年9月	生財 藥材	200件 5000斤	30000元 50,000元	30,000元 55,000元	
26年11月21日	日軍焚燬	浙江崇德縣石灣鎮	益元堂藥店動產	民前58年8月 民25年9月	生財 藥材	150件 3500斤	22500元 38,000元	22,500元 38,000元	
26年11月21日	日軍焚燬	浙江崇德縣石灣鎮	益元堂藥店不動產	民前58年6月	店屋	兩幢（11間）	15,000元	15,000元	
30年2月10日	日軍劫奪	浙江崇德縣西門長弄2號	動產	民26年前逐次積存 民26年前逐次置辦	銀圓 首飾	10000枚 52件	10,000元 60,000元	145,000元 870,000元	
33年3月2日	日偽軍劫奪	浙江崇德縣西門長弄2號	動產	民26年前歷次購置	綢布衣服 皮衣 家用器具	98件 52件 122件	8,000元 12,000元 25,000元	3,664,000元 5,496,000元 11,450,000元	
33年3月21日	日偽軍劫奪	浙江崇德縣西門長弄2號	動產	民26年前逐次購置	古畫 古書 歷代名貴磚硯	115件 65部 245方	40,000元 25,000元 75,000元	18,320,000元 11,450,000元 34,350,000元	
34年7月10日	日偽軍損壞及拆毀	浙江崇德縣西門長弄2號	不動產	民前92年5月	房屋	19間	38,000元	67,488,000元	

019

受損失者 徐益枏（印）

填報者 徐益枏（印） 通信地址 浙江省崇德縣西門長弄二號

附記

1. 寶元堂藥店之房屋係租用故不填報其所存藥材大部份係二十五年九月所進，一小部份係逐年積存.
2. 現洋及首飾係於二十六年九月初埋於宅中花台內被掘劫奪.
3. 古畫上蓋有頤志堂藏戳記，古書上蓋有穀賢藏書戳記，磚硯上刻澂珊名號.
4. 住屋係於三十四年七月十日開始損壞及拆毀至同年九月間還出為止.
5. 關於城內長弄二號住宅之損失崇德縣府於三十五年一月間曾派軍事科崔科員到家調查其損失情形縣府有案可查.
6. 一切損失均係日偽軍於火及劫奪行為故無證件可以填報祇可呈送証明書一紙為憑.

关于一九四三年六月二十一日石湾出发之敌伪军焚毁河山乡西华潭陆家埭灾户损失情况调查表（时间不详）

中華民國三十二年六月二十一日石灣出發之敵偽軍焚燬河山鄉西華潭陸家埭災戶損失情形調查表

保甲戶別	災戶姓名	人口數	損失情形	現有田地	備註
第一保九甲一戶	沈見坤	男二口 女二口	房屋一直落及家內所有一切物件焚燬	田地六畝	
仝保九甲二戶	沈金榮	男二口 女一口	仝右	田地六畝	
仝保九甲三戶	沈煜高	男二口 女一口	仝右	田地七畝半	
仝保九甲四戶	張鼎元	男三口 女二口	房屋兩直落及家中一切物件均被焚燬	田地十畝	
仝保九甲五戶	張吉新	男三口 女二口	仝右	田地十畝	
仝保九甲六戶	陸友生	男二口	房屋一直落及物件一切被焚燬	田地三畝	
仝保九甲七戶	楊春壽	男四口 女四口	房屋店衣被等大部損失	田地廿餘畝	查楊春壽[illegible]未損失[illegible]
仝保第二甲	陸寶源				被殺者陸寶源家中父母妻子女均亡

桐乡县抗战期内伤亡人员调查统计表（时间不详）

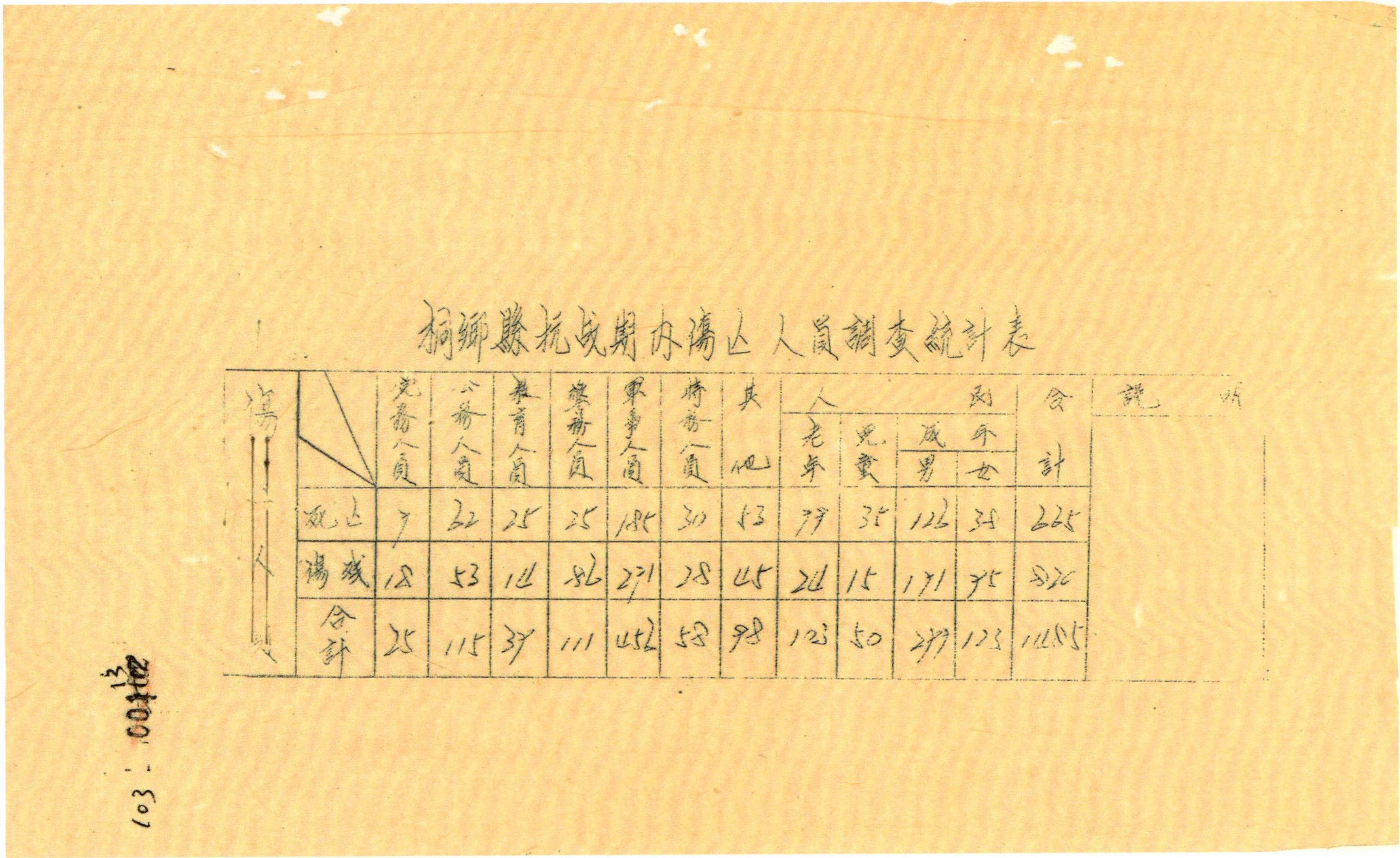

103：00113

桐鄉縣抗戰期內傷亡人員調查統計表

傷亡人數	黨務人員	公務人員	教育人員	警務人員	軍事人員	特務人員	其他	人民				合計	說明
								老年	兒童	成年 男	成年 女		
死亡	7	62	25	25	185	30	53	77	35	126	48	665	
傷殘	18	53	12	86	271	28	45	46	15	171	75	520	
合計	25	115	37	111	456	58	98	123	50	297	123	1185	

崇德县东园乡灾户清册（时间不详）

032　00031

崇德縣東園鄉災户清册

保别	甲别	户别	災户姓名	被災情形	備考
九	九	五	莊氏	民國廿八年八月新市敵人出擾時本鄉九保駐有國軍六二師莊氏之夫吴貴慶因不願爲敵人領路致遭槍殺	
三	一	七	楊金發	民國卅年二月房屋被敵人訪焚	
三	三	五	施祥發	〃	
三	三	七	施菊生	〃	
三	三	九	施寶珍	〃	
三	四	四	施氏	民國廿八年五月被敵訪殺	
六	六	四	蔣榮奎	民國二十八年七月因駐軍隊房屋被敌訪焚	
六	六	五	蔣正奎	〃	

六六六	蔣錦堂	〃
六六七	王圣祺	民国二十九年七月父有福被敌所殺
六六九	王虎榮	〃
六十六	沈百玉	民国二十八年七月兄阿三被敌所殺
七一三	嚴阿大	民國三十三年八月父芝春担任甲長被敌所殺
一一四	沈壽慶	民國三十年八月沿年因不肯向敌人帯路被敌所殺
四一一	馬在生	民國廿七年十月房屋被敌所焚
四一二	馬圣斎	〃
四一五	馬伯生	〃
四三十	蔣大慶	民國二十八年四月子金康被敌所殺

033

00032

四八一	趙永高	民國二十八年九月弟友生被敌槍殺
四十六	宋寿珍	民國二十八年十一月房屋被敌焚毁
四十一	宋有生	〃
四十四	宋進才	〃
四十六	宋茂生	〃
四十七	宋福順	〃

后记

一、本书编纂工作在《抗日战争档案汇编》编纂出版工作领导小组和编纂委员会的具体领导下进行。

二、在编纂过程中，浙江省档案局、浙江省档案馆给予了大力支持，提出了许多中肯的意见和建议。永康市档案馆胡瑞同志对全书进行了初审统稿和修改。丽水市档案馆周率同志对全书复审并提出了许多中肯的修改意见。在此一并表示衷心的感谢！

编者